60일 완성 뜯어먹는

중학 영단어 1800

김승영 연세대 영어영문학과 졸업

연세대 교육대학원 영어교육과 졸업

전 계성여고 교사

현 한국영어교재개발연구소 대표

저 서 뜯어먹는 중학 기본 영단어 1200

뜯어먹는 수능 1등급 기본 영단어 1800

뜯어먹는 수능 1등급 주제별 영단어 1800

뜯어먹는 수능 1등급 영숙어 1200

고지영 서강대 영어영문학과 졸업

서울대 사범대학원 영어교육과 졸업

현 한국영어교재개발연구소 연구실장

저 서 뜯어먹는 중학 기본 영단어 1200

뜯어먹는 수능 1등급 기본 영단어 1800

뜯어먹는 수능 1등급 주제별 영단어 1800

뜯어먹는 수능 1등급 영숙어 1200

뜯어먹는
중학 영단어 **1800**

발행일 2018년 10월 10일

인쇄일 2025년 2월 20일

펴낸곳 동아출판(주)

펴낸이 이욱상

등록번호 제300-1951-4호(1951.9.19)

개발총괄 장옥희

개발책임 최효정

개발 서현전 이제연 이은지

디자인책임 목진성

디자인 송현아

대표번호 1644-0600

주소 서울시 영등포구 은행로 30 (우 07242)

내용·구입·교환 문의 1644-0600 (파본은 구입처에서도 교환이 가능합니다.)

인터넷 학습 정보 www.bookdonga.com

왜 뜯어먹는 단어장을 **과학**이라, **혁명**이라 하는가?

이제 뜯어먹는 단어장은 중학생이면 거의 누구나 보는 표준 단어장이 되었다.
그러나 우리는 한시도 자만에 빠지지 않고 끊임없이
우리나라 학습 환경에서 가장 효율적인 영단어 학습법을 연구·개발해 왔다.
갈수록 영어 학습자 연령이 낮아져 가고 영어 단어 환경이 복잡해짐에 따라,
이에 현실적으로 가장 적극적이고 효과적으로 대처할 수 있도록
이번에 또 다시 완전히 새롭게 업그레이드해 새로운 개정판을 내놓는다.

이 책은 우리나라 중학생이 중학교 필수 단어와 아울러 고교 대비 단어를
2개월 동안 완벽하게 마스터할 수 있도록 고안된 것이다.
이 책은 가장 빨리 가장 적은 힘으로 가장 확실하게 외워지는 단어장이다.
이 책은 모든 탁상공론과 비현실적인 명분을 거부한다.
단어 암기에 무슨 비밀이라도 있는 듯 현혹하는 비결서도 사양한다.
단지 이 책은 과학 그 자체일 뿐이다.
이 책에는 낱낱의 단어들이 단순히 나열되어 있는 게 아니라,
단어가 외워질 수밖에 없게 만드는 갖가지 독보적 장치들을 통해
실제로 학습자가 능동적으로 참여하는 학습 과정이 구현되어 있다.
일단 이 책이 이끄는 길을 따라가다 보면
자신도 모르는 사이에 영단어들이 산 채로 머리에 박히게 될 것이다.

이 책은 책상머리에서 무슨 학습 이론만으로 이루어진 것도,
이미 쌓여 있는 단어장의 돌무덤에 돌 하나 더 얹으려고 꾸며진 것도 아니다.
학교·학원·개인지도 현장에서 제자들의 답답한 목소리를 아프게 들으며,
저 진저리나는 단어 암기의 늪에서 여러분을 탈출시키려고 만든 것이다.
그러나 세상에 고통의 대가 없이 이루어지는 가치 있는 것은 아무것도 없다.
자, 이제 이 고통의 바다를 이 단어장을 벗 삼아 즐거이 건너자.

김승영 · 고지영

📖 Structures & Features

암기 과학을 실현하는
10가지 장치

1 중학교 전 교과서 단어＋고1 수준 단어 선정

중학교 모든 교과서를 컴퓨터로 검색해 선정한 단어 중 기초 단어를 제외한 1,200개
와 교육부 지정 고등 기초 단어 600개를 포함해 총 1,800개를 엄선했습니다. 또한
Upgrading 단어 300개를 추가하여, 중학교 영단어를 완전 정복함은 물론 고교 영
어까지 미리 대비할 수 있습니다.

2 품사별 컬러화로 시각적 단어 학습

	색깔	품사	상징	기능
●	파랑	명사	하늘	사람·사물의 이름을 나타내는 중심 단어
●	빨강	동사	불[에너지]	동작·상태를 나타내는 중심 단어
●	보라	명사·동사	파랑＋빨강	명사(파랑)/동사(빨강)로 쓰이는 단어
●	초록	형용사	초목	상태·성질을 나타내고 명사를 꾸며 주는 단어
●	갈색	부사	땅	주로 동사·형용사를 꾸며 주는 단어

영어 단어의 품사는 영어 문법의 기초입니다. 영단어의 품사만 제대로 알면 영문법
의 절반은 끝난 것입니다. 가장 강력한 감각인 시각을 100% 활용한 기능성 컬러화
로 영단어 품사의 직관적 습득을 가능하게 하였습니다.

3 QR 코드를 통해 청각으로 하는 단어 학습

날짜별 QR 코드를 통해 단어와 뜻, 예문을 들으며 학습할 수 있습니다. 책을 들고
다니기 어려운 상황에서도 귀로 들으며 단어를 외우는 것이 가능합니다.

4 최신 실용 예구[예문]의 문제화

자칫 무시하기 쉬운 예구나 예문을 전부 문제화했습니다. 단어를 외운 후 최신 영영
사전과 현행 교과서에서 뽑은 생생한 예구나 예문을 통해 곧바로 능동적인 확인 학
습을 할 수 있습니다.

5 '즐거운 Test'를 통한 심화 암기

모든 표제어를 1·2차에 걸쳐 즐겁게 문제를 풀면서 주체적으로 암기할 수 있습니다.
1차로 '영어는 우리말로, 우리말은 영어로!'의 기계적 테스트를 거친 후, 2차로 연어
(collocation)와 표준 예문을 통해 단어의 용법까지 가장 효과적으로 터득하게 됩니다.

6 Today's Dessert / 반갑다 기능어야!

그날 나온 단어를 품고 선인들의 삶의 지혜를 깨우치는 **Today's Dessert**,
조동사·대명사·전치사·접속사 등 기능어의 정리를 통해
영문법의 기초를 확립하게 하는 **반갑다 기능어야!**를 매일 만나볼 수 있습니다.

7 미리 보는 고등 영단어 'Upgrading 300'

Upgrading 단어 300을 추가하여 고등 단어까지 선행 학습할 수 있게 구성하였
습니다.

8 일일·누적 테스트

순서가 바뀌어 제시된 그날의 단어 30개(앞면)와 첫날부터 그 전날까지 누적된 중요
단어 30개(뒷면)로 확인 테스트를 하면서 확실하게 마무리할 수 있습니다.

9 미니 영어 사전

중학교 교과서 전부를 검색해 실제로 자주 쓰이는 단어의 의미만 추려 실어서 만든,
중학 영단어의 기준과 표준이 되는 작지만 강한 사전입니다.

10 별책 부록 – 일일 암기장

1일 30개씩 정리된 암기장으로, 영단어와 우리말 뜻을 접어서 외울 수 있도록 되어
있습니다. 본책과 따로 지니고 다니며 편리하게 사용할 수 있습니다.

⊙ Contents

이 책에 사용하는 약호 · 기호

❶ 품사별 컬러 표

	색깔	품사
●	파랑	명사
●	빨강	동사
●	보라	명사·동사
●	초록	형용사
●	갈색	부사

❷ 약호(품사 표시)

명 명사		대 대명사	
동 동사		형 형용사	
부 부사		전 전치사	
접 접속사		감 감탄사	
N 명사		V 동사원형	

❸ 기호

기호	의미
=	동의어
↔	반의어
▶	파생어·관련어
*	숙어·관용어구
[비교]	비교어
[ ]	대체 가능 어구
( )	생략 가능 어구·보충 설명
/	공동 적용 어구

1일 30개 60일 완성

뜯어먹는
중학 영단어 1800

권장 학습법

1. 먼저 30개 단어를 쭉 훑어보면서 낯을 익힌다.
   아는 것과는 반갑게 인사하고, 모르는 것과는 첫인사를 나눈다. (5분)
2. 모르는 단어를 중심으로 본격적으로 집중해서 외운다.
   쓰거나 듣기 자료를 들으면서 따라할 수도 있다. (15분)
3. 문제화된 표준 예구 30개 각각을 주어진 우리말의 뜻에
   알맞은 표제어를 넣어 완성시키고 통째로 암기한다. (10분)
4. 즐거운 **Test A**에 도전한다. 답을 직접 써 보는 게 좋지만,
   이동 중일 때는 머릿속으로 써 보아도 된다. (3분)
5. 채점해 보고 틀린 것을 골라내어 다시 학습한다. (6분)
6. 즐거운 **Test B**부터 끝까지 즐겁게 풀고 채점해 보면서 익힌다.
   이때 **반갑다 기능어야!**도 함께 학습한다. (20분)
7. **Today's Dessert**를 맛있게 음미하며 마무리한다. (1분)   총 소요 시간 : 약 60분

DAY 01

명사

01 **life**[laif] 삶[인생/생활], 생명 · 내 학교생활 my school _____

02 **person**[pə́ːrsn] 사람 · 친절한 사람 a kind _____

03 **job**[dʒɑb] 일, 일자리 · 시간제 일 a part-time _____

04 **earth**[əːrθ] 지구, 땅 · 지구 상의 생명체 life on _____

05 **country**[kʌ́ntri] ① 나라 ② (the ~) 시골 · 외국 a foreign _____

06 **way**[wei] ① 방법[방식] ② 길 · 생활 방식 a _____ of life

07 **story**[stɔ́ːri] ① 이야기 ② (건물의) 층 · 사랑 이야기 a love _____

08 **movie**[múːvi] 영화, (**the -s**) 영화관 · 영화를 보다 to see a _____

09 **problem**[prɑ́bləm] 문제 · 큰 문제 a big _____

10 **lot**[lɑt] (수량이) 많음 · 많은 시간 a _____ of time
　　* **a lot of** 많은　* **a lot** 다수[다량], 많이

명사 · 동사

11 **hand**[hænd] 명 ① 손 ② (시계) 바늘 · 왼손 the left _____
　　동 건네주다

12 **place**[pleis] 명 장소 동 두다[놓다] · 모임 장소 a meeting _____

13 **call**[kɔːl] 동 ① 전화하다 ② 부르다 · 언제든 전화해. C_____ me anytime.
　　명 통화, 부름

14 **start**[stɑːrt] 동 시작하다, 출발하다 · 시작하자. Let's _____.
　　명 시작, 출발

15 **try**[trai] 동 ① 노력하다 ② ~해 보다 명 시도 · 다시 노력하다 to _____ again

16 **use**[juːz] 동 사용[이용]하다 · 컴퓨터를 사용하다 to _____ a computer
　　명 [juːs] 사용[이용]

명사 · 형용사

17 **kind**[kaind] 명 종류 형 친절한 · 모든 종류의 음악 all _____s of music

18 **fun**[fʌn] 몡 재미, 장난 혱 재미있는
　▶**funny** 혱 웃기는　* **make fun of** ~을 놀리다

・단지 재미로[장난삼아] just for _____

19 **future**[fjúːtʃər] 몡 미래[장래] 혱 미래의

・미래[장래]에 in the _____

동사

20 **have**[hæv]-**had-had** ① 가지고 있다
　② 먹다　③ ~하게 하다, 당하다

・차를 가지고 있다 to _____ a car

21 **make**[meik]-**made-made** ① 만들다
　② ~하게 하다[시키다]

・로봇을 만들다 to _____ a robot

22 **let**[let]-**let-let** ~하게 하다[허락하다]
　* **Let's V** ~하자

・나 좀 가게 해줘. L_____ me go.

23 **get**[get]-**got-got(ten)** ① 얻다　② 이르다
　③ 되다

・일자리를 얻다 to _____ a job

24 **take**[teik]-**took-taken** ① 데려[가져]가다
　② 필요로 하다　③ 받다, 잡다

・그를 그곳에 데려가다 to _____ him there

형용사

25 **different**[dífərənt] 다른

・다른 생각 a _____ idea

26 **important**[impɔ́ːrtənt] 중요한

・중요한 질문들 _____ questions

형용사 · 부사

27 **right**[rait] 혱 ① 옳은(↔**wrong**)
　② 오른쪽의(↔**left**) 뷔 바로, 오른쪽으로
　몡 ① 오른쪽　② 권리

・정답 the _____ answer

28 **sure**[ʃuər] 혱 확신하는[확실한](=**certain**)
　뷔 물론, 확실히

・너 확신하니[확실하니]? Are you _____?

29 **well**[wel]-**better-best** 뷔 잘 혱 건강한
　몡 우물

・노래를 잘 부르다 to sing _____

30 **hard**[hɑːrd] 뷔 ① 열심히　② 세게
　혱 ① 단단한　② 어려운

・열심히 공부하다 to study _____

Today's Dessert

Many hands make light work.
많은 손이 일을 가볍게 만든다.(백지장도 맞들면 낫다.)

즐거운 Test **1**st

A 영어는 우리말로, 우리말은 영어로!

1. lot	16. 삶, 생명
2. call	17. 사람
3. start	18. 일, 일자리
4. try	19. 지구, 땅
5. use	20. 나라, 시골
6. fun	21. 방법[방식], 길
7. have	22. 이야기, (건물의) 층
8. make	23. 영화(관)
9. let	24. 문제
10. get	25. 손, 건네주다
11. take	26. 장소, 두다[놓다]
12. right	27. 종류, 친절한
13. sure	28. 미래[장래], 미래의
14. well	29. 다른
15. hard	30. 중요한

B 단어와 단어의 만남

1. her way of life
2. a kind person
3. a hard problem
4. different kinds
5. the right hand

6. 유럽 국가들 European c_____ies
7. 영화 배우 a m_____ star
8. 중요한 교훈 an i_____ lesson
9. 바로 여기 r_____ here
10. 인권 human r_____

C 보기 단어들 뜻 음미해 보고 빈칸 속에 퐁당!

보기	call hand have place start try

1. Do you _____ breakfast? 너는 아침을 먹니?
2. Can you _____ me a towel? 수건 좀 건네줄래?
3. She was _____ing not to cry. 그녀는 울지 않으려고 노력하고 있었다.
4. I'm going to _____ the police! 난 경찰을 부를 거야!
5. What time does the game _____? 몇 시에 경기가 시작되니?
6. She _____(e)d the dish on the table. 그녀는 접시를 식탁에 놓았다.

정답 **A** 앞면 참조 **B** 1. 그녀의 생활 방식 2. 친절한 사람 3. 어려운 문제 4. 다른 종류들 5. 오른손 6. countr(ies)
7. movie 8. important 9. right 10. right **C** 1. have 2. hand 3. try 4. call 5. start 6. place

D 보기 단어들 뜻 씹어 보고 들어갈 곳에 쏙!

| 보기 |　country　　　earth　　　fun　　　future

1. He lives in the _____ . 그는 시골에 산다.
2. The game is a lot of _____ . 그 경기는 많이 재미있다.
3. They studied life on _____ . 들은 지구 상의 생명체를 연구했다.
4. What do you want to be in the _____ ? 너는 장래에 뭐가 되고 싶니?

E 빈칸에 들어갈 알맞은 단어는?

1. He has worked h_____ all his life. 그는 평생 열심히 일해 왔다.
2. **A:** "Can I use your cellular phone?" "네 휴대폰을 사용해도 되겠니?"
   B: "S_____ , no problem." "물론이야. 괜찮아."

F 단어를 외우니 문장이 해석되네!

1. You can get a good job.
2. I'm not sure if I can do it well.
3. Let's make the world a better place.

G 같은 모양, 다른 의미

1. a love story / a fifty-story building
2. It takes ten minutes by bus. / Take your ticket and change.
3. How can I get there? / I hope you will get well again soon.

◎반갑다
기능어야!

be 조동사

	주어	현재형	과거형	과거분사형
단수	I	am	was	been
	you	are	were	
	he / she / it	is	was	
복수	we / you / they	are	were	

1. **진행형:** *be*+V-ing
   They are having lunch. 그들은 점심을 먹고 있다.
2. **수동태:** *be*+과거분사
   The World Cup is played every four years. 월드컵 경기는 4년마다 행해진다.

H 반갑다 기능어야! 익힌 후, 빈칸에 알맞은 기능어 넣기

1. What _____ you doing now? 넌 지금 무엇을 하고 있니?
2. The music _____ made by them. 그 음악은 그들에 의해 만들어졌다.

정답 **D** 1. country 2. fun 3. earth 4. future **E** 1. hard 2. Sure **F** 1. 넌 좋은 일자리를 얻을 수 있을 거야. 2. 내가 그것을 잘할 수 있을지 확신할 수 없다. 3. 세상을 더 좋은 곳이 되게 하자. **G** 1. 사랑 이야기(이야기) / 50층 건물(층) 2. 버스로 10분이 걸린다.(필요로 하다) / 표와 잔돈을 받으세요.(받다) 3. 그곳에 어떻게 갈 수 있니?(이르다) / 나는 네가 곧 다시 건강해지길 바란다.(되다) **H** 1. are 2. was

DAY 02

17 **keep**[ki:p]**-kept-kept** 유지하다, 계속하다, 보존하다

- 일기를 계속 쓰다 to _____ a diary

18 **find**[faind]**-found-found** 찾아내다 [발견하다] *** find out** 발견하다[알아내다]

- 정보를 찾아내다 to _____ information

19 **become**[bikʌ́m]**-became-become** ~이 되다[~(해)지다]

- 선생님이 되다 to _____ a teacher

동사 · 형용사

20 **live**[liv] 동 살다 형 [laiv] 살아있는

- 서울에 살다 to _____ in Seoul

21 **mean**[mi:n] 동 (meant-meant) ① 의미하다 ② 의도하다 형 못된[심술궂은]

- 그것은 무엇을 의미하니? What does it _____?

22 **last**[læst] 형 ① 지난 ② 마지막의(↔**first**) 동 계속[지속]되다 *** at last** 마침내

- 지난 여름 _____ summer

형용사 · 대명사

23 **any**[éni] 형 대 어떤 (것[사람]), 아무(것)

- 어떤 계획이 있니? Do you have _____ plans?

24 **each**[i:tʃ] 형 대 각각(의) *** each other** 서로

- 각각의 사람 _____ person

25 **other**[ʌ́ðər] 형 다른, 그 밖의 대 다른 사람[것]

- 다른 사람들 _____ people

26 **another**[ənʌ́ðər] 형 대 또 하나의 (것 [사람]), 다른 (것)[사람] *** one another** 서로

- 또 하나의 예 _____ example

27 **same**[seim] 형 대 같은 (것[사람])

- 같은 반 the _____ class

부사

28 **too**[tu:] ① 너무 ② (긍정문) ~도(=**also**) [비교] **either** (부정문) ~도

- 너무 많은 일 _____ much work

29 **also**[ɔ́:lsou] ~도(=**too**)

- 난 춥고 배도 고파. I'm cold and I'm _____ hungry.

30 **really**[rí:əli] 정말[진짜]

- 정말 멋진 녀석 a _____ nice guy

Today's Dessert

There is no smoke without fire.
아니 땐 굴뚝에 연기 날까.

A 영어는 우리말로, 우리말은 영어로!

1.	fire	16.	(한) 부분[조각]
2.	name	17.	예, 모범
3.	part	18.	분, 잠깐[순간]
4.	plant	19.	여행
5.	practice	20.	편지, 글자
6.	turn	21.	언어
7.	keep	22.	과학
8.	mean	23.	계획, 계획하다
9.	last	24.	필요하다, 필요
10.	any	25.	배우다, 알게 되다
11.	other	26.	찾아내다[발견하다]
12.	another	27.	~이 되다[~(해)지다]
13.	same	28.	살다, 살아있는
14.	too	29.	각각의, 각각
15.	also	30.	정말[진짜]

B 단어와 단어의 만남

1. a piece of paper
2. a big fire
3. the parts of the body
4. another example
5. the last minute

6. 멋진 여행 a nice t_____
7. 연애편지 a love l_____
8. 외국어 a foreign l_____
9. 과학 수업 a s_____ class
10. 다른 사람들 o_____ people

C 보기 단어들 뜻 음미해 보고 빈칸 속에 풍당!

| 보기 | become | find | keep | learn | name | practice |

1. I _____ a diary every day. 난 매일 일기를 쓴다.
2. She _____(e)d swimming a lot. 그녀는 수영을 많이 연습했다.
3. The song has _____ quite popular. 그 노래는 꽤 인기가 많아졌다.
4. He _____(e)d his daughter *Amy*. 그는 딸에게 '에이미'라는 이름을 지어주었다.
5. What's the best way to _____ a language? 언어를 배우는 가장 좋은 방법이 뭐니?
6. I _____ a lot of information on the Internet. 난 인터넷에서 많은 정보를 찾아낸다.

정답 **A** 앞면 참조 **B** 1. 종이 한 장 2. 큰 불[화재] 3. 신체 부위 4. 또 하나의 예 5. 마지막 순간 6. trip 7. letter 8. language 9. science 10. other **C** 1. keep 2. practice 3. become 4. name 5. learn 6. find

D 빈칸에 들어갈 알맞은 단어는?

1. Do you have a _____ money? 돈을 좀 갖고 있니?
2. **A:** "Nice to meet you." "만나서 반가워."
   B: "Nice to meet you, t_____." "나도 만나서 반가워."
3. I like English. I a_____ like my English teacher.
   난 영어를 좋아한다. 난 영어 선생님도 좋아한다.
4. It was r_____ cold last night. 어젯밤에는 정말 추웠다.

E 같은 모양, 다른 의미

1. to plant trees / to water the plants
2. He turned and walked away.
   The leaves turned yellow.
3. The red light means "Stop."
   I didn't mean to upset you.
   Don't be so mean to her!

F 단어를 외우니 문장이 해석되네!

1. We live in the same building.
2. Each lesson lasts 50 minutes.
3. We need to make plans for the future.

⊙반갑다
기능어야!

have-had-had(3인칭 단수 has) 조동사
완료형: **have**+과거분사
• ~한 적이 있다: Have you seen forest fires? 산불을 본 적이 있니?
• 계속 ~해 오고 있다: He has been playing the computer games for five hours.
  그는 5시간 동안 계속 컴퓨터 게임을 하고 있다.
• ~해서 지금 … 인 상태다: She has lost her purse. 그녀는 지갑을 잃어버려서 지금 없다.
• ~해버려서 지금은 끝났다: I've finished my homework. 난 숙제를 끝냈다.

G 반갑다 기능어야! 익힌 후, 빈칸에 알맞은 기능어 넣기

1. _____ you been to another country? 다른 나라에 가본 적이 있니?
2. I _____ lost my cellphone. 난 휴대전화를 잃어버려서 지금 없다.

정답 **D** 1. any 2. too 3. also 4. really **E** 1. 나무를 심다(심다) / 식물에 물을 주다(식물) 2. 그는 돌아서 걸어 나갔다.(돌다) / 잎들이 노랗게 바뀌었다.(바뀌다) 3.빨간 불은 '정지'를 의미한다.(의미하다) / 난 널 속상하게 할 의도는 아니었어.(의도하다) / 그녀에게 그리 못되게 굴지 마!(못된) **F** 1. 우리는 같은 건물에 산다. 2. 각각의 수업은 50분 간 계속된다. 3. 우리는 장래 계획을 세울 필요가 있다. **G** 1. Have 2. have

DAY 03

명사

01 **restaurant**[réstərənt] 레스토랑[식당]   · 한식당 a Korean _____

02 **street**[striːt] 거리[도로]   · 일방통행로 a one-way _____

03 **side**[said] 측[쪽], 측면, 옆   · 왼쪽 the left _____
   * side by side 나란히

04 **space**[speis] ① 공간 ② 우주   · 시간과 공간 time and _____

05 **art**[ɑːrt] 미술, (the -s) 예술, 기술   · 미술 작품 a work of _____
   ▶artist 명 미술가, 예술가

06 **culture**[kʌ́ltʃər] 문화   · 한국 문화 Korean _____

07 **activity**[æktívəti] 활동   · 동아리 활동들 club _____ies

08 **weekend**[wíːkènd] 주말   · 이번 주말 this _____

09 **information**[ìnfərméiʃən] 정보   · 개인 정보 personal _____

명사 · 동사

10 **face**[feis] 명 얼굴 동 직면하다, 향하다   · 문제에 직면하다 to _____ the problem

11 **mind**[maind] 명 마음 동 언짢아하다   · 마음의 평화 peace of _____

12 **work**[wəːrk] 동 ① 일하다, 공부하다   · 열심히 일하다 to _____ hard
   ② 작동[작용]하다 명 ① 일(터), 공부 ② 작품

13 **watch**[wɑtʃ] 동 지켜보다 명 시계   · 텔레비전을 보다 to _____ TV

14 **worry**[wə́ːri] 동 걱정시키다[걱정하다]   · 걱정하지 마. Don't _____.
   명 걱정(거리)
   * be worried about ~에 대해 걱정하다

15 **change**[tʃeindʒ] 동 바꾸다[변화하다]   · 세상을 바꾸다 to _____ the world
   명 ① 변화 ② 거스름돈

명사 · 형용사

16 **light**[lait] 명 빛, 불 형 밝은, 가벼운   · 불을 끄다 to turn off the _____
   동 (lighted[lit]-lighted[lit]) 불을 붙이다

17 **present**[préznt] 명 ① 선물 ② 현재
명 ① 출석한 ② 현재의
동 [prizént] 주다, 제시[발표]하다

· 생일 선물 a birthday _____

18 **middle**[mídl] 명 형 한가운데(의)
* in the middle of ~의 한가운데에

· 방 한가운데에 in the _____ of the room

19 **favorite**[féivərit] 형 명 가장 좋아하는
(것[사람])

· 내가 가장 좋아하는 노래 my _____ song

동사

20 **enjoy**[endʒɔ́i] 즐기다

· 여행을 즐기렴! E_____ your trip!

21 **win**[win]-won-won ① 이기다 ② 따다[얻다]
▶winner 명 (우)승자, 수상자

· 경기를 이기다 to _____ the game

22 **understand**[ʌndərstǽnd]
-understood-understood 이해하다

· 이해가 안 돼. I don't _____.

동사 · 형용사

23 **warm**[wɔːrm] 형 따뜻한
동 따뜻하게 하다[데우다]
* warm-up 명 준비 운동

· 따뜻한 날씨 the _____ weather

24 **clean**[kliːn] 형 깨끗한 동 청소하다

· 깨끗한 수건들 _____ towels

25 **own**[oun] 형 대 자신의 (것) 동 소유하다

· 너 자신의 문제 your _____ problem

형용사

26 **interesting**[íntərəstiŋ] 재미있는
▶interested 형 관심[흥미] 있는

· 재미있는 이야기 an _____ story

27 **famous**[féiməs] 유명한

· 유명한 가수 a _____ singer

28 **special**[spéʃəl] 특별[특수]한, 전문의

· 특별한 계획 a _____ plan

형용사 · 부사

29 **fast**[fæst] 부 ① 빨리 ② 단단히 형 빠른

· 빨리 달리다 to run _____

30 **only**[óunli] 부 단지[오직] 형 유일한

· 단(지) 한 번 _____ once

Today's Dessert

A sound mind in a sound body.
건전한 정신은 건강한 신체에.

즐거운 Test 3rd

A 영어는 우리말로, 우리말은 영어로!

1.	face	16.	레스토랑[식당]
2.	mind	17.	거리[도로]
3.	work	18.	측[쪽], 측면, 옆
4.	worry	19.	공간, 우주
5.	change	20.	미술, 예술, 기술
6.	light	21.	문화
7.	present	22.	활동
8.	middle	23.	주말
9.	favorite	24.	정보
10.	warm	25.	지켜보다, 시계
11.	clean	26.	즐기다
12.	own	27.	이기다, 따대[얻다]
13.	interesting	28.	이해하다
14.	fast	29.	유명한
15.	only	30.	특별[특수]한, 전문의

B 단어와 단어의 만남

1. next weekend
2. the right side of his face
3. a fast-food restaurant
4. a middle school
5. my favorite food
6. an interesting book

7. 미술관 an a_____ museum
8. 다른 문화들 different c_____s
9. 재미있는 활동들 fun a_____ies
10. 정보화 시대 the i_____ age
11. 유명한 배우 a f_____ actor
12. 특별한 날 a s_____ day

C 보기 단어들 뜻 음미해 보고 빈칸 속에 퐁당!

|보기|	face	mind	understand	work	worry

1. He _____(e)s many problems. 그는 많은 문제에 직면해 있다.
2. My computer doesn't _____. 내 컴퓨터가 작동하지 않는다.
3. They _____ each other well. 그들은 서로를 잘 이해한다.
4. Don't _____, she'll be all right. 걱정하지 마. 그녀는 괜찮아질 거야.
5. Do you _____ if I use your pen? 당신의 펜을 사용해도 될까요?

정답 **A** 앞면 참조 **B** 1. 다음 주말 2. 그의 오른쪽 얼굴 3. 패스트푸드 음식점 4. 중학교 5. 내가 가장 좋아하는 음식 6. 재미있는 책 7. art 8. culture 9. activit(ies) 10. information 11. famous 12. special **C** 1. face 2. work 3. understand 4. worry 5. mind

D 빈칸에 공통으로 들어갈 단어는?

|보기| light   only   present   space

1. a parking _____ 주차 공간   a _____ station 우주 정거장
2. a _____ color 밝은 색   the green _____ 파란불
3. a Christmas _____ 크리스마스 선물   the _____ and the future 현재와 미래
4. the _____ person 유일한 사람   _____ once 단(지) 한 번

E 같은 모양, 다른 의미

1. We can't change his mind. / Here is your change.
2. He won the game. / He won a gold medal.
3. The weather gets warm. / Warm up the water.
4. We should keep water clean. / Let's clean our classroom first.

F 단어를 외우니 문장이 해석되네!

1. She lit a candle.
2. He enjoys watching quiz shows.
3. Many people don't own their own homes.

🙂반갑다 기능어야!

do-did-done(3인칭 단수 does) 조동사

1. 의문문
   Do you like dance? 춤을 좋아하니?   What did you do there? 거기서 무엇을 했니?
2. 부정문
   She doesn't like computer games. 그녀는 컴퓨터 게임을 좋아하지 않아.
3. 대동사 (동사 대신)
   "You didn't understand it." "Yes, I did." "너 그것을 이해하지 못했구나." "아니, 이해했어."
   "I want to win the game." "So do I." "난 경기에 이기고 싶어." "나도 그래."
4. 강조
   I do like English. 난 영어를 정말 좋아해.

G 반갑다 기능어야! 익힌 후, 빈칸에 알맞은 기능어 넣기

1. _____ you enjoy your trip? 여행 즐거웠니?
2. She _____ want to be a famous singer.
   그녀는 유명한 가수가 되기를 정말 바란다.

정답 **D** 1. space 2. light 3. present 4. only   **E** 1. 우리는 그의 마음을 바꿀 수 없다.(바꾸다) / 여기 거스름돈 있습니다.(거스름돈) 2. 그는 경기에 이겼다.(이기다) / 그는 금메달을 땄다.(따다) 3. 날씨가 따뜻해진다.(따뜻한) / 물을 데워라.(데우다) 4. 우리는 물을 깨끗이 유지해야 한다.(깨끗한) / 먼저 교실을 청소하자.(청소하다)   **F** 1. 그녀가 양초에 불을 붙였다. 2. 그는 퀴즈쇼를 보는 것을 즐긴다. 3. 많은 사람들이 자신의 집을 소유하고 있지 않다.   **G** 1. Did 2. does

명사

01 **clothes**[klouðz] 옷[의복]
   ▶**clothing** 명 옷[의복]   ▶**cloth** 명 천
   • 새 옷 new _____

02 **poem**[póuəm] 시
   ▶**poetry** 명 (집합적) 시
   • 시를 쓰다 to write a _____

03 **nature**[néitʃər] ① 자연 ② 천성
   • 자연을 구하다 to save _____

04 **forest**[fɔ́(:)rist] 숲
   • 숲에 살다 to live in a _____

05 **island**[áilənd] 섬
   • 아름다운 섬 a beautiful _____

06 **village**[vílidʒ] 마을
   • 어촌 a fishing _____

07 **state**[steit] ① 국가, (미국의) 주 ② 상태
   • 캘리포니아 주 the_____ of California

08 **habit**[hǽbit] 습관
   • 좋은 습관 a good _____

09 **history**[hístəri] 역사
   • 한국의 역사 Korean _____

10 **dialog(ue)**[dáiəlɔ̀ːg] 대화
   • 짧은 대화 a short _____

11 **newspaper**[njúːzpèipər] 신문
   • 신문 기자 a _____ reporter

12 **vacation**[veikéiʃən] 휴가[방학]
   • 휴가[방학] 계획 plans for _____

명사 · 동사

13 **store**[stɔːr] 명 가게[상점](=**shop**)
   동 비축[저장]하다 * **department store** 백화점
   • 옷 가게 a clothing _____

14 **sound**[saund] 명 소리 동 ~처럼 들리다,
   소리를 내다 형 건전한[건강한]
   • 자연의 소리 the _____s of nature

15 **point**[pɔint] 명 점, 요점, 의견, 점수
   동 가리키다
   • 중요한 점 an important _____

16 **land**[lænd] 명 땅[육지], 나라
   동 착륙하다(↔**take off**)
   • 땅 값 _____ prices

17 **fall**[fɔːl] 동 (**fell-fallen**) ① 떨어지다, 넘어지다
   ② 되다, 해당되다 명 ① 가을 ② 떨어짐 ③ 폭포
   • 침대에서 떨어지다
    to _____ out of the bed

18 **fly**[flai] 통 (flew-flown) ① 날다
② 비행기로 가다 명 파리
• 높이 날다 to _____ high

19 **visit**[vísit] 통 방문하다 명 방문
• 한국을 방문하다 to _____ Korea

동사

20 **begin**[bigín]-**began-begun** 시작하다
▶**beginning** 명 시작
• 새로운 삶을 시작하다
to _____ a new life

21 **grow**[grou]-**grew-grown** ① 자라다
② 기르다 ③ ~해지다
* **grown-up** 명 성인 형 장성한
• 천천히 자라다 to _____ slowly

22 **believe**[bilíːv] 믿다
* **believe in** ~의 존재를 믿다, 신뢰하다
• 난 그걸 믿을 수 없어. I can't _____ it.

23 **save**[seiv] ① 구하다 ② 저축하다 ③ 절약하다
▶**saving** 명 (**-s**) 저축(액), 절약
• 그녀의 생명을 구하다 to _____ her life

24 **participate**[paːrtísəpeit] 참가[참여]하다
▶**participation** 명 참가[참여]
• 대회[시합]에 참가하다
to _____ in a contest

동사 · 부사

25 **please**[pliːz] 부 제발 통 기쁘게 하다
▶**pleased** 형 기쁜
• 그를 기쁘게 하다 to _____ him

형용사

26 **easy**[íːzi] 쉬운(↔**difficult**/**hard**), 편한
* **take it easy** (작별 인사) 안녕, 느긋하게 하다
• 쉬운 방법 an _____ way

27 **poor**[puər] ① 가난한 ② 불쌍한 ③ 잘 못하는
* **the poor** 가난한 사람들
• 가난한 사람들 _____ people

28 **such**[sʌtʃ] 그러한, 그렇게[너무나]
* **such as**[**such ~ as**] ~와 같은
• 그러한 것 _____ a thing

부사

29 **just**[dʒʌst] ① 막 ② 꼭 ③ 단지
• 단지 조금 _____ a little

30 **always**[ɔ́ːlweiz] 늘[언제나]
• 그는 늘 친절하다. He is _____ kind.

Today's
Dessert

Habit is (a) second nature.
습관은 제2의 천성.

A 영어는 우리말로, 우리말은 영어로!

1.	nature	16.	옷[의복]
2.	state	17.	시
3.	store	18.	숲
4.	sound	19.	섬
5.	point	20.	마을
6.	land	21.	습관
7.	fall	22.	역사
8.	fly	23.	대화
9.	grow	24.	신문
10.	save	25.	휴가[방학]
11.	participate	26.	방문(하다)
12.	please	27.	시작하다
13.	poor	28.	믿다
14.	such	29.	쉬운, 편한
15.	just	30.	늘[언제나]

B 단어와 단어의 만남

1. my favorite poem
2. a small village
3. Korean history
4. a short dialogue
5. the summer vacation
6. poor people
7. 헌 옷 old c_____
8. 푸른 숲 a green f_____
9. 제주도 Jeju I_____
10. 나쁜 습관 a bad h_____
11. 영자 신문 an English n_____
12. 쉬운 방법 an e_____ way

C 보기 단어들 뜻 음미해 보고 빈칸 속에 퐁당!

보기	begin fly grow save visit

1. The first class _____s at 9:00. 1교시는 9시에 시작된다.
2. She _____(e)d Korea last year. 그녀는 작년에 한국을 방문했다.
3. Will you take the train or _____? 열차를 타고 갈 거니 비행기로 갈 거니?
4. He seems to _____ taller every day. 그는 매일 키가 더 커지는 것 같다.
5. Recycling _____s money, energy, and our nature.
   재활용은 돈과 에너지를 절약하고 우리의 자연을 구한다.

정답 **A** 앞면 참조 **B** 1. 내가 가장 좋아하는 시 2. 작은 마을 3. 한국의 역사 4. 짧은 대화 5. 여름 휴가[방학] 6. 가난한 사람들 7. clothes 8. forest 9. Island 10. habit 11. newspaper 12. easy **C** 1. begin 2. visit 3. fly 4. grow 5. save

D 빈칸에 들어갈 알맞은 단어는?

1. I a_____ go to the same store. 난 늘 같은 가게에 간다.
2. She looks j_____ like her mother. 그녀는 어머니를 꼭 닮았다.
3. I have never seen s_____ a fast bird. 난 그렇게 빠른 새를 결코 본 적이 없다.

E 같은 모양, 다른 의미

1. a state of mind / the state of California
2. an important point / 100 points
   Don't point a finger at someone.
3. He fell down the stairs. / He fell asleep.
4. They flew across land and sea. / Flight 846 landed.

F 단어를 외우니 문장이 해석되네!

1. Please participate in the campaign.
2. His story sounds strange, but I believe him.
3. Plants grow faster with music and the sounds of nature.

⊙반갑다 기능어야!

will/shall 조동사

will(부정 축약형 won't)

1. **미래 예측 (~일 것이다):** It will be hot tonight. 오늘밤에 더울 거야.
2. **의지 (~할 작정이다)**
   I will[I'll] help you wash the dishes. 설거지를 도와 드릴게요.
   He won't do wrong. 그는 나쁜 짓을 하려 하지 않는다.(거절)
3. **요구 (~해 주겠니?)**
   Will you phone me later? 나중에 전화해 주겠니?

Shall I/we ~ ?: 제안 (~할까?)
   Shall I open the window? 창문을 열까?
   Shall we play soccer? 축구 할래?

G 반갑다 기능어야! 익힌 후, 빈칸에 알맞은 기능어 넣기

1. I _____ do my best. 난 최선을 다할 거야.
2. _____ we dance? 춤추실래요?

정답 **D** 1. always 2. just 3. such **E** 1. 마음[정신] 상태(상태) / 캘리포니아 주(주) 2. 중요한 점(점) / 100점(점수) / 누군가를 손가락으로 가리키지 마라.(가리키다) 3. 그는 계단에서 넘어졌다.(넘어지다) / 그는 잠이 들었다.(되다) 4. 그들은 육지와 바다를 가로질러 비행했다.(육지) / 제846편이 착륙했다.(착륙하다) **F** 1. 제발 캠페인에 참여해주세요. 2. 그의 이야기가 이상하게 들리지만, 난 그를 믿는다. 3. 식물은 음악과 자연의 소리를 들으면 더 빨리 자란다. **G** 1. will 2. Shall

DAY 05

명사

01 **war**[wɔ:r] 전쟁
• 제2차 세계 대전
  the Second World _____

02 **soldier**[sóuldʒər] 군인[병사]
• 젊은 군인들 young _____s

03 **vegetable**[védʒətəbl] 채소[야채]
• 채소를 재배하다 to grow _____s

04 **leaf**[li:f] (복수 **leaves**) 잎
• 새 잎들 new _____ves

05 **bottle**[bátl] 병
• 우유병 a milk _____

06 **machine**[məʃíːn] 기계
• 세탁기 a washing _____

07 **area**[ɛ́əriə] 지역, 분야, 면적
• 금연 구역 a no-smoking _____

08 **grade**[greid] ① 성적 ② 등급 ③ 학년
• 좋은 성적을 얻다 to get a good _____

09 **advertisement[ad]**[ædvərtáizmənt]
광고 ▶**advertise** 통 광고하다
• 텔레비전 광고 a television _____

명사 · 동사

10 **spring**[spriŋ] 명 ① 봄 ② 용수철 ③ 샘
통 (**sprang-sprung**) 튀다
• 봄꽃들 _____ flowers

11 **rock**[rɑk] 명 ① 바위 ② 록 음악 통 흔들다
• 큰 바위 a big _____

12 **line**[lain] 명 선, 줄 통 줄을 서다
• 직선 a straight _____

13 **exercise**[éksərsàiz] 명 ① 운동 ② 연습
통 ① 운동하다 ② 연습하다
• 가벼운 운동 light _____

14 **cook**[kuk] 통 요리하다 명 요리사
• 저녁을 요리하다 to _____ dinner

15 **stay**[stei] 통 ① 머무르다 ② 그대로 있다
(=**remain**) 명 머무름
• 집에 머무르다 to _____ home

16 **break**[breik] 통 (**broke-broken**)
깨뜨리다, 고장 내다, 어기다 명 휴식[쉬는 시간]
• 창문을 깨뜨리다 to _____ a window

명사 · 형용사

17 **front**[frʌnt] 명 형 앞(쪽)(의)
* **in front of** ~의 앞에
• 줄 앞쪽 the _____ of the line

18 **second**[sékənd] 형 제2의
형 ① (시간 단위) 초 ② 잠깐

- 그의 둘째 아들 his _____ son

19 **cold**[kould] 형 추운, 차가운(↔**hot**)
명 감기, 추위

- 차가운 물 _____ water

20 **happen**[hǽpən] ① 일어나다
② 우연히 ~하다

- 무슨 일이 일어났니? What _____ed?

21 **leave**[liːv]-**left-left** ① 떠나다
② 내버려두다, 남기다

- 부산으로 떠나다 to _____ for Busan

22 **remember**[rimémbər] 기억하다

- 그의 이름을 기억하다
  to _____ his name

23 **wear**[wɛər]-**wore-worn**
① 입고[신고/쓰고] 있다 ② 닳다

- 제복을 입고 있다
  to _____ a uniform

24 **move**[muːv] ① 움직이다, 이사하다
② 감동시키다

- 천천히 움직이다 to _____ slowly

25 **send**[send]-**sent-sent** 보내다

- 편지를 보내다 to _____ a letter

26 **large**[lɑːrdʒ] 큰, 넓은(↔**small**)

- 대도시 a _____ city

27 **amazing**[əméiziŋ] 놀라운

- 놀라운 이야기 an _____ story

28 **early**[ə́rli] 형 초기의, 이른(↔**late**) 부 일찍

- 일찍 오다 to come _____

29 **often**[ɔ́(ː)fən] 자주[흔히]

- 나는 자주 테니스를 친다.
  I _____ play tennis.

30 **sometimes**[sʌ́mtàimz] 때때로

- 나는 때때로 택시를 탄다.
  I _____ take a taxi.

Today's Dessert

The **early** bird catches the worms.
일찍 일어나는 새가 벌레를 잡는다.(부지런해야 성공한다.)

A 영어는 우리말로, 우리말은 영어로!

1.	area	16.	전쟁
2.	grade	17.	군인[병사]
3.	spring	18.	채소[야채]
4.	line	19.	잎
5.	exercise	20.	병
6.	stay	21.	기계
7.	break	22.	광고
8.	front	23.	바위, 흔들다
9.	second	24.	요리하다, 요리사
10.	cold	25.	기억하다
11.	happen	26.	보내다
12.	leave	27.	큰, 넓은
13.	wear	28.	놀라운
14.	move	29.	자주[흔히]
15.	early	30.	때때로

B 단어와 단어의 만남

1. a four-leaf clover
2. the fallen rocks
3. for ten seconds
4. a large area
5. an amazing story
6. early spring

7. 한국 전쟁 the Korean W_____
8. 젊은 군인들 young s_____s
9. 신선한 야채 fresh v_____
10. 빈 병 an empty b_____
11. 세탁기 a washing m_____
12. 일자리 광고 a job a_____

C 보기 단어들 뜻 음미해 보고 빈칸 속에 퐁당!

보기	cook happen remember send stay wear

1. What _____ed to them? 그들에게 무슨 일이 일어났니?
2. I will _____ you a letter. 네게 편지를 보낼게.
3. She likes to _____ Korean food. 그녀는 한국 음식을 요리하는 것을 좋아한다.
4. Do you mind if I _____ for a while? 잠시 머물러도 될까요?
5. Do you _____ your first day at school? 학교에서의 첫날을 기억하니?
6. She was _____ing shorts and a T-shirt. 그녀는 짧은 바지에 티셔츠를 입고 있었다.

정답 **A** 앞면 참조 **B** 1. 네 잎 클로버 2. 떨어진 바위들 3. 10초 동안 4. 넓은 지역 5. 놀라운 이야기 6. 초봄 7. War 8. soldier 9. vegetable 10. bottle 11. machine 12. advertisement[ad] **C** 1. happen 2. send 3. cook 4. stay 5. remember 6. wear

D 보기 단어들 뜻 씹어 보고 들어갈 곳에 쏙!

| 보기 |　front　　　line　　　grade

1. Let's stand in _____ . 줄을 서자.
2. He always gets good _____ s. 그는 언제나 좋은 성적을 얻는다.
3. She sat down in _____ of the mirror. 그녀는 거울 앞에 앉았다.

E 빈칸에 들어갈 알맞은 단어는?

1. S_____ my dad cooks dinner. 때때로 아빠가 저녁을 요리하신다.
2. I get up e_____ in the morning. 나는 아침 일찍 일어난다.

F 같은 모양, 다른 의미

1. Don't break the rules! / I'll speak to you at break.
2. The weather turned cold. / I have a cold.
3. They moved to Seoul. / They were moved by his story.
4. The bus is going to leave at 8:00. / Can I leave a message?

G 단어를 외우니 문장이 해석되네!

1. I am in the second grade.
2. How often do you exercise each week?

⊙반갑다 기능어야!

would(부정 축약형 wouldn't) 조동사

1. **will의 과거형**
   He said he would give me a ride home. 그는 날 집에 태워 주겠다고 말했다.
2. **과거 습관 (~하곤 했다)**
   We would often go for walks in the park. 우리는 자주 공원에 산책하러 가곤 했다.
3. **공손한 부탁 · 제안**
   Would you teach me? 날 가르쳐 주시겠어요?
4. **would like[love] to V: ~하고 싶다**
   I'd like to be your good friend. 난 너의 좋은 친구가 되고 싶어.
5. **가정 표현**
   What would you do if you won a million dollars? 100만 달러를 딴다면 뭘 할 거니?

H 반갑다 기능어야! 익힌 후, 빈칸에 알맞은 기능어 넣기

1. She said she _____ meet me at 10:00.
   그녀는 날 10시에 만나겠다고 말했다.

2. _____ you like to come to our party? 우리 파티에 와 주시겠어요?

정답 **D** 1. line 2. grade 3. front **E** 1. Sometimes 2. early **F** 1. 규칙을 어기지 마!(어기다) / 쉬는 시간에 말할게.(쉬는 시간) 2. 날씨가 추워졌다.(추운) / 난 감기에 걸려 있다.(감기) 3. 그들은 서울로 이사했다.(이사하다) / 그들은 그의 이야기에 감동받았다.(감동시키다) 4. 버스는 8시에 떠날 거다.(떠나다) / 메시지를 남겨도 될까요?(남기다) **G** 1. 난 2학년이다. 2. 넌 매주 얼마나 자주 운동하니? **H** 1. would 2. Would

DAY 06

명사

01 **peace**[piːs] 평화(↔**war**)
• 전쟁과 평화 war and _____

02 **neighbor**[néibər] 이웃 (사람[나라])
▶**neighborhood** 명 지역, 이웃[인근]
• 내 이웃들 my _____s

03 **pet**[pet] 애완동물
• 애완견 a _____ dog

04 **brain**[brein] (두)뇌
• 두뇌 활동 _____ activity

05 **age**[eidʒ] ① 나이 ② 시대
• 열 살에 at the _____ of ten

06 **subject**[sʌ́bdʒikt] ① 과목 ② 주제
• 내가 가장 좋아하는 과목 my favorite _____

07 **fact**[fækt] 사실
* **in fact** 사실은
• 재미있는 사실 an interesting _____

08 **price**[prais] 값[가격]
• 낮은 가격 a low _____

09 **custom**[kʌ́stəm] 관습[풍습]
• 다른 관습들 different _____s

10 **office**[ɔ́(ː)fis] 사무실, 관청
• 사무실 건물 an _____ building

명사 · 동사

11 **park**[pɑːrk] 명 공원 동 주차하다
• 국립공원 a national _____

12 **rule**[ruːl] 명 규칙, 지배 동 지배하다
• 규칙에 따르다 to follow the _____s

13 **respect**[rispékt] 명 존경[존중]
동 존경[존중]하다
• 그를 존경하다 to _____ him

14 **check**[tʃek] 동 ① 점검[확인]하다
② 체크[표시]하다 명 ① 점검[확인] ② 수표
• 사실들을 확인하다 to _____ the facts

동사

15 **bring**[briŋ]-**brought**-**brought**
가져[데려]오다
• 친구를 집에 데려오다
to _____ a friend home

16 **build**[bild]-**built**-**built** 짓다[건축/건설하다]
• 집을 짓다 to _____ a house

026

17 **join**[dʒɔin] ① 가입하다 ② 함께하다
   ③ 연결하다

• 클럽에 가입하다 to _____ a club

18 **lose**[luːz]-lost-lost ① 잃다 ② 지다(↔**win**)
   * **lost and found** 분실물 센터

• 시계를 잃어버리다 to _____ a watch

19 **die**[dai] (현재분사 **dying**) 죽다

• 젊은 나이에 죽다 to _____ young

형용사 · 대명사

20 **half**[hæf] 대 형 (절)반(의) 부 반쯤

• 반 시간 동안 for _____ an hour

21 **few**[fjuː] 형 대 소수(의), (**a ~**) 몇몇(의)

• 몇 분 동안 for a _____ minutes

22 **both**[bouθ] 형 대 양쪽[둘 다](의)
   * **both A and B** A도 B도 (둘 다)

• 양팔 _____ arms

형용사

23 **sick**[sik] 병든[아픈]
   ▶**sickness** 명 병, 욕지기

• 병이 나다 to get _____

24 **busy**[bízi] ① 바쁜 ② 번화한 ③ 통화 중의

• 바쁜 어머니 a _____ mother

25 **real**[ríəl] 진짜[현실]의

• 현실 세계 the _____ world

형용사 · 부사

26 **wrong**[rɔːŋ] 형 틀린[잘못된](↔**right**)
   부 틀리게[잘못되게]

• 그게 뭐가 잘못되었니?
  What's _____ with it?

27 **most**[moust] 형 대 ① 대부분(의) ② 가장
   많은 (것) 부 (최상급) 가장, 매우

• 대부분의 사람들 _____ people

28 **late**[leit] 형 늦은 부 늦게

• 늦어서 미안해. Sorry I'm _____.

부사

29 **fortunately**[fɔ́ːrtʃənətli] 운 좋게도
   [다행히]
   ▶**fortunate** 형 운 좋은

• 다행히 아무도 다치지 않았다.
  F_____, nobody was injured.

30 **even**[íːvən] ① ~조차(도) ② (비교급 강조)
   훨씬

• 아이조차 그것을 할 수 있다.
  E_____ a child can do it.

Today's Dessert

It is never too late to learn.
너무 늦어 배울 수 없는 경우란 없다.

A 영어는 우리말로, 우리말은 영어로!

1.	subject	16.	평화
2.	park	17.	이웃 (사람[나라])
3.	rule	18.	애완동물
4.	respect	19.	(두)뇌
5.	check	20.	나이, 시대
6.	join	21.	사실
7.	lose	22.	값[가격]
8.	half	23.	관습[풍습]
9.	few	24.	사무실, 관청
10.	both	25.	가져[데려]오다
11.	busy	26.	짓다[건축하다]
12.	real	27.	죽다
13.	wrong	28.	병든[아픈]
14.	most	29.	늦은, 늦게
15.	even	30.	운 좋게도[다행히]

B 단어와 단어의 만남

1. world peace
2. next-door neighbors
3. a high price
4. the rules of the game
5. for half an hour
6. a few people
7. 인간의 뇌 the human b_____
8. 같은 나이 the same a_____
9. 어려운 과목 a difficult s_____
10. 재미있는 사실 an interesting f_____
11. 다른 관습들 different c_____s
12. 사무실 건물 an o_____ building

C 보기 단어들 뜻 음미해 보고 빈칸 속에 퐁당!

보기	bring build check lose(lost) respect

1. Did you _____ an umbrella? 우산을 가져왔니?
2. The students like and _____ him. 학생들은 그를 좋아하고 존경한다.
3. They _____ houses for poor people. 그들은 가난한 사람들을 위해 집을 짓는다.
4. He _____ the game, and also _____ his job. 그는 경기에서 지고, 일자리도 잃었다.
5. Read the following and _____ your answers. 다음을 읽고 답을 체크하시오.

정답 **A** 앞면 참조 **B** 1. 세계 평화 2. 옆집 이웃들 3. 고가 4. 경기 규칙 5. 반 시간 동안 6. 몇 명의 사람들 7. brain 8. age 9. subject 10. fact 11. custom 12. office **C** 1. bring 2. respect 3. build 4. lost, lost 5. check

D 보기 단어들 뜻 씹어 보고 들어갈 곳에 쏙!

| 보기 | late real wrong

1. Is anything _____? 뭐가 잘못됐나요?
2. What happened? You are always _____! 무슨 일이 있었니? 넌 늘 늦는구나!
3. It wasn't a ghost; it was a _____ person. 그것은 유령이 아니라 진짜 사람이었다.

E 빈칸에 들어갈 알맞은 단어는?

1. B_____ of us were busy. 우리 둘 다 바빴다.
2. F_____, the ball just missed the window. 다행히 공이 창문을 살짝 빗나갔다.
3. M_____ teenagers often have fast food. 대부분의 십대들은 자주 패스트푸드를 먹는다.
4. I don't e_____ want to think about it. 그것에 대해 생각하기조차도 싫어.

F 같은 모양, 다른 의미

1. Can I join your club? / Will you join us for lunch?
2. She's busy now. / The line is busy now. / a busy area
3. Let's go for a walk in the park. / You can't park the car here.

G 단어를 외우니 문장이 해석되네!

Her pet dog became sick and died.

⊙반갑다
기능어야!

can/could 조동사
can(부정 축약형 can't)
1. 능력 · 가능(~할 수 있다): I can swim. 난 수영을 할 수 있다.
2. 허가 · 부탁(~해도 되다, ~해 주다)
   Can you bring me another water? 물 한 잔 더 갖다 주겠니?
could(부정 축약형 couldn't)
1. can의 과거형(~할 수 있었다)
   He could read when he was three. 그는 세 살 때 글을 읽을 수 있었다.
2. 공손한 허가 · 부탁(~해도 되다, ~해 주다)
   Could you take a picture for me? 사진 좀 찍어 주시겠습니까?

H 반갑다 기능어야! 익힌 후, 빈칸에 알맞은 기능어 넣기

1. Fish _____ live in dirty rivers. 물고기는 더러운 강에서 살 수 없다.
2. _____ I join you? 당신과 함께해도 될까요?

정답 **D** 1. wrong 2. late 3. real **E** 1. Both 2. Fortunately 3. Most 4. even **F** 1. 너희 클럽에 가입해도 되니?(가입하다) / 우리와 점심 함께할래요?(함께하다) 2. 그녀는 지금 바쁘다.(바쁜) / 지금은 통화 중입니다.(통화 중인) / 번화한 지역(번화한) 3. 공원에 산책하러 가자.(공원) / 여기에 차를 주차할 수 없다.(주차하다) **G** 그녀의 애완견이 병들어 죽었다. **H** 1. can't[cannot] 2. Can[Could]

DAY 07

01 health[helθ] 건강
▶**healthy** 형 건강한, 건강에 좋은

• 좋은/나쁜 건강 good/poor _____

02 holiday[hálədèi] (공)휴일

• 휴일을 즐기다 to enjoy the _____

03 gift[gift] ① 선물(=**present**) ② 재능

• 생일 선물 a birthday _____

04 goal[goul] ① 목표[목적] ② (경기의) 골[득점]

• 내 인생의 목표 the _____ of my life

05 effect[ifékt] 영향[결과/효과]

• 부작용[부수적 결과] a side _____

06 field[fi:ld] ① 들판 ② 경기장 ③ 분야 ④ 현장

• 넓은 들판[경기장] a large _____

07 magazine[mǽgəzi:n] 잡지

• 패션 잡지 a fashion _____

명사 · 동사

08 sign[sain] 명 ① 표지판 ② 표시[신호]
동 ① 서명하다 ② 신호하다

• 도로 표지판 road _____s

09 report[ripɔ́:rt] 명 보고(서), 보도
동 보고[보도]하다 ▶**reporter** 명 기자

• 뉴스 보도 a news _____

10 order[ɔ́:rdər] 명 ① 순서, 질서 ② 명령
③ 주문 동 ① 명령하다 ② 주문하다

• 순서대로 in _____

11 experience[ikspíəriəns] 명 경험
동 경험하다

• 경험으로 알다 to know from _____

12 result[rizʌ́lt] 명 결과
동 (~ from) 결과로 생기다
* **as a result** 결과로

• 경기의 결과
the _____ of the game

13 ride[raid] 동 (**rode-ridden**) 타다
명 타기, 탈것

• 자전거를 타다 to _____ a bicycle

14 wish[wiʃ] 동 바라다[빌다] 명 소원[소망]

• 행운을 빌어. I _____ you well.

명사 · 형용사

15 human[hjú:mən] 형 인간의, 인간다운
명 인간[사람]

• 인체 the _____ body

16 **past**[pæst] 형 지나간[과거의]
명 (the ~) 과거 전 ~을 지나서

• 그의 과거 경험 his _____ experience

17 **carry**[kǽri] 가지고 있다[다니다], 나르다

• 가방을 가지고 있다 to _____ a bag

18 **draw**[drɔː]-**drew-drawn** ① (선으로)
그리다 ② 끌어당기다, 뽑다
▶**drawing** 명 (선) 그림

• (선으로) 그림을 그리다
  to _____ a picture

19 **spend**[spend]-**spent-spent**
(시간/돈을) 쓰다

• 그곳에서 시간을 보내다
  to _____ time there

20 **wait**[weit] 기다리다
* **wait for** ~을 기다리다

• 그를 기다리다
  to _____ for him

21 **decide**[disáid] 결정하다

• 너 스스로 결정해라. D_____ for yourself.

22 **choose**[tʃuːz]-**chose-chosen**
고르다[선택/선정하다]

• 우승자를 선정하다 to _____ the winner

23 **true**[truː] 사실인, 진짜의, 참된

• 실화 a _____ story

24 **popular**[pápjulər] 인기 있는, 대중의

• 대중문화 _____ culture

25 **difficult**[dífikʌlt] 어려운(↔**easy**)

• 어려운 질문 a _____ question

26 **foreign**[fɔ́ːrən] 외국의
▶**foreigner** 명 외국인

• 외국 학생들 _____ students

27 **able**[éibl] ~할 수 있는
* *be* **able to** V ~할 수 있다(=**can**)

• 수영을 할 수 있다
  to be _____ to swim

28 **full**[ful] 가득 찬

• 꽃으로 가득 찬 정원
  a garden _____ of flowers

29 **usually**[júːʒuəli] 보통[일반적으로]

• 난 보통 걸어서 학교에 간다.
  I _____ walk to school.

30 **never**[névər] 결코 ~ 않다

• 배우기를 결코 멈추지 마라.
  N_____ stop learning.

Today's Dessert

Time and tide wait(s) for no man.
세월은 사람을 기다려 주지 않는다.

 즐거운 Test

7th

A 영어는 우리말로, 우리말은 영어로!

1.	goal	16.	건강
2.	field	17.	(공)휴일
3.	sign	18.	선물, 재능
4.	report	19.	영향[결과/효과]
5.	order	20.	잡지
6.	result	21.	경험, 경험하다
7.	ride	22.	(시간/돈을) 쓰다
8.	wish	23.	기다리다
9.	human	24.	결정하다
10.	past	25.	고르다[선택하다]
11.	carry	26.	인기 있는, 대중의
12.	draw	27.	어려운
13.	true	28.	외국의
14.	usually	29.	~할 수 있는
15.	never	30.	가득 찬

B 단어와 단어의 만남

1. a national holiday
2. green fields
3. a no-smoking sign
4. past experience
5. a news report
6. the human body

7. 건강 상태 the state of h_____
8. 내 삶의 목표 my g_____ in life
9. 특수 효과 special e_____s
10. 스포츠 잡지 a sports m_____
11. 최종 결과 the end r_____
12. 외국 학생들 f_____ students

C 보기 단어들 뜻 음미해 보고 빈칸 속에 퐁당!

| 보기 | carry   choose   ride   spend   wish |

1. I _____ you a merry Christmas. 즐거운 크리스마스가 되길 빌어요.
2. She _____(e)s the child in her arms. 그녀는 팔로 아이를 안고 있다.
3. Have you learned to _____ a bicycle? 자전거 타는 걸 배웠니?
4. Mom never _____(e)s any money on herself.
   엄마는 결코 자신에게 돈을 쓰지 않는다.
5. He _____(e)s his words carefully. 그는 주의 깊게 말을 고른다.

정답 **A** 앞면 참조 **B** 1. 국경일 2. 푸른 들판 3. 금연 표시 4. 과거 경험 5. 뉴스 보도 6. 인체 7. health 8. goal
9. effect 10. magazine 11. result 12. foreign **C** 1. wish 2. carry(carries) 3. ride 4. spend 5. choose

032

D 보기 단어들 뜻 씹어 보고 들어갈 곳에 쏙!

| 보기 | difficult   full   popular   true |

1. Is it _____ she's leaving? 그녀가 떠날 거라는 게 사실이니?
2. Was the exam very _____? 시험이 매우 어려웠니?
3. He is very _____ with his friends. 그는 친구들에게 매우 인기 있다.
4. The kitchen was _____ of smoke. 부엌이 연기로 가득 찼다.

E 빈칸에 들어갈 알맞은 단어는?

1. Women u_____ live longer than men. 여성은 보통 남성보다 더 오래 산다.
2. I've n_____ been to foreign countries. 난 결코 외국에 간 적이 없다.

F 같은 모양, 다른 의미

1. a wedding gift / a gift for languages
2. You learn the words in order of difficulty.
   The dog was trained to follow orders. / The waiter took our orders.

G 단어를 외우니 문장이 해석되네!

1. I've never been able to draw well.
2. We spent half an hour waiting for the bus.
3. You must decide your own future for yourself.

반갑다 기능어야!

may 조동사
1. 추측 · 가능 (=might/can) (~일지도 모른다[~일 수도 있다])
   It may rain. 비가 올지도 모른다.
   I may have been wrong. 내가 틀렸을지도 모른다.
2. 허가 (=can) (~해도 되다[좋다])
   You may go now. 지금 가도 된다.
   May I come in and wait? 들어가서 기다려도 될까요?

H 반갑다 기능어야! 익힌 후, 빈칸에 알맞은 기능어 넣기

1. I _____ be late, so don't wait for me. 늦을지도 모르니, 날 기다리지 마.
2. You _____ sit down or stand as you wish.
   원하는 대로 앉거나 서거나 해도 좋다.

정답   **D** 1. true 2. difficult 3. popular 4. full   **E** 1. usually 2. never   **F** 1. 결혼 선물(선물) / 언어에 대한 재능(재능)
2. 넌 단어를 난이도 순으로 배운다.(순서) / 그 개는 명령에 따르도록 훈련받았다.(명령) / 웨이터가 주문을 받았다.(주문)   **G** 1. 나는 결코 그림을 잘 그릴 수 없었다. 2. 우리는 버스를 기다리느라 반 시간을 보냈다. 3. 넌 스스로 자신의 미래를 결정해야 한다.
H 1. may 2. may

DAY 08

명사

01 **dish** [diʃ] ① 접시 ② 요리 · 접시를 닦다[설거지하다] to do the _____es

02 **toy** [tɔi] 장난감 · 장난감 자동차 a _____ car

03 **subway** [sʌ́bwèi] 지하철 · 지하철을 타다 to take the _____

04 **voice** [vɔis] 목소리 · 부드러운 목소리 a soft _____

05 **event** [ivént] 사건[행사] · 큰 사건[행사] a big _____

06 **opinion** [əpínjən] 의견[견해] · 의견을 말하다 to give an _____
  * **in my opinion** 내 의견으로는

07 **solution** [səlúːʃən] 해법[해답] · 해법을 찾다 to find a _____
  ▶**solve** 통 풀다[해결하다]

08 **allowance** [əláuəns] 용돈[수당] · 용돈[수당]을 받다 to get an _____

09 **hundred** [hʌ́ndrəd] 백[100] · 수백 명의 사람들 _____s of people
  * **hundreds of** 수백의

10 **thousand** [θáuzənd] 천[1000] · 천 달러 a _____ dollars
  * **thousands of** 수천의

11 **century** [séntʃuri] 세기[100년] · 21세기 the 21st _____

명사 · 동사

12 **rest** [rest] 명 ① 휴식 ② 나머지 통 쉬다 · 휴식을 취하다 to take a _____

13 **waste** [weist] 명 ① 낭비 ② 쓰레기 · 시간 낭비 a _____ of time
  통 낭비하다

14 **surprise** [sərpráiz] 통 놀라게 하다 · 정말 놀라운 일이야!
  명 놀라운 일[것], 놀람 ▶**surprised** 형 놀란 What a _____!

15 **bear** [bɛər] 통 (bore-born) 낳다 명 곰 · 한국에서 태어나다
  * *be* **born** 태어나다 to be _____ in Korea

16 **fight** [fait] 통 (fought-fought) 싸우다 · 전쟁에서 싸우다
  명 싸움 to _____ in the war

034

17 **buy**[bai]-**bought-bought** 사다
・책을 사다 to _____ a book

18 **sell**[sel]-**sold-sold** 팔다(↔**buy**)
・차를 팔다 to _____ the car

19 **follow**[fálou] 따르다
・규칙에 따르다 to _____ the rule

20 **miss**[mis] ① 놓치다 ② 그리워하다
・버스를 놓치다 to _____ a bus

21 **close**[klouz] 동 닫다(=**shut**↔**open**)
형부[klous] 가까운(=**near**), 가까이
・문을 닫아라. C_____ the door.

22 **free**[fri:] 형 ① 자유로운, 한가한 ② 무료의
동 자유롭게 하다
・자유 시간에 in your _____ time

23 **upset**[ʌpsét] 형 속상한
동 (**upset-upset**) 속상하게 하다
・너 속상해 보인다. You look _____.

24 **healthy**[hélθi] 건강한, 건강에 좋은
▶**health** 명 건강
・건강한 몸 a _____ body

25 **delicious**[dilíʃəs] 맛있는
・맛있는 음식 _____ food

26 **sad**[sæd] 슬픈
▶**sadness** 명 슬픔
・슬픈 노래 a _____ song

27 **careful**[kɛ́ərfəl] 조심하는[주의 깊은]
・조심해! Be _____!

28 **ready**[rédi] 준비된
・준비됐니? Are you _____?

29 **away**[əwéi] 떨어져, 떠나서
・6마일 떨어져 있다 to be six miles _____

30 **however**[hauévər] 그러나[그렇지만]
・그러나 이것은 사실이 아니다.
This, _____, is not true.

Today's Dessert

Where two dogs fight for a bone, the third runs away with it.
쌍방이 다투는 틈을 타서 제3자가 애쓰지 않고 이득을 가로챈다.(어부지리)

A 영어는 우리말로, 우리말은 영어로!

1.	opinion	16.	접시, 요리
2.	rest	17.	장난감
3.	waste	18.	지하철
4.	surprise	19.	목소리
5.	bear	20.	사건[행사]
6.	follow	21.	해법[해답]
7.	miss	22.	용돈[수당]
8.	close	23.	백[100]
9.	free	24.	천[1000]
10.	upset	25.	세기[100년]
11.	healthy	26.	싸우다, 싸움
12.	delicious	27.	사다
13.	careful	28.	팔다
14.	away	29.	슬픈
15.	however	30.	준비된

B 단어와 단어의 만남

1. a surprised voice
2. a special event
3. a weekly allowance
4. a surprise party
5. healthy food
6. a delicious Korean dish
7. 장난감 집 a t_____ house
8. 지하철역 a s_____ station
9. 다른 의견 a different o_____
10. 쉬운 해법 an easy s_____
11. 21세기 the 21st c_____
12. 슬픈 소식 a s_____ news

C 보기 단어들 뜻 음미해 보고 빈칸 속에 퐁당!

| 보기 | bear(born) buy close fight(fought) follow sell |

1. She _____(e)d her eyes. 그녀는 눈을 감았다.
2. Someone was _____ing me. 누군가가 나를 따라오고 있었다.
3. He was _____ into a poor family. 그는 가난한 가정에서 태어났다.
4. The soldiers _____ for their country. 군인들은 그들의 나라를 위해 싸웠다.
5. We can _____ and _____ things through the Internet.
   우리는 인터넷을 통해 물건을 사고팔 수 있다.

정답 **A** 앞면 참조 **B** 1. 놀란 목소리 2. 특별 행사 3. 일주일 용돈[수당] 4. 깜짝 파티 5. 건강식 6. 맛있는 한국 요리 7. toy
8. subway 9. opinion 10. solution 11. century 12. sad **C** 1. close 2. follow 3. born 4. fought 5. buy, sell

D 보기 단어들 뜻 씹어 보고 들어갈 곳에 쏙!

| 보기 | careful   close   ready   upset

1. We're _____ to leave. 우리는 떠날 준비가 되었다.
2. She's still _____ at his mistake. 그녀는 그의 실수에 아직도 속상해 있다.
3. We must be _____ on the street. 우리는 거리에서 조심해야 한다.
4. The school is _____ to his house. 학교는 그의 집에서 가깝다.

E 빈칸에 들어갈 알맞은 단어는?

1. Stay a_____ from the fire. 불에서 떨어져 있어라.
2. He failed. H_____, he did not give up. 그는 실패했다. 그러나, 포기하지 않았다.

F 같은 모양, 다른 의미

1. Can I rest for a minute? / He spent the rest of his life in Canada.
2. I missed her so much. / I tried to catch the ball but missed.
3. Don't waste time. / Most waste can be recycled.
4. free tickets / Are you free this afternoon?

G 단어를 외우니 문장이 해석되네!

It's six thousand three hundred won.

◑반갑다 기능어야!

must 조동사

1. 의무(=**have to**) (~해야 하다)
   You must listen to me. 넌 내 말을 들어야 해.
2. 확실한 추측 (틀림없이 ~일 거다)
   It must be delicious. 그것은 틀림없이 맛있을 거다.
* must not[mustn't]: 금지 (~해선 안 된다)
   You mustn't say things like that. 넌 그와 같은 말을 해선 안 된다.
* don't have to: 불필요 (~할 필요가 없다)
   You don't have to worry. 걱정할 필요 없어.

H 반갑다 기능어야! 익힌 후, 빈칸에 알맞은 기능어 넣기

1. You _____ follow the rules. 넌 규칙에 따라야 한다.
2. You _____ not break the rules. 넌 규칙을 어겨선 안 된다.

정답 **D** 1. ready 2. upset 3. careful 4. close **E** 1. away 2. However **F** 1. 잠시 쉬어도 될까요?(쉬다) / 그는 캐나다에서 여생을 보냈다.(나머지) 2. 나는 그녀를 몹시 그리워했다.(그리워하다) / 나는 공을 잡으려고 했으나 놓쳤다.(놓치다) 3. 시간을 낭비하지 마라.(낭비하다) / 대부분의 쓰레기는 재활용될 수 있다.(쓰레기) 4. 무료 표(무료의) / 너 오늘 오후에 한가하니?(한가한) **G** 그것은 6천 3백 원이다. **H** 1. must 2. must

DAY 09

명사

01 president[prézidənt] 대통령, 장(長)
- 한국 대통령 the P_____ of Korea

02 diary[dáiəri] 일기(장)
- 일기를 쓰다 to keep a _____

03 cartoon[kɑːrtúːn] 만화 (영화)
- 만화를 그리다 to draw a _____

04 meal[miːl] 식사
- 식사를 하다 to have a _____

05 character[kǽriktər] ① 성격[특성] ② (등장)인물 ③ 글자
- 연극의 등장인물들 _____s in the play

06 reason[ríːzn] ① 이유 ② 이성
- 몇 가지 이유들 several _____s

07 ground[graund] 땅, 운동장
- 땅에 앉다 to sit on the _____

08 community[kəmjúːnəti] 공동체 [주민/지역 사회]
- 지역 사회 봉사 활동 _____ service

09 glass[glæs] ① 유리 ② 유리잔 ③ (-es) 안경
- 유리병 a _____ bottle

10 weight[weit] 무게, 몸무게[체중]
- 체중을 줄이다 to lose _____

명사 · 동사

11 control[kəntróul] 명 지배[통제] 동 지배[통제/조절]하다
- 체중을 조절하다 to _____ the weight

12 step[step] 명 ① 걸음 ② 단계 ③ 계단 (=stair) 동 ① 걸음을 옮기다 ② 밟다
- 걸음을 옮기다 to take a _____

13 matter[mǽtər] 명 ① 문제[일] ② 물질 동 중요하다
- 무슨 일 있니? What's the _____?

14 match[mætʃ] 명 ① 시합(=game) ② 성냥 동 어울리다, 연결시키다
- 축구 시합 a football _____

15 set[set] 동 (set-set) 두다[놓다], 세우다, (해가) 지다 명 세트
- 목표를 세우다 to _____ a goal

16 **catch**[kætʃ]-**caught-caught**
① (붙)잡다 ② (병에) 걸리다

・공을 잡다 to _____ a ball

17 **hold**[hould]-**held-held** ① 잡고 있다
② 열다[개최하다]

・손을 잡다 to _____ hands

18 **pick**[pik] 고르다, 따다, 뽑다

・과일을 따다 to _____ the fruit

19 **teach**[ti:tʃ]-**taught-taught** 가르치다
(↔**learn**) ▶**teacher** 몡 선생님[교사]

・수학을 가르치다 to _____ math

20 **agree**[əgríː] 동의하다[의견이 일치하다]
(↔**disagree**)

・네게 동의해. I _____ with you.

21 **invent**[invént] 발명하다
* **inventor** 몡 발명가

・새로운 것을 발명하다
  to _____ something new

22 **welcome**[wélkəm] 환영하다 몡 환영
형 환영 받는 캠 환영!
* **You're welcome**. 천만에요.

・그들을 환영하다 to _____ them

23 **bright**[brait] ① 빛나는[밝은] ② 똑똑한

・밝은 빛 the _____ lights

24 **smart**[smɑːrt] 영리한[똑똑한]
(=**clever**↔**stupid**)

・영리한[똑똑한] 아이 a _____ kid

25 **wise**[waiz] 지혜로운[현명한]

・지혜로운 노인 a _____ old man

26 **hungry**[hʌ́ŋgri] 배고픈

・배고파. I'm _____.

27 **fine**[fain] 형 좋은[훌륭한] 부 잘, 훌륭히

・좋은 옷 _____ clothes

28 **pretty**[príti] 형 예쁜[귀여운]
부 꽤, 아주[매우]

・예쁜 소녀 a _____ girl

29 **still**[stil] 부 ① 아직도 ② 그럼에도 불구하고
③ (비교급 앞) 훨씬 형 가만히 있는

・그는 아직도 그곳에 있다.
  He is _____ there.

30 **later**[léitər] 부 나중에, 후에 형 더 뒤[나중]의

・나중에 보자. See you _____.

Today's
Dessert

A word is enough to the wise.
현명한 사람에게는 한마디면 족하다.

039

9th

A 영어는 우리말로, 우리말은 영어로!

1.	character	16.	대통령, 장(長)
2.	control	17.	일기(장)
3.	step	18.	만화 (영화)
4.	matter	19.	식사
5.	match	20.	이유, 이성
6.	set	21.	땅, 운동장
7.	catch	22.	공동체[주민/지역 사회]
8.	hold	23.	유리(잔), 안경
9.	pick	24.	(몸)무게
10.	agree	25.	가르치다
11.	welcome	26.	발명하다
12.	bright	27.	영리한[똑똑한]
13.	fine	28.	지혜로운[현명한]
14.	still	29.	배고픈
15.	later	30.	예쁜, 꽤[아주]

B 단어와 단어의 만남

1. a cartoon character
2. Chinese characters
3. a delicious meal
4. a glass of milk
5. weight control
6. a tennis match

7. 인터넷 공동체 an Internet c_____
8. 다음 단계 the following s_____
9. 밝은 색깔 a b_____ color
10. 똑똑한 학생 a s_____ student
11. 지혜로운 남자 a w_____ man
12. 예쁜 소녀 a p_____ girl

C 보기 단어들 뜻 음미해 보고 빈칸 속에 퐁당!

| 보기 | invent   matter   pick   set   teach(taught)   welcome |

1. It doesn't _____ to me. 그건 내게 중요하지 않아.
2. He _____ the bird free. 그는 새를 자유롭게 놓아주었다.
3. Don't _____ the flowers. 꽃을 따지 마시오.
4. They _____(e)d her warmly. 그들은 그녀를 따뜻하게 환영했다.
5. My dad _____ me how to swim. 아빠가 내게 수영하는 법을 가르쳐 주셨다.
6. The Wright brothers _____(e)d the airplanes. 라이트 형제가 비행기를 발명했다.

정답 **A** 앞면 참조 **B** 1. 만화 캐릭터[등장인물] 2. 한자 3. 맛있는 식사 4. 우유 한 잔 5. 체중 조절 6. 테니스 시합
7. community 8. step 9. bright 10. smart 11. wise 12. pretty **C** 1. matter 2. set 3. pick 4. welcome
5. taught 6. invent

D 보기 단어들 뜻 씹어 보고 들어갈 곳에 쏙!

| 보기 | diary   ground   reason

1. He keeps a _____ in English. 그는 영어로 일기를 쓴다.
2. They were sitting on the _____. 그들은 땅에 앉아 있었다.
3. Can you tell me the _____ why he left? 그가 떠난 이유를 내게 말해 줄 수 있겠니?

E 빈칸에 들어갈 알맞은 단어는?

1. **A:** How are you? 어떻게 지내니?
   B: I'm f _____, thanks. 잘 지내. 고마워.
2. It will be p _____ cold at night. 밤에 꽤 추워질 것이다.
3. He can't sit s _____ for one minute. 그는 1분도 가만히 앉아있지 못한다.

F 같은 모양, 다른 의미

1. Did you catch any fish? / You may catch a cold.
2. He held her hand tightly.
   The meeting will be held tomorrow.
3. He lighted[lit] a match.
   Match the words in the left with the meanings in the right.

G 단어를 외우니 문장이 해석되네!

1. Do you still feel hungry?
2. I can't agree with you on the matter.
3. Two years later he became President.

⊙반갑다
기능어야!

should(부정 축약형 shouldn't) 조동사
의무 · 당연 · 권고(=ought to) (~해야 하다[~하는 게 좋다])
We should think of others. 우리는 다른 사람들을 생각해 주어야 한다.
You should get some rest. 넌 좀 쉬는 게 좋겠어.
You shouldn't drink and drive. 술 마시고 운전해서는 안 된다.
＊**should have+과거분사: 후회 · 비난** (~했어야 했다)
They should have called the police. 그들은 경찰에 전화를 했어야 했다.

H 반갑다 기능어야! 익힌 후, 빈칸에 알맞은 기능어 넣기

1. You really _____ quit smoking. 넌 정말 담배를 끊어야 한다.
2. He _____ have been more careful. 그는 더 주의 깊었어야 했다.

정답 **D** 1. diary 2. ground 3. reason **E** 1. fine 2. pretty 3. still **F** 1. 물고기를 잡았니?(잡다) / 넌 감기에 걸릴지도 모른다.(병에 걸리다) 2. 그는 그녀의 손을 꽉 잡았다.(잡고 있다) / 회의는 내일 열릴 것이다.(열다) 3. 그는 성냥을 켰다.(성냥) / 왼쪽 단어들을 오른쪽 뜻들과 연결하시오.(연결시키다) **G** 1. 넌 아직도 배가 고프니? 2. 나는 그 문제에 대해서 네게 동의할 수 없어. 3. 2년 후에 그는 대통령이 되었다. **H** 1. should 2. should

DAY 10

명사

01 teenager[teen][tíːnèidʒər]
십대(13–19세) 소년 · 소녀

• 십대들을 위한 책들 books for _____s

02 arm[ɑːrm] ① 팔 ② (-s) 무기

• 부러진 팔 a broken _____

03 skill[skil] 기술[기능]
▶**skilled** 형 숙련된

• 독해 기술 reading _____s

04 factory[fǽktəri] 공장

• 자동차 공장 a car _____

05 prize[praiz] 상[상품]

• 상을 타다 to win a _____

06 chance[tʃæns] 기회, 가망[가능성]
* **by chance** 우연히

• 또 한 번의 기회 another _____

07 shape[ʃeip] 모양, 상태

• 하트 모양 the _____ of a heart

08 difference[dífərəns] 다름[차이]
(↔**similarity**)

• 의견의 차이 a _____ of opinion

09 wall[wɔːl] 벽[담]

• 벽화 a _____ painting

명사 · 동사

10 contest[kántest] 명 경연[대회] 동 겨루다
▶**contestant** 명 경쟁자

• 피아노 경연 대회 a piano _____

11 race[reis] 명 ① 경주 ② 인종 동 경주하다

• 자동차 경주 a car _____

12 smell[smel] 명 냄새
동 냄새나다[냄새를 맡다]

• 꽃 냄새 the _____ of flowers

13 interest[intərəst] 명 ① 관심[흥미] ② 이익
동 관심[흥미]을 끌다
▶**interesting** 형 재미있는

• 관심[흥미]이 있다
to have an _____

14 judge[dʒʌdʒ] 명 재판관 동 판단[재판]하다

• 현명한 재판관 a wise _____

15 cause[kɔːz] 명 원인
동 일으키다[원인이 되다]

• 원인과 결과[인과] _____ and effect

16 cover[kʌvər] 동 덮다, 다루다
명 덮개, (책의) 표지

• 눈이 땅을 덮었다.
Snow _____ed the ground.

17 **travel** [trǽvəl] 동 여행하다, 이동하다
   명 여행
   • 세계 일주 여행하다
     to _____ around the world

18 **guess** [ges] 동 추측하다[알아맞히다] 명 추측
   • 내가 알아맞혀 볼게. Let me _____.

동사

19 **finish** [fíniʃ] 끝내다[끝나다]
   • 일을 끝내다 to _____ your work

20 **wash** [waʃ] 씻다
   • 얼굴을 씻어라. W_____ your face.

21 **introduce** [intrədjúːs] 소개하다
   • 그녀를 그에게 소개하다
     to _____ her to him

22 **hurt** [həːrt] -hurt-hurt 다치게 하다, 아프다
   형 다친 명 상처
   • 그는 심하게 다쳤다.
     He was badly _____.

형용사

23 **tired** [taiərd] 피곤한, 싫증난
   • 피곤해. I'm _____.

24 **proud** [praud] 자랑스러운
   • 난 네가 자랑스러워. I'm _____ of you.

25 **dirty** [dɔ́ːrti] 더러운
   • 더러운 양말 _____ socks

26 **angry** [ǽŋgri] 화난[성난]
   • 그의 화난 얼굴 his _____ face

27 **modern** [mádərn] 현대의, 현대적인
   • 현대 생활 _____ life

28 **useful** [júːsfəl] 유용한[쓸모 있는]
   (↔useless)
   • 유용한 정보 _____ information

부사

29 **soon** [suːn] 곧, 빨리
   * **as soon as** ~하자마자
   • 곧 만나자. See you _____.

30 **once** [wʌns] ① 한 번 ② (과거) 언젠가
   접 일단 ~하면
   * **at once** 즉시, 동시에
   • 1주일에 한 번 _____ a week

Today's Dessert

Walls have ears.
벽에도 귀가 있다.(낮말은 새가 듣고 밤말은 쥐가 듣는다.)

A **영어는 우리말로, 우리말은 영어로!**

1. skill	16. 십대 소년 · 소녀
2. contest	17. 팔, 무기
3. race	18. 공장
4. smell	19. 상(품)
5. interest	20. 기회, 가망[가능성]
6. judge	21. 모양, 상태
7. cause	22. 다름[차이]
8. cover	23. 벽[담]
9. travel	24. 끝내다[끝나다]
10. guess	25. 씻다
11. hurt	26. 소개하다
12. tired	27. 자랑스러운
13. useful	28. 더러운
14. soon	29. 화난[성난]
15. once	30. 현대의, 현대적인

B **단어와 단어의 만남**

1. today's teenagers
2. language skills
3. a factory worker
4. the time difference
5. a singing contest
6. a tired voice
7. 노벨상 The Nobel P_____
8. 다른 모양들 different s_____s
9. 돌담 stone w_____s
10. 현명한 재판관 a wise j_____
11. 더러운 접시들 d_____ dishes
12. 현대사 m_____ history

C **보기 단어들 뜻 음미해 보고 빈칸 속에 퐁당!**

보기	cause guess introduce smell travel wash

1. I like to _____ by train. 나는 기차로 여행하는 것을 좋아한다.
2. What _____(e)d the fire? 무엇이 화재를 일으켰니?
3. Come and _____ these roses. 와서 이 장미꽃들 냄새를 맡아 보렴.
4. _____ your hands very often. 아주 자주 손을 씻어라.
5. Let me _____ my family to you. 당신에게 우리 가족을 소개할게요.
6. You can _____ what happened next. 다음에 무슨 일이 일어났는지 추측할 수 있어.

정답 **A** 앞면 참조 **B** 1. 요즘 십대들 2. 언어 기술 3. 공장 노동자 4. 시차 5. 노래 경연 대회 6. 피곤한 목소리 7. Prize 8. shape 9. wall 10. judge 11. dirty 12. modern **C** 1. travel 2. cause 3. smell 4. Wash 5. introduce 6. guess

D 보기 단어들 뜻 씹어 보고 들어갈 곳에 쏙!

| 보기 | angry   proud   useful

1. Please don't be _____ with me. 제발 나한테 화내지 마.
2. The Internet can be _____ for learning. 인터넷은 학습에 유용할 수 있다.
3. Her parents are very _____ of her. 그녀의 부모님은 그녀를 매우 자랑스러워하신다.

E 빈칸에 들어갈 알맞은 단어는?

1. She is i_____ed in Korean history. 그녀는 한국 역사에 관심이 있다.
2. The mountains are c_____ed with snow. 산들이 눈으로 덮여 있다.

F 같은 모양, 다른 의미

1. I'll win the race! / We welcome children of all races.
2. Please give me another chance. / There is a 90% chance of rain.
3. He plays tennis once a week. / There once lived a wise man.
   Once you get there, you'll love it.

G 단어를 외우니 문장이 해석되네!

1. My arms hurt so much.
2. Don't judge a book by its cover.
3. How soon can you finish the report?

○반갑다
기능어야!

used to 조동사

1. **과거의 규칙적 습관 (전에는 ~하곤 했다)**
   I used to watch TV a lot. 난 전에는 TV를 많이 보고 했다.(지금은 많이 보지 않는다.)
   I used to go to the beach when I was lonely. 난 외로울 때면 바닷가에 가곤 했다.
2. **과거의 지속적 상태 (전에는 그랬다)**
   There used to be a rice field here. 전에는 여기에 논이 있었다.
* **be[get] used to V-ing[명사]: ~에 익숙하다[익숙해지다]**
   I am used to using a computer. 난 컴퓨터를 사용하는 데 익숙하다.

H 반갑다 기능어야! 익힌 후, 빈칸에 알맞은 기능어 넣기

1. I _____ have two meals in a day. 난 전에는 하루에 두 끼를 먹곤 했다.
2. There _____ be high stone walls here. 전에는 여기에 높은 돌담이 있었다.

정답 **D** 1. angry 2. useful 3. proud **E** 1. interest 2. cover **F** 1. 난 경주에서 이길 거야!(경주) / 우리는 모든 인종의 어린이들을 환영한다.(인종) 2. 제게 다시 한 번의 기회를 주세요.(기회) / 비 올 가능성이 90%다.(가능성) 3. 그는 1주일에 한 번 테니스를 친다.(한 번) / 언젠가 한 현자가 살았다.(언젠가) / 일단 그곳에 가면, 넌 거기를 좋아할 거다.(일단 ~하면) **G** 1. 내 팔이 너무 많이 아프다. 2. 표지로 책을 판단하지 말라. 3. 넌 얼마나 빨리 보고서를 끝낼 수 있니? **H** 1. used to 2. used to

DAY 11

명사

01 **environment**[inváiərənmənt] 환경
   ▶**environmental** 혱 환경의
   - 깨끗한 환경 a clean _____

02 **pollution**[pəlúːʃən] 오염
   - 대기 오염 air _____

03 **lake**[leik] 호수
   - 아름다운 호수 a beautiful _____

04 **desert**[dézəːrt] 사막
   - 사하라 사막 the Sahara D_____

05 **insect**[ínsekt] 곤충
   - 날아다니는 곤충들 flying _____s

06 **accident**[ǽksədənt] 사고
   - 자동차 사고 a car _____

07 **college**[kálidʒ] 대학
   - 대학 교수 a _____ professor

08 **exam**[igzǽm] 시험(=examination)
   - 시험을 보다 to take an _____

09 **advice**[ədváis] 조언[충고]
   ▶**advise** 통 조언[충고]하다
   - 조언을 구하다 to ask (for) _____

10 **hobby**[hábi] 취미
   - 취미를 즐기다 to enjoy your _____

명사 · 동사

11 **form**[fɔːrm] 명 ① 형태 ② 형식 통 형성되다
   - 동사의 과거형
     the past _____ of the verb

12 **mark**[mɑːrk] 명 표시[부호], 자국
   통 표시하다
   - 의문 부호 a question _____

13 **board**[bɔːrd] 명 판, 게시판 통 탑승하다
   - 비행기에 탑승하다 to _____ a plane

14 **post**[poust] 명 ① 우편(물)(=mail) ② 직위
   ③ 기둥 통 ① 우송하다 ② 게시하다
   - 우체국 a _____ office

15 **laugh**[læf] 통 웃다, 비웃다 명 웃음
   ▶**laughter** 명 웃음(소리)
   - 많이 웃다 to _____ a lot

16 **excuse**[ikskjúːz] 통 ① 용서하다
   ② 변명하다 명 변명
   - 실례합니다. E_____ me.

046

¹⁷ **pass**[pæs] 동 ① 지나가다 ② 건네주다
③ 합격하다 명 패스, 통행(증)
* **pass away** 돌아가시다

· 그 가게를 지나가다
to _____ the store

¹⁸ **drive**[draiv] 동 (**drove-driven**) 운전하다,
몰다 명 드라이브

· 차를 운전하다 to _____ a car

동사

¹⁹ **receive**[risíːv] 받다(=**get**)

· 상을 받다 to _____ a prize

²⁰ **kill**[kil] 죽이다

· 모기들을 죽이다 to _____ mosquitoes

²¹ **climb**[klaim] 오르다[등반하다]

· 담을 오르다 to _____ a wall

²² **add**[æd] 더하다, 덧붙이다

· 7과 5를 더해라. A_____ 7 and 5.

명사 · 형용사

²³ **fat**[fæt] 형 살찐[뚱뚱한] 명 지방

· 살찌다 to get _____

²⁴ **dark**[daːrk] 형 어두운 명 어둠
▶**darkness** 명 어둠

· 어두운 밤 a _____ night

²⁵ **whole**[houl] 형 전체[전부]의 명 전체[전부]

· 전 세계 the _____ world

형용사

²⁶ **afraid**[əfréid] 두려워[무서워]하는, 걱정하는

· 개를 무서워하다 to be _____ of dogs

²⁷ **physical**[fízikəl] 육체[신체]의, 물질[물리]의

· 신체 활동 _____ activities

²⁸ **dangerous**[déindʒərəs] 위험한

· 위험한 곳 a _____ place

부사

²⁹ **off**[ɔːf] 떨어져[멀리]

· 코트를 벗어라. Take your coat _____.

³⁰ **ever**[évər] 언제든[한번이라도]

· UFO를 언제 본 적이 있니?
Have you _____ seen a UFO?

Today's Dessert

He laughs best who laughs last.
최후에 웃는 자가 가장 잘 웃는 자다.

A 영어는 우리말로, 우리말은 영어로!

1.	form	16.	환경
2.	mark	17.	오염
3.	board	18.	호수
4.	post	19.	사막
5.	laugh	20.	곤충
6.	excuse	21.	사고
7.	pass	22.	대학
8.	drive	23.	시험
9.	add	24.	조언[충고]
10.	fat	25.	취미
11.	whole	26.	받다
12.	afraid	27.	죽이다
13.	physical	28.	오르다[등반하다]
14.	off	29.	어두운, 어둠
15.	ever	30.	위험한

B 단어와 단어의 만남

1. a large lake
2. dirty marks
3. a boarding pass
4. dangerous driving
5. the whole community
6. a short fat man

7. 수질 오염 water p_____
8. 대학생 a c_____ student
9. 조언 한 마디 a piece of a_____
10. 건조한 사막 a dry d_____
11. 작은 곤충들 small i_____s
12. 신체적 건강 p_____ health

C 보기 단어들 뜻 음미해 보고 빈칸 속에 퐁당!

| 보기 | add   climb   excuse   post   receive |

1. Did you _____ my mail? 내 메일 받았니?
2. _____ one point to your score. 네 점수에 1점을 더해라.
3. I _____(e)d Mt. Halla last weekend. 나는 지난 주말에 한라산을 등반했다.
4. _____ me, do you know what time it is? 실례합니다만, 몇 시인지 아세요?
5. The result was_____(e)d on the Internet. 결과가 인터넷에 게시되었다.

정답 **A** 앞면 참조 **B** 1. 큰 호수 2. 더러운 자국들 3. 탑승권 4. 위험한 운전 5. 전체 공동체[지역 사회] 6. 키 작고 살찐 남자 7. pollution 8. college 9. advice 10 desert 11. insect 12. physical **C** 1. receive 2. Add 3. climb 4. Excuse 5. post

D 보기 단어들 뜻 씹어 보고 들어갈 곳에 쏙!

| 보기 | environment   fat   hobby

1. My _____ is drawing cartoons. 내 취미는 만화를 그리는 것이다.
2. We have to keep the _____ clean. 우리는 환경을 깨끗이 보존해야 한다.
3. Fast food has a lot of _____ and salt. 패스트푸드에는 많은 지방과 소금이 있다.

E 빈칸에 들어갈 알맞은 단어는?

1. He fell o_____ the bike. 그는 자전거에서 떨어졌다.
2. Have you e_____ been to China? 중국에 언제 가 본 적이 있니?
3. Turn on the light; it's d_____ in here. 불을 켜라. 이 안은 어둡구나.

F 같은 모양, 다른 의미

1. Ice is a form of water.
   The rocks were formed over 4000 million years ago.
2. People passed by me. / Please pass me the salt.

G 단어를 외우니 문장이 해석되네!

1. Did you pass all your exams?
2. They were killed in a car accident.
3. I was afraid the other boys would laugh at me.

반갑다 기능어야!

it 대명사

1. **이미 나온 사물 · 현 상황 (그것)**
   "Where's your car?" "It's in the garage." "네 차는 어디 있니?" "그것은 차고에 있어."
2. **가짜 주어/목적어**
   Does it matter *what color it is*?(it=what ~) 그것이 무슨 색인지가 중요하니?
   I found it interesting *to learn English*.(it=to learn ~)
   난 영어를 배우는 게 재미있다는 걸 알게 되었다.
3. **날씨 · 시간 · 요일 · 거리:** It's snowing. 눈이 오고 있다.
4. **강조:** It was cancer that killed him. 그를 죽인 것은 바로 암이었다.

H 반갑다 기능어야! 익힌 후, 빈칸에 알맞은 기능어 넣기

1. _____ is dangerous for you to stay here.
   네가 여기에 머무는 것은 위험하다.
2. Is _____ still raining? 아직 비가 오고 있니?

정답 **D** 1. hobby 2. environment 3. fat **E** 1. off 2. ever 3. dark **F** 1. 얼음은 물의 한 형태이다.(형태) / 그 바위들은 40억 년 전에 형성되었다.(형성하다) 2. 사람들이 내 옆을 지나갔다.(지나가다) / 제게 소금 좀 건네주세요.(건네주다) **G** 1. 너는 모든 시험에 합격했니? 2. 그들은 자동차 사고로 죽었다. 3. 나는 다른 소년들이 나를 비웃을까봐 두려웠다. **H** 1. It 2. it

DAY 12

명사

01 **clerk**[klərk] 사무원, 점원 · 사무원 an office _____

02 **riddle**[rídl] 수수께끼 · 수수께끼를 풀다 to solve a _____

03 **company**[kʌ́mpəni] ① 회사(=firm) · 컴퓨터 회사 a computer _____
② 함께 있음, 친구

04 **garage**[gərɑ́:ʒ] 차고[주차장] · 지하 차고[주차장]
an underground _____

05 **palace**[pǽlis] 궁전 · 버킹엄 궁전 Buckingham P_____

06 **hole**[houl] 구멍 · 구멍을 파다 to dig a _____

07 **bill**[bil] ① 청구서[계산서] ② 지폐 ③ 법안 · 수도 요금 청구서 the water _____

08 **seed**[si:d] 씨(앗) · 씨를 심다 to plant _____s

09 **medicine**[médəsin] 약, 의학 · 약을 먹다 to take _____

10 **luck**[lʌk] (행)운 · 행운을 빌어! Good _____!

11 **meaning**[mí:niŋ] 의미[뜻] · 그녀 말의 의미 the _____ of her words
▶**mean** 통 의미하다

명사 · 동사

12 **volunteer**[vɑ̀ləntíər] 명 자원봉사자, · 자원봉사자로 일하다 to work as a _____
지원자 통 자원하다

13 **view**[vju:] 명 ① 견해[관점] ② 전망[경치] · 그 주제에 대한 나의 견해
통 바라보다 my _____ on the subject

14 **lie**[lai] 통 ① (lay-lain-lying) 누워 있다, 있다 · 잔디밭에 누워 있다
② (lied-lied-lying) 거짓말하다 명 거짓말 to _____ on the grass

15 **act**[ækt] 통 행동하다, 연기하다 명 행동[행위], · 친절한 행동 an _____ of kindness
연기, (연극의) 막

16 **pay**[pei] 통 (paid-paid) 지불하다 명 봉급 · 현금으로 지불하다 to _____ cash
* pay attention to N ~에 주의하다

17 **shout**[ʃaut] 동 외치다[소리치다] 명 외침   • 도와달라고 소리치다 to _____ for help

18 **cross**[krɔːs] 동 건너다[가로지르다], 교차시키다 명 십자가   • 강을 건너다 to _____ over the river

동사

19 **seem**[siːm] 보이다, ~인 것 같다   • 너 행복해 보이는구나. You _____ happy.

20 **invite**[inváit] 초대하다
  ▶**invitation** 명 초대   • 그를 파티에 초대하다
  to _____ him to a party

21 **arrive**[əráiv] 도착하다   • 늦게 도착하다 to _____ late

22 **collect**[kəlékt] 모으다[수집하다]
  ▶**collection** 명 수집(품)   • 정보를 수집하다 to _____ information

형용사

23 **rich**[ritʃ] 부유한(↔poor), 풍부한
  * **the rich** 부자들   • 부유한 나라[부국]들
  _____ countries

24 **blind**[blaind] 시각 장애가 있는[눈먼]   • 눈이 멀다 to go _____

25 **heavy**[hévi] 무거운(↔light), 심한   • 무거운 가방 a _____ bag

26 **terrible**[térəbl] 끔찍한[지독한](=awful)   • 끔찍한 사고 a _____ accident

27 **strange**[streindʒ] 이상한, 낯선   • 이상한 꿈 a _____ dream

28 **possible**[pásəbl] 가능한(↔impossible)
  * **as ~ as possible** 가능한 한 ~   • 가능하면 if _____

부사

29 **maybe**[méibiː] 아마(=perhaps)   • 아마 그는 올 거야. M_____ he'll come.

30 **ago**[əgóu] ~ 전에   • 5분 전 5 minutes _____

Today's Dessert

A good medicine tastes bitter.
좋은 약은 입에 쓰다.

A 영어는 우리말로, 우리말은 영어로!

1.	riddle	16.	사무원, 점원
2.	company	17.	차고[주차장]
3.	bill	18.	궁전
4.	volunteer	19.	구멍
5.	view	20.	씨(앗)
6.	lie	21.	약, 의학
7.	act	22.	(행)운
8.	pay	23.	의미[뜻]
9.	shout	24.	초대하다
10.	cross	25.	도착하다
11.	seem	26.	모으다[수집하다]
12.	blind	27.	부유한, 풍부한
13.	terrible	28.	무거운, 심한
14.	maybe	29.	이상한, 낯선
15.	ago	30.	가능한

B 단어와 단어의 만남

1. the riddle of the Sphinx
2. the phone bill
3. sunflower seeds
4. Good luck!
5. the meanings of this word
6. different views
7. 가게 점원 a store c_____
8. 경복궁 Gyeongbok P_____
9. 작은 구멍 a small h_____
10. 5달러 지폐 a five-dollar b_____
11. 약병 a m_____ bottle
12. 심한 비[큰비] h_____ rain

C 보기 단어들 뜻 음미해 보고 빈칸 속에 풍덩!

| 보기 | arrive　　cross　　invite　　pay　　shout　　volunteer |

1. Stop _____ing and listen! 그만 소리치고 들어 보렴!
2. He _____(e)d to do the job. 그가 그 일을 하겠다고 지원했다.
3. Can I _____ by credit card? 신용 카드로 지불해도 되나요?
4. Who should we _____ to the party? 우리는 누구를 파티에 초대해야 하니?
5. What time does the plane _____ in Seoul? 비행기가 몇 시에 서울에 도착하니?
6. Look both ways before _____ing the road. 길을 건너기 전에 양쪽 길을 보라.

정답 **A** 앞면 참조 **B** 1. 스핑크스의 수수께끼 2. 전화 요금 청구서 3. 해바라기 씨들 4. 행운을 빌어! 5. 이 단어의 뜻들 6. 다른 견해들 7. clerk 8. Palace 9. hole 10. bill 11. medicine 12. heavy **C** 1. shout 2. volunteer 3. pay 4. invite 5. arrive 6. cross

D 보기 단어들 뜻 씹어 보고 들어갈 곳에 쏙!

| 보기 | blind   possible   rich   terrible

1. What _____ news! 정말 끔찍한 소식이구나!
2. He wants to get _____. 그는 부자가 되고 싶어 한다.
3. Doctors think he will go _____. 의사들은 그가 눈이 멀게 될 거라고 생각한다.
4. Is it _____ to pay by credit card? 신용 카드로 지불하는 게 가능한가요?

E 빈칸에 들어갈 알맞은 단어는?

1. M_____ you're right, but m_____ not. 아마 네가 옳을지도 모르지만 옳지 않을지도 모른다.
2. The message came a few minutes a_____. 메시지가 몇 분 전에 왔다.

F 같은 모양, 다른 의미

1. Which company do you work for?
   People judge you by the company you keep.
2. Don't lie in the sun for too long. / I told her a white lie.

G 단어를 외우니 문장이 해석되네!

1. Your act seems strange to me.
2. They collected old things for the garage sale.

반갑다 기능어야! | **-self** 대명사

단수	복수
I → myself	we → ourselves
you → yourself	you → yourselves
he/she/it → himself/herself/itself	they → themselves

1. '자기 자신'(자기 자신을[에게])
   Let me introduce myself. 나 자신을 소개할게요.   Help yourself! 마음껏 먹어라!
2. 강조 (자기 스스로)
   It must be true – he said so himself.
   그건 틀림없이 사실일 거야. 그가 자기 스스로 그렇게 말했어.
   *(all) by -self: ① 혼자서 ② 혼자 힘으로 She lives **by herself**. 그녀는 혼자 산다.

H 반갑다 기능어야! 익힌 후, 빈칸에 알맞은 기능어 넣기

1. Make _____ at home. 편안히 해라.
2. We want to build the house _____. 우리는 우리 스스로 집을 짓고 싶다.

정답 **D** 1. terrible 2. rich 3. blind 4. possible   **E** 1. Maybe, maybe 2. ago   **F** 1. 넌 어느 회사에서 일하니?(회사) / 사람들은 네가 사귀는 친구로 널 판단한다.(친구) 2. 햇볕에 너무 오래 누워 있지 마.(누워 있다) / 난 그녀에게 선의의 거짓말을 했다.(거짓말)   **G** 1. 너의 행동이 내겐 이상해 보인다. 2. 그들은 차고 중고품 염가 판매를 위해 헌 물건들을 모았다.   **H** 1. yourself 2. ourselves

DAY 13

명사

01 **sense**[sens] 감각 • 유머 감각 _____ of humor

02 **pleasure**[pléʒər] 기쁨[즐거움] • 큰 기쁨 great _____

03 **image**[ímidʒ] 이미지[인상/영상/심상] • 시각 이미지 a visual _____

04 **map**[mæp] 지도 • 지도를 그리다 to draw a _____

05 **project**[prádʒekt] 프로젝트[계획/기획/과제] • 계획을 세우다 to set up a _____

06 **traffic**[trǽfik] 교통(량) • 교통 신호(등) _____ lights

07 **safety**[séifti] 안전 • 안전벨트 a _____ belt
  ▶**safe** 혱 안전한

08 **spaceship**[spéisʃip] 우주선 • 우주선을 조종하다 to fly a _____

09 **rainbow**[réinbòu] 무지개 • 하늘의 무지개 the _____ in the sky

10 **million**[míljən] 100만 • 칠백만 달러 seven _____ dollars
  * **millions of** 수백만의

11 **model**[mádl] 모델[모형/모범] • 건물 모형 a _____ of the building

명사 · 동사

12 **type**[taip] 몡 유형[종류] 통 타자를 치다 • 모든 유형의 사람들 all _____s of people

13 **block**[blɑk] 몡 블록[구획] • 그것은 세 블록 떨어져 있다.
  통 막다[방해하다]   It's three _____s away.

14 **seat**[si:t] 몡 좌석[자리] 통 앉히다 • 자리에 앉으세요. Please take a _____.
  [비교] **sit** 통 앉다

15 **touch**[tʌtʃ] 통 ① 만지다 ② 감동시키다 • 날 만지지 마! Don't _____ me!
  몡 접촉

16 **wonder**[wándər] 통 ① 궁금하다 ② 놀라다 • 난 무슨 일이 일어났는지 궁금하다.
  몡 경이   I _____ what happened.

명사 · 형용사

17 **magic**[mǽdʒik] 몡 혱 마술[마법](의) • 마술 쇼 a _____ show
  ▶**magician** 몡 마술사

18 **secret**[síːkrit] 형 명 비밀(의) · 비밀을 지키다 to keep a _____

19 **general**[dʒénərəl] 형 일반적인 · 일반적인 견해 _____ opinion
   명 육군[공군] 장군

동사

20 **prepare**[pripέər] 준비하다 · 저녁을 준비하다 to _____ dinner

21 **imagine**[imǽdʒin] 상상하다 · 미래 세계를 상상하다
   ▶**imagination** 명 상상(력)   to _____ the future world

22 **forget**[fərgét]-forgot-forgotten 잊다 · 나쁜 것은 잊어라. F_____ the bad things.

23 **develop**[divéləp] 발달하다, 개발하다 · 신약을 개발하다 to _____ a new drug
   ▶**development** 명 발달, 개발

24 **recycle**[riːsáikl] 재활용하다 · 빈 병을 재활용하다
   ▶**recycling** 명 재활용(품)   to _____ empty bottles

형용사

25 **several**[sévərəl] 몇몇의 · 몇 번 _____ times

26 **funny**[fʌ́ni] 웃기는[재미있는], 이상한 · 웃기는 이야기 a _____ story

27 **safe**[seif] 안전한(↔**dangerous**) · 안전한 작업 환경
   ▶**safety** 명 안전   a _____ working environment

형용사 · 부사

28 **enough**[inʌ́f] 형 대 충분한 (수량) · 충분한 수면 _____ sleep
   부 충분히

29 **loud**[laud] 형 큰 소리의[시끄러운](↔**quiet**) · 큰 목소리 a _____ voice
   부 큰 소리로(=**loudly**)

30 **far**[fɑːr] (비교급 farther[further], · 집에서 멀리 가다
   최상급 farthest[furthest]) 부 ① 멀리   to go _____ from home
   ② (비교급 강조) 훨씬 형 먼(↔**near**)

Today's Dessert

Several men, several minds.
[So many men, so many minds.] 각인각색(各人各色).

055

즐거운 Test

13th

A   영어는 우리말로, 우리말은 영어로!

1.	sense	16.	기쁨[즐거움]
2.	image	17.	지도
3.	project	18.	교통(량)
4.	model	19.	안전
5.	type	20.	우주선
6.	block	21.	무지개
7.	seat	22.	100만
8.	wonder	23.	만지다, 접촉
9.	general	24.	마술, 마술의
10.	develop	25.	비밀의, 비밀
11.	several	26.	준비하다
12.	funny	27.	상상하다
13.	enough	28.	잊다
14.	loud	29.	재활용하다
15.	far	30.	안전한

B   단어와 단어의 만남

1. the sense of touch
2. the pleasures of life
3. all types of music
4. a secret project
5. traffic safety
6. a funny magic

7. 도로 지도 a road m_____
8. 시각 이미지 a visual i_____
9. 거대한 우주선 a huge s_____
10. 아름다운 무지개 a beautiful r_____
11. 패션모델 a fashion m_____
12. 뒷좌석 the back s_____

C   보기 단어들 뜻 음미해 보고 빈칸 속에 퐁당!

보기	develop forget(forgotten) prepare recycle wonder

1. I _____ what happened. 난 무슨 일이 일어났는지 궁금하다.
2. She was busy _____ing dinner. 그녀는 저녁을 준비하느라 바빴다.
3. I'm sorry, I've _____ your name. 미안한데, 네 이름을 잊어버렸어.
4. The company _____s new software. 그 회사는 새로운 소프트웨어를 개발한다.
5. We should _____ bottles and cans. 우리는 병과 캔을 재활용해야 한다.

정답 **A** 앞면 참조 **B** 1. 촉각 2. 삶의 즐거움 3. 모든 종류의 음악 4. 비밀 프로젝트 5. 교통안전 6. 웃기는 마술 7. map
8. image 9. spaceship 10. rainbow 11. model 12. seat **C** 1. wonder 2. prepare(preparing) 3. forgotten
4. develop 5. recycle

D 보기 단어들 뜻 씹어 보고 들어갈 곳에 쏙!

| 보기 | loud   safe   several

1. _____ people volunteered to go. 몇몇 사람들이 가겠다고 지원했다.
2. Flying is a _____ form of travel. 비행기 여행은 안전한 여행의 형태다.
3. The music was so _____ that I had to shout. 음악이 너무 시끄러워서 난 소리쳐야 했다.

E 빈칸에 들어갈 알맞은 단어는?

1. She wants to move f_____ away from here.
   그녀는 여기서 멀리 이사 가고 싶어 한다.

2. She's old e_____ to decide for herself.
   그녀는 스스로 결정할 만큼 충분히 나이가 들었다.

F 같은 모양, 다른 의미

1. His house is three blocks away.
   A fallen tree is blocking the road.
2. a general idea / General Euljimundeok

G 단어를 외우니 문장이 해석되네!

Imagine millions of children are dying because they don't have anything to eat.

⊙반갑다 기능어야!

one(복수 ones) 대명사
1. 이미 나온 불특정 명사 대신 (하나)
   If you need *a pen*, I'll give you one. 펜이 필요하면 하나 주마.
2. 무리 중의 어떤 것[사람] (~ 중 하나)
   This is one of my favorite books. 이것이 내가 가장 좋아하는 책 중 하나다.
3. 비교되는 한 쪽 one ~ the other ... (하나는 ~고, 다른 하나는 …다)
   I have two dogs; one is white and the other brown.
   내게 개 두 마리가 있는데, 하나는 흰색이고 다른 하나는 갈색이다.
4. 일반인 (누구나)
   One wants to be happy. 누구나 행복하길 원한다.

H 반갑다 기능어야! 익힌 후, 빈칸에 알맞은 기능어 넣기

1. "Do you have a camera?" "No. I'll buy _____."
   "카메라 있니?" "아니. 하나 살 거야."

2. She has two sons. _____ is a musician, the other a magician.
   그녀는 아들이 둘 있다. 한 명은 음악가고, 다른 한 명은 마술사다.

정답 **D** 1. Several 2. safe 3. loud **E** 1. far 2. enough **F** 1. 그의 집은 세 블록 떨어져 있다.(블록) / 넘어진 나무가 길을 막고 있다.(막다) 2. 일반적인 생각(일반적인) / 을지문덕 장군(장군) **G** 수백만의 어린이들이 먹을 것이 없어 죽어가고 있다는 것을 상상해 보아라. **H** 1. one 2. One

DAY 14

명사

01 **truth**[tru:θ] 진실[사실/진리]
  * **to tell the truth** 사실대로 말하면

02 **success**[səksés] 성공(↔failure)
  ▶ **succeed** 동 성공하다

03 **friendship**[fréndʃip] 우정

04 **being**[bíːiŋ] 존재

05 **goods**[gudz] 상품[제품]

06 **coin**[kɔin] 동전

07 **bank**[bæŋk] ① 은행 ② 둑

08 **address**[ədrés] ① 주소 ② 연설

09 **electricity**[ilèktrísəti] 전기

10 **law**[lɔ:] 법(률)

11 **campaign**[kæmpéin] (정치·사회적) 운동[캠페인]

12 **sentence**[séntəns] 문장

· 진실을 말하다 to speak the _____

· 대성공 a big[great] _____

· 친밀한 우정 a close _____

· 인간 (존재) a human _____

· 상품 가격 the price of the _____

· 금화 a gold _____

· 강둑 the river _____

· 내 이메일 주소 my email _____

· 전기를 절약하다 to save _____

· 법에 위배되다 to be against the _____

· 재활용 운동 the recycling _____

· 문장을 읽다 to read a _____

명사 · 동사

13 **heat**[hi:t] 명 열(기), 더위
  동 뜨겁게 하다[가열하다]

14 **circle**[sɔ́:rkl] 명 ① 원 ② 집단
  동 원을 그리다, 돌다

15 **reach**[ri:tʃ] 동 이르다[도착하다], (손을) 뻗다
  명 (미치는) 범위

16 **mix**[miks] 동 섞다[섞이다] 명 혼합

· 태양의 열기 the _____ of the sun

· 원을 그리다 to draw a _____

· 산꼭대기에 이르다 to _____ the peak

· 버터와 밀가루를 섞어라.
  M_____ the butter and flour.

058

17 **excite**[iksáit] 흥분시키다
▶**exciting** 형 흥분시키는[흥미진진한]

• 개를 흥분시키지 마.
Don't _____ the dog.

18 **rise**[raiz]-**rose-risen** 오르다(↔**fall**),
(해가) 떠오르다(↔**set**)

• 10% 오르다 to _____ by 10%

19 **lead**[li:d]-**led-led** 이끌다
[데리고 가다/안내하다]

• 길을 안내하다 to _____ the way

20 **enter**[éntər] 들어가다, 입학하다

• 방에 들어가다 to _____ a room

21 **fill**[fil] (가득) 채우다[차다]

• 흙으로 구멍을 메우다
to _____ a hole with earth

22 **produce**[prədjú:s] 생산하다

• 상품을 생산하다 to _____ goods

23 **cool**[ku:l] 형 시원한, 냉정한, 멋진
동 식다[식히다]

• 시원한 곳 a _____ place

24 **slow**[slou] 형 느린 동 늦추다

• 느린 속도 a _____ speed

25 **clear**[kliər] 형 ① 명확한 ② 맑은 동 치우다

• 명확한 대답 a _____ answer

26 **false**[fɔ:ls] 틀린[가짜의/거짓된]

• 거짓 정보 _____ information

27 **national**[nǽʃənl] 국가[민족]의
▶**nation** 명 국가, 민족

• 국경일 a _____ holiday

28 **main**[mein] 주된[가장 중요한]
▶**mainly** 부 주로

• 요점 the _____ point

29 **almost**[ɔ́:lmoust] 거의

• 저녁이 거의 준비되었다.
Dinner's _____ ready.

30 **finally**[fáinəli] ① 마침내 ② 마지막으로
▶**final** 형 마지막[최후]의

• 마침내 그녀가 떠났다. She _____ left.

Today's Dessert

Truth will out.
진실은 드러나기 마련이다.

A 영어는 우리말로, 우리말은 영어로!

1.	being	16.	진실[사실/진리]
2.	campaign	17.	성공
3.	heat	18.	우정
4.	circle	19.	상품[제품]
5.	reach	20.	동전
6.	mix	21.	은행, 둑
7.	rise	22.	주소, 연설
8.	lead	23.	전기
9.	enter	24.	법(률)
10.	fill	25.	문장
11.	produce	26.	흥분시키다
12.	cool	27.	느린, 늦추다
13.	clear	28.	국가[민족]의
14.	false	29.	주된[가장 중요한]
15.	finally	30.	거의

B 단어와 단어의 만남

1. a human being
2. a national campaign
3. a short sentence
4. slow steps
5. the main reason

6. 교통 법(규) traffic l_____s
7. 전기 요금 청구서 the e_____ bill
8. 지속적인 우정 a lasting f_____
9. 거짓 변명 a f_____ excuse
10. 시원한 음료 a c_____ drink

C 보기 단어들 뜻 음미해 보고 빈칸 속에 퐁당!

보기	enter excite fill heat mix rise

1. The sun _____(e)s in the east. 해는 동쪽에서 뜬다.
2. Don't _____ without knocking. 노크 없이 들어오지 마시오.
3. The room was _____(e)d with smoke. 방이 연기로 가득 찼다.
4. _____ a frying pan and add some oil. 프라이팬을 가열하고 나서 기름을 좀 넣어라.
5. He was _____(e)d about the camping trip. 그는 캠핑 여행으로 흥분되었다.
6. If you _____ blue and yellow, you get green.
   파랑과 노랑을 섞으면, 녹색을 얻는다.

정답 **A** 앞면 참조 **B** 1. 인간 (존재) 2. 국가적 캠페인 3. 짧은 문장 4. 느린 걸음 5. 주된 이유 6. law 7. electricity
8. friendship 9. false 10. cool **C** 1. rise 2. enter 3. fill 4. Heat 5. excite 6. mix

D 보기 단어들 뜻 씹어 보고 들어갈 곳에 쏙!

| 보기 | circle   coin   truth

1. I'm sure she is telling the _____. 나는 그녀가 진실을 말하고 있다고 확신한다.
2. The children stood round in a _____. 아이들이 원을 그리며 서 있었다.
3. He put some _____s in his piggy bank. 그는 돼지 저금통에 동전들을 좀 넣었다.

E 빈칸에 들어갈 알맞은 단어는?

1. The question wasn't very c_____. 질문이 그리 명확하지 않았다.
2. Have you a_____ finished? 너 거의 끝냈니?
3. And f_____, I'd like to thank my teacher.
   그리고 마지막으로, 선생님께 감사드리고 싶어요.

F 같은 모양, 다른 의미

1. my home address / an opening address
2. How much do you have in the bank? / the river bank
3. We reached London late at night.
   He reached out his hand to touch her.

G 단어를 외우니 문장이 해석되네!

1. The factory produces sports goods.
2. Hard work will lead us to success in life.

⊙반갑다
기능어야!

-one[body] 대명사
1. someone[somebody]: **어떤 사람[누구]**
   Someone[Somebody] will join us. 어떤 사람이 우리와 함께할 거야.
2. anyone[anybody]: **(의문문) 누구, (부정문) 아무도, (긍정문) 누구나**
   Is there anyone[anybody] around? 주위에 누가 있어요?
   Anyone[Anybody] can see that it's false. 누구나 그것이 거짓이란 걸 알 수 있다.
3. everyone[everybody]: **모든 사람[모두]**
   Everyone[Everybody] knows him. 모두가 그를 안다.
4. no one[nobody]: **아무도 ~ 않다**
   No one[Nobody] knows. 아무도 모른다.

H 반갑다 기능어야! 익힌 후, 빈칸에 알맞은 기능어 넣기

1. Is _____ there? 거기 누가 있어요?
2. I tried calling, but _____ answered the phone.
   난 전화를 걸어 보았으나, 아무도 받지 않았다.

정답 **D** 1. truth 2. circle 3. coin **E** 1. clear 2. almost 3. finally **F** 1. 나의 집 주소(주소) / 개회사(연설) 2. 넌 은행에 돈이 얼마나 있니?(은행) / 강둑(둑) 3. 우리는 밤늦게 런던에 도착했다.(도착하다) / 그는 그녀를 만지려고 손을 뻗었다.(뻗다) **G** 1. 그 공장은 스포츠 제품을 생산한다. 2. 근면은 우리를 인생의 성공으로 이끈다. **H** 1. anyone[anybody] 2. no one [nobody]

DAY 15

01 **library**[láibrəri] 도서관
- 학교 도서관 a school _____

02 **museum**[mju:zí:əm] 박물관[미술관]
- 미술관 an art _____

03 **ocean**[óuʃən] 대양[바다]
- 태평양 the Pacific O_____

04 **bone**[boun] 뼈
- 부러진 뼈 a broken _____

05 **bath**[bæθ] 목욕
- 목욕하다 to take[have] a _____

06 **pity**[píti] ① 유감[안된 일] ② 동정
- 정말 유감이야! What a _____!

07 **proverb**[právə:rb] 격언[속담]
- 내가 가장 좋아하는 격언 my favorite _____

08 **product**[prádəkt] 생산물[제품]
  ▶**produce** 통 생산하다
- 생산물을 팔다 to sell _____s

09 **invention**[invénʃən] 발명(품)
  ▶**invent** 통 발명하다
- 컴퓨터의 발명
  the _____ of the computer

10 **technology**[teknálədʒi]
  테크놀로지[과학 기술]
- 현대 과학 기술 modern _____

11 **trash**[træʃ] 쓰레기
- 쓰레기를 배출하다 to take out the _____

12 **moment**[móumənt] 때[순간], 잠시
- 잠시 동안 for a _____

13 **date**[deit] ① 날짜 ② 데이트
- 오늘이 며칠이니?
  What's today's _____?

14 **taste**[teist] 명 맛(=flavor), 취향 동 맛이
   나다[맛보다]
- 미각 the sense of _____

15 **balance**[bǽləns] 명 균형 동 균형을 잡다
- 균형을 잃다 to lose your _____

16 **ring**[riŋ] 명 ① 반지, 고리 ② 종소리
   동 (rang-rung) (종[전화]이) 울리다
- 다이아몬드 반지 a diamond _____

17 **share**[ʃɛər] 동 공유하다[함께 쓰다], 나누다
   명 몫
- 방을 함께 쓰다 to _____ a room

062

18 **return**[ritə́rn] 동 (되)돌아가다[오다], 돌려주다 명 귀환, 반환

• 집으로 돌아가다 to _____ home

19 **lift**[lift] 동 (들어) 올리다 명 태우기, 올리기

• 상자를 들어 올리다 to _____ a box

동사

20 **raise**[reiz] ① 올리다 ② 모금하다 ③ 기르다
[비교] **rise** 동 오르다

• 손을 들어라. R_____ your hand.

21 **explain**[ikspléin] 설명하다

• 규칙들을 설명하다 to _____ the rules

22 **marry**[mǽri] ~와 결혼하다

• 그와 결혼하다 to _____ him

형용사

23 **exciting**[iksáitiŋ] 흥분시키는[흥미진진한]
▶**excite** 동 흥분시키다

• 흥미진진한 이야기 an _____ story

24 **common**[kámən] ① 흔한 ② 공통의
③ 보통의
＊ **in common** 공통[공동]으로

• 가장 흔한 단어 the most _____ word

25 **global**[glóubəl] 세계[지구]의

• 세계적 기상 변화 _____ climate change

26 **regular**[régjulər] ① 규칙적인 ② 보통의
▶**irregular** 형 불규칙한

• 규칙적인 운동 _____ exercise

27 **serious**[síəriəs] 진지한, 심각한, 중대한

• 심각한 문제 a _____ problem

28 **fresh**[freʃ] 신선한, 새로운

• 신선한 공기 _____ air

부사

29 **probably**[prábəbli] 아마

• 그건 아마 괜찮을 거야. It'll _____ be OK.

30 **else**[els] 그 밖의

• 그가 그 밖의 뭘 말했니?
What _____ did he say?

Today's Dessert

Necessity is the mother of invention.
필요는 발명의 어머니다.

15th

A 영어는 우리말로, 우리말은 영어로!

1.	ocean	16.	도서관
2.	pity	17.	박물관[미술관]
3.	technology	18.	뼈
4.	moment	19.	목욕
5.	date	20.	격언[속담]
6.	taste	21.	생산물[제품]
7.	balance	22.	발명(품)
8.	ring	23.	쓰레기
9.	share	24.	설명하다
10.	return	25.	~와 결혼하다
11.	lift	26.	흥분시키는[흥미진진한]
12.	raise	27.	세계[지구]의
13.	common	28.	규칙적인, 보통의
14.	serious	29.	신선한, 새로운
15.	probably	30.	그 밖의

B 단어와 단어의 만남

1. the Museum of Modern Art
2. a wonderful invention
3. information technology[IT]
4. a sweet taste
5. a global market
6. an exciting game
7. a serious problem

8. 태평양 the Pacific O_____
9. 부러진 뼈 a broken b_____
10. 영어 격언 an English p_____
11. 제품 개발 p_____ development
12. 그때 at that m_____
13. 규칙적인 운동 r_____ exercise
14. 신선한 과일 f_____ fruit

C 보기 단어들 뜻 음미해 보고 빈칸 속에 퐁당!

보기	explain lift marry share

1. He asked her to _____ him. 그는 그녀에게 그와 결혼해 달라고 했다.
2. Can you _____ what the poem means? 너 그 시가 무얼 의미하는지 설명해 주겠니?
3. I _____ a house with three other students. 난 다른 세 학생과 집을 함께 쓴다.
4. He _____(e)d the phone before the second ring.
   그는 두 번째 벨 소리가 울리기 전에 수화기를 들었다.

정답 **A** 앞면 참조 **B** 1. 현대 미술관 2. 놀라운 발명(품) 3. 정보 과학 기술 4. 단맛 5. 세계 시장 6. 흥미진진한 게임 7. 심각한 문제 8. Ocean 9. bone 10. proverb 11. product 12. moment 13. regular 14. fresh **C** 1. marry 2. explain 3. share 4. lift

D 보기 단어들 뜻 씹어 보고 들어갈 곳에 쏙!

| 보기 | balance　　　bath　　　date　　　trash

1. Could you take out the _____? 쓰레기를 버려 주실래요?
2. How often do you take a _____? 넌 얼마나 자주 목욕을 하니?
3. The _____ of the party is December 21. 파티 날짜는 12월 21일이야.
4. Try to keep a _____ between work and play.
   일[공부]과 놀이 사이의 균형을 유지하려고 노력해라.

E 빈칸에 들어갈 알맞은 단어는?

1. It will p_____ take about a week. 그것은 아마 1주일쯤 걸릴 거다.
2. We should put the environment before anything e_____.
   우리는 그 밖의 무엇이든 앞에 환경을 두어야 한다.

F 같은 모양, 다른 의미

1. I was born and raised in the country.
   Raise your hand if you know the right answer.
2. the most common cause of death
   They share a common interest in art.

G 단어를 외우니 문장이 해석되네!

I returned the books to the library.

⊙반갑다
기능어야!

-thing 대명사
1. something: 어떤 것[무엇]
   I want to do something for you. 난 널 위해 무엇을 하고 싶어.
2. anything: (의문문·조건절) 무엇, (부정문) 아무것도, (긍정문) 무엇이든
   I don't have anything to lose. 난 잃을 게 아무것도 없어.
   Today a woman can do anything. 오늘날 여성은 무엇이든 할 수 있다.
3. everything: 모든 것[모두]
   Everything will be OK. 모든 게 잘 될 거야.
4. nothing: 아무것도 ~ 않다
   Nothing special. 특별한 아무것도 없어.

H 반갑다 기능어야! 익힌 후, 빈칸에 알맞은 기능어 넣기

1. They found _____ common. 그들은 공통된 무엇을 발견했다.
2. If we don't do _____, the earth will become worse.
   우리가 아무것도 하지 않으면, 지구는 더 나빠질 거야.

정답 **D** 1. trash 2. bath 3. date 4. balance **E** 1. probably 2. else **F** 1. 난 시골에서 태어나 길러졌다.(기르다) / 정답을 알면 손을 들어라.(올리다) 2. 사망의 가장 흔한 원인(흔한) / 그들은 미술에 대한 공통의 관심을 나눈다.(공통의) **G** 난 도서관에 책을 반납했다. **H** 1. something 2. anything

DAY 16

01 planet[plǽnit] ① 행성 ② (the ~) 지구
- 다른 행성들 other _____s

02 beauty[bjúːti] ① 아름다움 ② 미인
- 해넘이의 아름다움
  the _____ of the sunset

03 sight[sait] ① 시력 ② 봄 ③ 시야 ④ 광경
- 시력을 잃다 to lose your _____

04 nation[néiʃən] 국가, 민족
  ▶**national** 형 국가[민족]의
- 아프리카 국가들
  the African _____s

05 foreigner[fɔ́(:)rinər] 외국인
  ▶**foreign** 형 외국의
- 한국에 있는 외국인들
  _____s in Korea

06 band[bænd] ① 악단[악대] ② 밴드[띠]
- 록 밴드 a rock _____

07 straw[strɔː] ① (밀)짚 ② 빨대
- 밀짚모자 a _____ hat

08 storm[stɔːrm] 폭풍우
- 심한 폭풍우 heavy _____s

09 disease[dizíːz] (질)병
- 심장병 heart _____

10 purpose[pə́ːrpəs] 목적
  * **on purpose** 고의로[일부러]
- 방문의 목적 the _____ of your visit

명사 · 동사

11 display[displéi] 명 전시[진열]
  동 전시[진열]하다
- 사진들을 전시하다
  to _____ photos

12 reply[riplái] 동 대답하다 명 대답
- 질문에 대답하다
  to _____ to a question

13 record[rikɔ́ːrd] 동 기록하다, 녹음[녹화]하다
  명 [rékərd] 기록
- 기록을 세우다 to set the _____

14 cheer[tʃiər] 동 환호[응원]하다, 힘을 북돋우다
  명 환호[응원]
  ▶**cheerful** 형 쾌활한[유쾌한]
- 힘내! C_____ up!

15 shake[ʃeik] 동 (shook-shaken)
  흔들(리)다 명 밀크셰이크(milkshake)
  * **shake hands** 악수하다
- 병을 흔들다 to _____ a bottle

16 **key**[ki:] 몡 ① 열쇠 ② 비결 ③ (컴퓨터) 키
   혱 핵심적인
   · 성공의 비결 the _____ to success

17 **wild**[waild] 혱 야생의 몡 (the ~) 야생
   · 야생 동물들 _____ animals

18 **square**[skwɛər] 혱 ① 정사각형의
   ② 제곱의 몡 ① 정사각형 ② 광장 ③ 제곱
   · 정사각형 방 a _____ room

19 **wake**[weik]-**woke**-**woken**
   잠에서 깨다[깨우다]
   · 깨어나렴. W_____ up.

20 **discover**[diskʌ́vər] 발견하다
   ▶**discovery** 몡 발견
   · 새로운 사실들을 발견하다
   to _____ new facts

21 **solve**[sɑlv] 풀다[해결하다]
   · 문제를 풀다 to _____ a problem

22 **continue**[kəntínju:] 계속하다
   · 계속 일하다 to _____ to work

23 **burn**[bəːrn] (불)타다[태우다]
   · 쓰레기를 태우다 to _____ trash

24 **simple**[símpl] 간단한[단순한]
   · 간단한 질문 a _____ question

25 **quiet**[kwáiət] 조용한
   · 조용한 장소 a _____ place

26 **traditional**[trədíʃənl] 전통의, 전통적인
   ▶**tradition** 몡 전통
   · 전통 음악 _____ music

27 **international**[intərnǽʃənl]
   국제의, 국제적인
   ▶**national** 혱 국가[민족]의
   · 국제 경기 an _____ game

28 **huge**[hju:dʒ] 거대한
   · 거대한 바위 a _____ rock

29 **instead**[instéd] 대신에
   * **instead of** ~ 대신에
   · 그가 갈 수 없다면, 대신 내가 갈게.
   If he can't go, I'll go _____.

30 **suddenly**[sʌ́dnli] 갑자기
   · 버스가 갑자기 멈췄다.
   The bus stopped _____.

Today's Dessert

Beauty is but[only] skin-deep.
미모는 단지 피부 한 꺼풀.

즐거운 Test **16**th

A 영어는 우리말로, 우리말은 영어로!

1. sight		16.	행성, 지구
2. band		17.	아름다움, 미인
3. display		18.	국가, 민족
4. reply		19.	외국인
5. record		20.	(밀)짚, 빨대
6. cheer		21.	폭풍우
7. shake		22.	(질)병
8. key		23.	목적
9. wild		24.	발견하다
10. square		25.	풀다[해결하다]
11. wake		26.	조용한
12. continue		27.	전통의, 전통적인
13. burn		28.	국제의, 국제적인
14. simple		29.	대신에
15. huge		30.	갑자기

B 단어와 단어의 만남

1. stars and planets
2. a beauty contest
3. main purpose
4. wild flowers
5. a huge success
6. 밀짚모자 a s_____ hat
7. 간단한 대답 a s_____ answer
8. 조용한 거리 a q_____ street
9. 전통 춤 the t_____ dances
10. 국제공항 an i_____ airport

C 보기 단어들 뜻 음미해 보고 빈칸 속에 퐁당!

보기	burn cheer continue display reply solve

1. Is the fire still _____ing? 불이 아직도 타고 있니?
2. You can easily _____ the problem. 넌 그 문제를 쉽게 풀 수 있어.
3. The rain _____(e)d to fall all afternoon. 비가 오후 내내 계속해서 내렸다.
4. Toys were _____ed in the store window. 장난감들이 가게 진열창에 진열되어 있었다.
5. "Of course," Mary _____(e)d with a smile.
"물론이지." 메리가 미소 지으며 대답했다.
6. They _____(e)d as the band began to play.
그들은 악단이 연주를 시작하자 환호했다.

정답 **A** 앞면 참조 **B** 1. 별과 행성들 2. 미인 선발 대회 3. 주된 목적 4. 야생화들 5. 대성공 6. straw 7. simple
8. quiet 9. traditional 10. international **C** 1. burn 2. solve 3. continue 4. display 5. reply(replied) 6. cheer

D 내 영어 실력?? ▸▸▸ 영영 사전 보는 정도!!!

| 보기 | foreigner   nation   storm

1. a country and its people
2. very bad weather with strong winds and rain
3. a person who comes from a different country

E 빈칸에 들어갈 알맞은 단어는?

1. He was sick so I went i_____. 그가 아파서 내가 대신 갔다.
2. S_____ the lights went out! 갑자기 불이 나갔네!

F 같은 모양, 다른 의미

1. a square table / a town square
2. Teamwork is the key to winning.
   Look for key words and main ideas.
3. She lost her sight. / He ran away at the sight of a policeman.

G 단어를 외우니 문장이 해석되네!

1. She shook him to wake him up.
2. He discovered the cause of the disease.
3. The band has just recorded a new album.

⊙반갑다 기능어야!

who(소유격 whose, 목적격 whom) 대명사

1. 의문사
[1] who: 누가, 누구를[에게]
   Who are you? 넌 누구니?   Who did you meet? 누구를 만났니?
   *간접 의문문: 누가 ~인지
   She doesn't know who sent the flowers. 그녀는 누가 꽃을 보냈는지 모른다.
[2] whose: 누구의, 누구의 것
   Whose idea is this? 이건 누구의 생각이니?   Whose is it? 그것은 누구의 것이니?
2. 관계사: ~하는
   He is a *young man* who has traveled around the world in a wheelchair.
   그는 휠체어를 타고 세계를 일주한 젊은이다.
   There are *many animals* whose lives are in danger. 생명이 위험한 많은 동물들이 있다.

H 반갑다 기능어야! 익힌 후, 빈칸에 알맞은 기능어 넣기

I wonder _____ will solve the problem.
난 누가 그 문제를 풀지 궁금하다.

정답 **D** 1. nation 2. storm 3. foreigner **E** 1. instead 2. Suddenly **F** 1. 정사각형 탁자(정사각형의) / (소)도시 광장 (광장) 2. 팀워크는 승리의 비결이다.(비결) / 핵심 단어들과 주요 생각들을 찾아라.(핵심적인) 3. 그녀는 시력을 잃었다.(시력) / 그는 경찰을 보자 달아났다.(봄) **G** 1. 그녀는 그를 깨우려고 흔들었다. 2. 그는 그 병의 원인을 발견했다. 3. 그 밴드는 새 앨범을 막 녹음했다. **H** who

DAY 17

01 **bridge**[bridʒ] (건너는) 다리 • 다리를 건너다 to cross a _____

02 **ghost**[goust] 유령 • 유령을 보다 to see a _____

03 **scene**[si:n] ① 장면 ② 현장 • 햄릿 5막 2장
Hamlet, Act 5 S_____ 2

04 **effort**[éfərt] 노력 • 노력하다 to make an _____

05 **wisdom**[wízdəm] 지혜 • 지혜의 말들 words of _____

06 **fault**[fɔ:lt] 잘못, 결점 • 그건 모두 내 잘못이야. It's all my _____.

07 **flight**[flait] ① 항공편 ② (비행기) 여행, 비행 • 국제 항공편 an international _____
* flight attendant 여객기 승무원

08 **zoo**[zu:] 동물원 • 동물원의 동물들 animals in the _____

09 **candle**[kǽndl] (양)초 • 초를 켜다 to light a _____

10 **bottom**[bátəm] 맨 아래[바닥] • 페이지의 맨 아래에
at the _____ of the page

명사·동사

11 **mistake**[mistéik] 명 실수 • 실수를 하다 to make a _____
동 (mistook-mistaken) 실수하다

12 **trouble**[trʌ́bl] 명 곤란[곤경] 동 괴롭히다 • 곤경에 처하다 to be in _____

13 **nap**[næp] 명 낮잠 동 낮잠을 자다 • 낮잠을 자다 to take[have] a _____

14 **blow**[blou] 동 (blew-blown) (바람이) 불다 • 바람이 심하게 분다.
명 강타[타격] The wind _____s hard.

15 **flood**[flʌd] 동 물에 잠기게 하다, 흘러넘치다 • 홍수 조절 _____ control
명 홍수

16 **hurry**[hə́:ri] 동 서두르다(=rush) 명 서두름 • 서둘러라. H_____ up.

17 **treat**[triːt] 图 ① 대하다[다루다] ② 치료하다 ③ 대접하다 閠 한턱내기

· 그것을 조심해서 다루다
to _____ it with care

18 **express**[iksprés] 图 표현하다 閿 급행의 閠 ① 속달 ② 급행열차

· 네 감정을 표현해라.
E_____ your feelings.

동사

19 **breathe**[briːð] 숨 쉬다[호흡하다]
▶**breath** 閠 숨[호흡]

· 깊이 숨 쉬다 to _____ deeply

20 **hate**[heit] 몹시 싫어하다[혐오하다](↔**love**)

· 뱀을 몹시 싫어하다 to _____ snakes

21 **create**[kriéit] 창조[창출]하다

· 일자리를 창출하다 to _____ jobs

22 **divide**[diváid] 나누다[나뉘다]

· 케이크를 8조각으로 나눠라.
D_____ the cake into 8 pieces.

형용사

23 **soft**[sɔ(ː)ft] 부드러운

· 부드러운 피부 a _____ skin

24 **empty**[émpti] 빈

· 빈 병 an _____ bottle

25 **perfect**[pə́ːrfikt] 완벽한[완전한]

· 완벽한 상태인 in _____ condition

26 **successful**[səksésfəl] 성공한[성공적인]

· 성공적인 행사 a _____ event

27 **everyday**[évridèi] 매일의[일상의]

· 일상생활 _____ life

형용사 · 부사

28 **low**[lou] 閿 낮은(↔**high**) 閦 낮게(↔**high**)

· 저지방 치즈 _____-fat cheese

29 **alone**[əlóun] 閦 혼자, 외로이
閿 혼자, 외로운

· 혼자 살다 to live _____

30 **inside**[insáid] 閦閙閠閿 안(쪽)(에)
(↔**outside**)

· 안으로 들어가자. Let's go _____.

Today's Dessert

Practice makes perfect.
연습해야 완벽해진다.

A 영어는 우리말로, 우리말은 영어로!

1. bridge	16. 유령
2. flight	17. 장면, 현장
3. trouble	18. 노력
4. nap	19. 지혜
5. blow	20. 잘못, 결점
6. flood	21. 동물원
7. treat	22. (양)초
8. express	23. 맨 아래[바닥]
9. breathe	24. 실수, 실수하다
10. hate	25. 서두르다, 서두름
11. create	26. 부드러운
12. divide	27. 빈
13. everyday	28. 완벽한[완전한]
14. alone	29. 성공한[성공적인]
15. inside	30. 낮은, 낮게

B 단어와 단어의 만남

1. the scene of an accident
2. a low and soft voice
3. the Golden Gate Bridge
4. everyday clothes
5. 완벽한 영어 p＿＿＿ English
6. 유령 이야기 a g＿＿＿ story
7. 똑같은 실수 the same m＿＿＿
8. 빈 상자 an e＿＿＿ box

C 보기 단어들 뜻 씹어 보고 들어갈 곳에 쏙!

보기	breathe divide hurry

1. I want to ＿＿＿ fresh air. 나는 신선한 공기를 마시고 싶어.
2. ＿＿＿ the class into three groups. 반 학생들을 세 그룹으로 나누어라.
3. ＿＿＿ up, or you will be late for school.
   서둘러라. 그렇지 않으면 학교에 늦을 거야.

D 빈칸에 들어갈 알맞은 단어는?

1. She is afraid of being left a＿＿＿. 그녀는 혼자 남겨지는 것을 두려워한다.
2. I opened the box and looked i＿＿＿. 나는 상자를 열어 안을 보았다.

정답 **A** 앞면 참조 **B** 1. 사고 현장 2. 낮고 부드러운 목소리 3. 금문교 4. 평상복 5. perfect 6. ghost 7. mistake
8. empty **C** 1. breathe 2. Divide 3. Hurry **D** 1. alone 2. inside

E   내 영어 실력?? ▸▸▸ 영영 사전 보는 정도!!!

| 보기 | bottom   nap   zoo

1. the lowest part of something
2. a short sleep, especially during the day
3. a place where many kinds of wild animals are kept

F   같은 관계 맺어 주기

1. win : lose = love : h_____
2. safe : safety = wise : w_____
3. nation : national = success : s_____

G   같은 모양, 다른 의미

1. His town was flooded last night. / The heavy rain caused the floods.
2. They treat me like a child.
   He treated her to lunch for her birthday.

H   단어를 외우니 문장이 해석되네!

1. He blew out the candles in the cake.
2. We missed our flight. It's all your fault!
3. They made every effort to create more jobs.
4. The children have trouble expressing themselves.

반갑다 기능어야!

what 대명사 · 형용사

1. **의문사: 무엇(대명사), 무슨(형용사)**
   What's your name? 네 이름이 뭐니?
   What food do you like? 무슨 음식을 좋아하니?

2. **관계사: ~하는 것**
   I believe what he told me. 난 그가 내게 말한 것을 믿는다.

* **감탄문**
   What a lovely day! 정말 좋은 날이야!
   What nice people they are! 그들은 정말 좋은 사람들이야!

I   **반갑다 기능어야! 익힌 후, 빈칸에 알맞은 기능어 넣기**

1. _____ is your favorite song? 네가 가장 좋아하는 노래는 뭐니?
2. _____ I really need is love. 내가 정말 필요한 것은 사랑이야.

정답   **E** 1. bottom 2. nap 3. zoo   **F** 1. hate 2. wisdom 3. successful   **G** 1. 그의 도시가 어젯밤에 물에 잠겼다.(물에 잠기게 하다) / 큰비가 홍수를 일으켰다.(홍수) 2. 그들은 나를 어린애처럼 대한다.(대하다) / 그는 그녀에게 생일 축하로 점심을 대접했다.(대접하다)   **H** 1. 그는 케이크의 촛불을 불어서 껐다. 2. 우리는 항공편을 놓쳤어. 그것은 모두 네 잘못이야! 3. 그들은 더 많은 일자리를 창출하기 위해 모든 노력을 했다. 4. 그 아이들은 자신을 표현하는 데 곤란을 겪고 있다.   **I** 1. What 2. What

073

DAY 18

명사

01 creature[kríːtʃər] 동물, 생명체
- 살아 있는 동물 a living _____

02 army[áːrmi] 군대, (the ~) 육군
- 육군에 입대하다 to join the _____

03 society[səsáiəti] 사회
▶**social** 형 사회의
- 현대 사회 modern _____

04 fan[fæn] ① 팬[~광] ② 선풍기, 부채
- 축구팬 a football _____

05 wheel[hwiːl] 바퀴
- 앞바퀴 a front _____

06 pair[pɛər] 쌍[벌/켤레]
- 양말 한 켤레 a _____ of socks

07 joy[dʒɔi] 기쁨
- 기뻐서 날뛰다 to jump for _____

08 memory[méməri] 기억(력), 추억
- 기억력이 좋다 to have a good _____

09 recipe[résəpì:] 조리[요리]법
- 토마토 수프 요리법
  a _____ for tomato soup

명사 · 동사

10 kid[kid] 명 아이(=child)
동 농담하다(=joke), 놀리다
- 작은 아이 a little _____

11 smoke[smouk] 명 연기
동 담배를 피우다, 연기를 내다
- 검은 연기 black _____

12 favor[féivər] 명 호의[친절], 부탁
동 선호하다
- 부탁 하나 해도 될까요?
  Can I ask you a _____?

13 trick[trik] 명 속임수, 장난, 마술 동 속이다
- 그녀에게 장난하다 to play _____s on her

14 experiment[ikspérəmənt] 명 실험
동 실험하다
- 새로운 실험을 하다
  to do a new _____

15 drop[drɑp] 동 떨어뜨리다[떨어지다]
명 ① 방울 ② 떨어짐
- 물방울 _____s of water

16 press[pres] 동 누르다 명 언론, 인쇄
- 버튼을 누르다 to _____ a button

17 stick[stik] 동 (stuck-stuck) ① 붙(이)다
② 찌르다, 내밀다 명 스틱[지팡이]
- 지팡이를 짚고 걷다
  to walk with a _____

18 **roll**[roul] 통 구르다[굴리다], 말다 명 두루마리 · 천천히 구르다 to _____ slowly

19 **throw**[θrou]-**threw-thrown** 던지다 · 공을 던지다 to _____ a ball
* **throw away** 내던지다, 버리다

20 **serve**[səːrv] 음식을 제공하다, 시중들다, · 아침을 제공하다
봉사하다 to _____ breakfast
▶**service** 명 서비스[봉사]

21 **improve**[imprúːv] 개선되다, 향상시키다 · 기술을 향상시키다 to _____ a skill

22 **realize**[ríːəlàiz] ① 깨닫다 ② 실현하다 · 실수를 깨닫다
to _____ your mistake

23 **dry**[drai] 형 마른[건조한](↔**wet**) · 마른 옷 _____ clothes
통 말리다[마르다]

24 **complete**[kəmplíːt] 형 완전한 · 완전한 변화 a _____ change
통 끝내다[완성하다]

25 **lucky**[lʌ́ki] 행운의[운 좋은] · 행운의 우승자[수상자]들
▶**luck** 명 (행)운 the _____ winners

26 **natural**[nǽtʃərəl] 자연[천연]의, 타고난 · 자연계 the _____ world
▶**nature** 명 자연, 천성

27 **friendly**[fréndli] 친절한, 친한 · 친절한 미소 a _____ smile
▶**friend** 명 친구

28 **cute**[kjuːt] 귀여운 · 귀여운 강아지 a _____ puppy

29 **already**[ɔːlrédi] 이미[벌써] · 넌 이미 그걸 내게 말했어.
You _____ told me that.

30 **especially**[ispéʃəli] 특히 · 나는 특히 그것에 관심이 있다.
I'm _____ interested in it.

Today's Dessert
A rolling stone gathers no moss.
구르는 돌은 이끼가 끼지 않는다.

A 영어는 우리말로, 우리말은 영어로!

1.	creature	16.	군대, 육군
2.	fan	17.	사회
3.	pair	18.	바퀴
4.	kid	19.	기쁨
5.	smoke	20.	기억(력), 추억
6.	favor	21.	조리[요리]법
7.	trick	22.	실험, 실험하다
8.	drop	23.	던지다
9.	press	24.	개선되다, 향상시키다
10.	stick	25.	깨닫다, 실현하다
11.	roll	26.	행운의[운 좋은]
12.	serve	27.	친절한, 친한
13.	dry	28.	귀여운
14.	complete	29.	이미[벌써]
15.	natural	30.	특히

B 단어와 단어의 만남

1. a strange creature
2. childhood memories
3. a recipe book
4. a magic trick
5. the result of an experiment
6. natural light

7. 육군 장교 an a_____ officer
8. 큰 기쁨 great j_____
9. 현대 사회 modern s_____
10. 담배 연기 cigarette s_____
11. 양말 한 켤레 a p_____ of socks
12. 뒷바퀴 a back[rear] w_____

C 보기 단어들 뜻 음미해 보고 빈칸 속에 퐁당!

| 보기 | press   realize   roll   serve   throw(threw) |

1. _____ "Enter" key. '엔터'키를 눌러라.
2. The ball _____(e)d into the street. 공이 거리로 굴러갔다.
3. Breakfast is _____(e)d until 9 a.m. 아침 식사는 오전 9시까지 제공된다.
4. They _____ snowballs at each other. 그들은 서로에게 눈덩이를 던졌다.
5. Suddenly he _____(e)d he loved her.
   갑자기 그는 그가 그녀를 사랑한다는 걸 깨달았다.

정답 **A** 앞면 참조 **B** 1. 이상한 동물[생명체] 2. 어린 시절 추억 3. 요리책 4. 마술 5. 실험 결과 6. 자연광 7. army 8. joy 9. society 10. smoke 11. pair 12. wheel **C** 1. Press 2. roll 3. serve 4. threw 5. realize

D 보기 단어들 뜻 씹어 보고 들어갈 곳에 쏙!

| 보기 | cute   dry   friendly   lucky

1. Is my shirt _____ yet? 내 셔츠가 벌써 말랐니?
2. The baby's so _____. 그 아기는 너무 귀엽다.
3. We're very _____ with them. 우리는 그들과 아주 친하다.
4. You're really _____ to be alive. 살아있다니 당신은 정말 행운이다.

E 빈칸에 들어갈 알맞은 단어는?

1. She loves all sports, e_____ swimming. 그녀는 모든 스포츠, 특히 수영을 좋아한다.
2. The concert had a_____ started when we arrived.
   우리가 도착했을 때 음악회는 이미 시작되었었다.

F 같은 모양, 다른 의미

1. a baseball fan / a traditional fan dance
2. drops of water / He dropped a ball.
3. a little kid / Just kidding.
4. Someone stuck posters all over the walls.
   The boy stuck his finger up his nose.
5. a complete safety check
   When will you be able to complete this project?

G 단어를 외우니 문장이 해석되네!

1. Can you do me a favor?
2. You can improve your English using this book.

○반갑다
기능어야!

which 대명사·형용사

1. 의문사: 어느 (쪽[것/사람])
   Which is your book? 어느 것이 네 책이니?(의문대명사)
   Which one is better? 어느 것이 더 좋니?(의문형용사)

2. 관계사
   Do *things* which make you happy. 너를 행복하게 하는 것들을 해라.
   This is *the book* which I told you about. 이것이 내가 너에게 말했던 책이야.

H 반갑다 기능어야! 익힌 후, 빈칸에 알맞은 기능어 넣기

_____ do you like better, soccer or baseball?
축구와 야구 중에 어느 것을 더 좋아하니?

정답 **D** 1. dry 2. cute 3. friendly 4. lucky **E** 1. especially 2. already **F** 1. 야구팬(팬) / 전통적인 부채춤(부채)
2. 물방울(방울) / 그는 공을 떨어뜨렸다.(떨어뜨리다) 3. 작은 아이(아이) / 단지 농담일 뿐이야.(농담하다) 4. 누군가가 온 벽에 포스
터를 붙였다.(붙이다) / 소년이 손가락으로 코를 후볐다.(찌르다) 5. 완벽한 안전 점검(완벽한) / 넌 언제 이 계획 사업을 끝낼 수 있겠
니?(끝내다) **G** 1. 내 부탁 하나 들어줄래? 2. 넌 이 책을 이용해 영어를 향상시킬 수 있다. **H** Which

DAY 19

01 **hometown**[hóumtàun] 고향
- 고향을 방문하다 to visit your _____

02 **yard**[jɑ:rd] 마당[뜰]
- 앞마당 the front _____

03 **grocery**[gróusəri] (-ies) 식료품 잡화
- 식료품 잡화점[슈퍼마켓] a _____ store

04 **fairy**[fɛ́əri] 요정
- 아름다운 요정 a beautiful _____

05 **flag**[flæg] 기[깃발]
- 백기 a white _____

06 **manner**[mǽnər] ① 방식 ② 태도 ③ (-s) 예의 ④ (-s) 관습
- 예의가 바르다 to have good _____s

07 **noise**[nɔiz] 시끄러운 소리[소음]
- 소음을 내다 to make a _____

08 **pain**[pein] 고통, (-s) 수고
- 아프다 to be in _____

09 **danger**[déindʒər] 위험
▶**dangerous** 형 위험한
- 위험에 처한 in _____

명사 · 동사

10 **guide**[gaid] 명 가이드[안내(인)] 동 안내[인도]하다
- 관광 가이드[안내인] a tour _____

11 **coach**[koutʃ] 명 (스포츠) 코치 동 코치[지도]하다
- 농구 코치 a basketball _____

12 **note**[nout] 명 ① 메모[쪽지] ② (-s) 필기[노트] ③ 음 동 주목[주의]하다
- 필기[노트]하다 to take _____s

13 **count**[kaunt] 동 (수를) 세다[계산하다] 명 셈[계산]
- 1에서 10까지 세다 to _____ from 1 to 10

14 **sail**[seil] 동 항해하다 명 돛
▶**sailor** 명 선원
- 태평양을 항해하다 to _____ the Pacific

15 **promise**[prámis] 동 약속하다 명 약속, 전망
- 약속을 지키다 to keep a _____

16 **repeat**[ripí:t] 동 되풀이하다[반복하다] 명 반복
- 다시 질문하다 to _____ a question

17 **bake**[beik] 굽다
• 쿠키를 굽다 to _____ cookies

18 **gather**[gǽðər] 모으다[모이다]
• 정보를 모으다 to _____ information

19 **succeed**[səksíːd] ① 성공하다(↔fail)
② 뒤를 잇다
• 인생에서 성공하다 to _____ in life

20 **protect**[prətékt] 보호하다
▶**protection** 몡 보호
• 환경을 보호하다
  to _____ the environment

21 **advertise**[ǽdvərtàiz] 광고하다
▶**advertisement[ad]** 몡 광고
• 제품을 광고하다 to _____ a product

22 **disappear**[dìsəpíər] 사라지다
(↔**appear**)
• 시야에서 사라지다 to _____ from view

23 **electric**[iléktrik] 전기의
▶**electricity** 몡 전기
• 전등 an _____ lamp

24 **lovely**[lʌ́vli] ① 아름다운 ② 즐거운
• 아름다운 꽃들 _____ flowers

25 **thin**[θin] 얇은(↔**thick**),
(몸이) 마른(↔**fat**), 묽은
• 얇은 종이 _____ paper

26 **round**[raund] 혱 ① 둥근 ② 왕복의
몡 라운드[회(전)] 뷔젠 주위에, 돌아서
• 둥근 탁자 a _____ table

27 **deep**[diːp] 혱 깊은 뷔 깊게
• 깊은 구멍 a _____ hole

28 **wide**[waid] 혱 넓은 뷔 활짝
▶**widely** 뷔 널리
• 넓은 도로 a _____ road

29 **yet**[jet] 뷔 (부정문) 아직, (의문문) 벌써
젭 그렇지만[그럼에도 불구하고]
• 아직 모르겠어. I don't know _____.

30 **quickly**[kwíkli] 빨리(=**fast**), 곧(=**soon**)
▶**quick** 혱 빠른
• 그것을 빨리 읽어라. Read it _____.

Today's Dessert

No pains, no gains.
수고 없이는 결실도 없다.

A 영어는 우리말로, 우리말은 영어로!

1.	yard	16.	고향
2.	grocery	17.	요정
3.	manner	18.	기[깃발]
4.	guide	19.	시끄러운 소리[소음]
5.	coach	20.	고통, 수고
6.	note	21.	위험
7.	count	22.	약속하다, 약속
8.	sail	23.	굽다
9.	repeat	24.	모으다[모이다]
10.	protect	25.	성공하다, 뒤를 잇다
11.	lovely	26.	광고하다
12.	thin	27.	사라지다
13.	round	28.	전기의
14.	yet	29.	깊은, 깊게
15.	quickly	30.	넓은, 활짝

B 단어와 단어의 만남

1. the noise of the traffic
2. the danger of smoking
3. an electric guitar
4. a lovely girl
5. a thin woman
6. 국기 the national f_____
7. 고통의 외침 a cry of p_____
8. 깊은 강 a d_____ river
9. 넓은 도로 a w_____ road
10. 둥근 얼굴 a r_____ face

C 보기 단어들 뜻 음미해 보고 빈칸 속에 퐁당!

보기	advertise bake gather protect repeat succeed

1. I'm _____ing some bread. 나는 빵을 좀 굽고 있다.
2. You'll _____ if you work hard. 넌 열심히 일[공부]하면 성공할 거야.
3. We should _____ wild animals. 우리는 야생 동물을 보호해야 한다.
4. Many fans _____(e)d in the stadium. 많은 팬들이 경기장에 모였다.
5. We must not _____ the mistakes of the past. 우리는 과거의 실수를 되풀이해선 안 된다.
6. The companies _____ their products in magazines.
   회사들은 잡지에 그들의 제품을 광고한다.

정답 **A** 앞면 참조 **B** 1. 교통 소음 2. 흡연의 위험 3. 전기 기타 4. 아름다운 소녀 5. 마른 여성 6. flag 7. pain 8. deep 9. wide 10. round **C** 1. bake(baking) 2. succeed 3. protect 4. gather 5. repeat 6. advertise

D 내 영어 실력?? ▶▶▶ 영영 사전 보는 정도!!!

| 보기 | grocery　　　hometown　　　yard

1. the area around a house
2. a small store that sells food and other goods
3. the place where you were born or lived as a child

E 보기 단어들 뜻 씹어 보고 들어갈 곳에 쏙!

| 보기 | coach　　　count　　　guide　　　sail

1. I will ＿＿＿＿ you here. 내가 여러분에게 이곳을 안내해 줄게요.
2. He ＿＿＿＿(e)s the football team. 그는 축구팀을 지도한다.
3. Don't forget to ＿＿＿＿ your change. 잊지 말고 거스름돈을 계산해 보아라.
4. He ＿＿＿＿(e)d across the Pacific Ocean. 그는 태평양을 건너서 항해했다.

F 같은 모양, 다른 의미

1. I'm not ready yet. / He is rich, yet he is unhappy.
2. a person with good manners
   Different cultures have different manners.

G 단어를 외우니 문장이 해석되네!

1. The fairy disappeared.
2. I promise I'll do it as quickly as possible.

ⓐ반갑다
기능어야!

when/where 부사·접속사

when
1. 의문사(언제): When will you go back home? 언제 집에 갈래?
2. 관계사(~할 때): The day came when I had to leave. 내가 떠나야 할 날이 왔다.
3. 접속사(~할 때): You may go out **when** you've finished your homework.
　　　　　　　　　　숙제를 끝내고 외출해도 좋다.

where
1. 의문사(어디에[로]): Where are you going? 어디 가니?
2. 관계사(~하는 (곳))
   This is the place where they disappeared. 여기가 그들이 사라진 곳이다.

H 반갑다 기능어야! 익힌 후, 빈칸에 알맞은 기능어 넣기

1. ＿＿＿＿ is your birthday? 네 생일이 언제니?
2. ＿＿＿＿ are you from? = ＿＿＿＿ do you come from?
   고향이 어디입니까?

정답 **D** 1. yard 2. grocery 3. hometown　**E** 1. guide 2. coach 3. count 4. sail　**F** 1. 난 아직 준비가 안 됐어.(아직) / 그는 부자이긴 하지만 불행하다.(그렇지만) 2. 예의가 바른 사람(예의) / 다른 문화에는 다른 관습이 있다.(관습)　**G** 1. 요정이 사라졌다. 2. 나는 가능한 한 빨리 그것을 하겠다고 약속한다.　**H** 1. When 2. Where, Where

DAY 20

명사

01 **couple**[kʌ́pl] ① (a ~) 한 쌍, 몇몇
② 커플[부부]
* a couple of 몇몇의
• 노부부 an old _____

02 **tourist**[túərist] 관광객
▶tour 몡 여행[관광], 순회 통 관광[순회]하다
• 외국인 관광객 a foreign _____

03 **gate**[geit] (대)문, 탑승구
• 6번 탑승구에서 탑승하다
to board at _____ 6

04 **background**[bǽkgràund] 배경
• 배경 음악 _____ music

05 **capital**[kǽpətl] ① 수도 ② 대문자 ③ 자본
• 한국의 수도 the _____ of Korea

06 **valley**[vǽli] 골짜기[계곡]
• 깊은 계곡 a deep _____

07 **direction**[dirékʃən] ① 방향 ② (-s) 지시
• 같은 방향으로 in the same _____

08 **distance**[dístəns] 거리
• 단거리 a short _____

09 **behavior**[bihéivjər] 행동
▶behave 통 행동하다
• 이상한 행동들 strange _____s

10 **dictionary**[díkʃənèri] 사전
• 영어 사전 an English _____

명사 · 동사

11 **object**[ábdʒikt] 몡 ① 물건[물체] ② 목적
[목표] ③ 대상 통 [əbdʒékt] (~ to) 반대하다
• 움직이는 물체 a moving _____

12 **rescue**[réskju:] 몡 구조[구출]
통 구조[구출]하다
• 구조 헬리콥터
a _____ helicopter

13 **tear**[tiər] 몡 눈물 통 [teər] (tore-torn)
찢(어지)다
• 기쁨의 눈물 _____s of joy

14 **honor**[ánər] 몡 존경, 영광, 명예
통 존경하다[경의를 표하다]
• 큰 영광입니다. It's a great _____.

15 **increase**[inkrí:s] 통 증가하다[증가시키다]
몡 [ínkri:s] 증가
• 지출의 증가 an _____ in spending

16 **bite**[bait] 통 (bit-bitten) 물다 몡 물기
• 너희 개는 무니? Does your dog _____?

17 **male**[meil] 형 명 남성[수컷](의)(↔**female**)   · 수벌들 _____ bees

18 **native**[néitiv] 형 출생지의, 원주민의
   명 현지인[원주민]   · 원어민 a _____ speaker

19 **disappoint**[dìsəpɔ́int] 실망시키다   · 그녀를 실망시키다 to _____ her
   ▶**disappointed** 형 실망한

20 **shine**[ʃain]-**shone-shone** 빛나다   · 별이 빛난다. The stars _____.

21 **fix**[fiks] ① 고치다[수리하다] ② 고정시키다   · 컴퓨터를 고치다
   to _____ a computer

22 **pour**[pɔ:r] (액체를) 따르다, (퍼)붓다   · 우유를 컵에 따르렴.
   P_____ the milk into a cup.

23 **allow**[əláu] 허락[허용]하다   · 그가 TV 보는 것을 허락하다
   to _____ him to watch TV

24 **prevent**[privént] 막다[방지/예방하다]   · 사고를 막다 to _____ accidents

25 **certain**[sɔ́:rtn] ① 확신하는[확실한](=**sure**)   · 그것에 대해 확신하다
   ② 어떤   to be _____ about that

26 **mental**[méntl] 정신[마음]의(↔**physical**)   · 정신 건강 _____ health

27 **comfortable**[kʌ́mfərtəbl] 편(안)한   · 편안한 옷 _____ clothes
   (↔**uncomfortable**)

28 **expensive**[ikspénsiv] 비싼   · 비싼 옷 _____ clothes
   (↔**cheap/inexpensive**)

29 **therefore**[ðɛ́ərfɔ̀:r] 그러므로   · 나는 생각한다. 그러므로 나는 존재한다.
   I think, _____ I am.

30 **everywhere**[évrihwɛ̀ər] 어디나   · 우리는 어디나 함께 간다.
   We go _____ together.

Today's Dessert

It never rains but it pours.
비가 오기만 하면 언제나 억수같이 퍼붓는다.(재앙은 번번이 겹쳐 온다.)

20th

A 영어는 우리말로, 우리말은 영어로!

1.	gate	16.	한 쌍, 부부
2.	capital	17.	관광객
3.	object	18.	배경
4.	rescue	19.	골짜기[계곡]
5.	tear	20.	방향, 지시
6.	honor	21.	거리
7.	increase	22.	행동
8.	male	23.	사전
9.	native	24.	물다, 물기
10.	fix	25.	실망시키다
11.	pour	26.	빛나다
12.	allow	27.	정신[마음]의
13.	prevent	28.	편(안)한
14.	certain	29.	비싼
15.	everywhere	30.	그러므로

B 단어와 단어의 만남

1. a foreign tourist
2. background music
3. a deep valley
4. a male voice
5. my native language
6. mental image
7. an expensive car
8. 정문 main g_____
9. 한국의 수도 the c_____ of Korea
10. 장거리 a long d_____
11. 인간의 행동 human b_____
12. 영어 사전 an English d_____
13. 무거운 물체 a heavy o_____
14. 편안한 의자 a c_____ chair

C 보기 단어들 뜻 음미해 보고 빈칸 속에 퐁당!

| 보기 | disappoint   pour   prevent   rescue   shine |

1. Garlic _____s cancer. 마늘은 암을 예방한다.
2. I hated to _____ her. 나는 그녀를 실망시키기 싫었다.
3. The sun was _____ing brightly. 태양이 밝게 빛나고 있었다.
4. He _____(e)d two people from the fire. 그는 화재에서 두 사람을 구조했다.
5. _____ the oil into a frying pan and heat. 기름을 프라이팬에 붓고 가열해라.

정답 **A** 앞면 참조 **B** 1. 외국인 관광객 2. 배경 음악 3. 깊은 계곡 4. 남성 목소리 5. 나의 모국어 6. 심상 7. 비싼 차 8. gate 9. capital 10. distance 11. behavior 12. dictionary 13. object 14. comfortable **C** 1. prevent 2. disappoint 3. shine(shining) 4. rescue 5. Pour

084

D 보기 단어들 뜻 씹어 보고 들어갈 곳에 쏙!

| 보기 | allow   bite   fix   honor   increase |

1. She _____(e)s her fingernails. 그녀는 자신의 손톱을 물어뜯는다.
2. Would you _____ this computer for me? 이 컴퓨터 좀 고쳐 주실래요?
3. He was _____(e)d for his brave behavior. 그는 용감한 행동으로 존경받았다.
4. The price of oil has _____(e)d by 5 percent. 기름 값이 5% 증가했다.
5. His parents don't _____ him to stay out late.
   그의 부모님은 그가 늦게까지 밖에 있는 것을 허락하지 않는다.

E 빈칸에 들어갈 알맞은 단어는?

1. T_____, it is important for you to exercise regularly.
   그러므로, 여러분이 규칙적으로 운동하는 것이 중요합니다.
2. He follows me e_____. 그는 나를 어디나 따라다닌다.

F 같은 모양, 다른 의미

1. She followed his directions.
   The road was blocked in both directions.
2. Tears rolled down my cheeks. / Be careful not to tear the paper.
3. I am certain that he will come.
   Certain plants grow in the desert.

⊙반갑다 기능어야!

why/how 부사

why: 왜, ~하는 이유
Why do you think so? 왜 그렇게 생각하니?
I see no reason why we should hate each other.
난 우리가 서로 미워해야 하는 이유를 모르겠어.
＊권유·제안: **Why don't you[Why not]** come and join us?
와서 우리와 함께하는 게 어때?

how: 어떻게, 얼마나
How can I help you? 어떻게 널 도와줄까?
How much are the tickets? 표가 얼마입니까?
I don't know **how** to get there. 난 거기에 가는 법을 몰라.
＊감탄문: **How** lovely to see you! 너를 만나니 정말 즐겁구나!

G 반갑다 기능어야! 익힌 후, 빈칸에 알맞은 기능어 넣기

1. _____ don't you think about your future?
   네 장래에 대해 생각해 보는 게 어때?
2. _____ do you go to school? 학교에 어떻게 가니?

정답 **D** 1. bite 2. fix 3. honor 4. increase 5. allow **E** 1. Therefore 2. everywhere **F** 1. 그녀는 그의 지시를 따랐다.(지시) / 그 길은 양방향으로 막혔다.(방향) 2. 눈물이 내 뺨에 흘러내렸다.(눈물) / 종이를 찢지 않도록 조심해라.(찢다) 3. 나는 그가 올 거라 확신한다.(확신하는) / 어떤 식물은 사막에서 자란다.(어떤) **G** 1. Why 2. How

DAY 21

명사

01 **action**[ǽkʃən] 행동, 조치
- 조치를 취하다 to take _____

02 **talent**[tǽlənt] 재능, 재능 있는 사람(들)
- 타고난 재능 a natural _____

03 **choice**[tʃɔis] 선택
  ▶**choose** 통 고르다[선택/선정하다]
- 선택하다 to make a _____

04 **slave**[sleiv] 노예
- 노예를 해방하다 to free _____s

05 **situation**[sìtʃuéiʃən] 상황
- 어려운 상황 a difficult _____

06 **pride**[praid] 자랑스러움[자부심]
  ▶**proud** 형 자랑스러운
- 네 일에 자부심을 가져라.
  Take _____ in your work.

07 **tip**[tip] ① (뾰족한) 끝 ② 팁[봉사료] ③ 조언
- 그녀의 코 끝 the _____ of her nose

08 **stair**[stɛər] 계단
- 계단을 달려 올라가다
  to run up the _____s

09 **soil**[sɔil] 흙[토양]
- 토양 오염 _____ pollution

명사 · 동사

10 **master**[mǽstər] 명 달인[대가], 주인, 석사
  통 숙달하다
- 너 자신의 주인이 되어라.
  Be your own _____.

11 **suit**[suːt] 명 정장, ~ 옷[복] 통 맞다, 어울리다
- 검은색 정장 a black _____

12 **notice**[nóutis] 통 알아차리다 명 ① 주목
  ② 안내문[알림]
- 가스 냄새를 알아차리다
  to _____ a smell of gas

13 **bow**[bau] 통 절하다, 숙이다
  명 ① 절 ② [bou] 활, 나비매듭
- 머리를 숙이다 to _____ your head

14 **rush**[rʌʃ] 통 서두르다[급히 움직이다]
  명 돌진, 바쁨
  * **rush hour** 러시아워[혼잡 시간]
- 서둘 필요 없어.
  There's no need to _____.

명사 · 형용사

15 **adult**[ədʌ́lt] 명 성인[어른]
  형 성인의, 어른스러운
- 성인이 되다 to become an _____

16 **principal**[prínsəpəl] 명 교장, 장 형 주요한
- 새 교장 선생님 a new _____

17 **folk**[fouk] 명 사람들(=**people**), (**-s**) 가족
    형 민속의
    · 민속촌 a _____ village

18 **material**[mətíəriəl] 명 재료, 자료
    형 물질의
    · 건축 자재[재료] building _____s

19 **standard**[stǽndərd] 명 수준[기준]
    형 일반적인[표준의]
    · 높은 수준 high _____s

20 **surf**[sərf] ① 파도타기를 하다
    ② 인터넷을 검색하다
    ▶**surfing** 명 파도타기, 인터넷 검색
    · 인터넷을 검색하다
      to _____ the Internet

21 **accept**[əksépt] 받아들이다[인정하다]
    (↔**refuse**)
    · 초대를 받아들이다
      to _____ an invitation

22 **obey**[oubéi] 따르다[순종하다]
    · 명령에 따르다 to _____ an order

23 **hide**[haid]-**hid-hidden** 숨기다[숨다]
    · 침대 밑에 숨다
      to _____ under the bed

24 **basic**[béisik] 기본[기초]의
    · 기본 생각 the _____ idea

25 **local**[lóukəl] 지역[지방]의
    · 지역[지방] 신문 a _____ newspaper

26 **boring**[bɔ́:riŋ] 지루한
    ▶**bore** 동 지루하게 하다
    · 지루한 책 a _____ book

27 **weak**[wi:k] 약한(↔**strong**)
    ▶**weakness** 명 약함, 약점
    · 약한 노인 a _____ old man

28 **quick**[kwik] 빠른
    · 빠른 걸음 _____ steps

29 **easily**[í:zəli] 쉽게
    ▶**easy** 형 쉬운
    · 그들은 쉽게 이겼다.
      They won _____.

30 **abroad**[əbrɔ́:d] 외국에[으로]
    · 외국에 살다 to live _____

Today's Dessert

Actions speak louder than words.
행동은 말보다 더 크게 말한다.(말보다 행동이 중요하다.)

즐거운 Test　21st

A 영어는 우리말로, 우리말은 영어로!

1. action	16. 선택
2. talent	17. 노예
3. tip	18. 상황
4. master	19. 자랑스러움[자부심]
5. suit	20. 계단
6. notice	21. 흙[토양]
7. bow	22. 받아들이다[인정하다]
8. rush	23. 따르다[순종하다]
9. adult	24. 숨기다[숨다]
10. principal	25. 기본[기초]의
11. folk	26. 지역[지방]의
12. material	27. 지루한
13. standard	28. 약한
14. surf	29. 쉽게
15. quick	30. 외국에[으로]

B 단어와 단어의 만남

1. quick action
2. a hidden talent
3. living standards
4. a folk song
5. a local newspaper
6. a boring movie
7. 어려운 상황 a difficult s_____
8. 토양 오염 _____ pollution
9. 새 교장 선생님 a new p_____
10. 읽기 자료 reading m_____ s
11. 기본 정보 b_____ information
12. 약한 심장 a w_____ heart

C 보기 단어들 뜻 음미해 보고 빈칸 속에 퐁당!

보기	accept　hide(hid)　notice　obey　rush　surf

1. He spends hours _____ing the net. 그는 인터넷을 검색하느라 긴 시간을 보낸다.
2. Good friends should _____ differences. 좋은 친구는 차이를 받아들여야 한다.
3. He _____ the pictures in his desk drawer. 그는 책상 서랍에 사진을 숨겼다.
4. I _____(e)d that her hands were shaking. 난 그녀의 손이 떨리는 걸 알아차렸다.
5. "Sit!" he said, and the dog _____(e)d him. "앉아!" 그가 말하자 개가 그에 따랐다.
6. The 119 rescue team _____(e)d to help her.
   119 구조팀이 그녀를 도우러 서둘러 갔다.

정답 **A** 앞면 참조 **B** 1. 빠른 행동[조치] 2. 숨겨진 재능 3. 생활 수준 4. 민요[포크송] 5. 지역[지방] 신문 6. 지루한 영화
7. situation 8. soil 9. principal 10. material 11. basic 12. weak **C** 1. surf 2. accept 3. hid 4. notice 5. obey
6. rush

D 내 영어 실력?? ▸▸▸ 영영 사전 보는 정도!!!

| 보기 | adult　　　master　　　slave

1. a full grown person
2. someone who is owned by another person
3. someone who is very skilled at something

E 보기 단어들 뜻 씹어 보고 들어갈 곳에 쏙!

| 보기 | choice　　　pride　　　stair

1. He ran up the _____s. 그는 계단을 뛰어 올라갔다.
2. You made a good _____. 당신은 좋은 선택을 하셨군요.
3. She takes _____ in her work. 그녀는 자신의 일에 자부심을 갖고 있다.

F 빈칸에 들어갈 알맞은 단어는?

1. We found the house e_____. 우리는 그 집을 쉽게 발견했다.
2. She often goes a_____ on business. 그녀는 자주 출장으로 해외에 간다.

G 같은 모양, 다른 의미

1. the tips of his fingers / useful tips on healthy eating
2. a swimming suit / That coat really suits you.
3. He bowed before the king. / a bow and arrow

⊙반갑다 **wh-ever** 대명사 · 형용사 · 부사 · 접속사
기능어야!
1. 명사절: ~든지
   You can say whatever you want. 네가 원하는 무엇이든지 말할 수 있다.
2. 부사절: ~일지라도
   Whatever I ask, he always accepts. 내가 무엇을 부탁할지라도, 그는 늘 들어준다.
   However boring it may be, you must do it. 그것이 아무리 지루할지라도, 넌 그것을 해야 한다.
   Whenever I have a problem, I do my best. 내게 문제가 있을 때마다, 난 최선을 다한다.

H 반갑다 기능어야! 익힌 후, 빈칸에 알맞은 기능어 넣기

1. We're ready to accept _____ help we can get.
   우리는 얻을 수 있는 무슨 도움이든지 받아들일 준비가 되어있다.
2. We'll have to finish the job, _____ long it takes.
   우리는 그 일이 얼마나 오래 걸릴지라도 마쳐야 한다.

정답 **D** 1. adult 2. slave 3. master **E** 1. stair 2. choice 3. pride **F** 1. easily 2. abroad **G** 1. 그의 손가락 끝 (끝) / 건강한 먹기에 관한 유용한 조언(조언) 2. 수영복(~복) / 그 코트는 네게 정말 잘 어울린다.(어울리다) 3. 그는 왕 앞에서 절을 했다.(절하다) / 활과 화살(활) **H** 1. whatever 2. however

DAY 22

01 **hero**[hírou] 영웅, 남자 주인공
▸**heroine** 명 여걸, 여자 주인공
· 국민 영웅 a national _____

02 **ability**[əbíləti] 능력
▸**able** 형 ~할 수 있는
· 타고난 능력 natural _____

03 **knowledge**[nálidʒ] 지식
· 배경지식 background _____

04 **technique**[tekní:k] 기법[기술]
[비교] **technology** 명 테크놀로지[과학 기술]
· 시험 치는 기법 the exam _____

05 **floor**[flɔːr] ① 바닥 ② (건물의) 층
· 바닥에 앉다 to sit on the _____

06 **cancer**[kǽnsər] 암
· 암으로 죽다 to die of _____

07 **diet**[dáiət] ① 식사 ② 다이어트[식이요법]
· 다이어트를 하다 to go on a _____

08 **garbage**[gáːrbidʒ] 쓰레기
· 쓰레기봉투 a _____ bag

09 **cash**[kæʃ] 현금
· 현금으로 지불하다 to pay in _____

10 **countryside**[kʌ́ntrisàid]
시골(=the country)
· 아름다운 시골 a lovely _____

11 **route**[ruːt] 길[노선]
· 가장 빠른 길 the quickest _____

12 **amount**[əmáunt] 명 양
동 (~ to) 합계 ~이다
· 정보량 an _____ of information

13 **score**[skɔːr] 명 득점[점수] 동 득점하다
· 3 대 2의 점수 a _____ of 3-2

14 **challenge**[tʃǽlindʒ] 명 도전
동 도전하다
· 늘 자신에게 도전하라.
Always _____ yourself.

15 **cure**[kjuər] 명 치료제[치료법], 치유
동 치료[치유]하다
· 암 치료제 [치료법] a _____ for cancer

090

16 **appear**[əpíər] ① 나타나다(↔**disappear**)
② ~인 것 같다(=**seem**)
· 화면에 나타나다
to _____ on the screen

17 **spread**[spred]-**spread**-**spread** 펴다,
퍼지다[퍼뜨리다]
· 질병을 퍼뜨리다 to _____ disease

18 **hunt**[hʌnt] 사냥하다 ▶**hunter** 명 사냥꾼
· 동물을 사냥하다 to _____ animals

19 **destroy**[distrɔ́i] 파괴하다
· 건물을 파괴하다 to _____ a building

20 **consider**[kənsídər] ① 숙고[고려]하다
② 여기다
· 무엇을 할지 숙고하다
to _____ what to do

21 **expect**[ikspékt] 기대[예상]하다
▶**expectation** 명 기대[예상]
· 그가 돌아오리라 기대하다
to _____ him back

22 **suggest**[səgdʒést] 제안하다[권하다]
▶**suggestion** 명 제안
· 방법들을 제안하다 to _____ ways

23 **cultural**[kʌ́ltʃərəl] 문화의
▶**culture** 명 문화
· 문화적 **차이** _____ differences

24 **social**[sóuʃəl] 사회의 ▶**society** 명 사회
· 사회 **문제들** _____ problems

25 **elderly**[éldərli] 연세 드신
* **the elderly** 어르신들
· 연세 드신 **분들** _____ people

26 **unhappy**[ʌnhǽpi] 불행한(↔**happy**)
· 그는 불행해 **보인다**. He looks _____.

27 **crazy**[kréizi] 미친, 열광적인, 화난
· 너 미쳤니? Are you _____?

28 **alive**[əláiv] 살아 있는
· 그들은 아직 살아 있다.
They are still _____.

29 **outside**[àutsáid] 부 전 밖에[으로]
(↔**inside**) 형 외부의 명 바깥쪽
· 밖에서 놀다 to play _____

30 **quite**[kwait] 꽤
· 꽤 춥다. It is _____ cold.

Today's
Dessert
A little knowledge is dangerous.
섣부른 지식은 위험하다.(선무당이 사람 잡는다.)

A 영어는 우리말로, 우리말은 영어로!

1.	hero	16.	능력
2.	floor	17.	지식
3.	diet	18.	기법[기술]
4.	garbage	19.	암
5.	countryside	20.	현금
6.	route	21.	도전, 도전하다
7.	amount	22.	펴다, 퍼지다[퍼뜨리다]
8.	score	23.	사냥하다
9.	cure	24.	파괴하다
10.	appear	25.	기대[예상]하다
11.	consider	26.	제안하다[권하다]
12.	elderly	27.	문화의
13.	crazy	28.	사회의
14.	outside	29.	불행한
15.	quite	30.	살아 있는

B 단어와 단어의 만남

1. a cure for cancer
2. an amount of time
3. a high score
4. a balanced, healthy diet
5. an elderly couple
6. social problems

7. 전쟁 영웅 a war h_____
8. 타고난 능력 natural a_____
9. 배경지식 background k_____
10. 새로운 도전 a new c_____
11. 불행한 삶 an u_____ life
12. 문화적 차이 c_____ differences

C 보기 단어들 뜻 음미해 보고 빈칸 속에 풍당!

보기	destroy expect hunt spread suggest

1. Heat _____s vitamin C. 열은 비타민 C를 파괴한다.
2. They are _____ing deer. 그들은 사슴을 사냥하고 있다.
3. He didn't _____ to see her. 그는 그녀를 만나리라고 기대하지 않았다.
4. She _____ the map out on the floor. 그녀는 바닥에 지도를 펼쳤다.
5. I _____ that we follow the safety rules. 나는 우리가 안전 규칙에 따를 것을 권한다.

정답 **A** 앞면 참조 **B** 1. 암 치료제[치료법] 2. 시간의 양 3. 높은 점수 4. 균형 잡힌 건강식 5. 노부부 6. 사회 문제들
7. hero 8. ability 9. knowledge 10. challenge 11. unhappy 12. cultural **C** 1. destroy 2. hunt 3. expect
4. spread 5. suggest

D 서로 어울리는 것끼리 이어 주기

1. cash   a. a way from one place to another
2. countryside   b. a special way of doing something
3. garbage   c. land that is outside cities and towns
4. route   d. money in the form of bills and coins
5. technique   e. waste food, paper, etc. that you throw away

E 빈칸에 들어갈 알맞은 단어는?

1. We're lucky to be a_____. 살아 있으니 우리는 운이 좋다.
2. Can I go and play o_____, Dad? 아빠, 밖에 나가서 놀아도 되나요?
3. My opinion is q_____ different from his. 내 의견은 그의 의견과 꽤 다르다.

F 같은 모양, 다른 의미

1. the kitchen floor / the tenth floor
2. He's crazy about football. / That noise is driving me crazy.
3. A bus appeared around the corner. / No one appeared to notice me.
4. We consider him a great poet.
   Consider both your interests and talents when choosing a job.

반갑다 기능어야!

to 부정사 · 전치사/toward 전치사

to
1. 부정사: to V
   (1) 명사: We tried **to** explain. 우리는 설명하려고 노력했다.
   (2) 형용사: I need friends **to** advise me. 난 조언해 줄 친구가 필요해.
   (3) 부사: We eat **to** live. 우리는 살기 위해 먹는다.
2. 전치사
   (1) 목표 · 방향 (~로, ~까지): to go **to** school 학교에 가다   **to** the right 오른쪽으로
   (2) 대상 (~에게): Give it **to** your neighbors. 그걸 네 이웃에게 주어라.
   (3) 관계 (~에 대하여): Find the answer **to** this problem. 이 문제에 대한 답을 찾아라.

toward: 전치사
1. 방향 (~ 쪽으로[향하여]): **toward** the river 강을 향해
                    toward the south/north 남/북쪽으로
2. 대상 (~에 대하여): her love **toward** animals 동물에 대한 그녀의 사랑

G 반갑다 기능어야! 익힌 후, 빈칸에 알맞은 기능어 넣기

1. I often send e-mail _____ my friends.
   난 자주 친구들에게 이메일을 보낸다.

2. He noticed police coming _____ him.
   그는 경찰이 자신을 향해 오고 있다는 걸 알아차렸다.

정답 **D** 1. d 2. c 3. e 4. a 5. b   **E** 1. alive 2. outside 3. quite   **F** 1. 부엌 바닥(바닥) / 10층(층) 2. 그는 축구에 열광적이다.(열광적인) / 저 소음이 날 화나게 한다.(화난) 3. 버스가 길모퉁이에 나타났다.(나타나다) / 아무도 날 알아보지 못하는 것 같았다.(~인 것 같다) 4. 우리는 그를 위대한 시인이라고 여긴다.(여기다) / 직업을 선택할 때 너의 흥미와 재능 둘 다를 고려하라.(고려하다)   **G** 1. to 2. toward

DAY 23

명사

01 **host**[houst] 주인[주최자], 진행자
▶**hostess** 명 여주인, 여진행자
• 게임 쇼 진행자 a game show _____

02 **audience**[ɔ́:diəns] 청중[관객],
시청자[독자]
• 만 명의 청중[관객]
an _____ of 10,000

03 **athlete**[ǽθliːt] 운동선수
• 직업 운동선수 a professional _____

04 **cell**[sel] 세포
• 뇌세포들 brain _____s

05 **wing**[wiŋ] 날개
• 새의 날개 a bird's _____

06 **tail**[teil] 꼬리
• 긴 꼬리 a long _____

07 **bowl**[boul] 사발[공기]
• 밥 한 공기 a _____ of rice

08 **brick**[brik] 벽돌
• 벽돌담 _____ wall

09 **temperature**[témpərətʃər] 온도[기온],
체온
• 고온/저온 high/low _____

10 **transportation**[trænspərtéiʃən]
운송, 교통수단 ▶**transport** 통 운송하다
• 운송 수단 a means of _____

11 **site**[sait] ① 장소, 현장
② 웹사이트(website)
• 캠핑장 a camping _____

12 **decision**[disíʒən] 결정
▶**decide** 통 결정하다
• 결정을 하다 to make a _____

13 **fiction**[fíkʃən] 소설[허구](↔nonfiction)
▶**fictional** 형 허구의[소설의]
• 역사 소설 historical _____

동사

14 **frighten**[fráitn] 무섭게 하다[겁주다]
(=scare) ▶**frightening** 형 무서운
• 그 이야기가 날 무섭게 했다.
The story _____ed me.

15 **scare**[skɛər] 무섭게 하다[겁주다]
(=frighten) ▶**scary** 형 무서운
• 넌 나를 무섭게 했어.
You _____d me.

16 **slip**[slip] 미끄러지다
• 얼음 위에서 미끄러지다
to _____ on the ice

17 **melt**[melt] 녹다[녹이다]

· 버터를 녹이다 to _____ the butter

18 **pollute**[pəlúːt] 오염시키다
▶**pollution** 명 오염

· 강을 오염시키다 to _____ the river

19 **affect**[əfékt] 영향을 미치다
[비교] **effect** 명 영향[결과/효과]

· 우리 생활에 영향을 미치다
to _____ our lives

20 **depend**[dipénd] (~ on[upon])
① 의존하다 ② 믿다 ③ 달려 있다

· 많은 것이 네게 달려 있다.
Much _____s on you.

21 **manage**[mǽnidʒ] ① 경영[관리]하다
② (힘든 일을) 해내다
▶**manager** 명 경영[관리]자

· 시간을 관리하다
to _____ your time

동사 · 형용사

22 **fit**[fit] 동 맞다[맞추다] 형 건강한, 알맞은
▶**fitness** 명 건강

· 내게 맞는 옷 clothes to _____ me

23 **correct**[kərékt] 형 맞는[올바른](=**right**)
동 바로잡다[고치다]

· 정답 the _____ answer

형용사

24 **surprising**[sərpráiziŋ] 놀라운
▶**surprise** 동 놀라게 하다

· 놀라운 소식 _____ news

25 **active**[ǽktiv] 활동적인, 적극적인

· 활동적인 삶 an _____ life

26 **colorful**[kʌ́lərfəl] 다채로운[화려한]
▶**color** 명 색

· 화려한 넥타이 a _____ tie

27 **wet**[wet] ① 젖은(↔**dry**) ② 비 오는(=**rainy**)

· 젖은 풀(밭) _____ grass

28 **lively**[láivli] 활기찬[활발한]

· 활기찬 아이들 _____ children

형용사 · 부사

29 **daily**[déili] 형 매일[일상]의 부 매일

· 나의 일상생활 my _____ life

30 **straight**[streit] 부 똑바로[곧장]
형 곧은[똑바른]

· 똑바로 걸어라. Walk _____.

Today's Dessert

By others' faults wise men correct their own.
다른 사람의 결점에 의해 현명한 사람은 자기 자신의 결점을 고친다.(타산지석(他山之石))

A 영어는 우리말로, 우리말은 영어로!

1.	host	16.	운동선수
2.	audience	17.	세포
3.	site	18.	날개
4.	fiction	19.	꼬리
5.	frighten	20.	사발[공기]
6.	scare	21.	벽돌
7.	slip	22.	온도[기온], 체온
8.	depend	23.	운송, 교통수단
9.	manage	24.	결정
10.	fit	25.	녹다[녹이다]
11.	correct	26.	오염시키다
12.	colorful	27.	영향을 미치다
13.	wet	28.	놀라운
14.	daily	29.	활동적인, 적극적인
15.	straight	30.	활기찬[활달한]

B 단어와 단어의 만남

1. the host country
2. Olympic athletes
3. the tail wing
4. a historic site
5. science fiction
6. my daily life

7. 영화 관객 movie a_____s
8. 암세포들 cancer c_____s
9. 고온 high t_____
10. 놀라운 소식 s_____ news
11. 젖은 수건 a w_____ towel
12. 활발한 토론 a l_____ discussion

C 보기 단어들 뜻 음미해 보고 빈칸 속에 퐁당!

| 보기 | fit frighten[scare] manage melt pollute |

1. The sun _____(e)d the snow. 햇볕이 눈을 녹였다.
2. The factory _____s the air and water. 그 공장은 대기와 수질을 오염시킨다.
3. Does the thought of death _____ you? 죽음에 대한 생각이 널 무섭게 하니?
4. The company has been well _____(e)d. 그 회사는 잘 경영되어 왔다.
5. Her clothes don't _____ her very well. 그녀의 옷이 그녀에게 그리 잘 맞지 않는다.

정답 **A** 앞면 참조 **B** 1.주최국 2. 올림픽 선수들 3. (비행기의) 꼬리 날개 4. 역사적인 장소[사적지] 5. 공상 과학 소설 6. 나의 일상생활 7. audience 8. cell 9. temperature 10. surprising 11. wet 12. lively **C** 1. melt 2. pollute 3. frighten [scare] 4. manage 5. fit

D   내 영어 실력?? ▶▶▶ 영영 사전 보는 정도!!!

| 보기 | bowl   brick   transportation

1. a system for carrying people or goods
2. a wide round container that is open at the top
3. a hard block used for building walls, houses etc.

E   빈칸에 들어갈 알맞은 단어는?

1. Go s_____ and turn right at the corner. 똑바로 가서 모퉁이에서 우회전해라.
2. She takes an a_____ part in school life. 그녀는 학교생활에 적극적으로 참여한다.
3. The male birds are more c_____ than the females.
   수컷 새는 암컷보다 더 화려하다.

F   같은 모양, 다른 의미

1. All animals and plants depend on each other.
   Your health depends on how much you take care of it.
2. My guess is correct. / Correct my pronunciation if it's wrong.

G   단어를 외우니 문장이 해석되네!

1. Your opinion will affect my decision.
2. I slipped but managed to keep hold of the ball.

◉반갑다 기능어야!

from   전치사
1. 출발점 (~에서): He ran away **from** home. 그는 집에서 달아났다[가출했다].
2. 시작 시간 (~부터): **from** seven o'clock 7시부터   **from** now on 지금부터 쭉
3. 분리 (~에서 떨어져): Is it far **from** here? 그곳은 여기서 머니?
4. 출신 (~에서 온): Where are you **from**? 어디 출신입니까?
5. 원료 (~로): Butter is made **from** milk. 버터는 우유로 만들어진다.
6. 다름 (~와 다른): She's quite different **from** her sister. 그녀는 여동생과 아주 다르다.
   * **from A to B**: A에서 B까지
      from Mt. Baekdu **to** Mt. Halla 백두산에서 한라산까지
      from morning **to** night 아침부터 밤까지

H   반갑다 기능어야! 익힌 후, 빈칸에 알맞은 기능어 넣기

1. We work _____ Monday to Friday.
   우리는 월요일부터 금요일까지 일한다.
2. It takes about 10 minutes _____ my home to the school by
   bus. 집에서 학교까지 버스로 약 10분 걸린다.

정답 **D** 1. transportation 2. bowl 3. brick **E** 1. straight 2. active 3. colorful **F** 1. 모든 동식물은 서로에게 의존한다.(의존하다) / 네 건강은 네가 그것을 얼마나 돌보느냐에 달려 있다.(달려 있다) 2. 내 추측이 맞다.(맞는) / 제 발음이 틀리면 고쳐주세요.(고치다) **G** 1. 네 의견이 나의 결정에 영향을 줄 것이다. 2. 난 미끄러졌으나 힘들게 공을 잡아냈다. **H** 1. from 2. from

DAY 24

명사

01 **god**[gɑd] 신[조물주]
▶**goddess** 명 여신

02 **guest**[gest] 손님

03 **diver**[dáivər] 잠수부
▶**dive** 동 다이빙하다, 잠수하다

04 **blood**[blʌd] 피[혈액]

05 **pool**[pu:l] 수영장, 웅덩이
＊**car pool** 카풀(자동차의 공동 이용[합승])

06 **temple**[témpl] 사원[절]

07 **thought**[θɔ:t] 생각[사고]
▶**thoughtful** 형 배려하는[사려 깊은], 생각에 잠긴

08 **crop**[krɑp] 농작물, 수확량

09 **sheet**[ʃi:t] ① (침대) 시트 ② (종이) 한 장

10 **quarter**[kwɔ́:rtər] 4분의 1

• 신을 믿다 to believe in G_____

• 저녁 식사 손님 a dinner _____

• 스쿠버다이버 a scuba _____

• 헌혈하다 to give _____

• 수영장 a swimming _____

• 오래된 절 an old _____

• 생각을 표현하다
to express your _____s

• 농작물을 재배하다 to grow _____s

• 종이 한 장 a _____ of paper

• 4분의 3 three _____s

명사 · 동사

11 **crowd**[kraud] 명 군중 동 꽉 채우다
▶**crowded** 형 붐비는

12 **care**[kɛər] 명 돌봄, 주의 동 ① 관심을 갖다
② (~ for) 돌보다(=take care of)

13 **strike**[straik] 동 (struck-struck)
① 치다[부딪치다] ② (생각이) 갑자기 떠오르다
명 치기

• 3만 명의 군중 a _____ of 30,000

• 아기를 돌보다
to take _____ of a baby

• 공을 치다 to _____ a ball

명사 · 형용사

14 **relative**[rélətiv] 명 친척 형 상대적인

15 **patient**[péiʃənt] 명 환자 형 참을성 있는

• 가까운 친척 a close _____

• 참을성 있게 기다려라.
Be _____ and wait.

16 **gain**[gein] ① 얻다 ② 늘다

    • 경험을 얻다 to _____ experience

17 **provide**[prəváid] 제공[공급]하다

    • 서비스를 제공하다 to _____ a service

18 **dig**[dig]-**dug-dug** 파다[캐다]

    • 구멍을 파다 to _____ a hole

19 **explore**[iksplɔ́:r] 탐사[탐험/탐구]하다
   ▶**explorer** 명 탐험가

    • 우주를 탐사하다 to _____ space

20 **warn**[wɔ:rn] 경고하다
   ▶**warning** 명 경고

    • 그에게 조용히 하라고 경고하다
     to _____ him to be quiet

21 **recognize**[rékəgnàiz] 알아보다

    • 그를 알아보다 to _____ him

22 **celebrate**[séləbrèit] 축하[기념]하다
   ▶**celebration** 명 축하 (행사)

    • 생일을 축하하다
     to _____ your birthday

23 **stupid**[stjú:pid] 어리석은[멍청한]

    • 어리석은 생각 a _____ idea

24 **helpful**[hélpfəl] 도움이 되는

    • 도움이 되는 정보 _____ information

25 **convenient**[kənví:njənt] 편리한
   (↔**inconvenient**)
   ▶ **convenience** 명 편리

    • 편리한 시간에 at a _____ time

26 **impossible**[impásəbl] 불가능한
   (↔**possible**)

    • 그건 불가능해. That's _____.

27 **medical**[médikəl] 의학[의료]의

    • 의대생 a _____ student

28 **outdoor**[áutdɔ̀:r] 야외의(↔**indoor**)
   ▶**outdoors** 부 야외에서 명 야외

    • 야외 활동 _____ activities

29 **forever**[fɔːrévər] 영원히

    • 영원히 지속되다 to last _____

30 **indeed**[indí:d] 정말

    • 네, 정말 그렇고 말고요. "Yes, _____."

Today's Dessert

A friend in need is a friend indeed.
어려울 때 친구야말로 진정한 친구다.

A 영어는 우리말로, 우리말은 영어로!

1. god		16. 손님	
2. pool		17. 잠수부	
3. sheet		18. 피[혈액]	
4. crowd		19. 사원[절]	
5. care		20. 생각(사고)	
6. strike		21. 농작물, 수확량	
7. patient		22. 4분의 1	
8. gain		23. 친척, 상대적인	
9. provide		24. 파다[캐다]	
10. explore		25. 경고하다	
11. recognize		26. 축하[기념]하다	
12. helpful		27. 어리석은[멍청한]	
13. convenient		28. 불가능한	
14. outdoor		29. 의학[의료]의	
15. indeed		30. 영원히	

B 단어와 단어의 만남

1. a famous temple
2. an answer sheet
3. medical care
4. an outdoor swimming pool
5. a stupid mistake
6. 신의 선물 a gift from G_____
7. 혈액 검사 a b_____ test
8. 주요 농작물 the main c_____s
9. 도움이 되는 조언 h_____ advice
10. 편리한 방법 a c_____ way

C 보기 단어들 뜻 음미해 보고 빈칸 속에 퐁당!

보기	celebrate dig(dug) explore provide recognize warn

1. Did you _____ him easily? 넌 그를 쉽게 알아보았니?
2. He _____(e)d me not to be late. 그는 내게 늦지 말라고 경고했다.
3. We _____ a hole and planted the tree. 우리는 구멍을 파고 나무를 심었다.
4. Let's have a party to _____ your birthday. 네 생일을 축하하기 위한 파티를 열자.
5. We humans have begun to _____ the planets.
   우리 인간들은 행성들을 탐사하기 시작했다.
6. The project is designed to _____ young people with work.
   그 프로젝트는 젊은이들에게 일자리를 제공하기 위해 기획된다.

정답 **A** 앞면 참조 **B** 1. 유명한 절 2. 답안지 3. 의료[의학적 돌봄] 4. 야외 수영장 5. 어리석은 실수 6. God 7. blood
8. crop 9. helpful 10. convenient **C** 1. recognize 2. warn 3. dug 4. celebrate 5. explore 6. provide

D 서로 어울리는 것끼리 이어 주기

1. crowd   a. a member of your family
2. diver   b. someone who is invited to your home
3. guest   c. someone who swims or works under water
4. relative   d. a large number of people in the same place

E 같은 관계 맺어 주기

1. know : knowledge = think : t_____
2. happy : unhappy = possible : i_____
3. 1/2 : half = 1/4 : q_____

F 빈칸에 들어갈 알맞은 단어는?

1. She was i_____ a living saint. 그녀는 정말 살아 있는 성인이었다.
2. I wanted that moment to last f_____. 나는 그 순간이 영원히 지속되길 원했다.

G 같은 모양, 다른 의미

1. a hospital patient / She's patient with children.
2. Who's taking care of the baby? / I don't care what you do.
3. The car struck a tree. / A thought struck me.
4. I took the job to gain experience.
   I've gained a lot of weight this winter.

⊙반갑다 기능어야!

of 전치사

1. 소유 (~의): a friend **of** mine 나의 친구
2. 부분 (~ 중의): one[some] **of** my friends 내 친구들 중의 하나[몇몇]
3. 관련 (~에 관해): stories **of** his travels 그의 여행에 관한 이야기
4. 동작 주어/목적어 (~의/~에 대한): the ringing **of** the phone 전화벨의 울림
   the killing **of** innocent children 죄 없는 어린이들에 대한 죽임
5. 감정 형용사 대상 (~에 대해): I'm proud **of** my parents. 난 부모님이 자랑스러워.
6. to V 의미상 주어: It was kind **of** you to come. 와 주시다니 당신은 친절하군요.

H 반갑다 기능어야! 익힌 후, 빈칸에 알맞은 기능어 넣기

1. Some _____ the guests eat only vegetables and fish.
   손님 중 몇몇은 야채와 생선만 먹는다.
2. He is afraid _____ talking to her.
   그는 그녀에게 말을 거는 걸 두려워한다.

정답 **D** 1. d 2. c 3. b 4. a **E** 1. thought 2. impossible 3. quarter **F** 1. indeed 2. forever **G** 1. 병원 환자(환자) / 그녀는 아이들에 대해 참을성이 있다.(참을성 있는) 2. 누가 아기를 돌보고 있니?(돌봄) / 난 네가 뭘 하는지 관심이 없어.(관심을 갖다) 3. 차가 나무에 부딪쳤다.(부딪치다) / 한 생각이 갑자기 내게 떠올랐다.(갑자기 떠오르다) 4. 나는 경험을 얻기 위해 그 일을 맡았다.(얻다) / 나는 올겨울에 몸무게가 많이 늘었다.(늘다) **H** 1. of 2. of

DAY 25

명사

01 **wood**[wud] 나무[목재], 숲
- 나무로 만들어지다 to be made of _____

02 **cave**[keiv] 동굴
- 어두운 동굴 a dark _____

03 **tomb**[tu:m] 무덤
- 가족 무덤 the family _____

04 **tool**[tu:l] 도구[연장]
- 목수의 연장 a carpenter's _____s

05 **satellite**[sǽtəlàit] (인공)위성
- 기상 위성 a weather _____

06 **communication**[kəmjùːnəkéiʃən]
의사소통, (-s) 통신
- 의사소통 기술 _____ skills

07 **wealth**[welθ] 부[재산]
- 부를 창조하다 to create _____

08 **attention**[əténʃən] 주의[주목]
- 주목하다 to pay _____

09 **miracle**[mírəkl] 기적
- 사랑의 기적 the _____ of love

명사 · 동사

10 **stream**[stri:m] 명 ① 개울[시내] ② 흐름
동 계속 흐르다
- 개울을 건너다
  to go across a _____

11 **wave**[weiv] 명 ① 파도[물결] ② 흔들기
동 흔들다
- 바다 파도[물결] the ocean _____s

12 **value**[vǽlju:] 명 가치 동 소중히 여기다
- 화폐 가치 the _____ of money

13 **beat**[bi:t] 동 (beat-beaten) ① 이기다
② 계속 때리다[두드리다] 명 박동, 박자
- 경주에서 그를 이기다
  to _____ him in the race

14 **support**[səpɔ́:rt] 동 ① 지지하다
② 부양하다 명 지지[지원]
- 그를 지지[부양]하다 to _____ him

명사 · 형용사

15 **twin**[twin] 명 쌍둥이 (중의 한 명) 형 쌍둥이의
- 그들은 쌍둥이다. They're _____s.

16 **chemical**[kémikəl] 명 화학 물질
형 화학의
- 화학 공장 a _____ factory

¹⁷ **female**[fíːmeil] 형 명 여성[암컷](의)
(↔**male**)

· 여성 운동선수 a _____ athlete

¹⁸ **fair**[fɛər] 형 공정한[공평한](↔**unfair**)
명 박람회

· 공정 가격 a _____ price

¹⁹ **respond**[rispánd] 반응하다,
대답[답장]하다

· 그 소식에 반응하다
to _____ to the news

²⁰ **deliver**[dilívər] 배달하다

· 우유를 배달하다 to _____ milk

²¹ **fold**[fould] 접다(↔**unfold**)

· 그것을 반으로 접다 to _____ it in half

²² **include**[inklúːd] 포함하다

· 가격은 세금을 포함한 것입니까?
Does the price _____ tax?

²³ **earn**[əːrn] (돈을) 벌다

· 생활비를 벌다 to _____ a living

²⁴ **bet**[bet] 돈을 걸다
* **I bet[I'll bet] ~** ~이 틀림없다

· 넌 그걸 좋아할 게 틀림없다.
I _____ you'll like it.

동사 · 형용사

²⁵ **calm**[kɑːm] 형 침착한[차분한] 명 평온[진정]
동 진정하다

· 제발 침착해! Please stay _____!

²⁶ **direct**[dirékt] 형 직접의 부 직접
동 지휘[감독]하다
▶**direction** 명 지시, 방향

· 직접 경험 _____ experience

형용사

²⁷ **thick**[θik] 두꺼운(↔**thin**), 짙은, 진한

· 두꺼운 코트 a _____ coat

²⁸ **abstract**[æbstrǽkt] 추상적인

· 추상화 an _____ painting

부사

²⁹ **someday**[sʌ́mdèi] (미래) 언젠가

· 언젠가 그는 성공할 거야.
S_____ he'll succeed.

³⁰ **nowadays**[náuədèiz] 요즘에는

· 그것은 요즘 흔하다. It is common _____.

Today's Dessert

A penny saved is a penny earned[gained].
한 푼의 절약은 한 푼의 이득.

103

A 영어는 우리말로, 우리말은 영어로!

1.	wood	16.	동굴
2.	communication	17.	무덤
3.	stream	18.	도구[연장]
4.	wave	19.	(인공)위성
5.	value	20.	부[재산]
6.	beat	21.	주의[주목]
7.	support	22.	기적
8.	twin	23.	화학 물질, 화학의
9.	fair	24.	여성, 여성의
10.	respond	25.	배달하다
11.	include	26.	접다
12.	bet	27.	(돈을) 벌다
13.	calm	28.	추상적인
14.	direct	29.	(미래) 언젠가
15.	thick	30.	요즘에는

B 단어와 단어의 만남

1. the tombs of kings
2. a communications satellite
3. national wealth
4. a stream of air
5. female students
6. a twin sister
7. 비밀 동굴 a secret c_____
8. 유용한 도구 a useful t_____
9. 높은 가치 a high v_____
10. 위험한 화학 물질 dangerous c_____s
11. 추상 예술[미술] a_____ art
12. 두꺼운 안경 t_____ glasses

C 보기 단어들 뜻 음미해 보고 빈칸 속에 풍덩!

|보기|	bet	deliver	fold	include	respond

1. The price of dinner _____s dessert. 저녁 식사 가격은 후식을 포함한다.
2. _____ the paper along the dotted line. 점선을 따라 종이를 접어라.
3. He _____s newspapers in the morning. 그는 아침에 신문을 배달한다.
4. She didn't _____ to any of his emails.
   그녀는 그의 어떤 이메일에도 답장하지 않았다.
5. I _____ you'll become a good scientist. 넌 훌륭한 과학자가 될 게 틀림없어.

정답 **A** 앞면 참조 **B** 1. 왕들의 무덤들 2. 통신 위성 3. 국가의 부[국부] 4. 공기의 흐름 5. 여학생들 6. 쌍둥이 언니[여동생/누나] 7. cave 8. tool 9. value 10. chemical 11. abstract 12. thick **C** 1. include 2. Fold 3. deliver 4. respond 5. bet

D 보기 단어들 뜻 씹어 보고 들어갈 곳에 쏙!

| 보기 | attention   miracle   wood

1. It's a _____ you weren't killed! 네가 죽지 않은 것은 기적이야!
2. Her house was made of _____. 그녀의 집은 나무로 만들어졌다.
3. Please pay _____ to what I am saying. 제가 말하고 있는 것에 좀 주목해 주세요.

E 빈칸에 들어갈 알맞은 단어는?

1. N_____ many people go abroad. 요즘 많은 사람들이 해외로 나간다.
2. S_____ I'd like to travel the world. 언젠가 난 세계 여행을 하고 싶다.
3. It seems f_____ to give them a chance. 그들에게 기회를 주는 게 공정한 것 같다.
4. It is important to keep c_____ in an emergency.
   비상시에는 침착함을 유지하는 게 중요하다.

F 같은 모양, 다른 의미

1. the waves of the sea / She waved at him.
2. We support peaceful unification.
   She has to earn to support her family.
3. We beat them in the game. / Waves beat against the cliffs.
4. direct sunlight / The movie was directed by him.

⏰반갑다
기능어야!

about 전치사 · 부사
1. ~에 관하여[대하여]: a book **about** wild flowers 야생화에 관한 책
   We should care **about** nature. 우리는 자연에 대해 관심을 가져야 한다.
   *** How[What] about ~ ?: ~은 어떤가?**
   How[What] about you[this, tomorrow]? 넌[이것은, 내일은] 어때?
   How[what] about going for a walk? 산책하러 가는 게 어때?
2. 주위에(=**around**): He is somewhere **about** here. 그는 이 주위 어딘가에 있다.
3. 약[대략]: Seoul is **about** 600 years old. 서울은 약 600년이 되었다.
   *** be about to V: 막 ~하려고 하다**
   We **are about to** leave. 우리는 막 떠나려고 한다.

G 반갑다 기능어야! 익힌 후, 빈칸에 알맞은 기능어 넣기

1. Do you know _____ Korean history? 너 한국 역사에 관해 아니?
2. We waited for _____ an hour. 우리는 약 한 시간 동안 기다렸다.

정답 **D** 1. miracle 2. wood 3. attention **E** 1. Nowadays 2. Someday 3. fair 4. calm **F** 1. 바다의 파도(파도) / 그녀는 그에게 손을 흔들었다.(흔들다) 2. 우리는 평화 통일을 지지한다.(지지하다) / 그녀는 가족을 부양하기 위해 돈을 벌어야 한다.(부양하다) 3. 우리는 경기에서 그들을 이겼다.(이기다) / 파도가 절벽을 계속 때렸다.(계속 때리다) 4. 직사 일광[햇빛](직접의) / 그 영화는 그가 감독했다.(감독하다) **G** 1. about 2. about

DAY 26

명사

01 **lawyer**[lɔ́ːjər] 변호사
▶**law** 명 법
• 젊은 변호사 a young _____

02 **officer**[ɔ́ːfisər] 장교, 관리[임원], 경찰관
• 육군 장교 an army _____

03 **university**[jùːnəvə́ːrsəti] 대학
• 국립 대학 a national _____

04 **level**[lévəl] 수준, 높이
• 높은/낮은 수준 a high/low _____

05 **growth**[grouθ] 성장, 증가
▶**grow** 동 자라다, 기르다
• 그녀 아이의 성장 her child's _____

06 **journey**[dʒə́ːrni] 여행
• 긴 자동차 여행 a long car _____

07 **gun**[gʌn] 총, 대포
• 총을 소지하다 to carry a _____

08 **emergency**[imə́ːrdʒənsi] 비상[응급]
• 응급실 an _____ room

09 **case**[keis] ① 경우, 사건 ② 케이스[용기]
• 이 경우에 in this _____

10 **difficulty**[dífikʌlti] 어려움, 곤경
▶**difficult** 형 어려운
• 어려움을 겪다 to have _____

11 **addition**[ədíʃən] 더하기
* **in addition** 게다가
• 그의 재능에 더하여
  in _____ to his talent

12 **credit**[krédit] 신용 거래
• 신용 카드 a _____ card

명사 · 동사

13 **fool**[fuːl] 명 바보 동 속이다
• 넌 날 속일 수 없어.
  You can't _____ me.

14 **harvest**[háːrvist] 명 수확(량) 동 수확하다
• 풍성한 수확 a good _____

15 **figure**[fíɡjər] 명 ① 수치 ② 인물
③ 모습[몸매] ④ 도표
동 (~ out) 이해하다[알아내다]
• 판매 수치 sales _____s

16 **tie**[tai] 동 ① 묶다[매다] ② 동점이 되다
명 ① 넥타이 ② 동점 ③ 유대
• 구두끈을 매라.
  T_____ your shoelaces.

106

17 **boil**[bɔil] 끓다[끓이다], 삶다
- 달걀을 삶다 to _____ an egg

18 **borrow**[bárou] 빌리다(↔lend)
- 책을 빌리다 to _____ a book

19 **belong**[bilɔ́ːŋ] (~ to) ~에 속하다, ~ 소유[소속]이다
- 그건 내 거야. It _____s to me.

20 **communicate**[kəmjúːnəkèit] (의사)소통하다, 연락하다
- 이메일로 연락하다
  to _____ by e-mail

21 **confuse**[kənfjúːz] ① 혼란시키다 ② 혼동하다
- 그를 혼란스럽게 하다 to _____ him

22 **survive**[sərváiv] ① 살아남다 ② ~보다 오래 살다
  ▶**survival** 명 생존
- 단지 두 명만 살아남았다.
  Only two _____d.

23 **handsome**[hǽnsəm] 잘생긴
- 잘생긴 소년 a _____ boy

24 **gentle**[dʒéntl] 온화한
- 온화한 미소 a _____ smile

25 **mad**[mæd] 화난(=angry), 열광적인, 미친
- 화가 나다 to get _____

26 **merry**[méri] 즐거운[명랑한]
- 즐거운 크리스마스 되세요!
  M_____ Christmas!

27 **noisy**[nɔ́izi] 시끄러운
  ▶**noise** 명 시끄러운 소리[소음]
- 시끄러운 군중 a _____ crowd

28 **scientific**[sàiəntífik] 과학의, 과학적인
  ▶**science** 명 과학
- 과학적 사실 a _____ fact

29 **mostly**[móustli] 주로
- 그들은 주로 십대들이다.
  They are _____ teenagers.

30 **anywhere**[énihwɛ̀ər] (긍정문) 어디든, (부정문) 아무데(서)도, (의문문) 어딘가
- 어디든 앉아라. Sit _____.

Today's Dessert

A watched pot never boils.
주전자도 지켜보면 끓지 않는다.

107

A 영어는 우리말로, 우리말은 영어로!

1.	level	16.	변호사
2.	journey	17.	장교, 관리, 경찰관
3.	case	18.	대학
4.	credit	19.	성장, 증가
5.	fool	20.	총, 대포
6.	figure	21.	비상[응급]
7.	tie	22.	어려움, 곤경
8.	belong	23.	더하기
9.	communicate	24.	수확(량), 수확하다
10.	confuse	25.	끓(이)다, 삶다
11.	gentle	26.	빌리다
12.	mad	27.	살아남다, ~보다 오래 살다
13.	merry	28.	잘생긴
14.	mostly	29.	시끄러운
15.	anywhere	30.	과학의, 과학적인

B 단어와 단어의 만남

1. a high level
2. plant growth
3. a long car journey
4. a toy gun
5. a credit card
6. a gentle person

7. 경찰관 a police o_____
8. 대학생 a u_____ student
9. 수확기 h_____ time
10. 잘생긴 소년 a h_____ boy
11. 즐거운 노래 a m_____ song
12. 과학 실험 a s_____ experiment

C 보기 단어들 뜻 음미해 보고 빈칸 속에 퐁당!

| 보기 | belong   boil   borrow   confuse   survive |

1. Can I _____ your umbrella? 네 우산을 빌릴 수 있을까?
2. What club do you _____ to? 넌 무슨 동아리 소속이니?
3. Don't _____ Austria with Australia. 오스트리아와 오스트레일리아를 혼동하지 마라.
4. _____ the potatoes until they are soft. 감자를 부드러워질 때까지 삶아라.
5. These plants cannot _____ in very cold conditions.
   이 식물들은 매우 추운 상태에서는 살아남을 수 없다.

정답 **A** 앞면 참조 **B** 1. 높은 수준 2. 식물의 성장 3. 긴 자동차 여행 4. 장난감 총 5. 신용 카드 6 온화한 사람 7. officer 8. university 9. harvest 10. handsome 11. merry 12. scientific **C** 1. borrow 2. belong 3. confuse 4. Boil 5. survive

D 같은 관계 맺어 주기

1. different : difference = difficult : d_____
2. advertise : advertisement = add : a_____
3. music : musician = law : l_____

E 빈칸에 들어갈 알맞은 단어는?

1. You make me so m_____! 넌 날 정말 화나게 하는구나!
2. An accident can happen a_____. 사고는 어디든 일어날 수 있다.
3. The engine is very n_____ at high speed. 그 엔진은 높은 속도에서 매우 시끄럽다.

F 같은 모양, 다른 의미

1. this year's sales figures / the key figure
   Please see figures 8 and 9. / Can you figure out how to do it?
2. Don't be such a fool! / I was completely fooled by her.
3. The horse was tied to a tree. / England tied 2 : 2 with Germany.

G 단어를 외우니 문장이 해석되네!

1. We communicate mostly by e-mail.
2. In case of emergency, press the alarm button.

반갑다 기능어야!

at 전치사·부사
1. 장소(~의 지점에(서))
   at the top of the stairs 계단 꼭대기에서
   at the station/store/park/party/concert 역/가게/공원/파티/음악회에(서)
2. 시간(~의 시점에): **at** 6 o'clock 6시에 **at** night 밤에
3. 방향(~을 향해): What are you looking **at**? 너는 무엇을 보고 있니?
4. 활동(~ 중): **at** lunch/school/work 점심 식사/수업[재학]/근무 중
5. 원인(~ 때문에): I'm surprised **at** you! 난 너를 보고 놀랐어!
6. 정도(가격·나이·속도)
   at 10 dollars 10달러에 **at** the age of 16 16세에 **at** about 50 mph 약 시속 50마일로
   * *be* **good/bad[poor] at**: ~에 능숙하다/서툴다
   She's **good at** English. 그녀는 영어를 잘한다.

H 반갑다 기능어야! 익힌 후, 빈칸에 알맞은 기능어 넣기

1. I was waiting _____ the bus stop. 난 버스 정류장에서 기다리고 있었다.
2. I've always been good _____ English. 난 늘 영어를 잘했다.

정답 **D** 1. difficulty 2. addition 3. lawyer **E** 1. mad 2. anywhere 3. noisy **F** 1. 올해의 판매 수치(수치) / 주요 인물(인물) / 도표 8과 9를 보세요(도표) / 넌 그걸 어떻게 하는지 알 수 있니?(이해하다) 2. 그렇게 바보같이 굴지 매(바보) / 난 그녀에게 완전히 속았다.(속이다) 3. 말이 나무에 묶여 있었다.(묶다) / 영국은 독일과 2 대 2로 비겼다.(동점이 되다) **G** 1. 우리는 주로 이메일로 연락한다. 2. 비상시에 경보기 버튼을 눌러라. **H** 1. at 2. at

DAY 27

명사

01 captain [kǽptən] 선장[기장], (팀의) 주장
- 배의 선장 the _____ of the ship

02 stranger [stréindʒər] 낯선 사람, 처음인 사람
▶ **strange** 형 이상한, 낯선
- 낯선 이에게 말을 걸지 마.
  Don't talk to _____s.

03 statue [stǽtʃuː] 조각상
- 자유의 여신상 the S_____ of Liberty

04 spirit [spírit] 정신[영혼], 기분[기백]
- 강한 투지[투쟁심] strong fighting _____

05 scenery [síːnəri] 경치[풍경]
- 경치를 즐기다 to enjoy the _____

06 gesture [dʒéstʃər] 제스처[몸짓]
- 몸짓을 하다 to make a _____

07 pole [poul] ① 막대기 ② (지구 · 자석의) 극
- 북극/남극 the North/South P_____

08 rubber [rʌ́bər] 고무
- 고무나무 a _____ tree

09 structure [strʌ́ktʃər] 구조, 구조[건축]물
- 뇌의 구조 the _____ of the brain

명사 · 동사

10 root [ruːt] 명 뿌리 동 (~ for) 응원하다
- 나무뿌리 tree _____s

11 schedule [skédʒu(ː)l] 명 일정, 시간표 동 (be -d) 예정이다
- 일정대로 on _____

12 tour [tuər] 명 여행[관광], 순회 동 관광[순회]하다
▶ **tourist** 명 관광객
- 14일간의 이집트 여행
  a 14-day _____ of Egypt

13 charge [tʃɑːrdʒ] 명 ① 요금 ② 외상 ③ 책임 동 ① 청구하다 ② 충전하다
- 현금입니까 외상[카드]입니까?
  Cash or _____?

14 decrease [diːkríːs] 동 줄(이)다, 감소[하락]하다(↔increase) 명 감소[하락]
- 가격의 하락 a _____ in the price

15 review [rivjúː] 동 복습하다, 검토하다, 논평하다 명 검토, 논평
- 서평 a book _____

16 vote [vout] 동 투표하다, (투표로) 선출하다 명 투표
- 투표하다 to take a _____

17 **attend**[əténd] 참석하다, 다니다
  ▸**attendance** 몡 참석[출석]

18 **discuss**[diskʌ́s] 토론[논의]하다
  ▸**discussion** 몡 토론[논의]

19 **settle**[sétl] ① 해결하다 ② 정착하다

20 **elect**[ilékt] (선거로) 선출하다

21 **achieve**[ətʃíːv] 이루다[성취하다]

22 **appreciate**[əpríːʃièit] ① 감사하다
  ② 진가를 알아보다

• 같은 학교에 다니다
  to _____ the same school

• 문제를 논의하다
  to _____ the problem

• 문제를 해결하다 to _____ a matter

• 그를 대통령으로 선출하다
  to _____ him president

• 좋은 결과를 이루다
  to _____ good results

• 당신의 도움에 감사드립니다.
  I _____ your help.

23 **brave**[breiv] 용감한

24 **cheap**[tʃiːp] 싼 (↔expensive)

25 **classical**[klǽsikəl] 고전의, 고전적인

26 **familiar**[fəmíljər] 잘 아는, 친숙[익숙]한

27 **unknown**[ʌ̀nnóun] 알려지지 않은[미지의],
  무명의(↔known)

28 **uncomfortable**[ʌ̀nkʌ́mfərtəbl]
  불편한 (↔comfortable)

• 용감한 군인들 _____ soldiers

• 싼 가게 a _____ store

• 고전 음악 _____ music

• 친숙한 목소리 a _____ voice

• 미지의 세계 an _____ world

• 불편한 소파 an _____ sofa

29 **simply**[símpli] ① 그저[단지] ② 간단히

30 **anyway**[éniwèi] 어쨌든

• 그는 그저 날 보고 웃기만 했다.
  He _____ smiled at me.

• 난 어쨌든 이길 거야. I'll win _____.

Today's Dessert

The best goods are the cheapest.
가장 좋은 것은 가장 싸다.

A 영어는 우리말로, 우리말은 영어로!

1.	captain	16.	조각상
2.	stranger	17.	경치[풍경]
3.	spirit	18.	제스처[몸짓]
4.	pole	19.	고무
5.	schedule	20.	구조(물)
6.	tour	21.	뿌리, 응원하다
7.	charge	22.	토론[논의]하다
8.	decrease	23.	(선거로) 선출하다
9.	review	24.	이루다[성취하다]
10.	vote	25.	용감한
11.	attend	26.	싼
12.	settle	27.	고전의, 고전적인
13.	appreciate	28.	알려지지 않은
14.	familiar	29.	불편한
15.	simply	30.	어쨌든

B 단어와 단어의 만남

1. a sea captain
2. the North Pole
3. a tour schedule
4. the right to vote
5. classical ballet[dance]
6. cheap uncomfortable shoes

7. 공동체 정신 community s_____
8. 아름다운 경치 the beautiful s_____
9. 고무공 a r_____ ball
10. 사회 구조 the social s_____
11. 용감한 군인들 b_____ soldiers
12. 무명 배우 an u_____ actor

C 보기 단어들 뜻 음미해 보고 빈칸 속에 풍당!

| 보기 | achieve   attend   decrease   discuss   elect   review |

1. They _____(e)d the book. 그들은 그 책에 관해 토론했다.
2. _____ what you have learned in class. 수업 중 배운 것을 복습해라.
3. Twelve people _____(e)d the meeting. 열두 명의 사람들이 모임에 참석했다.
4. House prices _____(e)d by 13% last year. 집값이 작년에 13% 하락했다.
5. He was _____(e)d (as) the President of Korea. 그는 한국 대통령으로 선출되었다.
6. She _____(e)d her goal of becoming a teacher.
그녀는 교사가 되겠다는 목표를 이루었다.

정답 **A** 앞면 참조 **B** 1. 선장 2. 북극 3. 여행[관광] 일정 4. 투표권 5. 고전 무용 6. 싸고 불편한 구두 7. spirit
8. scenery 9. rubber 10. structure 11. brave 12. unknown **C** 1. discuss 2. Review 3. attend 4. decrease
5. elect 6. achieve

D 내 영어 실력?? ▸▸▸ 영영 사전 보는 정도!!!

| 보기 | captain   gesture   statue   stranger

1. an image of a person made in stone or metal
2. someone who is in charge of a ship or plane
3. someone that you do not know or in a new place
4. a movement of part of your body to show a certain meaning

E 빈칸에 들어갈 알맞은 단어는?

1. It's not s_____ a question of money. 그것은 단지 돈 문제만이 아니다.
2. Are you f_____ with the computer softwares?
   컴퓨터 소프트웨어를 잘 알고 있니?
3. A_____ I don't mind because I did my best.
   어쨌든 난 최선을 다했으므로 신경 쓰지 않는다.

F 같은 모양, 다른 의미

1. tree roots / I'm rooting for you.
2. Delivery is free of charge. / I am in charge of my life.
3. I appreciate your help. / I appreciate fine works of art.
4. I want this thing settled. / They settled in Brazil.

반갑다 기능어야!

in 전치사 · 부사
1. 장소 · 방향(안에(서)[으로]): **in** the house/room/kitchen 집/방/부엌 안에(서)[으로]
   Get **in** the car. 차에 타라.
2. 시간(~ 동안에): **in** May 5월에   **in** 2020 2020년에   **in** spring/winter 봄/겨울에
   in the morning/afternoon/evening 아침/오후/저녁에
3. 방법(~로): **in** this way 이런 식으로
   Speak **in** English. 영어로 말해라.
4. 상태(~한 상태에): **in** good condition 좋은 상태에 있는   **in** danger 위험에 빠진

G 반갑다 기능어야! 익힌 후, 빈칸에 알맞은 기능어 넣기

1. We live _____ Seoul[Korea]. 우리는 서울[한국]에 산다.
2. A stranger talked to me _____ English.
   한 낯선 사람이 영어로 내게 말을 걸었다.

정답 **D** 1. statue 2. captain 3. stranger 4. gesture **E** 1. simply 2. familiar 3. Anyway **F** 1. 나무뿌리들(뿌리) / 나는 널 응원하고 있어.(응원하다) 2. 배달은 무료이다.(요금) / 난 내 삶에 책임이 있다.(책임) 3. 당신의 도움에 감사드립니다.(감사하다) / 난 좋은 예술 작품의 진가를 알아본다.(진가를 알아보다) 4. 난 이것이 해결되길 바란다.(해결하다) / 그들은 브라질에 정착했다.(정착하다) **G** 1. in 2. in

DAY 28

명사

명사

01 **population**[pὰpjəléiʃən] 인구
- 한국의 인구 the _____ of Korea

02 **coast**[koust] 해안
- 아프리카 서해안
  the west _____ of Africa

03 **bucket**[bʌ́kit] 양동이
- 물 한 양동이 a _____ of water

04 **cart**[kɑːrt] 마차, 카트[손수레]
- 카트[손수레]를 밀다 to push a _____

05 **cage**[keidʒ] 새장[우리]
- 우리 속의 동물들 animals in _____ s

06 **screen**[skriːn] 화면[스크린]
- 컴퓨터 화면 a computer _____

07 **kite**[kait] 연
- 연을 날리다 to fly _____ s

08 **autumn**[ɔ́ːtəm] 가을(=fall)
- 초가을에 in early _____

09 **breeze**[briːz] 산들바람[미풍]
- 따뜻한 산들바람 a warm _____

10 **mess**[mes] 엉망
▸**messy** 혱 지저분한[엉망인]
- 엉망이구나! What a _____!

11 **litter**[lítər] 쓰레기
- 쓰레기를 줍다 to pick up _____

명사 · 동사

12 **joke**[dʒouk] 몡 농담 됭 농담하다
- 농담을 하다 to tell a _____

13 **hike**[haik] 몡 도보 여행[하이킹]
됭 도보 여행을 하다
＊**hiking** 몡 하이킹[도보 여행]
- 도보 여행을 가다 to go _____ing

14 **fear**[fiər] 몡 두려움[공포] 됭 두려워하다
- 뱀에 대한 공포 a _____ of snakes

15 **offer**[ɔ́ːfər] 됭 제의하다, 제공하다
몡 제의, 제공
- 조언을 좀 해 주다
  to _____ some advice

16 **remain**[riméin] 됭 ① 계속 ～이다 ② 남다
몡 (-s) 나머지, 유적
- 계속 침묵을 지키다 to _____ silent

17 **repair**[ripέər] 됭 고치다[수리하다] 몡 수리
- 지붕을 수리하다 to _____ a roof

18 **blank**[blæŋk] 명 빈칸 형 빈

• 빈칸을 채우세요. Fill in the _____s.

19 **final**[fáinl] 형 마지막[최후]의
명 결승전, 기말시험
▶**finally** 부 마침내, 마지막으로

• 마지막 단계 the _____ stages

20 **public**[pʌ́blik] 형 대중[공공]의 명 대중

• 대중교통 _____ transportation

21 **bend**[bend]-bent-bent 구부리다

• 무릎을 구부려라. B_____ your knees.

22 **float**[flout] 뜨다[띄우다], 떠다니다

• 기름은 물 위에 뜬다.
Oil _____s on water.

23 **bark**[bɑːrk] 짖다

• 개가 큰 소리로 짖었다.
The dog _____ed loudly.

24 **concentrate**[kɑ́nsəntrèit] 집중하다

• 네 일에 집중해라
C_____ on your work.

25 **dead**[ded] 죽은

• 죽은 사람 a _____ person

26 **personal**[pə́ːrsənl] 개인의[개인적인]

• 개인적인 문제 a _____ problem

27 **historic**[histɔ́ːrik] 역사상 중요한[역사적인]
▶**history** 명 역사

• 역사적 순간 a _____ moment

28 **western**[wéstərn] 서쪽의, 서양의
▶**west** 명 서쪽, (the Western) 서양

• 서유럽 W_____ Europe

29 **ahead**[əhéd] 앞에[으로]
* **ahead of** ~의 앞에[으로]

• 곧장 앞으로 가. Go straight _____.

30 **exactly**[igzǽktli] 정확히
▶**exact** 형 정확한

• 정확히 3시야.
It's _____ three o'clock.

Today's
Dessert

A barking dog seldom bites.
짖는 개는 좀처럼 물지 않는다.

즐거운 Test 28th

A 영어는 우리말로, 우리말은 영어로!

1.	screen	16.	인구
2.	autumn	17.	해안
3.	litter	18.	양동이
4.	joke	19.	마차, 손수레
5.	hike	20.	새장[우리]
6.	fear	21.	연
7.	offer	22.	산들바람[미풍]
8.	remain	23.	엉망
9.	repair	24.	구부리다
10.	blank	25.	짖다
11.	final	26.	집중하다
12.	public	27.	죽은
13.	float	28.	개인의[개인적인]
14.	historic	29.	서쪽의, 서양의
15.	ahead	30.	정확히

B 단어와 단어의 만남

1. a shopping cart
2. a bucket of water
3. a fear of the dark
4. a final offer
5. personal experience
6. historic buildings
7. 인구 증가 p_____ growth
8. 텔레비전 화면 a TV _____
9. 늦가을 late a_____
10. 숲 속 도보 여행 a h_____ in the woods
11. 죽은 동물들 d_____ animals
12. 서양 문화 W_____ culture

C 보기 단어들 뜻 음미해 보고 빈칸 속에 퐁당!

| 보기 | bark   bend(bent)   concentrate   float   offer   repair |

1. Did you _____ your car? 너 차를 수리했니?
2. He _____ over to pick up the coins. 그는 동전을 줍기 위해 몸을 구부렸다.
3. They decided to _____ him the job. 그들은 그에게 일자리를 제의하기로 결정했다.
4. The dog always _____s at strangers. 그 개는 낯선 사람을 보면 언제나 짖는다.
5. The boats were _____ing down the river. 배들이 강을 떠내려가고 있었다.
6. I can't _____ on my work with that noise. 난 저 소음 때문에 일에 집중할 수 없어.

정답 A 앞면 참조 B 1. 쇼핑 카트[손수레] 2. 물 한 양동이 3. 어둠에 대한 공포 4. 마지막 제의 5. 개인적인 경험 6. 역사적 건물들 7. population 8. screen 9. autumn 10. hike 11. dead 12. Western C 1. repair 2. bent 3. offer 4. bark 5. float 6. concentrate

116

D 내 영어 실력?? ▸▸▸ 영영 사전 보는 정도!!!

| 보기 | breeze   coast   litter |

1. a light gentle wind
2. the land beside or near to the sea
3. waste paper, cans, etc. people have left in a public place

E 보기 단어들 뜻 씹어 보고 들어갈 곳에 쏙!

| 보기 | blank   cage   joke   kite   mess |

1. Let's fly _____s. 연을 날리자.
2. The house is a _____. 집이 엉망이다.
3. Please fill in the _____. 빈칸을 채우세요.
4. He opened the _____ and set the bird free. 그는 새장을 열고 새를 놓아 주었다.
5. He was always telling _____s and making people laugh.
   그는 언제나 농담을 하면서 사람들을 웃게 만들고 있었다.

F 빈칸에 들어갈 알맞은 단어는?

1. Think back, look a_____. 돌이켜 생각하고, 앞을 보아라.
2. That's e_____ what I was thinking. 그게 정확히 내가 생각하고 있었던 바다.

G 같은 모양, 다른 의미

1. a public place / the general public
2. They remained silent. / She left, but I remained behind.

반갑다 기능어야!

on 전치사
1. 장소 (~ 위에): a picture **on** a wall 벽 위의 그림
                  to live **on** the earth 지구에서 살다   to sit **on** the floor 바닥에 앉다
2. 시간 (~ 날에): **on** May 1st 5월 1일에   **on** Monday 월요일에
                  on my birthday 내 생일에   **on** weekend 주말에
3. 교통수단 (~을 타고): **on** the bus/subway/train/plane 버스/지하철/열차/비행기를 타고
                  on my bike 자전거를 타고   **on** foot 걸어서
   *****on** your[the] way (to): (~로) 가는 도중에
      on my way to school 학교로 가는 도중에

H 반갑다 기능어야! 익힌 후, 빈칸에 알맞은 기능어 넣기

1. Leave your things _____ the table. 탁자 위에 네 물건들을 놓아두어라.
2. We meet _____ Fridays. 우리는 금요일마다 만난다.

정답 **D** 1. breeze 2. coast 3. litter **E** 1. kite 2. mess 3. blank 4. cage 5. joke **F** 1. ahead 2. exactly
G 1. 공공장소(공공의) / 일반 대중(대중) 2. 그들은 계속 침묵을 지켰다.(계속 ~이다) / 그녀는 떠났지만, 난 뒤에 남았다.(남다)
H 1. on 2. on

DAY 29

01 **government**[gʌ́vərnmənt] 정부
· 미국 정부 the US _____

02 **stomach**[stʌ́mək] 위, 배[복부]
· 공복에 on an empty _____

03 **flour**[flauər] 곡물 가루
[비교] **flower** 명 꽃
· 밀가루 wheat _____

04 **doll**[dɑl] 인형
· 예쁜 인형 a pretty _____

05 **cyberspace**[sáibərspèis] 사이버 공간
▶**space** 명 공간, 우주
· 사이버 공간의 정보 information in _____

06 **strength**[streŋkθ] 힘, 강점
▶**strong** 형 강한
· 힘을 기르다 to build up your _____

07 **will**[wil] ① 의지[뜻] ②유언장
· 강한 의지 a strong _____

08 **development**[divéləpmənt] 발달, 개발
▶**develop** 동 발달하다, 개발하다
· 인터넷의 발달
the _____ of the Internet

09 **engineering**[èndʒiníəriŋ] 공학
▶**engineer** 명 기사[기술자]
· 현대 공학 modern _____

10 **edge**[edʒ] ① 끝[가장자리] ② 날
· 침대 가장자리 the _____ of bed

11 **pattern**[pǽtərn] ① 양식 ② 무늬
· 행동 양식 behavior _____s

12 **alarm**[əlá:rm] 경보(기), 자명종
(=alarm clock)
· 자명종을 6시에 맞춰라.
Set the _____ for six.

13 **dot**[dɑt] 명 점 동 점을 찍다
· 검은 점 a black _____

14 **cost**[kɔːst] 명 비용
동 (cost-cost) 비용이 ～이다[들다]
· 생계비 the _____ of living

15 **focus**[fóukəs] 명 초점
동 초점을 맞추다, 집중하다
· 관심의 초점 the _____ of interest

16 **shock**[ʃɑk] 동 충격을 주다[깜짝 놀라게 하다]
명 충격
▶**shocking** 형 충격적인
· 충격을 받다 to get a _____

17 **reward**[riwɔ́ːrd] 명 보상, 보상금[현상금]
　　동 보상하다
- 큰 현상금을 걸다
  to offer great _____

동사

18 **impress**[imprés] 감명[깊은 인상]을 주다
　▶**impressive** 형 인상적인
- 넌 친절로 내게 감명을 준다.
  You _____ me with your kindness.

19 **replace**[ripléis] 대신하다, 교체하다
- 컴퓨터가 인간을 대신하게 될까?
  Will computers _____ humans?

20 **fail**[feil] 실패하다[~하지 못하다], 낙제하다
- 그녀의 생명을 구하지 못하다
  to _____ to save her life

21 **skip**[skip] 건너뛰다[빼먹다], 깡충깡충 뛰다
- 수업을 빼먹다 to _____ class

형용사

22 **necessary**[nésəsèri] 필요한
　(↔**unnecessary**)
- 필요한 정보 _____ information

23 **elementary**[èləméntəri] 기본[초보]의,
　초등학교의
- 초등학교 an _____ school

24 **fantastic**[fæntǽstik] 환상적인
- 환상적인 장소 a _____ place

25 **tasty**[téisti] 맛있는
　＊**taste** 명 맛, 취향 동 맛이 나다[맛보다]
- 맛있는 식사 a _____ meal

26 **flat**[flæt] ① 평평한
　② (타이어 · 공이) 바람이 빠진
- 평평한 땅 _____ ground

27 **tough**[tʌf] ① 힘든 ② 강인한 ③ 질긴
- 힘든 삶 a _____ life

28 **crowded**[kráudid] 붐비는
　▶**crowd** 명 군중 동 꽉 채우다
- 붐비는[만원] 버스 a _____ bus

부사

29 **forward**[fɔ́ːrwərd] 앞으로(↔**backward**)
- 앞으로 가다 to go _____

30 **badly**[bǽdli] ① 잘못[안 좋게](↔**well**)
　② 몹시[심하게] ▶**bad** 형 나쁜
- 노래를 잘못 부르다 to sing _____

Today's
Dessert
Where there's a will, there's a way.
뜻이 있는 곳에 길이 있다.

119

A 영어는 우리말로, 우리말은 영어로!

1. stomach	16. 정부
2. engineering	17. 곡물 가루
3. edge	18. 인형
4. pattern	19. 사이버 공간
5. alarm	20. 힘, 강점
6. cost	21. 의지[뜻], 유언장
7. focus	22. 발달, 개발
8. shock	23. 점, 점을 찍다
9. reward	24. 감명을 주다
10. fail	25. 대신하다, 교체하다
11. skip	26. 필요한
12. elementary	27. 환상적인
13. tasty	28. 평평한, 바람이 빠진
14. tough	29. 붐비는
15. badly	30. 앞으로

B 단어와 단어의 만남

1. stomach pain
2. rice flour
3. a small dot
4. behavior patterns
5. a fire alarm
6. an elementary school
7. a tasty dish

8. 미국 정부 the US g_____
9. 예쁜 인형 a pretty d_____
10. 체력 physical s_____
11. 경제 발전[개발] economic d_____
12. 환상적인 이야기 a f_____ story
13. 붐비는 거리 a c_____ street
14. 평평한 땅 f_____ ground

C 보기 단어들 뜻 음미해 보고 빈칸 속에 퐁당!

|보기|	fail	focus	impress	shock	skip

1. Try not to _____ meals. 식사를 거르지 않도록 노력해라.
2. We were _____ed at the news. 우리는 그 소식에 깜짝 놀랐다.
3. She was _____ed with the painting. 그녀는 그 그림에 감명을 받았다.
4. She _____ed her mind on her study. 그녀는 공부에 마음을 집중했다.
5. He _____ed his college entrance exam. 그는 대학 입학시험에 떨어졌다.

정답 **A** 앞면 참조 **B** 1. 위통[복통] 2. 쌀가루 3. 작은 점 4. 행동 양식 5. 화재경보기 6. 초등학교 7. 맛있는 요리
8. government 9. doll 10. strength 11. development 12. fantastic 13. crowded 14. flat **C** 1. skip 2. shock
3. impress 4. focus 5. fail

D 내 영어 실력?? ▶▶ 영영 사전 보는 정도!!!

| 보기 |　cyberspace　　　edge　　　engineering

1. computer networks considered as a real place
2. the part of an object that is furthest from its center
3. the work for designing and building roads, bridges, machines etc.

E 빈칸에 들어갈 알맞은 단어는?

1. I did b_____ in my exams. 난 시험을 잘못 쳤다.
2. He took two steps f_____. 그는 앞으로 두 발짝 내딛었다.
3. A good diet is n_____ for keeping your health.
   좋은 음식은 건강을 유지하는 데 필요하다.

F 같은 모양, 다른 의미

1. He has a strong will. / Have you made a will?
2. a tough race / a tough lady / tough meat

G 단어를 외우니 문장이 해석되네!

1. Success brings its own rewards.
2. How much does it cost us to replace it?

◉반갑다 기능어야!

for 전치사 · 접속사

전치사

1. 대상 · 목적 (~을 위해, ~을 향해): a book **for** children　어린이용 책
   He works **for** a bank.　그는 은행을 위해 일한다[은행에 근무한다].
   Let's go **for** a walk.　산책하러 가자.
   I'll leave **for** New York.　난 뉴욕을 향해 떠날 거다.
2. 기간 (~ 동안): **for** three days/weeks/months/years　3일/주/개월/년 동안
   for a while　잠시 동안　　**for** a long time　오랫동안
3. 이유 (~ 때문에): Thank you **for** inviting me.　나를 초대해 주셔서 고맙습니다.
   Korea is famous **for** kimchi.　한국은 김치 때문에[김치로] 유명하다.

접속사: 왜냐하면(=because)
   I believe her, **for** she won't lie to me.
   난 그녀를 믿는다. 왜냐하면 그녀는 내게 거짓말을 하지 않을 것이기 때문이다.

H 반갑다 기능어야! 익힌 후, 빈칸에 알맞은 기능어 넣기

1. I've bought a present _____ you. 난 네게 줄 선물을 하나 샀어.
2. His parents gave him rewards _____ passing exams.
   그의 부모님은 그에게 시험에 합격한 데 대한 상을 주었다.

정답 **D** 1. cyberspace 2. edge 3. engineering　**E** 1. badly 2. forward 3. necessary　**F** 1. 그는 강한 의지를 가지고 있다.(의지) / 넌 유언장을 작성했니?(유언장) 2. 힘든 경주(힘든) / 강인한 여성(강인한) / 질긴 고기(질긴)　**G** 1. 성공은 그 자체의 보상을 가져다준다. 2. 그것을 교체하는 데 우리에게 비용이 얼마나 듭니까?　**H** 1. for 2. for

DAY 30

명사

01 **climate**[kláimit] 기후
[비교] **weather** 명 날씨[일기]

• 건조한 기후 a dry _____

02 **degree**[digríː] ① (온도 · 각도의) 도
② 정도 ③ 학위

• 법학 학위 a law _____

03 **article**[áːrtikl] ① 기사 ② 물품(=**item**)

• 잡지 기사 a magazine _____

04 **metal**[métl] 금속

• 금속 파이프 a _____ pipe

05 **monster**[mánstər] 괴물

• 머리가 셋 달린 괴물
a _____ with three heads

06 **treasure**[tréʒər] 보물

• 숨겨진 보물 hidden _____

07 **symbol**[símbəl] 상징

• 희망의 상징 a _____ of hope

08 **ceremony**[sérəmòuni] 의식(儀式)

• 결혼식 a wedding _____

09 **congratulation**[kəngrætʃuléiʃən] 축하
▶**congratulate** 통 축하하다

• 축하해! _____s!

10 **breath**[breθ] 숨[호흡]
▶**breathe** 통 숨 쉬다[호흡하다]

• 심호흡을 하다
to take a deep _____

11 **death**[deθ] 죽음
▶**die** 통 죽다

• 갑작스런 죽음 a sudden _____

12 **headache**[hédèik] 두통

• 난 두통이 있어요. I have a _____.

13 **muscle**[mʌ́sl] 근육

• 다리 근육 leg _____s

명사 · 동사

14 **base**[beis] 명 기초[토대], 기반[근거지]
통 (~ on[upon]) ~에 근거를 두다

• 튼튼한 기초 a strong _____

15 **lock**[lɑk] 통 (자물쇠로) 잠그다 명 자물쇠

• 문을 잠그다 to _____ the door

16 **dislike**[disláik] 통 싫어하다(↔**like**)
명 싫어함

• 난 그를 싫어한다. I _____ him.

17 **feed**[fiːd]-**fed-fed** 먹을 것을 주다[먹이다]

• 개에게 먹이를 주다 to _____ a dog

18 **lend**[lend]-**lent-lent** 빌려 주다(↔borrow)

• 그에게 돈을 좀 빌려 주다
to _____ him some money

19 **suffer**[sʌ́fər] (고통을) 겪다

• 많은 고통을 겪다
to _____ a lot of pain

20 **hang**[hæŋ] ① (**hung-hung**) 걸(리)다
② (**hanged-hanged**) 목을 매달다

• 재킷을 거기에 걸어라.
H_____ your jacket there.

21 **wrap**[ræp] 싸다[포장하다]

• 선물을 포장하다 to _____ a present

22 **pleasant**[plézənt] 쾌적한[즐거운]
▶**please** 동 기쁘게 하다

• 쾌적한 여행 a _____ trip

23 **lonely**[lóunli] 외로운

• 외로운 노인 a _____ old man

24 **thirsty**[θə́ːrsti] 목마른

• 나 목말라. I'm _____.

25 **polite**[pəláit] 예의 바른[공손한]
(↔impolite/rude)

• 다른 사람들에게 공손해라.
Be _____ to others.

26 **rude**[ruːd] 무례한

• 무례한 질문 a _____ question

27 **excellent**[éksələnt] 뛰어난[탁월한]

• 뛰어난 작품 an _____ work

28 **overweight**[óuvərwèit] 과체중의,
중량 초과의
▶**weight** 명 (몸)무게

• 난 10킬로 과체중이다.
I'm 10 kilos _____.

29 **perhaps**[pərhǽps] 아마도

• 아마도 비가 올 거야.
P_____ it will rain.

30 **twice**[twais] 두 번, 두 배로

• 일주일에 두 번 가다
to go _____ a week

Today's Dessert **Don't bite the hand that feeds you.**
먹을 것을 주는 손을 물지 마라.(배은망덕하지 마라.)

123

 즐거운 Test **30**th

A 영어는 우리말로, 우리말은 영어로!

1.	degree	16.	기후
2.	article	17.	금속
3.	ceremony	18.	괴물
4.	base	19.	보물
5.	lock	20.	상징
6.	dislike	21.	축하
7.	feed	22.	숨[호흡]
8.	suffer	23.	죽음
9.	hang	24.	두통
10.	wrap	25.	근육
11.	pleasant	26.	빌려 주다
12.	polite	27.	외로운
13.	rude	28.	목마른
14.	overweight	29.	뛰어난[탁월한]
15.	perhaps	30.	두 번, 두 배로

B 단어와 단어의 만남

1. a pleasant climate
2. national treasures
3. a symbol of peace
4. an opening ceremony
5. overweight children
6. 금속 물체 a m_____ object
7. 거대한 괴물 a giant m_____
8. 심호흡 a deep b_____
9. 목 근육 neck m_____s
10. 탁월한 생각 an e_____ idea

C 보기 단어들 뜻 음미해 보고 빈칸 속에 퐁당!

| 보기 | base   feed   hang(hung)   lock   suffer   wrap |

1. Did you _____ the dog? 개에게 먹이를 주었니?
2. She's _____ing a lot of pain. 그녀는 많은 고통을 겪고 있다.
3. _____ the door when you leave. 떠날 때 문을 잠가라.
4. The picture was _____ on the wall. 그림이 벽에 걸려 있었다.
5. The movie is _____(e)d on a true story. 그 영화는 실화에 근거를 두고 있다.
6. The present was beautifully _____(e)d in gold paper.
   선물이 금박지로 멋지게 포장되었다.

정답 **A** 앞면 참조 **B** 1. 쾌적한 기후 2. 국보 3. 평화의 상징 4. 개회식 5. 과체중 아이들 6. metal 7. monster 8. breath 9. muscle 10. excellent **C** 1. feed 2. suffer 3. Lock 4. hung 5. base 6. wrap(wrapped)

124

D 보기 단어들 뜻 씹어 보고 들어갈 곳에 쏙!

| 보기 |　lonely　　　rude　　　thirsty

1. It's _____ to keep people waiting. 사람들을 기다리게 하는 건 무례하다.
2. She lives alone and often feels _____. 그녀는 혼자 살아서 자주 외로움을 느낀다.
3. Can I have a glass of water? I'm really _____.
   물 한 잔 마실 수 있을까요? 제가 정말 목이 마르거든요.

E 같은 관계 맺어 주기

1. live : life = die : d_____
2. love : hate = like : d_____
3. learn : teach = borrow : l_____
4. poor : rich = rude : p

F 빈칸에 들어갈 알맞은 단어는?

1. C_____s on your wedding! 결혼 축하해!
2. I had a really bad h_____. 난 정말 심하게 머리가 아팠다.
3. P_____ we've met before. 아마도 우린 전에 만난 적이 있을 거예요.
4. Just click the program icon t_____ quickly.
   프로그램 아이콘을 빨리 두 번 클릭해라.

G 같은 모양, 다른 의미

1. It is ten degrees below zero. / a master degree
2. newspaper articles / household articles

**⊙반갑다
기능어야!**

against 전치사
1. 반대 · 대항(~에 반(대)해, ~에 맞서)
   a war **against** right[justice] and peace 정의와 평화에 반하는 전쟁
   Are you for or **against** my idea? 넌 내 생각에 찬성이니 반대니?
   That's **against** the law. 그건 위법이야.
   sailing **against** the wind 바람을 거스르는 항해
2. 접촉(~에 부딪쳐서, ~에 기대서)
   The rain beat **against** the windows. 비가 유리창을 두드렸다.
   He stood with his back **against** the wall. 그는 벽에 등을 기대고 서 있었다.

H 반갑다 기능어야! 익힌 후, 빈칸에 알맞은 기능어 넣기

1. Most members voted _____ the plan.
   대부분의 회원들이 그 계획에 반대투표를 했다.
2. We must fight _____ social problems.
   우리는 사회 문제들에 맞서 싸워야 한다.

정답 **D** 1. rude 2. lonely 3. thirsty　**E** 1. death 2. dislike 3. lend 4. polite　**F** 1. Congratulation
2. headache 3. Perhaps 4. twice　**G** 1. 영하 10도다.(도) / 석사 학위(학위) 2. 신문 기사(기사) / 가정용품(물품)
H 1. against 2. against

DAY 31

01 heaven[hévən] 천국
- 천국에 가다 to go _____

02 myth[miθ] 신화
- 고대 그리스 신화 ancient Greek _____s

03 sand[sænd] 모래, 모래사장
- 젖은 모래 the wet _____

04 castle[kǽsl] 성(城)
- 모래성 a sand _____

05 kindness[káindnis] 친절
▶**kind** 휑 친절한
- 그들을 친절하게 대해라.
  Treat them with _____.

06 concentration[kὰnsəntréiʃən]
집중(력) ▶**concentrate** 동 집중하다
- 집중력을 잃지 마라.
  Don't lose your _____.

07 mystery[místəri] 수수께끼, 신비[불가사의]
▶**mysterious** 휑 신비[불가사의]한
- 수수께끼로 남아 있다
  to remain a _____

08 battle[bǽtl] 전투
- 전사하다 to be killed in _____

09 industry[índəstri] ① 산업[공업] ② 근면
- 중공업/경공업 heavy/light _____

10 pile[pail] 명 더미 동 쌓아 올리다
- 책 더미 a _____ of books

11 chat[tʃæt] 명 담소[수다] 동 담소하다,
채팅하다
- 인터넷 채팅을 하다
  to have a _____ on the Internet

12 puzzle[pʌ́zl] 명 퍼즐[수수께끼]
동 어리둥절하게 하다
▶**puzzling** 휑 어리둥절하게 하는
- 십자말풀이 a crossword _____

13 text[tekst] 명 문자(메시지), 글, 교재
동 문자를 보내다
- 그녀에게 문자메시지를 보내다
  to send her a _____

14 advance[ədvǽns] 명 진보[진전], 전진
동 진격하다, 진전되다
* **in advance** 미리[앞서]
- 과학 기술의 진보
  the _____s in technology

15 graduate[grǽdʒuèit] 동 졸업하다
명 [grǽdʒuət] 졸업자
▶**graduation** 명 졸업(식)
- 대학을 졸업하다 to _____ from college

16 **predict**[pridíkt] 예측[예견]하다
  ▶**prediction** 명 예측[예견]

• 미래를 예측하다 to _____ the future

17 **compare**[kəmpέər] 비교하다

• 그 두 시를 비교하시오.
  C_____ the two poems.

18 **complain**[kəmpléin] 불평[항의]하다
  ▶**complaint** 명 불평[항의]

• 그는 결코 불평하지 않는다.
  He never _____s.

19 **forgive**[fərgív]**-forgave-forgiven**
  용서하다

• 나를 용서해 줘. F_____ me.

20 **determine**[ditə́:rmin] ① 결정하다
  ② 알아내다

• 사람의 성격을 결정하다
  to _____ a person's character

21 **exist**[igzíst] 존재하다

• 화성에 생명체가 존재할까?
  Does life _____ on Mars?

22 **dive**[daiv] 다이빙하다, 잠수하다

• 수영장으로 다이빙하다
  to _____ into a pool

23 **upper**[ʎpər] 위쪽의(↔lower)

• 위층 the _____ floor

24 **central**[séntrəl] 중심[중앙]의

• 중앙 아시아 C_____ Asia

25 **normal**[nɔ́:rməl] 정상[보통]의
  (↔**abnormal**)

• 정상 생활 a _____ life

26 **similar**[símələr] 비슷한(↔**different**)

• 비슷한 관심사 _____ interests

27 **honest**[ánist] 정직한 ▶**honesty** 명 정직

• 정직한 남자 an _____ man

28 **ashamed**[əʃéimd] 부끄러워하는

• 너 자신에 대해 부끄러워하다
  to be _____ of yourself

29 **anymore**[ènimɔ́:r] (부정문) 더 이상
  (=any longer)
  * **not ~ any more** 더 이상 ~ 아니다

• 넌 더 이상 어린애가 아니다.
  You are not a child _____.

30 **besides**[bisáidz] 게다가 전 ~ 외에
  [비교] **beside** 전 ~ 옆에

• 너무 늦었어. 게다가 피곤해.
  It's too late. B_____, I'm tired.

Today's Dessert

Heaven helps those who help themselves.
하늘은 스스로 돕는 자를 돕는다.

127

31st

A 영어는 우리말로, 우리말은 영어로!

1.	myth	16.	천국
2.	pile	17.	모래, 모래사장
3.	chat	18.	성(城)
4.	puzzle	19.	친절
5.	text	20.	집중(력)
6.	advance	21.	수수께끼, 신비
7.	graduate	22.	전투
8.	predict	23.	산업[공업], 근면
9.	complain	24.	비교하다
10.	determine	25.	용서하다
11.	dive	26.	존재하다
12.	upper	27.	중심[중앙]의
13.	ashamed	28.	정상[보통]의
14.	anymore	29.	비슷한
15.	besides	30.	정직한

B 단어와 단어의 만남

1. ancient myths
2. small acts of kindness
3. an unsolved mystery
4. your powers of concentration
5. the computer industry
6. a pile of sand
7. Central Asia

8. 지상 천국 h_____ on earth
9. 모래성 a sand c_____
10. 역사적인 전투 a historic b_____
11. 의학의 진보 medical a_____s
12. 우등 졸업생 an honor g_____
13. 윗입술 the u_____ lip
14. 정직한 남자 an h_____ man

C 보기 단어들 뜻 음미해 보고 빈칸 속에 퐁당!

| 보기 | compare   complain   dive   graduate   text |

1. They _____(e)d about noise. 그들은 소음에 대해 항의했다.
2. I _____(e)d a message to her. 나는 그녀에게 문자메시지를 보냈다.
3. _____ your notes with your friend's. 네 노트를 친구의 것과 비교해 봐라.
4. He _____(e)d off the rock into the sea. 그는 바위에서 바다 속으로 다이빙했다.
5. She _____(e)d from middle school this year. 그녀는 올해 중학교를 졸업했다.

정답 **A** 앞면 참조 **B** 1. 고대 신화들 2. 친절한 작은 행동 3. 풀리지 않은 수수께끼 4. 당신의 집중력 5. 컴퓨터 산업
6. 모래 더미 7. 중앙 아시아 8. heaven 9. castle 10. battle 11. advance 12 graduate 13. upper 14. honest
C 1. complain 2. text 3. Compare 4. dive 5. graduate

D 보기 단어들 뜻 씹어 보고 들어갈 곳에 쏙!

| 보기 | chat   determine   exist   forgive   predict

1. Nature _____(e)d long before humans. 자연은 인간보다 훨씬 이전에 존재했다.

2. It is impossible to _____ what will happen.
   무슨 일이 일어날지 예측하는 건 불가능하다.

3. I've tried to _____ you for what you said. 난 네가 한 말을 용서하려고 노력했어.

4. He spends hours _____ing with his friends.
   그는 그의 친구들과 채팅하며 많은 시간을 보낸다.

5. Our habits _____ what kind of person we will be.
   습관이 우리가 어떤 사람이 될지 결정한다.

E 빈칸에 들어갈 알맞은 단어는?

1. His temperature is n_____. 그의 체온은 정상이다.

2. Their situation is s_____ to ours. 그들의 상황은 우리와 비슷하다.

3. She told me not to phone her a_____. 그녀는 내게 더 이상 자기에게 전화하지 말라고 했다.

4. He was a_____ of his behavior at the party.
   그는 파티에서 한 자신의 행동이 부끄러웠다.

F 같은 모양, 다른 의미

1. a crossword puzzle / He was puzzled by her words.

2. I don't really want to go. Besides, it's too late now.
   People choose jobs for other reasons besides money.

반갑다 기능어야!

by 전치사 · 부사

1. **수동태 동작 주체 (~에 의해):** I was bitten **by** a dog. 난 개에 물렸다.
2. **수단 (~로):** **by** car/train/bus/plane 자동차/열차/버스/비행기로
   He took me **by** the arm. 그는 팔로 나를 잡았다.
3. **장소 (~ 옆에):** She stood **by** the window. 그녀는 창문 옆에 서 있었다.
4. **시간 (~까지는):** I'll be here **by** six. 난 6시까지는 여기 있을 거야.
5. **정도 (~만큼):** House prices went up **by** 10%. 집값이 10% 올랐다.
6. **근거 (~에 의해[따라]):** You have to play **by** the rules. 규칙에 따라 경기해야 한다.

G 반갑다 기능어야! 익힌 후, 빈칸에 알맞은 기능어 넣기

1. We will keep in touch _____ e-mail.
   우리는 이메일로 연락을 유지할 거다.

2. You must get there _____ two o'clock.
   넌 2시까지는 거기에 도착해야 해.

정답 **D** 1. exist 2. predict 3. forgive 4. chat(chatting) 5. determine **E** 1. normal 2. similar 3. anymore 4. ashamed **F** 1. 십자말풀이(퍼즐) / 그는 그녀의 말에 어리둥절해했다.(어리둥절하게 하다) 2. 난 정말 가고 싶지 않아. 게다가 지금은 너무 늦었어.(게다가) / 사람들은 돈 외에도 다른 이유로 직업을 선택한다.(~ 외에) **G** 1. by 2. by

DAY 32

명사

01 **generation** [dʒènəréiʃən] 세대
- 미래 세대 future _____s

02 **self** [self] 자신[자아]
- 자의식 a sense of _____

03 **visitor** [vízitər] 방문객
▶**visit** 통 방문하다
- 방문객을 환영하다
  to welcome your _____

04 **boss** [bɔːs] 상사[상관]
- 그녀는 나의 상사야. She's my _____.

05 **portrait** [pɔ́ːrtrit] 초상화
- 초상화 화가 a _____ painter

06 **darkness** [dάːrknis] 어둠
▶**dark** 형 어두운 명 어둠
- 어둠 속에서 in the _____

07 **earthquake** [ə́rθkwèik] 지진
▶**earth** 명 지구
- 지진대 an _____ zone

08 **weapon** [wépən] 무기
[비교] **arms** 명 무기(=**weapons**)
- 신무기를 개발하다
  to develop new _____s

09 **charity** [tʃǽrəti] 자선 (단체)
- 자선 행사 a _____ event

10 **saying** [séiiŋ] 속담[격언](=**proverb**)
- 내가 가장 좋아하는 속담
  my favorite _____

명사 · 동사

11 **issue** [íʃu] 명 ① 쟁점[문제]
② (신문 · 잡지의) 호 통 발표[발급/발행]하다
- 사회적 쟁점[문제] a social _____

12 **signal** [sígnəl] 명 신호 통 신호를 보내다
- 교통 신호 traffic _____s

13 **exchange** [ikstʃéindʒ] 명 교환
통 교환하다[주고받다]
- 정보의 교환
  an _____ of information

14 **swallow** [swάlou] 통 삼키다 명 제비
- 음식을 삼키다 to _____ food

명사 · 형용사

15 **average** [ǽvəridʒ] 형 명 평균(의)
- 평균 나이 an _____ age

16 **official** [əfíʃəl] 형 공식의 명 관리[임원]
▶**officer** 명 장교, 관리, 경찰관
- 공식적인 결정 an _____ decision

¹⁷ **gray**[grei] 형 회색의, 반백의 명 회색
- 회색 정장 a _____ suit

동사

¹⁸ **prefer**[prifə́:r] 더 좋아하다[선호하다]
* **prefer A to B** B보다 A를 더 좋아하다
- 록보다 재즈를 더 좋아하다
  to _____ jazz to rock music

¹⁹ **relax**[rilǽks] 쉬다[긴장을 풀다]
- 앉아서 쉬어라. Sit down and _____.

²⁰ **reduce**[ridʒús] 줄(이)다
- 속도를 줄이다 to _____ speed

²¹ **bury**[béri] 묻다[매장하다]
- 눈 밑에 묻히다
  to be _____ed under snow

²² **shoot**[ʃuːt]-shot-shot ① 쏘다 ② 촬영하다
③ (스포츠) 슛하다
- 총을 쏘다 to _____ a gun

²³ **yell**[jel] 외치다[소리치다]
- 고통스러워 소리치다 to _____ out in pain

형용사

²⁴ **powerful**[páuərfəl] 강력한
- 강력한 무기 a _____ weapon

²⁵ **faithful**[féiθfəl] 충실한[믿음직한]
▶**faith** 명 신뢰, 신앙
- 그의 충실한 개 his _____ dog

²⁶ **creative**[kriːéitiv] 창조적인
▶**create** 동 창조하다
- 창조적인 재능 _____ talents

²⁷ **deaf**[def] 청각 장애가 있는[귀먹은]
- 귀먹다 to become[go] _____

²⁸ **electronic**[ilèktránik] 전자의
▶**electronics** 명 전자공학
- 전자 음악 _____ music

부사

²⁹ **nearly**[níərli] 거의
- 거의 2년 동안 for _____ two years

³⁰ **happily**[hǽpili] ① 행복하게 ② 다행히
- 행복하게 웃다 to laugh _____

Today's Dessert

One swallow does not make a summer.
제비 한 마리가 왔다고 여름이 온 것은 아니다.(속단은 금물)

즐거운 Test

32nd

A 영어는 우리말로, 우리말은 영어로!

1.	boss	16.	세대
2.	saying	17.	자신[자아]
3.	issue	18.	방문객
4.	signal	19.	초상화
5.	exchange	20.	어둠
6.	swallow	21.	지진
7.	official	22.	무기
8.	gray	23.	자선 (단체)
9.	prefer	24.	평균의, 평균
10.	relax	25.	강력한
11.	reduce	26.	충실한[믿음직한]
12.	bury	27.	창조적인
13.	shoot	28.	전자의
14.	yell	29.	거의
15.	deaf	30.	행복하게, 다행히

B 단어와 단어의 만남

1. a self-portrait
2. a gray sky
3. a powerful earthquake
4. a faithful friend
5. electronic mail

6. 미래 세대 future g_____s
7. 자선 음악회 a c_____ concert
8. 위험 신호 a danger s_____
9. 평균 비용 an a_____ cost
10. 창조적 사고 c_____ thinking

C 보기 단어들 뜻 음미해 보고 빈칸 속에 퐁당!

|보기|	bury	exchange	prefer	reduce	relax	yell

1. He _____(e)d at her to stop. 그는 멈추라고 그녀에게 소리쳤다.
2. She _____(e)s walking to driving. 그녀는 운전하는 것보다 걷는 걸 더 좋아한다.
3. Just breathe deeply and try to _____. 숨을 깊이 쉬고 긴장을 풀도록 하세요.
4. We can _____ messages through email.
   우리는 이메일로 메시지를 주고받을 수 있다.
5. Try to _____ the amount of fat in your diet.
   음식에서 지방의 양을 줄이도록 노력해라.
6. The waste is _____(e)d deep underground. 쓰레기가 지하에 깊이 매장되어 있다.

정답 **A** 앞면 참조 **B** 1. 자화상 2. 잿빛 하늘 3. 강력한 지진 4. 믿음직한 친구 5. 전자 우편[이메일] 6. generation
7. charity 8. signal 9. average 10. creative **C** 1. yell 2. prefer 3. relax 4. exchange 5. reduce 6. bury
(buried)

D 서로 어울리는 것끼리 이어 주기

1. boss
2. weapon
3. darkness

   a. when there is no light
   b. something that you use to fight with
   c. a person who is in charge of you at work

E 같은 관계 맺어 주기

1. dive : diver = visit : v_____
2. gift : present = proverb : s_____
3. eye : blind = ear : d_____

F 빈칸에 들어갈 알맞은 단어는?

1. She smiled h_____. 그녀는 행복하게 미소 지었다.
2. The bottle is n_____ empty. 그 병은 거의 비어 있다.

G 같은 모양, 다른 의미

1. a government official / an official language
2. a key issue / Banks issue credit cards.
3. A swallow is flying low. / He swallowed a grape whole.
4. He pulled out a gun and shot the bottle.
   The movie was shot in New Zealand.

◎반갑다
기능어야!

with/without/within 전치사 · 부사

with

1. 동반 (~와 함께): I want to travel **with** you. 난 너와 함께 여행을 하고 싶어.
2. 소유 (~을 가지고 있는): a man **with** weapons 무기를 지닌 남자
3. 도구[수단] (~로(써)): **with** a knife/the money 칼/돈으로
4. 원인 (~로[때문에]): **with** pleasure/fear/hunger 기쁨/두려움/배고픔으로
5. 감정 · 태도 대상 (~에 대해): to be angry/friendly **with** him 그에게 화내다/친절하다
6. 상황 (~한 채): **with** tears in your eyes 눈에 눈물을 머금은 채   **with** TV on TV를 켜둔 채

without: ~ 없이, ~함이 없이[~하지 않고]
   He left **without** saying goodbye. 그는 작별 인사도 하지 않고 떠났다.

within: ~ 이내에, ~ 안에(서)[으로]   **within** 24 hours/a week 24시간/1주일 이내에

H 반갑다 기능어야! 익힌 후, 빈칸에 알맞은 기능어 넣기

1. I went to the concert _____ my friends. 난 친구들과 음악회에 갔다.
2. We can't live _____ water. 우리는 물 없이 살 수 없다.
3. The ambulance arrived _____ five minutes.
   구급차가 5분 이내에 도착했다.

정답 **D** 1. c 2. b 3. a   **E** 1. visitor 2. saying 3. deaf   **F** 1. happily 2. nearly   **G** 1. 정부 관리(관리) / 공용어(공식어) 2. 핵심 쟁점(쟁점) / 은행은 신용 카드를 발급한다.(발급하다) 3. 제비가 낮게 날고 있다.(제비) / 그는 포도를 통째로 삼켰다.(삼키다) 4. 그는 총을 꺼내서 병을 쏘았다.(쏘다) / 그 영화는 뉴질랜드에서 촬영되었다.(촬영하다)   **H** 1. with 2. without 3. within

DAY 33

명사

01 **ancestor**[ǽnsestər] 조상[선조]
· 그의 조상들 초상화
portraits of his _____s

02 **director**[diréktər] 감독, 책임자, 임원
· 영화 감독 a movie _____

03 **customer**[kʌ́stəmər] 고객
· 고객 서비스 _____ service

04 **astronaut**[ǽstrənɔ̀:t] 우주 비행사
· 최초의 우주 비행사 the first _____

05 **dynasty**[dáinəsti] 왕조
· 조선 왕조 the Joseon D_____

06 **furniture**[fə́:rnitʃər] 가구
· 가구 한 점 a piece of _____

07 **drug**[drʌg] 약
· 새로운 항암제
a new anti-cancer _____

08 **greenhouse**[grí:nhàus] 온실
· 온실 가스 _____ gas

09 **harmony**[há:rməni] 조화
▶**harmonious** 휑 조화로운
· 조화롭게 살다 to live in _____

10 **dirt**[də:rt] 먼지, 때, 흙
· 먼지로 덮인 바닥
the floor covered with _____

11 **shot**[ʃɑt] ① 발사 ② (구기의) 슛 ③ 주사
④ 사진, 장면
· 멋진 슛이야! Good _____!

명사 · 동사

12 **curve**[kə:rv] 휑 곡선[커브] 통 곡선을 이루다
· 직선과 곡선
straight lines and _____s

13 **stuff**[stʌf] 휑 것(들) 통 채우다[쑤셔 넣다]
· 좋은 것 good _____

14 **pack**[pæk] 통 (짐을) 싸다 휑 꾸러미[묶음/팩]
▶**backpack** 휑 배낭
· 가방을 싸다 to _____ a bag

15 **spill**[spil] 통 (spilled[spilt]-spilled[spilt])
엎지르다[흘리다/쏟다] 휑 유출
· 물을 엎지르다 to _____ water

16 **debate**[dibéit] 통 토론[논의]하다
휑 토론[논의]
· 토론을 하다 to have a _____

17 **whisper**[hwíspər] 통 속삭이다 휑 속삭임
· 속삭여 묻다 to ask in a _____

18 **lay**[lei]**-laid-laid** ① 놓다, 눕히다
② (알을) 낳다
[비교] **lie-lay-lain** 누워 있다, 있다

• 손을 내 어깨에 놓다
to _____ a hand on my shoulder

19 **pardon**[pá:rdn] 용서하다 ② ① 뭐라고요?
② 죄송[미안]합니다.

• 다시 한 번 말씀해 주시겠습니까?
P_____ me?

20 **beg**[beg] ① 간청하다 ② 구걸하다
▶**beggar** 명 거지

• 그에게 도와달라고 간청하다
to _____ him for help

21 **relate**[riléit] 관련시키다

• 흡연과 관련된 질병들
smoking-_____d illnesses

22 **intelligent**[intélədʒənt] 총명한[똑똑한]

• 총명한 학생들 _____ students

23 **eager**[í:gər] 열망하는

• 난 널 만나기를 열망한다.
I'm _____ to see you.

24 **disabled**[diséibld] 장애가 있는
(*handicapped는 무례한 표현)
* **the disabled** 장애인들

• 장애인들 _____ people

25 **homeless**[hóumlis] 집 없는

• 집 없는 사람들[노숙자들] _____ people

26 **harmful**[há:rmfəl] 해로운
▶**harm** 명 피해[손해] 동 해치다

• 흡연의 해로운 효과
the _____ effects of smoking

27 **lifelong**[láiflɔ̀(:)ŋ] 평생의

• 평생 친구 a _____ friend

28 **nervous**[nə́rvəs] ① 초조한 ② 신경의

• 초조해하지 마. Don't be _____.

29 **seldom**[séldəm] 좀처럼[거의] ~ 않는

• 그는 좀처럼 책을 읽지 않는다.
He _____ reads books.

30 **somewhere**[sʌ́mhwɛ̀ər] 어딘가에[로]

• 서울 어딘가에 살다
to live _____ in Seoul

Today's Dessert

Don't cry over spilt milk.
엎지른 물은 다시 담을 수 없다.

135

A 영어는 우리말로, 우리말은 영어로!

1. director	16. 조상[선조]
2. dirt	17. 고객
3. shot	18. 우주 비행사
4. curve	19. 왕조
5. stuff	20. 가구
6. pack	21. 약
7. debate	22. 온실
8. lay	23. 조화
9. pardon	24. 엎지르다, 유출
10. beg	25. 속삭이다, 속삭임
11. relate	26. 장애가 있는
12. intelligent	27. 집 없는
13. eager	28. 해로운
14. nervous	29. 평생의
15. seldom	30. 어딘가에[로]

B 단어와 단어의 만남

1. a pain-killing drug
2. the dirt on your face
3. useful stuff
4. a growth curve
5. the topic of the debate
6. intelligent students
7. 신라 왕조 the Silla D_____
8. 사무 가구 office f_____
9. 온실 효과 g_____ effect
10. 완벽한 조화 perfect h_____
11. 집 없는 사람들[노숙자들] the h_____
12. 평생 교육 l_____ education

C 보기 단어들 뜻 음미해 보고 빈칸 속에 퐁당!

|보기| beg   pack   relate   spill   whisper

1. They _____(e)d for help. 그들은 도와달라고 간청했다.
2. She _____(e)d tea down her shirt. 그녀는 셔츠에 차를 엎질렀다.
3. She _____(e)d something in my ear. 그녀는 내 귀에 대고 뭔가를 속삭였다.
4. He _____(e)d his bag before breakfast. 그는 아침 식사 전에 가방을 쌌다.
5. Education levels are _____(e)d to money. 교육 수준은 돈에 관련된다.

정답 **A** 앞면 참조 **B** 1. 진통제 2. 얼굴의 때 3. 유용한 것 4. 성장 곡선 5. 토론의 주제 6. 총명한 학생들 7. Dynasty 8. furniture 9. greenhouse 10. harmony 11. homeless 12. lifelong **C** 1. beg(begged) 2. spill 3. whisper 4. pack 5. relate

D 내 영어 실력?? ▸▸▸ 영영 사전 보는 정도!!!

| 보기 |　ancestor　　astronaut　　customer　　director

1. someone who is in charge of a film or play
2. a member of your family who lived a long time
3. someone who travels and works in a spacecraft
4. someone who buys goods or services from a store

E 보기 단어들 뜻 씹어 보고 들어갈 곳에 쏙!

| 보기 |　disabled　　eager　　harmful　　nervous

1. He's always _____ to learn. 그는 언제나 배우기를 열망한다.
2. He was born _____ but overcame it. 그는 장애를 갖고 태어났지만 그것을 극복했다.
3. I felt really _____ before the interview. 나는 면접 전에 정말 초조했다.
4. Fruit juices can be _____ to children's teeth.
   과일 주스는 아이들의 치아에 해로울 수 있다.

F 빈칸에 들어갈 알맞은 단어는?

1. I've seen him s_____ before. 나는 그를 전에 어딘가에서 본 적이 있다.
2. They s_____ watch television these days. 그들은 요즘 거의 텔레비전을 보지 않는다.

G 같은 모양, 다른 의미

1. The doctor gave me a shot. / The hunter killed a bear with a shot.
2. She laid the baby down on the bed. / The hens laid well.

🔵반갑다
기능어야!

after 전치사 · 부사 · 접속사

1. 시간 (~ 후에): after a while 잠시 후에　the day after tomorrow 모레
   What do you do after school? 방과 후에 무엇을 하니?
   The movie starts at a quarter after seven. 영화는 7시 15분에 시작된다.
   ＊접속사: All changed after I met you. 널 만난 후 모든 게 변했다.
2. 순서 (~ 뒤에)
   Your name comes after mine in the list. 네 이름은 명부에서 내 이름 뒤에 온다.
   The police are running after him. 경찰이 그의 뒤를 쫓고 있다.

H 반갑다 기능어야! 익힌 후, 빈칸에 알맞은 기능어 넣기

1. Do you believe in life _____ death? 넌 사후 삶의 존재를 믿니?
2. You can earn money _____ you finish school.
   넌 학교를 끝마친 후 돈을 벌 수 있다.

정답　**D** 1. director 2. ancestor 3. astronaut 4. customer　**E** 1. eager 2. disabled 3. nervous 4. harmful
F 1. somewhere 2. seldom　**G** 1. 의사는 내게 주사를 놓았다.(주사) / 사냥꾼은 단발에 곰을 죽였다.(발사) 2. 그녀는 아기를
침대에 눕혔다.(눕히다) / 그 암탉들은 알을 잘 낳았다.(알을 낳다)　**H** 1. after 2. after

DAY 34

명사

01 **birth**[bə:rθ] 출생
- 생년월일 the date of _____

02 **childhood**[tʃáildhùd] 어린 시절
- 행복한 어린 시절 a happy _____

03 **education**[èdʒukéiʃn] 교육
  ▶**educational** 혱 교육의
- 대학 교육 a college _____

04 **emotion**[imóuʃən] 감정
  ▶**emotional** 혱 감정의
- 감정을 조절하다
  to control your _____

05 **attitude**[ǽtitjùːd] 태도[자세]
- 삶에 대한 태도 an _____ to life

06 **courage**[kə́ːridʒ] 용기
  ▶**encourage** 통 용기를 북돋우다[격려하다]
- 큰 용기를 보여주다
  to show great _____

07 **condition**[kəndíʃən] ① 상태 ② (-s) 환경
  ③ 조건
- 상태가 좋다 to be in good _____

08 **fever**[fíːvər] 열, 열병
- 열이 있다 to have a _____

09 **conversation**[kɑ̀nvərséiʃən] 대화
- 대화의 주제 the main topic of _____

10 **adventure**[ædvéntʃər] 모험
- 흥미진진한 모험 an exciting _____

11 **triangle**[tráiæŋgl] ① 삼각형
  ② (악기) 트라이앵글
- 직각 삼각형 a right _____

12 **bulb**[bʌlb] ① 전구(=light bulb)
  ② 알뿌리[구근]
- 30와트 전구 a 30-watt _____

명사 · 동사

13 **attack**[ətǽk] 몡 ① 공격[폭행] ② (병) 발작
  통 공격[폭행]하다
  * **heart attack** 심장 발작[마비]
- 공격을 받다 to be under _____

14 **cough**[kɔ(ː)f] 통 기침하다 몡 기침
- 하루 종일 기침하다 to _____ all day

15 **flow**[flou] 통 흐르다 몡 흐름
  ▶**overflow** 통 넘쳐흐르다
- 강은 바다로 흐른다.
  The river _____s to the ocean.

16 **search**[səːrtʃ] 통 찾다[수색/검색하다]
  몡 수색[검색]
- 생존자 수색 the _____ for survivors

17 **original**[ərídʒənl] 형 원래의, 독창적인, 원작의 명 원작

· 그것의 원래 **모양** its _____ shape

18 **opposite**[ápəzit] 형 (정)반대의, 맞은편의 명 반대 전 맞은편에

· 도로 맞은편에
  on the _____ side of the road

19 **jog**[dʒɑg] 조깅하다
  ▶**jogging** 명 조깅

· 매일 아침 조깅하다
  to _____ every morning

20 **scan**[skæn] ① 살피다 ② (대충) 훑어보다 ③ 스캔하다
  ▶**scanner** 명 스캐너

· 사진을 스캔하다 to _____ a picture

21 **describe**[diskráib] 묘사[기술]하다
  ▶**description** 명 묘사[기술]

· 풍경을 묘사하다
  to _____ the scenery

22 **freeze**[fri:z]-**froze-frozen** 얼(리)다

· 얼어 죽다 to _____ to death

23 **remove**[rimú:v] 제거하다[없애다/치우다]

· 문제를 제거하다 to _____ problems

24 **single**[síŋgl] 단 하나의, 독신의, 1인용의

· 단 하룻**밤** a _____ night

25 **positive**[pázətiv] 긍정적인(↔negative)

· 긍정적인 **생각** _____ thinking

26 **ugly**[ʌ́gli] 못생긴[추한]

· 추한 **건물** an _____ building

27 **northern**[nɔ́:rðərn] 북쪽의

· 북쪽 **지역** the _____ area

28 **nearby**[níərbài] 형 가까운 부 가까이에(서)

· 가까이서 사니? Do you live _____?

29 **upside down**[ʌ́psàiddáun] 부 거꾸로[뒤집혀] 형 거꾸로 된[뒤집힌]

· 거꾸로 된 **이미지[상]** an _____ image

30 **downtown**[dáuntáun] 부 시내[도심지]에[로] 형 시내[도심지]의

· 시내에 **가다** to go _____

Today's Dessert

The deepest rivers flow by most silently.
가장 깊은 강이 가장 고요히 흐른다.

139

즐거운 Test

34th

A 영어는 우리말로, 우리말은 영어로!

1. condition		16. 출생	
2. bulb		17. 어린 시절	
3. attack		18. 교육	
4. flow		19. 감정	
5. search		20. 태도[자세]	
6. original		21. 용기	
7. opposite		22. 열(병)	
8. jog		23. 대화	
9. scan		24. 모험	
10. describe		25. 삼각형	
11. remove		26. 기침하다, 기침	
12. single		27. 얼(리)다	
13. nearby		28. 긍정적인	
14. upside down		29. 못생긴[추한]	
15. downtown		30. 북쪽의	

B 단어와 단어의 만남

1. childhood memories
2. weather conditions
3. in the opposite direction
4. a positive attitude
5. Northern Europe
6. 출생지 the place of b_____
7. 공교육 public e_____
8. 전화 대화[통화] a telephone c_____
9. 전구 a light b_____
10. 추한 얼굴 an u_____ face

C 보기 단어들 뜻 음미해 보고 빈칸 속에 퐁당!

| 보기 | describe   flow   freeze   jog   remove   search |

1. Water _____s at 0℃. 물은 0도에서 언다.
2. I go _____ing every morning. 나는 매일 아침 조깅하러 간다.
3. It's difficult to _____ how I feel. 내 느낌이 어떤지 묘사하기는 어려워.
4. They started _____ing for the missing men.
   그들은 실종된 사람들을 찾기 시작했다.
5. Cut the fruit in half and _____ the seeds. 과일을 반으로 잘라 씨를 제거해라.
6. The Han River _____s right through Seoul.
   한강은 서울을 바로 가로질러 흐른다.

정답 **A** 앞면 참조 **B** 1. 어린 시절 추억 2. 기상 상태 3. 반대 방향으로 4. 긍정적인 태도 5. 북유럽 6. birth 7. education
8. conversation 9. bulb 10. ugly **C** 1. freeze 2. jog(jogging) 3. describe 4. search 5. remove 6. flow

D 내 영어 실력?? ▸▸▸ 영영 사전 보는 정도!!!

| 보기 | adventure   courage   emotion

1. a strong human feeling such as love, hate, or anger
2. the ability to do something bravely in a difficult situation
3. an exciting, unusual, and sometimes dangerous experience

E 빈칸에 들어갈 알맞은 단어는?

1. Do you live n_____? 당신은 근처에 사세요?
2. We went d_____ to see a movie. 우리는 영화를 보러 시내에 갔다.
3. You're holding the book u_____. 너는 책을 거꾸로 들고 있구나.

F 같은 모양, 다른 의미

1. a single day / a single woman
2. the book's original owner / a highly original design
3. a heart attack / The army attacked the town.
4. He scanned the newspaper. / Pictures can be scanned into the computer.

G 단어를 외우니 문장이 해석되네!

She has a high fever and a cough.

반갑다 기능어야!

before 접속사 · 전치사 · 부사

1. 접속사: ~ 전에
   I want to go there **before** I die. 죽기 전에 그곳에 가고 싶어.
   It was long **before** he came. 시간이 꽤 지나서야 그가 왔다.
2. 전치사
   (1) 시간(~ 전에): the day **before** yesterday 그저께
   Call me back **before** 5:30. 5시 30분 전에 내게 전화해 줘.
   I found it **before** you. 내가 너보다 먼저 그걸 발견했어.
   (2) 순서 · 공간(~ 앞에)
   He walked **before** her. 그는 그녀 앞에서 걸었다.
   Put the environment **before** anything else. 환경을 다른 무엇보다 우선시해라.

H 반갑다 기능어야! 익힌 후, 빈칸에 알맞은 기능어 넣기

1. Think carefully _____ you buy something.
   뭔가를 사기 전에 주의 깊게 생각해라.
2. He gets home just _____ twelve at night.
   그는 밤 12시 직전에 집에 온다.

정답 **D** 1. emotion 2. courage 3. adventure **E** 1. nearby 2. downtown 3. upside down **F** 1. 단 하루(단 하나의) / 독신 여성(독신의) 2. 그 책의 원래 주인(원래의) / 매우 독창적인 디자인(독창적인) 3. 심장 발작[마비](발작) / 군대가 그 도시를 공격했다.(공격하다) 4. 그는 신문을 훑어보았다.(훑어보다) / 사진은 스캔되어 컴퓨터에 저장될 수 있다.(스캔하다) **G** 그녀는 고열이 나고 기침을 한다. **H** 1. before 2. before

DAY 35

명사

01 **thief**[θiːf] 도둑
- 자동차 도둑 a car _____

02 **lifetime**[láiftàim] 일생[평생]
- 평생 동안 during your _____

03 **career**[kəríər] ① 직업 ② 경력
- 가르치는 직업[교직]
  a teaching _____

04 **economy**[ikάnəmi] 경제
- 세계 경제 the global _____

05 **fur**[fəːr] 모피, (동물의) 털
- 모피 코트 a _____ coat

06 **engine**[éndʒin] 엔진, 기관차
- 디젤 엔진 a diesel _____

07 **poetry**[póuitri] (집합적) 시
  ▶**poem** 명 시 ▶**poet** 명 시인
- 현대시 modern _____

08 **border**[bɔ́ːrdər] 국경[경계]
- 두 나라 간 국경
  the _____ between two countries

09 **disaster**[dizǽstər] 재난[재해]
- 자연재해 a natural _____

명사 · 동사

10 **filter**[fíltər] 명 필터[여과 장치]
  동 여과하다[거르다]
- 물을 여과하다 to _____ water

11 **forecast**[fɔ́ːrkæst] 명 예보 동 예보하다
- 일기 예보 the weather _____

12 **quarrel**[kwɔ́ːrəl] 명 (말)다툼[언쟁]
  동 다투다
- 그와 다투다 to _____ with him

13 **harm**[hɑːrm] 명 피해[손해] 동 해치다
  ▶**harmful** 형 해로운
- 피해[손해]를 입히다 to do _____

14 **regard**[rigάːrd] 명 (-s) 안부 인사 동 여기다
- 가족에게 안부 전해 줘.
  Give my _____s to your family.

15 **sneeze**[sniːz] 동 재채기를 하다 명 재채기
- 기침과 재채기를 하다 to cough and _____

16 **sink**[siŋk] 동 (sank-sunk) (물에) 가라앉다
  명 싱크대[개수대]
- 바닥으로 가라앉다
  to _____ to the bottom

17 characteristic[kæ̀riktərístik] 몡 특징
 혱 특유의

· 다양한 특징 different _____s

18 professional[prəféʃənl] 혱 직업의,
전문적인 몡 전문직 종사자, 전문가

· 전문적 조언 _____ advice

19 encourage[enkə́:ridʒ] 용기를 북돋우다
[격려하다] ▶courage 몡 용기

· 우리는 서로를 격려했다.
 We _____d each other.

20 reflect[riflékt] ① 비추다 ② 반사하다
③ 반영하다

· 거울에 비친 네 얼굴
 your face _____ed in the mirror

21 slide[slaid]-slid-slid 미끄러지다

· 빙판을 미끄러져 건너다
 to _____ across the ice

22 stretch[stretʃ] 늘리다, 당기다[펴다], 뻗다

· 근육을 당겨라 to _____ your muscles

23 steal[sti:l]-stole-stolen 훔치다

· 시계를 훔치다 to _____ a watch

24 comic[kámik] 희극의, 웃기는

· 희극 배우 a _____ actor/actress

25 anxious[ǽŋkʃəs] ① 걱정하는 ② 열망하는

· 뭔가 걱정이 있니?
 Are you _____ about something?

26 asleep[əslí:p] 잠든(↔awake)

· 잠들다 to fall _____

27 effective[iféktiv] 효과적인
▶effect 몡 영향[결과/효과]

· 효과적인 시간 관리
 _____ time management

28 due[dju:] ① (~ to) ~ 때문인 ② 예정인
③ 지불 기한이 된

· 큰비 때문에 _____ to heavy rain

29 actually[ǽktʃuəli] 실제로
▶actual 혱 실제의

· 그래서 실제로 무슨 일이 일어났니?
 So what _____ happened?

30 rather[rǽðər] ① 꽤, 약간[좀] ② 오히려
∗ rather than ~보다는

· 꽤[약간] 더운 날 a _____ hot day

Today's Dessert

Be the hardest, rather than to be the best.
최고보다는 최선을.

A 영어는 우리말로, 우리말은 영어로!

1.	lifetime	16.	도둑
2.	career	17.	경제
3.	filter	18.	모피, (동물의) 털
4.	quarrel	19.	엔진, 기관차
5.	harm	20.	(집합적) 시
6.	regard	21.	국경[경계]
7.	sneeze	22.	재난[재해]
8.	sink	23.	예보, 예보하다
9.	professional	24.	특징, 특유의
10.	encourage	25.	훔치다
11.	reflect	26.	희극의, 웃기는
12.	slide	27.	걱정하는, 열망하는
13.	stretch	28.	잠든
14.	due	29.	효과적인
15.	actually	30.	꽤, 약간, 오히려

B 단어와 단어의 만남

1. a car thief
2. once in a lifetime
3. a water filter
4. a jet engine
5. the border line
6. serious harm
7. 세계 경제 the global e_____
8. 재난 지역 a d_____ area
9. 일기 예보 the weather f_____
10. 주요 특징 the main c_____s
11. 전문 마술사 a p_____ magician
12. 웃기는 이야기 a c_____ story

C 보기 단어들 뜻 음미해 보고 빈칸 속에 퐁당!

| 보기 | encourage   quarrel   slide(slid)   sneeze   steal(stole) |

1. He _____ money from her. 그는 그녀에게서 돈을 훔쳤다.
2. We _____ down the slope. 우리는 비탈을 미끄러져 내려왔다.
3. They _____(e)d over the money. 그들은 돈 문제로 다투었다.
4. She started coughing and _____ing. 그녀는 기침과 재채기를 하기 시작했다.
5. My teacher _____s me to develop my gift.
   선생님은 내가 재능을 개발하도록 격려해 주신다.

정답 **A** 앞면 참조 **B** 1. 자동차 도둑 2. 일생에 한 번 3. 물 필터[여과장치] 4. 제트 엔진 5. 국경선 6. 심각한 피해[손해]
7. economy 8. disaster 9. forecast 10. characteristic 11. professional 12. comic **C** 1. stole 2. slid
3. quarrel 4. sneeze(sneezing) 5. encourage

D 내 영어 실력?? ▸▸▸ 영영 사전 보는 정도!!!

| 보기 |　career　　fur　　poetry

1. poems in general
2. the thick soft hair that covers the bodies of animals
3. a job or profession that someone does for a long time

E 빈칸에 들어갈 알맞은 단어는?

1. Have you ever fallen a_____ in class? 수업 중에 잠든 적이 있니?
2. Do you think your study habits are e_____?
   넌 자신의 공부 습관이 효과적이라 생각하니?
3. Parents are always a_____ for their children. 부모님은 늘 자식에 대해 걱정한다.
4. Yesterday was r_____ hot day. 어제는 다소 더운 날이었다.
5. I didn't a_____ see him — I just heard his voice.
   난 실제로 그를 보진 못했어. 단지 그의 목소리를 들었을 뿐이야.

F 같은 모양, 다른 의미

1. a kitchen sink / The boat began to sink.
2. The windows reflect the bright sunlight.
   A change in language reflects people's values and attitudes.
3. Stretch before exercising. / The rainbow stretches across the sky.
4. Her success was due to her efforts.
   The next train is due in five minutes.

⊙반갑다 기능어야!

during 전치사
1. 특정 기간 (~ 동안 내내)
   You must not leave the classroom **during** class time.
   수업 시간 중에 교실을 떠나서는 안 된다.
   I'm going to have swimming lessons **during** summer vacation.
   난 여름 방학 동안 수영 강습을 받을 거야.
2. 특정 기간 (~ 동안의 어느 때에)
   I visited her **during** *the week*. 난 그 주의 어느 때에 그녀를 방문했다.
   [비교] for: 불특정 기간 I stayed in London **for** *a week*. 난 1주일 동안 런던에 머물렀다.

G 반갑다 기능어야! 익힌 후, 빈칸에 알맞은 기능어 넣기

1. What do you want to do _____ summer vacation?
   여름 방학 동안 뭘 하고 싶니?
2. I was born _____ the night. 나는 밤 동안에 태어났다.

정답 **D** 1. poetry 2. fur 3. career **E** 1. asleep 2. effective 3. anxious 4. rather 5. actually **F** 1. 부엌 싱크대(싱크대) / 보트가 가라앉기 시작했다.(가라앉다) 2. 창들이 밝은 햇빛을 반사한다.(반사하다) / 언어의 변화는 사람들의 가치와 태도를 반영한다.(반영하다) 3. 운동하기 전에 몸을 쭉 펴라[스트레칭을 해라].(펴다) / 무지개가 하늘을 가로질러 뻗쳐있다.(뻗다) 4. 그녀의 성공은 노력 때문이었다.(때문인) / 다음 열차는 5분 후에 올 예정이다.(예정인) **G** 1. during 2. during

DAY 36

01 manager[mǽnidʒər] 경영[관리]자, 매니저[지배인]
▶**manage** 동 ① 경영[관리]하다 ② 해내다

• 호텔 지배인 a hotel _____

02 shore[ʃɔːr] 물가[해안/호숫가]

• 물가로 헤엄치다 to swim to the _____

03 sunrise[sʌ́nràiz] 해돋이[일출](↔sunset)

• 아름다운 해돋이 a beautiful _____

04 lighting[láitiŋ] 조명

• 자연 조명 natural _____

05 wire[waiər] 철사, (전)선

• 전화선 a telephone _____

06 stage[steidʒ] ① 단계 ② 무대

• 첫 단계 the first _____

07 zone[zoun] 지역[구역]
* **time zone** (표준) 시간대

• 주차 금지 구역
  a no-parking _____

08 height[hait] 높이, 키[신장]
▶**high** 형 높은 부 높이

• 산의 높이
  the _____ of the mountain

09 prediction[pridíkʃən] 예측[예견]
▶**predict** 동 예측[예견]하다

• 예측하다 to make a _____

10 marriage[mǽridʒ] 결혼
▶**marry** 동 ~와 결혼하다

• 행복한 결혼 a happy _____

11 period[píəriəd] ① 기간[시기/시대]
② 마침표

• 매우 짧은 기간
  a very short _____ of time

12 claim[kleim] 명 주장, 청구 동 주장하다

• 잘못된 주장 a false _____

13 deal[diːl] 명 거래 동 (dealt-dealt)
(~ with) ① 다루다[대하다] ② 거래하다

• 거래를 하다 to make a _____

14 limit[límit] 명 한계[제한] 동 제한[한정]하다

• 시간 제한 a time _____

15 tap[tæp] 동 톡톡 두드리다
명 (수도)꼭지(=faucet)

• 문을 톡톡 두드리다
  to _____ at the door

16 spray[sprei] 동 뿌리다[뿌려지다]
명 물보라, 분무기

• 물을 뿌리다 to _____ water

146

17 **weigh**[wei] 무게가 ~이다, 무게를 달다
▶**weight** 몡 (몸)무게

• 무게가 5킬로이다 to _____ 5 kilos

18 **pray**[prei] 기도[기원]하다

• 평화를 기원하다 to _____ for peace

19 **greet**[gri:t] 인사하다
▶**greeting** 몡 인사

• 손님들에게 인사하다
to _____ the guests

20 **chew**[tʃu:] 씹다

• 껌을 씹다 to _____ gum

21 **attract**[ətrǽkt] (마음을) 끌다
▶**attractive** 혱 매력적인

• 많은 관심을 끌다
to _____ a lot of interest

22 **overcome**[òuvərkʌ́m]
-overcame-overcome 극복하다

• 어려움을 극복하다
to _____ difficulties

23 **salty**[sɔ́:lti] 짠 ▶**salt** 몡 소금

• 약간 짠 맛
a slightly _____ taste

24 **southern**[sʌ́ðərn] 남쪽의
▶**south** 몡 남쪽

• 미국 남부 주들
the _____ states of USA

25 **curious**[kjúəriəs] 호기심이 많은, 궁금한

• 궁금한 표정 a _____ look

26 **humorous**[hjú:mərəs]
유머러스한[재미있는] ▶**humor** 몡 유머

• 유머러스한 이야기들 _____ stories

27 **foolish**[fú:liʃ] 어리석은
▶**fool** 몡 바보 동 속이다

• 어리석은 실수 a _____ mistake

28 **greedy**[grí:di] 탐욕스러운[욕심 많은]

• 그렇게 욕심 부리지 마!
Don't be so _____!

29 **valuable**[vǽljuəbl] 귀중한[값비싼]

• 귀중한 시간 _____ time

30 **certainly**[sɔ́:rtnli] ① 확실히
② (동의 · 허락) 물론
▶**certain** 혱 확신하는[확실한]

• 그건 확실히 사실이야.
It's _____ true.

Today's Dessert

Greed has no limits.
탐욕은 끝이 없다.

A 영어는 우리말로, 우리말은 영어로!

1. manager	16. 해돋이[일출]
2. shore	17. 조명
3. wire	18. 단계, 무대
4. period	19. 지역[구역]
5. claim	20. 높이, 키[신장]
6. deal	21. 예측[예견]
7. limit	22. 결혼
8. tap	23. 기도[기원]하다
9. spray	24. 인사하다
10. weigh	25. 씹다
11. overcome	26. (마음을) 끌다
12. humorous	27. 짠
13. foolish	28. 남쪽의
14. greedy	29. 호기심이 많은, 궁금한
15. certainly	30. 귀중한[값비싼]

B 단어와 단어의 만남

1. a sales manager
2. a beautiful sunrise
3. a limited period
4. southern shore
5. a humorous writer
6. valuable experience
7. 전기 조명 electric l_____
8. 철조망 울타리 a w_____ fence
9. 위험 구역 a danger z_____
10. 평균 신장 average h_____
11. 짠 음식 s_____ food
12. 어리석은 결정 a f_____ decision

C 보기 단어들 뜻 음미해 보고 빈칸 속에 퐁당!

보기	chew greet overcome pray weigh

1. It _____s nearly 27 kilos. 그것은 무게가 거의 27킬로이다.
2. This meat is difficult to _____. 이 고기는 씹기 힘들다.
3. He _____ed us with a smile. 그는 미소로 우리에게 인사했다.
4. She _____ed to God to save him. 그녀는 그를 구해달라고 신에게 기도했다.
5. Many great people _____ their difficulties.
   많은 위인들은 자신들의 어려움을 극복한다.

정답 A 앞면 참조 **B** 1. 판매 부장 2. 아름다운 해돋이[일출] 3. 한정된 기간 4. 남쪽 물가 5. 유머러스한 작가 6. 귀중한 경험 7. lighting 8. wire 9. zone 10. height 11. salty 12. foolish **C** 1. weigh 2. chew 3. greet 4. pray 5. overcome

D 같은 관계 맺어 주기

1. choose : choice = marry : m_____
2. develop : development = predict : p_____

E 빈칸에 들어갈 알맞은 단어는?

1. He looked at the gold with g_____ eyes. 그는 탐욕스런 눈으로 금을 봤다.
2. I'm c_____ about how life on earth began.
   난 지구상의 생명체가 어떻게 시작됐는지 궁금하다.

F 보기 단어들 뜻 씹어 보고 들어갈 곳에 쏙!

| 보기 | attract   claim   deal   spray |

1. They _____ to have seen UFOs. 그들은 UFO를 보았다고 주장한다.
2. The circus is _____ing huge crowds. 서커스가 엄청난 군중의 마음을 끌고 있다.
3. Don't _____ the crops with chemicals. 농작물에 화학 물질을 뿌리지 마라.
4. He _____s with many people in his job. 그는 일에서 많은 사람들을 대한다.

G 같은 모양, 다른 의미

1. the first stage of the plan / The singer fell off the stage.
2. Turn off the tap. / She tapped him on the shoulder.
3. They're certainly not mine.
   A: "Can I come along?" **B:** "Certainly."

반갑다 기능어야!

since 전치사 · 부사 · 접속사

1. **전치사: ~ 이후[이래] 죽 since** then 그때 이후로 죽
   It has been raining **since** last night. 지난밤 이래 계속 비가 오고 있다.
   I haven't eaten **since** breakfast. 난 아침 식사 이후에 먹지 않았다.
2. **접속사**
   [1] **~ 이후[이래] 죽**
   We've been hearing music ever **since** we were born.
   우리는 태어난 이래 계속해서 음악을 들어오고 있다.
   [2] **~ 때문에**
   Since I have no money, I can't buy it. 난 돈이 없기 때문에 그것을 살 수 없다.

H 반갑다 기능어야! 익힌 후, 빈칸에 알맞은 기능어 넣기

1. _____ 1908 soccer has been popular in many countries.
   1908년 이후 죽 축구는 많은 나라에서 인기가 있어 왔다.
2. He is happy _____ he enjoys his work.
   그는 자신의 일을 즐기기 때문에 행복하다.

정답 **D** 1. marriage 2. prediction **E** 1. greedy 2. curious **F** 1. claim 2. attract 3. spray 4. deal **G** 1. 계획의 첫 단계(단계) / 가수가 무대에서 떨어졌다.(무대) 2. (수도)꼭지를 잠가라.(꼭지) / 그녀는 그의 어깨를 톡톡 두드렸다.(톡톡 두드리다) 3. 그것들은 확실히 내 것이 아니다.(확실히) / A: 내가 함께 가도 될까? B: 물론이지.(물론) **H** 1. Since 2. since

DAY 37

명사

01 agent[éidʒənt] 에이전트[대리인[점]/중개인]

• 여행사 (직원) a travel _____

02 politics[pálitiks] 정치

• 그의 정치 인생 his life in _____

03 reality[riǽləti] 현실
  * in reality 사실은

• 현실을 직시하다 to face _____

04 relationship[riléiʃənʃip] 관계
  ▶relate 동 관련시키다

• 부모님과의 관계
  your _____ with your parents

05 role[roul] 역할

• 중요한 역할을 하다
  to play an important _____

06 theater[θí(ː)ətər] ① 극장 ② 연극

• 영화관 a movie _____

07 performance[pərfɔ́ːrməns]
  ① 공연[연주] ② 수행, 실적
  ▶perform 동 공연하다, 수행하다

• 저녁 공연 an evening _____

08 reservation[rèzərvéiʃən] 예약

• 예약하다 to make a _____

09 sightseeing[sáitsìːiŋ] 관광

• 관광하러 가다 to go _____

10 path[pæθ] (좁은) 길

• 숲 속의 오솔길
  a _____ through the woods

11 source[sɔːrs] 원천, 근원, 출처

• 에너지원 energy _____s

12 proof[pruːf] 증거

• 더 이상의 증거 further _____

13 term[təːrm] ① 기간[기한] ② 용어

• 장/단기간 the long/short _____

14 net[net] ① (the Net) 인터넷
  (=the Internet/web) ② 그물

• 인터넷 서핑을 하다 to surf the N_____

명사 · 동사

15 cast[kæst] 명 ① 깁스 ② 배역진[출연진]
  동 (cast-cast) 던지다, 배역하다

• 다리에 깁스를 하다
  to have your leg in a _____

16 trust[trʌst] 명 신뢰 동 신뢰하다

• 난 그를 신뢰한다. I _____ him.

150

17 **crash** [kræʃ] 图 충돌[추락]하다
图 충돌[추락] 사고
• 자동차 충돌 사고 a car _____

18 **hatch** [hætʃ] 图 부화하다
图 (배·비행기) 해치
• 알들이 부화했다. The eggs _____ed.

19 **clap** [klæp] 박수[손뼉]를 치다
• 손뼉을 치다 to _____ your hands

20 **announce** [ənáuns] 발표하다
▶announcement 图 발표
• 계획을 발표하다 to _____ a plan

21 **represent** [rèprizént] ① 나타내다
② 대표하다
• 변화를 나타내다 to _____ a change

22 **devote** [divóut] 바치다
* devote yourself to N ~에 몰두[전념]하다
• 공부에 전념하다
to _____ yourself to your study

형용사

23 **peaceful** [píːsfəl] 평화로운
▶peace 图 평화
• 평화로운 삶 a _____ life

24 **painful** [péinfəl] 아픈[고통스러운]
▶pain 图 고통
• 아픈 추억 _____ memories

25 **sharp** [ʃɑːrp] 날카로운
• 날카로운 칼 a _____ knife

26 **responsible** [rispánsəbl] ① 책임 있는
② 원인이 되는
• 무엇이 화재의 원인이 되었는가?
What was _____ for the fire?

27 **lazy** [léizi] 게으른
• 그는 게으르다. He is _____.

28 **likely** [láikli] ~할[일] 것 같은
• 그녀는 성공할 것 같다.
She's _____ to succeed.

부사

29 **completely** [kəmplíːtli] 완전히
▶complete 图 완전한 图 끝내다[완성하다]
• 난 완전히 확신할 순 없다.
I'm not _____ sure.

30 **immediately** [imíːdiətli] 즉시
• 즉시 대답하다 to answer _____

Today's Dessert

Don't count your chickens before they are hatched.
부화되기도 전에 병아리를 세지 마라.(김칫국부터 마시지 마라.)

A 영어는 우리말로, 우리말은 영어로!

1.	agent	16.	정치
2.	relationship	17.	현실
3.	performance	18.	역할
4.	source	19.	극장, 연극
5.	term	20.	예약
6.	net	21.	관광
7.	cast	22.	(좁은) 길
8.	trust	23.	증거
9.	crash	24.	박수[손뼉]를 치다
10.	hatch	25.	발표하다
11.	represent	26.	평화로운
12.	devote	27.	아픈[고통스러운]
13.	responsible	28.	날카로운
14.	likely	29.	게으른
15.	completely	30.	즉시

B 단어와 단어의 만남

1. a travel agent
2. a live performance
3. a mountain path
4. energy sources
5. painful memories
6. a lazy boy

7. 한국 정치 Korean p_____
8. 사회적 관계 social r_____s
9. 살아있는 증거 living p_____
10. 낚시 그물 a fishing n_____
11. 평화로운 사회 a p_____ society
12. 날카로운 이빨 s_____ teeth

C 보기 단어들 뜻 음미해 보고 빈칸 속에 퐁당!

보기	announce	clap	crash	devote	hatch	trust

1. I _____ you completely. 난 전적으로 널 신뢰한다.
2. The audience cheered and _____(e)d. 청중들이 환호하며 박수를 쳤다.
3. The plane _____(e)d into a mountain. 비행기가 산속으로 추락했다.
4. Ten chicks _____(e)d out this morning. 열 마리의 병아리가 오늘 아침 부화했다.
5. He _____(e)d plans to create new jobs. 그는 새 일자리를 만들 계획을 발표했다.
6. She _____(e)d her life to helping the poor.
   그녀는 가난한 사람들을 돕는 데 평생을 바쳤다.

정답 **A** 앞면 참조 **B** 1. 여행사 (직원) 2. 라이브 공연 3. 산길 4. 에너지원들 5. 아픈 추억 6. 게으른 소년 7. politics 8. relationship 9. proof 10. net 11. peaceful 12. sharp **C** 1. trust 2. clap(clapped) 3. crash 4. hatch 5. announce 6. devote

D 보기 단어들 뜻 씹어 보고 들어갈 곳에 쏙!

| 보기 | reality   reservation   role   sightseeing

1. You have to face _____ . 넌 현실을 직시해야 한다.
2. We did a lot of _____ on our vacation. 우리는 방학 때 관광을 많이 했다.
3. I'll call the restaurant and make a _____ . 내가 식당에 전화해서 예약할게.
4. Technology plays an important _____ in our life.
   과학 기술은 우리의 삶에서 중요한 역할을 한다.

E 빈칸에 들어갈 알맞은 단어는?

1. Parents are r_____ for their children. 부모는 자식에 대한 책임이 있다.
2. The sea level is l_____ to rise 50cm by 2100.
   해수면이 2100년까지 50cm 상승할 것 같다.
3. He i_____ put his idea into action. 그는 즉시 생각을 실행에 옮겼다.
4. I c_____ forgot it was his birthday yesterday.
   난 어제가 그의 생일이었다는 걸 완전히 잊어버렸다.

F 같은 모양, 다른 의미

1. a medical term / a term in office
2. an open-air theater / I enjoy theater and music.
3. Her leg is in a cast. / an all-star cast
4. Brown areas represent deserts on the map.
   He represented his country at the Olympics.

반갑다 기능어야!

over/above 전치사 · 부사

over(↔under)
1. ~보다 떨어져 위에: the sky **over** your head 머리 위의 하늘
2. 위를 덮어서: She put her hands **over** her face. 그녀는 두 손으로 얼굴을 가렸다.
3. 여기저기에: I want to travel all **over** the world. 난 세계 곳곳을 여행하고 싶어.
4. 이상: **over** a kilometer 1킬로미터 이상
   over one hundred people 100명이 넘는 사람들

above(↔below)
1. ~보다 위에: the people in the apartment **above** mine 내 아파트보다 위층 사람들
2. 이상: **above** the average 평균 이상   **above** zero[freezing] (기온) 영상

G 반갑다 기능어야! 익힌 후, 빈칸에 알맞은 기능어 넣기

1. The moon is _____ the mountain. 달이 산 위에 떠 있다.
2. The water came _____ our knees. 물이 우리 무릎 위로 올라왔다.

정답 **D** 1. reality 2. sightseeing 3. reservation 4. role **E** 1. responsible 2. likely 3. immediately
4. completely **F** 1. 의학 용어(용어) / 임기(기간) 2. 야외 극장(극장) / 난 연극과 음악을 즐긴다.(연극) 3. 그녀는 다리에 깁스를 하고 있다.(깁스) / 올스타[유명 배우들로 구성된] 배역진[출연진](배역진) 4. 갈색 지역은 지도에서 사막을 나타낸다.(나타내다) / 그는 올림픽에서 자신의 나라를 대표했다.(대표하다) **G** 1. over 2. above

명사

01 **architect**[ɑ́ːrkitèkt] 건축가
  ▶**architecture** 몡 건축

  • 유명한 건축가 a famous _____

02 **narrator**[nǽreitər] 내레이터[해설자]

  • 이야기의 해설자 the _____ of the story

03 **enemy**[énəmi] 적

  • 적을 공격하다 to attack an _____

04 **throat**[θrout] 목(구멍)

  • 목이 아프다. My _____ hurts.

05 **illness**[ílnis] 병

  • 정신병 mental _____

06 **weed**[wiːd] 잡초

  • 잡초를 뽑다 to pull up _____s

07 **humor**[hjúːmər] 유머
  ▶**humorous** 혱 유머러스한

  • 유머와 농담 _____ and jokes

08 **volcano**[vɑlkéinou] 화산
  ▶**volcanic** 혱 화산의

  • 활화산 an active _____

09 **kingdom**[kíŋdəm] ① 왕국 ② ~계

  • 동물/식물/광물계
    the animal/vegetable/mineral _____

명사 · 동사

10 **attempt**[ətémpt] 몡 시도 통 시도하다

  • 시도하다 to make an _____

11 **award**[əwɔ́ːrd] 몡 상 통 수여하다

  • 상을 받다 to win an _____

12 **broadcast**[brɔ́ːdkæst] 몡 방송
  통 방송하다

  • 뉴스 방송 a news _____

13 **aid**[eid] 몡 원조[도움] 통 돕다
  * **first aid** 응급 처치

  • 외국의 원조 foreign _____

14 **nod**[nɑd] 통 (고개를) 끄덕이다 몡 끄덕임

  • 머리를 끄덕이다 to _____ your head

15 **escape**[iskéip] 통 달아나다[탈출하다]
  몡 탈출[도피]

  • 탈옥하다 to _____ from prison

16 **envy**[énvi] 통 부러워하다 몡 부러움

  • 난 네가 부러워. I _____ you.

17 **measure**[méʒər] 통 ① 재다[측정하다]
② (수량이) ~이다 명 조치
· 거리를 재다 to _____ the distance

명사 · 형용사

18 **chief**[tʃi:f] 명 장[추장] 형 주된
· 경찰서장 a police _____

19 **total**[tóutl] 형 ① 총[전체의] ② 완전한
명 총계[합계]
· 총인구 the _____ population

20 **worth**[wərθ] 형 가치가 있는 명 가치
· 그건 시도할 가치가 있다. It's _____ a try.

동사

21 **embarrass**[imbǽrəs] 당황하게 하다
· 그는 당황했다. He was _____ed.

22 **erupt**[irʌ́pt] 분출[폭발]하다, 터지다[발발하다]
▶**eruption** 명 폭발, 발발
· 화산이 분출[폭발]했다.
The volcano _____ed.

23 **perform**[pərfɔ́ːrm] ① 공연[연주]하다
② 수행하다 ▶**performance** 명 공연[연주], 수행
· 연극을 공연하다 to _____ a play

24 **publish**[pʌ́bliʃ] 출판[발행]하다, 발표하다
· 책을 출판하다 to _____ books

형용사

25 **silent**[sáilənt] 침묵하는, 조용한
▶**silence** 명 침묵
· 침묵을 지키다 to keep _____

26 **silly**[síli] 어리석은
· 어리석게 굴지 마. Don't be _____.

27 **scary**[skéəri] 무서운
▶**scare** 통 무섭게 하다
· 무서운 괴물 a _____ monster

28 **sore**[sɔːr] 아픈[쑤시는]
· 목이 아프다 to have a _____ throat

29 **bitter**[bítər] 쓴, 쓰라린
· 쓴맛 a _____ taste

부사

30 **lately**[léitli] 최근에(=recently)
· 최근에 그녀를 본 적 있니?
Have you seen her _____?

Today's Dessert

What is worth doing at all is worth doing well.
조금이라도 할 만한 가치가 있는 일이라면 훌륭하게 할 만한 가치가 있다.

즐거운 Test 38th

A 영어는 우리말로, 우리말은 영어로!

1. narrator		16.	건축가
2. illness		17.	적
3. attempt		18.	목(구멍)
4. aid		19.	잡초
5. escape		20.	유머
6. envy		21.	화산
7. measure		22.	왕국, ~계
8. chief		23.	상, 수여하다
9. total		24.	방송, 방송하다
10. worth		25.	끄덕이다, 끄덕임
11. erupt		26.	당황하게 하다
12. perform		27.	침묵하는, 조용한
13. publish		28.	어리석은
14. sore		29.	무서운
15. lately		30.	쓴, 쓰라린

B 단어와 단어의 만남

1. the roots of weeds
2. a sense of humor
3. a Native American chief
4. a scary story
5. a bitter experience
6. 심각한 병 a serious i_____
7. 영국 the United K_____
8. 생방송 a live b_____
9. 국제 원조 international a_____
10. 어리석은 실수 a s_____ mistake

C 보기 단어들 뜻 음미해 보고 빈칸 속에 퐁당!

보기	award embarrass envy measure nod publish

1. He was _____(e)d the Nobel Prize. 그는 노벨상을 받았다.
2. The book was _____(e)d last month. 그 책은 지난달에 출판되었다.
3. _____ the distance between the two points. 두 점 간의 거리를 재라.
4. I _____ him – he travels all over the world!
   난 그가 부러워. 그는 온 세계를 여행하잖아!
5. I asked her if she was OK, and she _____(e)d.
   내가 그녀에게 괜찮은지 묻자, 그녀는 고개를 끄덕였다.
6. His questions about my private life _____(e)d me.
   내 사생활에 관한 그의 질문이 날 당황하게 했다.

정답 **A** 앞면 참조 **B** 1. 잡초의 뿌리 2. 유머 감각 3. 아메리칸 인디언 추장 4. 무서운 이야기 5. 쓰라린 경험 6. illness
7. Kingdom 8. broadcast 9. aid 10. silly **C** 1. award 2. publish 3. Measure 4. envy 5. nod(nodded)
6. embarrass

156

D 내 영어 실력?? ▶▶▶ 영영 사전 보는 정도!!!

| 보기 | architect   enemy   narrator

1. someone whose job is to design buildings
2. someone who hates you or wants to harm you
3. a person who tells the story in a book, a play or a movie

E 빈칸에 들어갈 알맞은 단어는?

1. The book is w_____ reading. 그 책은 읽을 가치가 있다.
2. She was s_____ for a moment. 그녀는 잠시 침묵했다.
3. I've been really busy l_____. 난 최근에 정말 바쁘다.

F 같은 모양, 다른 의미

1. the total cost / a total lie
2. The opera was first performed in 1992.
   They performed the experiment.

G 단어를 외우니 문장이 해석되네!

1. I have a sore throat.
2. They made an attempt to escape.
3. The volcano can erupt at any time.

반갑다 기능어야!

under/below 전치사 · 부사

under(↔over)
1. **아래에**: Draw a line **under** the word. 그 단어 아래에 밑줄을 그어라.
   He was hit just **under** his eye. 그는 바로 눈 밑을 맞았다.
2. **이하[미만]**: children **under** 12 12세 미만 어린이
3. **~ 중**: **under** construction/discussion 공사/논의 중

below(↔above)
1. **아래에**: an animal that lives **below** ground 땅 밑에 사는 동물
2. **이하[미만]**: test scores **below** 50 50점 미만의 시험 성적
   below average 평균 이하   5 degrees **below** freezing 영하 5도

H 반갑다 기능어야! 익힌 후, 빈칸에 알맞은 기능어 넣기

1. He fell asleep _____ a tree. 그는 나무 아래서 잠이 들었다.
2. It's ten degrees _____ freezing. 영하 10도다.

정답 **D** 1. architect 2. enemy 3. narrator   **E** 1. worth 2. silent 3. lately   **F** 1. 총비용(총) / 완전한 거짓말(완전한)
2. 그 오페라는 1992년에 초연되었다.(공연하다) / 그들은 실험을 수행했다.(수행하다)   **G** 1. 나는 목이 아프다. 2. 그들은 탈출하
려는 시도를 했다. 3. 화산은 언제라도 분출[폭발]할 수 있다.   **H** 1. under 2. below

DAY 39

명사

01 landscape[lǽndskèip] 풍경(화)
- 그 섬의 풍경 the island's _____

02 construction[kənstrʌ́kʃən] 건설[공사]
▶**construct** 통 건설하다
- 공사 중 under _____

03 mood[mu:d] 기분, 분위기
- 기분이 좋다
  to be in a good _____

04 excitement[iksáitmənt] 흥분
▶**excite** 통 흥분시키다
- 크게 흥분시키다
  to cause great _____

05 complaint[kəmpléint] 불평[항의]
▶**complain** 통 불평[항의]하다
- 고객 불만 customer _____

06 confidence[kɑ́nfədəns] 신뢰, 자신(감)
▶**self-confidence** 자신감
- 자신감을 잃다 to lose _____

07 invasion[invéiʒən] 침략, 침해
▶**invade** 통 침략[침해]하다
- 로마의 영국 침략
  the Roman _____ of Britain

08 container[kəntéinər] 용기[그릇],
컨테이너 ▶**contain** 통 포함[함유]하다
- 플라스틱 용기 a plastic _____

09 ash[æʃ] 재
- 담뱃재 cigarette _____

10 bar[bɑːr] ① 막대 ② 술집
- 초콜릿 바 a chocolate _____

명사 · 동사

11 contact[kɑ́ntækt] 명 연락[접촉]
통 연락하다
- 이메일로 연락하며 지내다
  to be in _____ by email

12 benefit[bénəfit] 명 혜택[이득]
통 이득을 주다[얻다]
- 가장 큰 이득을 얻다
  to get the greatest _____

13 damage[dǽmidʒ] 명 손상[피해]
통 손상시키다
- 심각한 손상[피해] serious _____

14 supply[səplái] 명 공급(량)
통 공급[제공]하다
- 식량 공급(량) the food _____

15 demand[dimǽnd] 명 ① 요구 ② 수요
통 요구하다
- 주택 수요 the _____ for housing

16 **lack**[læk] 명 부족[결핍](=shortage)
　　동 부족하다

　　· 식량 부족　a _____ of food

17 **conflict**[kánflikt] 명 갈등[충돌] 동 상충하다

　　· 부모와의 갈등
　　_____ with your parents

동사

18 **spin**[spin]-spun-spun　돌(리)다

　　· 바퀴를 돌리다　to _____ the wheel

19 **scratch**[skrætʃ]　긁다[할퀴다]

　　· 긁지 않으려고 노력해봐.　Try not to _____.

20 **suppose**[səpóuz]　① 생각[추정]하다
　　② 가정하다
　　* *be* supposed to V ~하기로 되어 있다

　　· 네가 옳다고 생각해.
　　I _____ you're right.

21 **refer**[rifə́ːr]　(~ to)　① 언급하다, 부르다
　　② 가리키다　③ 참고하다

　　· 그 문제에 관해 언급하다
　　to _____ to the matter

22 **ruin**[rúːin]　망치다

　　· 삶을 망치다　to _____ your life

23 **rid**[rid]　없애다[제거하다](=get rid of)

　　· 나쁜 습관을 없애다
　　to get _____ of bad habits

형용사

24 **tight**[tait]　꽉 끼는(↔loose), 단단한

　　· 꽉 끼는 청바지 _____ jeans

25 **brilliant**[bríljənt]　① 눈부신　② 뛰어난
　　③ 멋진

　　· 눈부신 빛 the _____ light

26 **specific**[spisífik]　특정한, 구체적인

　　· 특정 연령 집단 _____ age groups

27 **unusual**[ʌnjúːʒuəl]　특이한

　　· 특이한 행동 _____ behavior

28 **negative**[négətiv]　부정적인(↔positive)

　　· 부정적인 영향 a _____ effect

29 **royal**[rɔ́iəl]　왕의
　　[비교] **loyal** 형 충실한[충성스러운]

　　· 왕궁 the _____ palace

부사

30 **partly**[páːrtli]　부분적으로

　　· 넌 그것에 부분적으로 책임이 있다.
　　You're _____ responsible for it.

Today's Dessert

Anything positive is better than nothing negative.
긍정적인 무엇이든 부정적인 아무것도 아닌 것보다 낫다.

A 영어는 우리말로, 우리말은 영어로!

1.	confidence	16.	풍경(화)
2.	container	17.	건설[공사]
3.	bar	18.	기분, 분위기
4.	contact	19.	흥분
5.	benefit	20.	불평[항의]
6.	damage	21.	침략, 침해
7.	supply	22.	재
8.	lack	23.	요구[수요], 요구하다
9.	conflict	24.	돌(리)다
10.	suppose	25.	긁다[할퀴다]
11.	refer	26.	망치다
12.	rid	27.	특정한, 구체적인
13.	tight	28.	부정적인
14.	brilliant	29.	왕의
15.	unusual	30.	부분적으로

B 단어와 단어의 만남

1. a landscape painter
2. in great excitement
3. the Japanese invasion of Korea
4. the benefits of contact lenses
5. supply and demand
6. a lack of confidence
7. specific age group
8. 도로 건설[공사] road c_____
9. 기분 변화 changes of m_____
10. 공식적 항의 official c_____
11. 화산재 volcanic a_____
12. 막대그래프 a b_____ graph
13. 홍수 피해 flood d_____
14. 사회적 갈등 social c_____

C 보기 단어들 뜻 음미해 보고 빈칸 속에 퐁당!

| 보기 | get rid of   ruin   scratch   spin |

1. He yawned and _____ed his leg. 그는 하품을 하면서 다리를 긁었다.
2. Smoking will _____ your memory. 흡연은 기억력을 망칠 것이다.
3. The plane's propellers were _____ing. 비행기 프로펠러가 돌고 있었다.
4. We want to _____ all nuclear weapons. 우리는 모든 핵무기를 제거하길 원한다.

정답 **A** 앞면 참조 **B** 1. 풍경화 화가 2. 크게 흥분해서 3. 일본의 한국 침략 4. 콘택트렌즈의 이득 5. 공급과 수요 6. 자신감[신뢰] 부족 7. 특정 연령 집단 8. construction 9. mood 10. complaint 11. ash 12. bar 13. damage 14. conflict **C** 1. scratch 2. ruin 3. spin(spinning) 4. get rid of

D 가장 적절한 형용사 찾아 넣기

| 보기 | negative   royal   specific   tight

1. 꽉 끼는 구두 _____ shoes
2. 구체적인 계획 a _____ plan
3. 부정적 사고 _____ thinking
4. 왕족 the _____ family

E 빈칸에 들어갈 알맞은 단어는?

1. It's u_____ for him to be late. 그가 지각한다는 것은 특이한 일이다.
2. I didn't enjoy the trip, p_____ because of the weather.
   난 부분적으로 날씨 때문에 여행을 즐기지 못했다.

F 같은 모양, 다른 의미

1. Prices will go up, I suppose.
   Let's suppose you are an American.
2. We refer to the world as the Global Village.
   The figures refer to our sales.
   Refer to the dictionary.
3. the brilliant sunshine / a brilliant young musician

반갑다 기능어야!

into/out (of) 전치사 · 부사

into

1. 방향 (~ 안으로): A woman walked **into** a restaurant. 한 여성이 식당 안으로 걸어 들어갔다.
2. 변화 (~로): The water turns **into** steam. 물은 수증기로 변한다.
   Cut the cake **into** seven pieces. 케이크를 일곱 조각으로 잘라라.

out (of)

1. 방향 (안에서 밖으로): Let's go **out** this evening. 오늘 저녁에 외출하자.
   Get **out of** here! 여기서 나가!
2. 분리 (~에서 떨어져, 벗어나): We're **out of** money. 우리는 돈이 떨어졌다.
   It went **out of** sight. 그것은 시야에서 사라졌다.

G 반갑다 기능어야! 익힌 후, 빈칸에 알맞은 기능어 넣기

1. Put the trash _____ the trash basket.
   쓰레기를 쓰레기 바구니에 넣어라.
2. I get _____ of bed at six. 난 6시에 잠자리에서 일어난다.

정답 **D** 1. tight 2. specific 3. negative 4. royal **E** 1. unusual 2. partly **F** 1. 가격이 오를 거라고 생각해.(추정하다) / 네가 미국인이라고 가정해 보자.(가정하다) 2. 우리는 세계를 지구촌이라고 부른다.(부르다) / 숫자는 판매량을 가리킨다.(가리키다) / 사전을 참고해라.(참고하다) 3. 눈부신 햇빛(눈부신) / 뛰어난 젊은 음악가 (뛰어난) **G** 1. into 2. out

DAY 40

명사

01 happiness[hǽpinis] 행복
▶**happy** 휑 행복한
• 참된 행복 true _____

02 freedom[frí:dəm] 자유
▶**free** 휑 자유로운
• 선택의 자유 _____ of choice

03 independence[ìndipéndəns] 독립
▶**independent** 휑 독립적인
• 독립을 쟁취하다 to win _____

04 imagination[imæ̀dʒənéiʃən] 상상(력)
▶**imagine** 통 상상하다
• 네 상상력을 이용해라.
Use your _____.

05 importance[impɔ́:rtəns] 중요(성)
▶**important** 휑 중요한
• 문제의 중요성
the _____ of the matter

06 speech[spi:tʃ] 연설
• 연설을 하다 to make a _____

07 silence[sáiləns] 침묵
▶**silent** 휑 침묵하는, 조용한
• 침묵하며 앉아 있다 to sit in _____

08 invitation[ìnvətéiʃən] 초대
▶**invite** 통 초대하다
• 저녁 식사 초대
an _____ to dinner

09 exhibition[èksəbíʃən] 전시(회)
• 미술 전시회 an art _____

10 sculpture[skʌ́lptʃər] 조각(품)
▶**sculptor** 명 조각가
• 현대 조각 전시회
an exhibition of modern _____

11 region[rí:dʒən] 지역(=**area**)
• 산악 지역 a mountain _____

12 position[pəzíʃən] ① 위치 ② 자세
③ 지위
• 편안한 자세 a comfortable _____

명사 · 동사

13 research[risə́:rtʃ] 명 연구 통 연구하다
• 의학 연구 medical _____

14 aim[eim] 명 목표[목적] 통 목표하다, 겨누다
• 목표를 이루다 to achieve your _____

명사 · 형용사

15 moral[mɔ́(:)rəl] 휑 도덕의 명 ① (-s) 도덕률
② 교훈
• 도덕관념 a _____ sense

16 **extra**[ékstrə] 형 추가의
    명 엑스트라[단역 배우]

• 추가 업무 _____ work

동사

17 **arrange**[əréindʒ] ① 준비하다 ② 배열하다

• 모임을 준비하다 to _____ a meeting

18 **advise**[ədváiz] 조언[충고]하다
    ▶advice 명 조언[충고]

• 신중히 생각하라고 충고하다
  to _____ you to think carefully

19 **recommend**[rèkəménd] 추천하다,
    권고하다

• 좋은 책을 추천하다
  to _____ a good book

20 **declare**[diklɛ́ər] ① 선언[선포]하다
    ② 신고하다

• 전쟁을 선포하다 to _____ war

21 **prove**[pru:v]-**proved-proved**[**proven**]
    ① 증명하다 ② 판명되다 ▶proof 명 증거

• 주장을 증명하다 to _____ your point

22 **injure**[índʒər] 다치게 하다
    ▶injury 명 상처

• 심하게 다치다 to be badly _____d

23 **connect**[kənékt] 연결[접속]하다
    ▶connection 명 연결[접속]

• 프린터를 컴퓨터에 연결해라.
  C_____ the printer to the computer.

24 **hug**[hʌg] 껴안다[포옹하다]

• 서로 껴안다 to _____ each other

형용사

25 **foggy**[fɔ́(:)gi] 안개가 낀 ▶fog 명 안개

• 안개 낀 날 a _____ day

26 **neat**[ni:t] 깔끔한

• 깔끔한 필체 _____ handwriting

27 **loose**[lu:s] 풀린, 헐렁한

• 헐렁한 바지 _____ pants

28 **endangered**[indéindʒərd]
    (멸종) 위기에 처한 ▶danger 명 위험

• 멸종 위기에 처한 동물들 _____ animals

29 **bound**[baund] ① 꼭 ~할 것 같은,
    ~해야 하는 ② ~행의

• 서울행 비행기
  a plane _____ for Seoul

부사

30 **recently**[rí:sntli] 최근에(=lately)

• 아주 최근까지 until quite _____

Today's Dessert

Speech is silver, but silence is golden.
웅변은 은이나, 침묵은 금이다.

즐거운 Test

40th

A 영어는 우리말로, 우리말은 영어로!

1. freedom	16. 행복
2. position	17. 독립
3. aim	18. 상상(력)
4. moral	19. 중요(성)
5. extra	20. 연설
6. arrange	21. 침묵
7. advise	22. 초대
8. recommend	23. 전시(회)
9. declare	24. 조각(품)
10. prove	25. 지역
11. injure	26. 연구, 연구하다
12. connect	27. 껴안대[포옹하다]
13. endangered	28. 안개가 낀
14. bound	29. 깔끔한
15. recently	30. 풀린, 헐렁한

B 단어와 단어의 만남

1. freedom of speech
2. an exhibition of sculpture
3. the aim of the research
4. at no extra cost
5. endangered animals
6. 초대장 an i_____ card
7. 사막 지역 the desert r_____s
8. 도덕 교육 m_____ education
9. 깔끔한 방 a n_____ room
10. 헐렁한 옷 l_____ clothes

C 보기 단어들 뜻 음미해 보고 빈칸 속에 퐁당!

| 보기 | advise　connect　hug　injure　recommend |

1. He _____(e)d her tightly. 그는 그녀를 꼭 껴안았다.
2. Can you _____ a good restaurant? 좋은 식당을 추천해 줄 수 있니?
3. She was badly _____(e)d in the accident. 그녀는 사고로 심하게 다쳤다.
4. The doctor _____(e)d me to take more exercise.
   의사가 내게 더 많은 운동을 하라고 조언했다.
5. The Internet _____s computers all around the world.
   인터넷은 전 세계 컴퓨터를 연결한다.

정답 **A** 앞면 참조 **B** 1. 언론의 자유 2. 조각 전시회 3. 연구 목적 4. 추가 비용 없이 5. 멸종 위기에 처한 동물들 6. invitation 7. region 8. moral 9. neat 10. loose **C** 1. hug(hugged) 2. recommend 3. injure 4. advise 5. connect

164

D 같은 관계 맺어 주기

1. invite : invitation = imagine : i_____
2. ill : illness = happy : h_____
3. dead : death = silent : s_____
4. different : difference = important : i_____
5. rain : rainy = fog : f_____

E 같은 모양, 다른 의미

1. the position of the sun / a sitting position
   the position of women in society
2. The party was arranged quickly.
   The words are arranged alphabetically.
3. a plane bound for London / You're bound to pass the exam.

F 단어를 외우니 문장이 해석되네!

1. The country declared independence in 1945.
2. Recently it proved to be false.

◉반갑다 기능어야!

through/throughout 전치사 · 부사

through
1. 통(과)해: The train went **through** a tunnel. 열차가 터널을 통과했다.
   I saw her **through** the window. 난 창을 통해 그녀를 보았다.
   He drove **through** a red light. 그는 빨간 불을 지나쳐 차를 몰았다.
   I send email **through** the Internet. 난 인터넷을 통해 이메일을 보낸다.
2. ~ 동안 내내: I studied **through** the night. 난 밤새도록 공부했다.
3. ~까지: Monday **through** Friday 월요일부터 금요일까지

throughout
1. 도처에: She traveled **throughout** the country. 그녀는 전국 방방곡곡을 여행했다.
2. ~ 동안 내내: **throughout** the year 그해 내내
   throughout your life 평생 동안 내내

G 반갑다 기능어야! 익힌 후, 빈칸에 알맞은 기능어 넣기

1. Buying a book _____ the Internet is easy.
   인터넷을 통해 책을 사는 건 쉽다.
2. The disease spread rapidly _____ the world.
   병이 세계 도처로 빠르게 퍼졌다.

정답 **D** 1. imagination 2. happiness 3. silence 4. importance 5. foggy **E** 1. 태양의 위치(위치) / 앉은 자세(자세) / 사회에서의 여성의 지위(지위) 2. 그 파티는 빠르게 준비되었다.(준비하다) / 단어들이 알파벳순으로 배열되었다.(배열하다) 3. 런던행 비행기(~행의) / 넌 시험에 꼭 합격할 거야.(꼭 ~할 것 같은) **F** 1. 그 나라는 1945년에 독립을 선언했다. 2. 최근에 그것은 거짓으로 판명되었다. **G** 1. through 2. throughout

DAY 41

명사

01 merchant [mɔ́ːrtʃənt] 상인
- 부유한 상인 a rich _____

02 heritage [héritidʒ] 유산
- 문화유산 cultural _____

03 organization [ɔ̀ːrɡənizéiʃən] 조직[단체/기구]
- 국제기구 an international _____

04 kindergarten [kíndərɡàːrtn] 유치원
- 유치원 교사 a _____ teacher

05 management [mǽnidʒmənt] 경영[관리]
 ▶ **manage** 통 경영[관리]하다
- 관리직 a career in _____

06 operation [àpəréiʃən] 수술, 작전
- 심장 수술 a heart _____

07 mission [míʃən] 임무
- 삶의 주된 임무
  your main _____ in life

08 means [miːnz] 수단[방법]
 [비교] **mean** 통 의미하다 형 못된
- 커뮤니케이션 수단
  a _____ of communication

09 payment [péimənt] 지불(금)
 ▶ **pay** 통 지불하다
- 현금 지불 cash _____s

10 merit [mérit] 장점[가치]
- 큰 장점 the great _____

11 mirror [mírər] 거울
- 거울을 보다 to look in the _____

12 ladder [lǽdər] 사다리
- 사다리를 오르다
  to climb up the _____

13 ingredient [ingríːdiənt] (요리의) 재료, 요소
- 재료 목록 a list of _____s

14 index [índeks] ① 색인 ② 지수[지표]
- 물가 지수 a price _____

동사

15 behave [bihéiv] 행동하다(=act)
 ▶ **behavior** 명 행동
- 어른처럼 행동하다
  to _____ like an adult

16 compete [kəmpíːt] 경쟁하다
- 외국 기업들과 경쟁하다
  to _____ with foreign companies

17 **argue**[ɑ́:rgju:] 다투다[언쟁하다], 주장하다
   ▶**argument** 명 말다툼[논쟁], 주장
   • 서로 다투다
     to _____ with each other

18 **release**[rilí:s] 풀어 주다, 방출하다, 공개하다
   • 죄수를 풀어 주다 to _____ a prisoner

19 **pretend**[priténd] ~인 척하다
   • 잠든 척하다 to _____ to be asleep

20 **conclude**[kənklú:d] 결론을 내리다
   ▶**conclusion** 명 결론
   • 아무 결론도 나지 않았다.
     Nothing was _____d.

21 **observe**[əbzə́:rv] ① 관찰하다 ② 준수하다
   • 그의 행동을 관찰하다
     to _____ his behavior

형용사

22 **spicy**[spáisi] 매운(=**hot**)
   • 매운 토마토소스
     a _____ tomato sauce

23 **terrific**[tərífik] 멋진[훌륭한], 엄청난
   • 멋진 일 a _____ job

24 **steady**[stédi] 꾸준한
   • 꾸준한 속도 a _____ speed

25 **various**[véəriəs] 여러 가지의[다양한]
   • 여러 가지 방식으로 in _____ ways

26 **unique**[ju:ní:k] 유일한[독특한]
   • 독특한 디자인 a _____ design

27 **unnecessary**[ʌnnésəsèri] 불필요한
   (↔**necessary**)
   • 불필요한 것들을 사지 마.
     Don't buy _____ things.

28 **ill**[il] 병든[아픈](=**sick**), 나쁜
   • 병들다 to become _____

형용사 · 부사

29 **underground**[ʌ́ndərgràund]
   형 지하의 부 지하에[로]
   • 지하 동굴 an _____ cave

부사

30 **sincerely**[sinsíərli] 진심으로(=**truly**)
   ▶**sincere** 형 진심의[진실한]
   • 난 그게 성공하길 진심으로 바란다.
     I _____ hope it will succeed.

Today's Dessert

Slow and steady wins the race.
느려도 꾸준히 하면 경주에 이긴다.

즐거운 Test

41st

A 영어는 우리말로, 우리말은 영어로!

1.	operation	16.	상인
2.	mission	17.	유산
3.	merit	18.	조직[단체/기구]
4.	ingredient	19.	유치원
5.	index	20.	경영[관리]
6.	behave	21.	수단[방법]
7.	compete	22.	지불(금)
8.	argue	23.	거울
9.	release	24.	사다리
10.	pretend	25.	매운
11.	conclude	26.	꾸준한
12.	observe	27.	여러 가지의[다양한]
13.	terrific	28.	유일한[독특한]
14.	underground	29.	불필요한
15.	sincerely	30.	병든[아픈], 나쁜

B 단어와 단어의 만남

1. an international organization
2. an emergency operation
3. the secret mission
4. a means of transportation
5. credit card payment
6. 문화유산 cultural h_____
7. 경영[관리] 기술 m_____ skills
8. 예술적 가치 artistic m_____
9. 주재료 the main i_____s
10. 매운 음식 s_____ food

C 보기 단어들 뜻 음미해 보고 빈칸 속에 풍덩!

| 보기 | argue   behave   compete   conclude   pretend   release |

1. He had to _____ for his job. 그는 일자리를 얻기 위해 경쟁해야 했다.
2. She _____s in a responsible way. 그녀는 책임감 있게 행동한다.
3. They were _____ing about money. 그들은 돈 문제로 다투고 있었다.
4. I _____(e)d nothing had happened. 나는 아무 일도 일어나지 않은 척했다.
5. The report _____(e)d smoking is dangerous.
보고서는 흡연이 위험하다고 결론을 내렸다.
6. Growth hormones are _____(e)d most while sleeping.
성장 호르몬은 자는 동안 가장 많이 방출된다.

정답 **A** 앞면 참조 **B** 1. 국제기구 2. 응급 수술 3. 비밀 임무 4. 운송 수단 5. 신용 카드 지불 6. heritage
7. management 8. merit 9. ingredient 10. spicy **C** 1. compete 2. behave 3. argue(arguing) 4. pretend
5. conclude 6. release

168

D 내 영어 실력?? ▸▸▸ 영영 사전 보는 정도!!!

| 보기 | kindergarten   ladder   merchant   mirror

1. a person who buys and sells goods
2. a school or class for children aged five
3. a piece of special glass that you can look at yourself in
4. a piece of equipment for climbing up or down from high places

E 가장 적절한 형용사 찾아 넣기

| 보기 | steady   underground   unnecessary   various

1. 다양한 색깔들 _____ colors
2. 불필요한 비용 an _____ cost
3. 꾸준한 증가 a _____ increase
4. 지하수 _____ water

F 빈칸에 들어갈 알맞은 단어는?

1. That's a t_____ idea! 그거 멋진 생각이야!
2. Ann can't come – she's i_____. 앤은 올 수 없어. 그녀는 병이 났어.
3. Everyone's fingerprints are u_____. 모든 사람의 지문은 유일하다.
4. I s_____ hope I'll see you again. 진심으로 당신을 다시 만나길 바랍니다.

G 같은 모양, 다른 의미

We must <u>observe</u> the traffic rules.
Have you <u>observe</u>d any changes lately?

반갑다
기능어야!

around 전치사 · 부사

1. 주위[주변, 둘레]에: to dance **around** the bonfire 모닥불 주위를 춤추며 돌다
   She put her arms **around** his neck. 그녀는 그의 목에 두 팔을 둘렀다.
2. 여기저기에: to travel **around** the country/world 나라/세계 곳곳을 여행하다
3. 약, ~쯤: **around** 5 o'clock 5시쯤   **around** ten dollars 약 10달러
4. 돌아서: to turn **around** 돌다

H 반갑다 기능어야! 익힌 후, 빈칸에 알맞은 기능어 넣기

1. The whole family was sitting _____ the dinner table.
   전 가족이 저녁 식사 식탁 주위에 앉아 있었다.
2. They looked _____ several classrooms.
   그들은 몇몇 교실 여기저기를 둘러보았다.

정답 **D** 1. merchant 2. kindergarten 3. mirror 4. ladder **E** 1. various 2. unnecessary 3. steady 4. underground **F** 1. terrific 2. ill 3. unique 4. sincerely **G** 우리는 교통 규칙을 준수해야 한다.(준수하다) / 최근에 어떤 변화를 관찰했니?(관찰하다) **H** 1. around 2. around

DAY 42

명사

01 **peer**[piər] 또래
· 또래 집단 a _____ group

02 **pressure**[préʃər] 압력
▶press 图 누르다
· 변화를 향한 압력 _____ for change

03 **loss**[lɔːs] 손실[분실/상실], 감소
▶lose 图 잃다, 지다
· 체중 감소 weight _____

04 **playground**[pléigràund] 운동장[놀이터]
· 놀이터에서 놀다
to play in the _____

05 **pond**[pɑnd] 연못
· 작은 연못 a small _____

06 **harbor**[háːrbər] 항구
· 아름다운 항구 a beautiful _____

07 **frame**[freim] 틀
· 사진[그림]틀 a picture _____

08 **hammer**[hǽmər] 망치
· 무거운 망치 머리
the heavy _____ head

09 **expression**[ikspréʃən] 표현, 표정
▶express 图 표현하다
· 표현의 자유 freedom of _____

10 **quality**[kwáləti] 질
· 고품질 상품 high-_____ goods

11 **movement**[múːvmənt] ① 움직임
② (사회·정치적) 운동
▶move 图 움직이다
· 우리 몸의 움직임
the _____ of our body

명사 · 동사

12 **package**[pǽkidʒ] 명 소포[꾸러미], 포장 용기 图 포장하다
· 큰 소포[꾸러미] a large _____

13 **survey**[sə́ːrvei] 명 조사
图 [sərvéi] 조사하다
· 여론 조사 a public opinion _____

14 **panic**[pǽnik] 명 극심한 공포[공황]
图 공황 상태에 빠지다
· 공황 상태 a state of _____

15 **sigh**[sai] 图 한숨을 쉬다 명 한숨
· 깊이 한숨을 쉬다 to _____ deeply

16 **rinse**[rins] 图 씻어내다[헹구다]
명 헹구기, 린스
· 비누를 헹궈내다 to _____ off the soap

17 **appeal**[əpí:l] 동 호소하다 명 호소

· 대중에 호소하다 to _____ to the public

동사

18 **sweep**[swi:p]**-swept-swept**
쓸다[청소하다], 휩쓸다

· 바닥을 쓸다 to _____ the floor

19 **consist**[kənsíst] (~ **of**) (~로) 이루어져
있다

· 두 부분으로 이루어져 있다
to _____ of two parts

20 **unify**[jú:nəfài]
통일[통합]하다(=**unite**↔**divide**)
▸**unification** 명 통일[통합]

· 민족을 통일하다 to _____ the nation

21 **depress**[diprés] 우울하게 하다
▸**depressing** 형 우울한

· 그 소식이 그를 우울하게 했다.
The news _____ed him.

22 **blame**[bleim] 탓하다

· 나를 탓하지 마. Don't _____ me.

형용사

23 **smooth**[smu:ð] 매끄러운[부드러운]

· 그녀의 매끄러운 피부 her _____ skin

24 **wooden**[wúdn] 나무로 된
▸**wood** 명 나무[목재], 숲

· 나무 벤치 a _____ bench

25 **helpless**[hélplis] 무력한[속수무책의]

· 무력한 사람들 the _____

26 **incredible**[inkrédəbl] 믿을 수 없는
(=**unbelievable**)

· 그건 믿을 수 없어! That's _____!

27 **available**[əvéiləbl] 이용할[구할] 수 있는

· 이용할 수 있는 방 _____ rooms

28 **ancient**[éinʃənt] 고대[옛날]의

· 고대 _____ times

29 **recent**[rí:snt] 최근의
▸**recently** 부 최근에

· 최근 연구들 _____ studies

부사

30 **thus**[ðʌs] 따라서[그러므로]

· 그러므로, 넌 열심히 공부해야 한다.
T_____, you should study hard.

Today's
Dessert **A bad workman always blames his tools.**
서툰 목수 연장 탓만 한다.

A   영어는 우리말로, 우리말은 영어로!

1. loss	16. 또래
2. package	17. 압력
3. survey	18. 운동장[놀이터]
4. panic	19. 연못
5. rinse	20. 항구
6. appeal	21. 틀
7. sweep	22. 망치
8. unify	23. 표현, 표정
9. depress	24. 질
10. blame	25. 움직임, 운동
11. smooth	26. 한숨을 쉬다, 한숨
12. helpless	27. 이루어져 있다
13. incredible	28. 나무로 된
14. available	29. 고대[옛날]의
15. thus	30. 최근의

B   단어와 단어의 만남

1. peer pressure
2. loss of memory
3. freedom of expression
4. an incredible story
5. a recent survey
6. helpless children

7. 창틀 a window f_____
8. 큰 소포 a large p_____
9. 극심한 공포감 a feeling of p_____
10. 양질 good q_____
11. 나무 벤치 a w_____ bench
12. 고대 이집트 a_____ Egypt

C   보기 단어들 뜻 음미해 보고 빈칸 속에 풍덩!

보기	appeal consist rinse sigh sweep(swept)

1. Some ads _____ to your feelings. 어떤 광고들은 감정에 호소한다.
2. He _____(e)d deeply at the thought. 그는 그 생각을 하며 깊은 한숨을 쉬었다.
3. He _____ the path in front of the house. 그는 집 앞 길을 쓸었다.
4. _____ the vegetables with running water. 채소를 흐르는 물에 헹궈라.
5. Hangeul _____s of 10 vowels and 14 consonants.
한글은 10개의 모음과 14개의 자음으로 이루어져 있다.

정답 **A** 앞면 참조 **B** 1. 또래 집단의 압력 2. 기억 상실 3. 표현의 자유 4. 믿을 수 없는 이야기 5. 최근의 조사 6. 무력한 아이들 7. frame 8. package 9. panic 10. quality 11. wooden 12. ancient **C** 1. appeal 2. sigh 3. swept 4. Rinse 5. consist

D 내 영어 실력?? ▸▸▸ 영영 사전 보는 정도!!!

| 보기 | hammer   harbor   pond |

1. a tool with a handle and a heavy head
2. an area of water on the coast where ships are safe
3. a small area of fresh water that is smaller than a lake

E 보기 단어들 뜻 씹어 보고 들어갈 곳에 쏙!

| 보기 | blame   depress   unify |

1. The news seemed to _____ him. 그 소식이 그를 우울하게 하는 것 같았다.
2. Don't _____ your problems on others. 너의 문제로 다른 사람들 탓하지 마라.
3. North Korea and South Korea will _____ in the future.
   남북한은 장래 통일될 것이다.

F 빈칸에 들어갈 알맞은 단어는?

1. Tickets are a_____ free of charge. 표는 무료로 구할 수 있다.
2. The water was as s_____ as glass. 수면이 유리처럼 매끄러웠다.
3. Traffic has become heavier. T_____ air pollution has increased.
   교통량이 더 많아졌다. 따라서 대기 오염이 증가했다.

G 같은 모양, 다른 의미

the dancer's movements / the peace movement

⊙반갑다 기능어야!

near/beside 전치사 · 부사

near
1. 가까이 (공간): They live **near** here. 그들은 이곳 가까이 산다.
2. 가까이, 무렵 (시간): **near** the end of the year 연말 무렵
   *형용사 (가까운): in the **near** future 가까운 장래[곧]

beside: ~의 옆[곁]에
   I was standing right **beside** her. 난 그녀 바로 옆에 서 있었다.
   A band is playing **beside** the lake. 악단이 호수 옆에서 연주하고 있다.

H 반갑다 기능어야! 익힌 후, 빈칸에 알맞은 기능어 넣기

1. We went to the park _____ our school.
   우리는 학교 가까이에 있는 공원에 갔다.
2. He walked _____ the dog. 그는 개와 나란히 걸었다.

정답 **D** 1. hammer 2. harbor 3. pond **E** 1. depress 2. blame 3. unify **F** 1. available 2. smooth 3. Thus
G 무용수의 움직임(움직임) / 평화 운동(운동) **H** 1. near 2. beside

DAY 43

명사

01 **wildlife**[wáildlàif] 야생 생물

- 야생 생물을 보호하다 to protect _____

02 **sunset**[sʌ́nsèt] 해넘이[일몰](↔sunrise)

- 해넘이를 보다 to watch a _____

03 **horizon**[həráizn] (the ~) 수평선[지평선]

- 수평선 위의 배
  a ship on the _____

04 **steam**[sti:m] 증기
  ▶**steamship** 명 증기선

- 증기 엔진 a _____ engine

05 **warmth**[wɔːrmθ] 따뜻함
  ▶**warm** 형 따뜻한 통 따뜻하게 하다

- 햇볕의 따스함
  the _____ of the sun

06 **statement**[stéitmənt] 성명, 진술

- 공식 성명 an official _____

07 **response**[rispáns] 반응, 대답
  ▶**respond** 통 반응하다, 대답하다

- 긍정적인 반응 a positive _____

08 **task**[tæsk] 과업[과제]

- 과업을 수행하다 to perform a _____

09 **security**[sikjúərəti] 보안[안보]

- 국가 안보 national _____

10 **needle**[níːdl] 바늘

- 바늘구멍 the eye of a _____

11 **branch**[bræntʃ] ① 나뭇가지 ② 지사[지점]

- 나뭇가지를 꺾지 마.
  Don't break off the _____es.

명사 · 동사

12 **thread**[θred] 명 실 통 (실을) 꿰다

- 실을 꿴 바늘 a needle and _____

13 **row**[rou] 명 줄[열] 통 배[노]를 젓다
  *in a row 한 줄로, 잇따라

- 앞/뒷줄 the front/back _____

14 **yawn**[jɔːn] 통 하품하다 명 하품

- 하품을 멈출 수가 없어.
  I can't stop _____ing.

동사

15 **rub**[rʌb] 문지르다

- 코를 문지르다 to _____ your nose

16 **wipe**[waip] 닦다

- 탁자를 닦다 to _____ a table

174

17 **operate**[ɑ́pərèit] ① 작동[운용]하다
② 수술하다
▶**operation** 몡 수술, 작전

・그의 무릎을 수술하다
to _____ on his knee

18 **contain**[kəntéin] 포함[함유]하다
▶**container** 몡 용기[그릇]

・지방을 함유하다 to _____ fat

19 **preserve**[prizə́:rv] 보존[보호]하다

・숲을 보존하다 to _____ the forest

20 **refuse**[rifjúːz] 거절[거부]하다

・거짓말하기를 거부하다 to _____ to lie

21 **remind**[rimáind] 상기시키다
＊remind A of B A에게 B를 떠올리게 하다

・그걸 가져가도록 상기시켜 주렴.
R_____ me to bring it.

22 **bother**[bɑ́ðər] 괴롭히다[귀찮게 하다],
신경 쓰다

・날 귀찮게 하지 마.
Don't _____ me.

형용사

23 **tiny**[táini] 아주 작은

・아주 작은 곤충들 _____ insects

24 **curly**[kə́:rli] 곱슬곱슬한

・곱슬머리 _____ hair

25 **rapid**[rǽpid] 빠른(=fast)

・빠른 성장 _____ growth

26 **shy**[ʃai] 수줍어하는

・수줍어하지 마라. Don't be _____.

27 **eastern**[íːstərn] 동쪽의
▶**east** 몡 동쪽 몡 동쪽의 분 동쪽으로

・그 나라의 동부
the _____ part of the country

28 **violent**[váiələnt] 폭력적인

・폭력적인 영화 a _____ movie

29 **worldwide**[wə́:rldwáid] 몡 전 세계적인
분 전 세계적으로

・전 세계 TV 시청자
a _____ TV audience

부사

30 **highly**[háili] 대단히, 고도로
▶**high** 몡 높은 분 높이

・고도로 숙련된 노동자
a _____ skilled worker

Today's Dessert

Looking for a needle in a haystack.
건초 더미에서 바늘 찾기(찾기가 거의 불가능하다.)

A 영어는 우리말로, 우리말은 영어로!

1. task	16. 야생 생물
2. branch	17. 해넘이[일몰]
3. thread	18. 수평선[지평선]
4. row	19. 증기
5. yawn	20. 따뜻함
6. wipe	21. 성명, 진술
7. operate	22. 반응, 대답
8. contain	23. 보안[안보]
9. preserve	24. 바늘
10. remind	25. 문지르다
11. bother	26. 거절[거부]하다
12. curly	27. 아주 작은
13. rapid	28. 수줍어하는
14. worldwide	29. 동쪽의
15. highly	30. 폭력적인

B 단어와 단어의 만남

1. the following statement
2. a security camera
3. over the eastern horizon
4. a quiet, shy man
5. violent movies
6. 아름다운 해넘이 a beautiful s_____
7. 아주 작은 꽃 a t_____ flower
8. 곱슬머리 c_____ hair
9. 빠른 변화 r_____ change
10. 전 세계적 관심 w_____ attention

C 보기 단어들 뜻 음미해 보고 빈칸 속에 퐁당!

| 보기 | bother   contain   preserve   refuse   remind   wipe |

1. Cheese _____s a lot of fat. 치즈는 많은 지방을 함유하고 있다.
2. You _____ me of my mother. 넌 내게 우리 엄마를 떠올리게 해.
3. _____ your hands on this towel. 네 손을 이 수건에 닦아라.
4. Don't _____ him when he's studying.
   그가 공부하고 있을 때 그를 귀찮게 하지 마라.
5. We need to _____ the environment. 우리는 환경을 보호할 필요가 있다.
6. She asked him to leave, but he _____(e)d.
   그녀는 그에게 떠나라고 요구했지만 그는 거부했다.

D 내 영어 실력?? ▸▸▸ 영영 사전 보는 정도!!!

| 보기 | response   steam   task   warmth   wildlife

1. an answer or reaction
2. the heat something produces
3. a piece of work that must be done
4. animals and plants in natural conditions
5. the hot gas that is produced when water boils

E 빈칸에 들어갈 알맞은 단어는?

1. He is a h_____ gifted singer. 그는 대단히 재능 있는 가수다.
2. The band is famous w_____ . 그 밴드는 전 세계적으로 유명하다.

F 같은 모양, 다른 의미

1. branches waving in the wind / a branch manager
2. I sat in the front row. / He rowed across the lake.
3. Doctors operated on him for eight hours.
   Do you know how to operate the air conditioning?

G 단어를 외우니 문장이 해석되네!

1. She yawned and rubbed her eyes.
2. Can you thread this needle for me?

○반갑다 기능어야!

along/across 전치사 · 부사

along: ~을 따라 (쭉), 앞으로
　　Go **along** this street. 이 거리를 따라 가세요.
　　All **along** the road, people waved Korean flags.
　　도로를 따라 쭉 사람들이 태극기를 흔들었다.
　　Children were walking **along** in a line. 아이들이 한 줄로 쭉 걸어가고 있었다.

across: 가로질러, 건너서, 맞은편에
　　There is a bridge **across** the river. 강을 가로지르는 다리가 있다.
　　We ran **across** the street. 우리는 차도를 뛰어서 건넜다.
　　City Hall is **across** the road. 시청은 길 맞은편에 있다.

H 반갑다 기능어야! 익힌 후, 빈칸에 알맞은 기능어 넣기

1. We walked _____ the beach. 우리는 해변을 따라 걸었다.
2. I can swim _____ this river. 난 이 강을 수영해서 건널 수 있다.

정답 **D** 1. response 2. warmth 3. task 4. wildlife 5. steam **E** 1. highly 2. worldwide **F** 1. 바람에 흔들리는 나뭇가지들(나뭇가지) / 지사(지점)장(지사[지점]) 2. 나는 앞줄에 앉았다.(줄) / 그는 배를 저어 호수를 건넜다.(배를 젓다) 3. 의사들은 8시간 동안 그를 수술했다.(수술하다) / 에어컨을 어떻게 작동하는지 아니?(작동하다) **G** 1. 그녀는 하품을 하면서 눈을 비볐다. 2. 내게 이 바늘에 실을 꿰어 줄 수 있겠니? **H** 1. along 2. across

DAY 44

명사

01 **dinosaur**[dáinəsɔ̀ːr] 공룡
- 공룡 뼈 _____ bones

02 **ruler**[rúːlər] ① 지배자 ② 자
  ▶**rule** 명 규칙, 지배 동 지배하다
- 12인치 자 a 12-inch _____

03 **admiral**[ǽdmərəl] 해군 장군[제독]
- 이순신 장군 A_____ Yi Sun-sin

04 **liberty**[líbərti] 자유(=freedom)
- 자유와 평등 _____ and equality

05 **tragedy**[trǽdʒədi] 비극
  ▶**tragic** 형 비극의
- 셰익스피어의 비극들
  Shakespeare's _____ies

06 **trial**[tráiəl] ① 재판 ② 시험[실험]
- 공정한 재판 a fair _____

07 **treatment**[tríːtmənt] 치료
  ▶**treat** 동 대하다[다루다], 치료하다
- 암의 치료 the _____ of cancer

08 **shelter**[ʃéltər] 주거지, 피신처
- 음식과 주거지 food and _____

09 **orphanage**[ɔ́ːrfənidʒ] 고아원
  ▶**orphan** 명 고아
- 고아원을 방문하다
  to visit an _____

10 **item**[áitəm] 항목[품목]
- 목록의 항목[품목]들
  _____s on the list

11 **gravity**[grǽvəti] 중력
- 뉴턴의 중력 법칙
  Newton's law of _____

12 **clue**[kluː] 실마리[단서], 힌트
- 내게 힌트를 줘. Give me a _____.

13 **range**[reindʒ] 범위
- 광범위한 제품 wide _____ of goods

14 **rumor**[rúːmər] 소문
- 널리 퍼진 소문 a widespread _____

15 **vehicle**[víːikl] 탈것[차량]
- 자동차들 motor _____s

동사

16 **sew**[sou]-sewed-sewed[sewn]
  바느질하다[꿰매다]
- 옷을 꿰매다 to _____ clothes

178

17 **associate**[əsóuʃièit] 연상하다[연관시키다]
- 꽃을 봄과 연관시키다
  to _____ flowers with spring

18 **identify**[aidéntəfài] (신원을) 확인하다
- 얼굴을 확인하다 to _____ faces

19 **mention**[ménʃən] 언급하다[간단히 말하다]
- 그것을 다시 언급하다
  to _____ it again

20 **establish**[istǽbliʃ] 설립[확립]하다
- 관계를 확립하다 to _____ relations

21 **unite**[ju(:)náit] 연합[통합]하다
- 미합중국
  the U_____d States of America

22 **frustrate**[frʌ́streit] 좌절시키다
  ▶**frustrating** 혭 좌절시키는
- 좌절하다 to get _____d

형용사

23 **stuck**[stʌk] 움직일 수 없는[갇힌]
- 난 교통 체증에 갇혀 있었다.
  I was _____ in traffic.

24 **cheerful**[tʃíərfəl] 쾌활한[유쾌한]
  ▶**cheer** 통 환호[응원]하다
- 쾌활한 미소 a _____ smile

25 **careless**[kɛ́ərlis] 부주의한(↔**careful**)
- 부주의한 운전 _____ driving

26 **dull**[dʌl] 지루한, 둔한
- 지루한 영화 a _____ movie

27 **disgusting**[disgʌ́stiŋ] 역겨운
- 흡연은 역겨워! Smoking is _____!

28 **willing**[wíliŋ] 기꺼이 하는
- 기꺼이 그들을 돕다
  to be _____ to help them

29 **golden**[góuldən] 금(빛)의, 귀중한
  ▶**gold** 몡 혭 금(빛)(의)
- 금발 _____ hair

부사

30 **apart**[əpáːrt] 떨어져
- 우리가 떨어져 있는 게 싫어.
  I hate it when we're _____.

Today's Dessert

United we stand, divided we fall.
뭉치면 서고, 나뉘면 넘어진다.(뭉치면 살고, 흩어지면 죽는다.)

A 영어는 우리말로, 우리말은 영어로!

1. ruler	16. 공룡
2. liberty	17. 해군 장군[제독]
3. item	18. 비극
4. clue	19. 재판, 시험[실험]
5. vehicle	20. 치료
6. sew	21. 주거지, 피신처
7. associate	22. 고아원
8. identify	23. 중력
9. mention	24. 범위
10. establish	25. 소문
11. unite	26. 좌절시키다
12. stuck	27. 쾌활한[유쾌한]
13. disgusting	28. 부주의한
14. golden	29. 지루한, 둔한
15. apart	30. 기꺼이 하는

B 단어와 단어의 만남

1. a 30-centimeter ruler
2. food, clothing, and shelter
3. a wide range of services
4. an item of clothing
5. personal liberty
6. a disgusting smell

7. 이순신 장군 A_____ Yi Sun-sin
8. 끔찍한 비극 a terrible t_____
9. 공정한 재판 a fair t_____
10. 응급 치료 emergency t_____
11. 부주의한 실수 a c_____ mistake
12. 금관 a g_____ crown

C 보기 단어들 뜻 음미해 보고 빈칸 속에 퐁당!

보기	establish frustrate identify mention sew unite

1. Can you _____ the man? 그 남자를 확인해 줄 수 있어요?
2. Have you learned to _____? 너는 바느질하는 것을 배운 적이 있니?
3. The school was _____(e)d in 1945. 학교는 1945년에 설립되었다.
4. Nobody _____(e)d anything about it. 아무도 그것에 대해 아무것도 언급하지 않았다.
5. The two countries _____(e)d in 1887. 그 두 나라는 1887년에 통합되었다.
6. I get _____(e)d when people don't understand me.
   난 사람들이 날 이해하지 못할 때 좌절한다.

정답 **A** 앞면 참조 **B** 1. 30센티미터 자 2. 의식주 3. 광범위한 서비스 4. 옷 한 점 5. 개인의 자유 6. 역겨운 냄새
7. Admiral 8. tragedy 9. trial 10. treatment 11. careless 12. golden **C** 1. identify 2. sew 3. establish
4. mention 5. unite 6. frustrate

D 내 영어 실력?? ▸▸▸ 영영 사전 보는 정도!!!

| 보기 |　dinosaur　　orphanage　　rumor　　vehicle

1. a car, bus, or truck
2. a home for children whose parents are dead
3. a large animal that lived millions of years ago
4. information that people talk about, but that may not be true

E 빈칸에 들어갈 알맞은 단어는?

1. She is w_____ to help. 그녀는 기꺼이 도울 것이다.
2. Bright colors make us c_____. 밝은 색은 우리를 유쾌하게 만든다.
3 The wheels were s_____ in the mud. 바퀴들이 진창에 빠져 움직일 수 없었다.
4. He stood a_____ from the rest of the group.
   그는 모임의 나머지 사람들로부터 떨어져 서 있었다.

F 단어를 외우니 문장이 해석되네!

1. Can you give me a clue?
2. In space, there is no gravity.
3. People associate the old days with good times.
4. All work and no play makes Jack a dull boy.

**◑반갑다
기능어야!**

behind/beyond 전치사 · 부사
behind
1. 장소 (뒤에[로]): Look **behind** you! 네 뒤를 봐!
   The bank is **behind** this building. 은행은 이 건물 뒤에 있다.
2. 시간 (늦어서): **behind** schedule 예정보다 늦게
3. 수준 (뒤져서)
   She's **behind** the rest of her class in math. 그녀는 수학에서 나머지 급우들보다 뒤진다.
beyond
1. 장소 (너머에[로]): **beyond** the river 강 너머에
2. 시간 (지나서)
   The meeting went on until **beyond** midnight. 모임은 자정을 지나서까지 계속되었다.
3. 범위 · 한도 (넘어서): **beyond** control 통제를 벗어나

G 반갑다 기능어야! 익힌 후, 빈칸에 알맞은 기능어 넣기

1. There's a garden _____ her house. 그녀의 집 뒤에는 뜰이 있다.
2. Cyberspace pushes human life _____ the physical time and
   space. 사이버 공간이 인간의 삶을 물리적 시간과 공간 너머로 확장한다.

정답　**D** 1. vehicle 2. orphanage 3. dinosaur 4. rumor　**E** 1. willing 2. cheerful 3. stuck 4. apart　**F** 1. 제게
힌트를 줄래요? 2. 우주에는, 중력이 없다. 3. 사람들은 옛날을 좋은 시절로 연상한다. 4. 일[공부]만 하고 놀지 않으면 둔한 아이가
된다. **G** 1. behind 2. beyond

DAY 45

QR

명사

01 **lung**[lʌŋ] 폐[허파] ・폐암 _____ cancer

02 **passport**[pǽspɔ̀ːrt] 여권 ・위조 여권 a false _____

03 **photo**[fóutou] 사진(=photograph) ・사진첩 a _____ album
▶**photography** 몡 사진술

04 **envelope**[énvəlòup] 봉투 ・봉투와 우표 _____s and stamps

05 **attendant**[əténdənt] 안내원[수행원] ・비행기 승무원 a flight _____
▶**attend** 동 참석하다, 다니다

06 **appointment**[əpɔ́intmənt] ① (만날) ・약속을 하다 to make an _____
약속 ② 임명[지명]

07 **midnight**[mídnàit] 자정 ・자정에 at _____

08 **personality**[pə̀ːrsənǽləti] 성격, 개성 ・강한 성격 a strong _____

09 **chimney**[tʃímni] 굴뚝 ・하얀 굴뚝 연기 white _____ smoke

10 **fence**[fens] 울타리 ・정원 울타리 the garden _____

11 **evidence**[évədəns] 증거 ・과학적 증거 scientific _____

12 **feature**[fíːtʃər] 특징 ・주요 특징 the main _____

명사 · 동사

13 **flavor**[fléivər] 몡 맛 동 맛을 내다 ・아이스크림 맛 _____s of ice cream

14 **leap**[liːp] 동 뛰어오르다 몡 도약 ・공중으로 뛰어오르다
to _____ into the air

15 **leak**[liːk] 동 새다 몡 누출 ・가스 누출 a gas _____

동사

16 **scream**[skriːm] 비명을 지르다[소리치다] ・고통으로 비명을 지르다
to _____ in[with] pain

17 **refresh**[rifréʃ] 생기를 되찾게[상쾌하게] 하다 ・잠은 몸의 생기를 되찾게 한다.
Sleep _____es the body.

18 **occur**[əkə́:r] ① 일어나다[발생하다]
② (생각이) 떠오르다

- 사고가 일어났다.
  An accident _____ red.

19 **obtain**[əbtéin] 얻다

- 정보를 얻다 to _____ information

20 **intend**[inténd] 의도[작정]하다

- 영국에 갈 작정이다
  to _____ to go to England

동사 · 형용사

21 **lower**[lóuər] 동 낮추다[내리다]
형 아래의(↔**upper**)

- 가격을 낮추다 to _____ prices

22 **lean**[li:n] 동 ① 기울다[숙이다] ② 기대다
형 호리호리한

- 앞으로 몸을 숙이다 to _____ forward

23 **equal**[í:kwəl] 형 동일[동등]한
동 같다[~이다]

- 동등한 권리 _____ rights

24 **separate**[sépərət] 형 분리된, 별개의
동 [sépərèit] 분리되다[나누다]

- 두 개의 분리된 건물
  two _____ buildings

25 **spare**[spɛər] 형 여분의, 여가의
동 할애하다[내주다]

- 여분의 열쇠 a _____ key

형용사

26 **hard-working**[há:rdwə́:rkiŋ] 열심히
일하는[근면한]

- 열심히 일하는 사람들 _____ people

27 **hopeless**[hóuplis] 가망 없는[절망적인]
▶**hope** 동 희망하다 명 희망

- 가망 없는 상황 a _____ situation

28 **raw**[rɔ:] 날것의, 가공되지 않은

- 생선회 _____ fish

29 **portable**[pɔ́:rtəbl] 휴대용의

- 휴대용 TV a _____ TV

부사

30 **rarely**[réərli] 드물게[좀처럼 ~ 않는]

- 기적은 좀처럼 일어나지 않는다.
  A miracle _____ happens.

Today's Dessert

Look before you leap.
잘 살펴보고 뛰어라.(돌다리도 두들겨 보고 건너라.)

A 영어는 우리말로, 우리말은 영어로!

1.	attendant	16.	폐[허파]
2.	appointment	17.	여권
3.	personality	18.	사진
4.	leap	19.	봉투
5.	scream	20.	자정
6.	refresh	21.	굴뚝
7.	occur	22.	울타리
8.	obtain	23.	증거
9.	intend	24.	특징
10.	lower	25.	맛, 맛을 내다
11.	lean	26.	새다, 누출
12.	equal	27.	열심히 일하는[근면한]
13.	separate	28.	가망 없는[절망적인]
14.	spare	29.	날것의, 가공되지 않은
15.	rarely	30.	휴대용의

B 단어와 단어의 만남

1. personality types
2. a five o'clock appointment
3. various features
4. two separate buildings
5. hard-working nurses
6. a hopeless situation
7. 폐암 l＿＿＿＿ cancer
8. 비행기 승무원 a flight a＿＿＿＿
9. 공장 굴뚝들 factory c＿＿＿＿s
10. 명백한 증거 clear e＿＿＿＿
11. 날고기[생고기] r＿＿＿＿ meat
12. 휴대용 라디오 a p＿＿＿＿ radio

C 보기 단어들 뜻 음미해 보고 빈칸 속에 퐁당!

|보기| intend   leak   obtain   refresh   scream

1. A shower will ＿＿＿＿ you. 샤워가 너의 생기를 되찾게 할 거야.
2. The roof is ＿＿＿＿ing in several places. 지붕이 몇 군데 새고 있다.
3. We ＿＿＿＿ to go to Australia next year. 우리는 내년에 호주에 갈 작정이다.
4. Maps can be ＿＿＿＿ed at the tourist office.
   지도는 관광 안내소에서 얻을 수 있다.
5. The kids were ＿＿＿＿ing with excitement.
   아이들이 흥분해서 비명을 지르고 있었다.

정답 **A** 앞면 참조 **B** 1. 성격 유형들 2. 5시 약속 3. 여러 가지 특징들 4. 두 개의 분리된 건물들 5. 근면한 간호사들 6. 가망 없는 상황 7. lung 8. attendant 9. chimney 10. evidence 11. raw 12. portable **C** 1. refresh 2. leak 3. intend 4. obtain 5. scream

D 내 영어 실력?? ▸▸▸ 영영 사전 보는 정도!!!

| 보기 |　envelope　　　flavor　　　midnight

1. 12 o'clock at night
2. the particular taste of a food or drink
3. a thin paper cover in which you put and send a letter

E 같은 모양, 다른 의미

1. your <u>lower</u> lip / Please <u>lower</u> your voice.
2. <u>equal</u> rights / Two plus two <u>equals</u> four.
3. a <u>spare</u> key / Sorry, I can't <u>spare</u> the time.
4. He <u>leaned</u> forward and kissed her.
   He <u>leaned</u> against the wall.

F 단어를 외우니 문장이 해석되네!

1. She leaped over the fence.
2. What is the size of a passport photo?
3. Big earthquakes like this occur very rarely.

⊙반갑다
기능어야!

between/among 전치사 · 부사

between: 사이에(둘 이상 상호 관계)
1. 공간 · 시간(사이에)
   The river flows **between** the two countries. 그 강은 두 나라 사이를 흐른다.
   I'll phone you **between** 2 and 3 o'clock. 2시와 3시 사이에 전화할게.
2. 관계(사이에): the friendship **between** her and him 그녀와 그 사이의 우정
                cooperation **between** the two countries 두 나라 간의 협력
3. 비교(사이에): the contrast **between** city and country life 도시와 시골 생활 간의 차이
                the difference **between** music and noise 음악과 소음 간의 차이

among: 사이에(셋 이상)
1. 사이에: He was sitting **among** the girls. 그는 소녀들 사이에 앉아 있었다.
2. ~ 중에: She is the eldest **among** them. 그녀는 그들 중 가장 나이가 많다.

G 반갑다 기능어야! 익힌 후, 빈칸에 알맞은 기능어 넣기

1. _____ classes there is a ten-minute break.
   수업과 수업 사이에 10분간의 쉬는 시간이 있다.

2. I saw him standing _____ a group of students.
   난 그가 한 무리의 학생들 사이에 서 있는 것을 보았다.

정답 **D** 1. midnight 2. flavor 3. envelope **E** 1. 네 아랫입술(아래의) / 목소리를 낮추세요.(낮추다) 2. 동등한 권리(동등한) / 2 더하기 2는 4이다.(같다(~이다)) 3. 여분의 열쇠(여분의) / 미안해. 시간을 낼 수가 없구나.(할애하다[내주다]) 4. 그는 앞으로 몸을 숙여 그녀에게 키스했다.(숙이다) / 그는 벽에 기댔다.(기대다) **F** 1. 그녀는 울타리를 뛰어넘었다. 2. 여권 사진의 크기가 어떻게 되니? 3. 이와 같은 대지진들은 아주 드물게 발생한다. **G** 1. Between 2. among

DAY 46

명사

01 **passenger**[pǽsəndʒər] 승객
- 버스 승객들 bus _____s

02 **continent**[kántənənt] 대륙
- 아시아 대륙 the _____ of Asia

03 **port**[pɔːrt] 항구 (도시)
- 큰 항구 (도시) a large _____

04 **cooperation**[kouàpəréiʃən] 협력[협동]
- 국제적 협력 international _____

05 **competition**[kàmpətíʃən] 경쟁, 대회 [시합] ▶**compete** 통 경쟁하다
- 시합에서 이기다 to win a _____

06 **convenience**[kənvíːnjəns] 편리[편의] ▶**convenient** 형 편리한
- 편안함과 편리함 comfort and _____

07 **curiosity**[kjùəriásəti] 호기심 ▶**curious** 형 호기심이 많은, 궁금한
- 지적 호기심 intellectual _____

08 **suicide**[súːəsàid] 자살
- 자살을 시도하다 to attempt _____

09 **bullet**[búlit] 총알
- 방탄유리 _____-proof glass

10 **descendant**[diséndənt] 자손[후손] (↔ancestor)
- 직계 자손 a direct _____

11 **collection**[kəlékʃən] 수집(품) ▶**collect** 통 모으다[수집하다]
- 데이터 수집 data _____

명사 · 동사

12 **desire**[dizáiər] 명 욕구[욕망] 통 바라다
- 강한 승부욕
  a strong _____ to win

13 **export**[ikspɔ́ːrt] 명 수출(품) 통 수출하다
- 상품을 수출하다 to _____ goods

14 **blend**[blend] 통 섞(이)다[혼합하다] 명 혼합물 ▶**blender** 명 믹서
- 밀가루를 우유와 섞어라.
  B_____ the flour with the milk.

동사

15 **stare**[stɛər] 빤히 보다[응시하다]
- 허공을 응시하다 to _____ into space

16 **deceive**[disíːv] 속이다
- 사람들을 속이다 to _____ people

17 **commit**[kəmít] (나쁜 일을) 저지르다

- 자살하다 to _____ suicide

18 **twist**[twist] 비틀다[구부리다/돌리다]

- 철사를 구부리다 to _____ the wire

19 **decorate**[dékərèit] 꾸미다[장식하다]
▶**decoration** 명 장식(품)

- 집을 꾸미다 to _____ the house

20 **tend**[tend] 경향이 있다[~하기 쉽다]

- 아이들은 병이 나기 쉽다.
  Children _____ to get sick.

명사 · 형용사

21 **firm**[fəːrm] 명 회사 형 단단한[딱딱한]

- 단단한 푸른 사과
  a _____ green apple

22 **senior**[síːnjər] 명 연상, 어르신,
(고교/대학) 졸업반 학생 형 상급의

- 고교 졸업반 학생
  a high school _____

23 **major**[méidʒər] 형 주요한(↔**minor**)
명 전공 동 전공하다

- 주요한 문제 a _____ problem

24 **minor**[máinər] 형 작은[중요하지 않은]
(↔**major**) 명 ① 미성년자 ② 부전공

- 몇몇의 작은 변화
  some _____ changes

25 **individual**[ìndəvídʒuəl] 형 개인의,
개개의 명 개인

- 개인의 자유 _____ freedom

26 **current**[kə́ːrənt] 형 현재의
명 흐름[조류/기류/전류]

- 현재 상황 the _____ situation

형용사

27 **grand**[grænd] 웅장한

- 웅장한 집 a _____ house

28 **odd**[ɑd] ① 이상한 ② 홀수의(↔**even**)

- 말하기에 이상한 것
  an _____ thing to say

29 **awkward**[ɔ́ːkwərd] 어색한

- 어색한 표정 an _____ face

부사

30 **directly**[diréktli] 직접, 똑바로
▶**direct** 형 직접의 부 직접 동 지휘[감독]하다

- 날 똑바로 보다 to look _____ at me

Today's
Dessert

First love is a little foolishness and a lot of curiosity.
첫사랑은 약간의 어리석음과 많은 호기심이다.

187

A 영어는 우리말로, 우리말은 영어로!

1.	port	16.	승객
2.	competition	17.	대륙
3.	desire	18.	협력[협동]
4.	export	19.	편리[편의]
5.	blend	20.	호기심
6.	stare	21.	자살
7.	commit	22.	총알
8.	tend	23.	자손[후손]
9.	firm	24.	수집(품)
10.	senior	25.	속이다
11.	major	26.	비틀다[구부리다]
12.	minor	27.	꾸미다[장식하다]
13.	current	28.	개인, 개인의, 개개의
14.	odd	29.	웅장한
15.	directly	30.	어색한

B 단어와 단어의 만남

1. the continent of Africa
2. international cooperation
3. competition between children
4. a convenience store
5. the rights of the individual
6. 버스 승객들 bus p____s
7. 동전 수집(품) a coin c____
8. 어르신 a s____ citizen
9. 어색한 침묵 an a____ silence
10. 웅장한 집 a g____ house

C 보기 단어들 뜻 음미해 보고 빈칸 속에 퐁당!

| 보기 | blend   deceive   decorate   stare   tend   twist |

1. _____ the sugar, eggs, and flour. 설탕, 계란, 그리고 밀가루를 섞어라.
2. Don't _____ me with sweet words. 달콤한 말로 날 속이려하지 마.
3. He _____(e)d my arm behind my back. 그가 내 팔을 등 뒤로 비틀었다.
4. Women _____ to live longer than men.
여성은 남성보다 더 오래 사는 경향이 있다.
5. Why are you _____ing at me like that? 넌 왜 그리 날 빤히 보고 있니?
6. They _____(e)d the room with flowers and balloons.
그들은 꽃과 풍선으로 방을 장식했다.

정답 A 앞면 참조 B 1. 아프리카 대륙 2. 국제적 협력 3. 아이들 사이의 경쟁 4. 편의점 5. 개인의 권리 6. passenger
7. collection 8. senior 9. awkward 10. grand C 1. Blend 2. deceive 3. twist 4. tend 5. stare(staring)
6. decorate

188

D 내 영어 실력?? ▸▸▸ 영영 사전 보는 정도!!!

| 보기 |　bullet　　descendant　　export　　port

1. a town or city with a harbor
2. a small metal object that is fired from a gun
3. someone related to a person who lived a long time ago
4. the business of selling and sending goods to other countries

E 같은 모양, 다른 의미

1. a law firm / Sleep on a firm mattress.
2. a major role / Her major is history.
3. a minor error / Stores mustn't sell alcohol and cigarettes to minors.
4. the current situation / ocean currents
5. He has an odd habit. / odd numbers

F 단어를 외우니 문장이 해석되네!

1. He committed suicide.
2. Curiosity is the desire to know about something.
3. Why don't you speak to him directly?

⊙반갑다 기능어야!

than 접속사 · 전치사

＊**형용사 · 부사 비교급+than:** ~보다
I'm taller **than** my father.　난 아버지보다 더 키가 크다.
I love you more **than** him.　난 그를 사랑하는 것보다 너를 더 사랑해.
I love you more **than** he does.　난 그가 너를 사랑하는 것보다 더 너를 사랑해.

＊**more/less than:** ~ 이상/이하[미만]
It takes **more than** an hour.　한 시간 이상 걸린다.
Do you sleep **less than** 8 hours a day?　하루에 8시간 미만 자니?

＊**would rather A than B: B보다 오히려 A하고 싶다**
I'd **rather** e-mail **than** phone.　난 전화하기보다 이메일을 보내고 싶어.

G 반갑다 기능어야! 익힌 후, 빈칸에 알맞은 기능어 넣기

1. She is older ＿＿＿＿ me.　그녀는 나보다 더 나이가 많다.
2. Do you exercise more ＿＿＿＿ two times a week?
   넌 일주일에 2번 이상 운동을 하니?

정답 **D** 1. port 2. bullet 3. descendant 4. export　**E** 1. 법률 회사(회사) / 딱딱한 매트리스에서 자라.(딱딱한) 2. 주요한 역할(주요한) / 그녀의 전공은 역사다.(전공) 3. 작은 실수(작은) / 가게는 미성년자에게 술과 담배를 팔아서는 안 된다.(미성년자) 4. 현재 상황(현재의) / 해류(흐름[조류]) 5. 그는 이상한 습관을 가지고 있다.(이상한) / 홀수(홀수의)　**F** 1. 그는 자살했다. 2. 호기심이란 무엇에 대해 알려는 욕구다. 3. 그에게 직접 말하는 게 어때?　**G** 1. than 2. than

DAY 47

17 **march**[mɑ:rtʃ] 동 행진하다 명 행진
[비교] **March** 명 3월

· 거리를 행진하다
  to _____ through the streets

18 **delay**[diléi] 동 미루다[연기하다/지연시키다]
명 지연

· 결정을 연기하다
  to _____ your decision

동사

19 **satisfy**[sǽtisfài] 만족시키다
* *be satisfied with* ~에 만족하다

· 그들을 만족시키다 to _____ them

20 **misunderstand**[mìsʌndərstǽnd]
-misunderstood-misunderstood
오해하다
▶misunderstanding 명 오해

· 날 오해하지 마. Don't _____ me.

21 **scold**[skould] 꾸짖다

· 지각해서 그를 꾸짖다
  to _____ him for being late

22 **apply**[əplái] ① 지원[신청]하다 ② 적용하다

· 일자리에 지원하다 to _____ for a job

23 **drown**[draun] 익사하다[익사시키다]

· 많은 사람들이 익사했다.
  Many people _____ed.

형용사

24 **broad**[brɔ:d] 넓은(=wide ↔narrow)

· 넓은 거리 a _____ street

25 **cruel**[krú:əl] 잔인한

· 잔인한 남자 a _____ man

26 **private**[práivit] 사적인(↔public)

· 그의 사생활 his _____ life

27 **urgent**[ə́:rdʒənt] 긴급한

· 긴급한 메시지 an _____ message

28 **military**[mílitèri] 군사의

· 군사 훈련 _____ training

29 **historical**[histɔ́(:)rikəl] 역사(학)의
▶history 명 역사 ▶ historic 형 역사상 중요한

· 역사적 배경 the _____ background

부사

30 **fully**[fúli] 완전히[충분히](=completely)

· 난 그것을 완전히 이해한다.
  I _____ understand it.

Today's
Dessert

Honesty **is the best policy.**
정직이 최선의 방책이다.

A   영어는 우리말로, 우리말은 영어로!

1.	prison	16.	소설
2.	instance	17.	무덤
3.	dozen	18.	범죄
4.	duty	19.	담요
5.	rate	20.	피부
6.	progress	21.	요소[성분]
7.	trade	22.	정직
8.	doubt	23.	실패
9.	march	24.	만족시키다
10.	delay	25.	오해하다
11.	apply	26.	꾸짖다
12.	drown	27.	잔인한
13.	broad	28.	긴급한
14.	private	29.	군사의
15.	fully	30.	역사(학)의

B   단어와 단어의 만남

1. crime rates
2. for instance
3. a key element
4. steady progress
5. a cruel man
6. a historical novel

7. 국제 무역 international t_____
8. 건조한 피부 dry s_____
9. 넓은 어깨 b_____ shoulders
10. 사교육 p_____ education
11. 긴급한 조치 u_____ action
12. 군복 a m_____ uniform

C   보기 단어들 뜻 음미해 보고 빈칸 속에 퐁당!

| 보기 | delay   drown   march   misunderstand(misunderstood)   scold

1. He was _____ed in the river. 그는 강에서 익사했다.
2. I think you _____ my question. 난 네가 내 질문을 오해했다고 생각해.
3. The band _____ed through the streets. 악단이 거리를 행진했다.
4. Our flight was _____ed by bad weather. 우리 비행기는 악천후로 지연되었다.
5. Her father _____ed her for upsetting her mother.
   그녀의 아버지는 어머니를 속상하게 했다고 그녀를 꾸짖었다.

정답   **A** 앞면 참조   **B** 1. 범죄율 2. 예를 들어 3. 주요소 4. 꾸준한 진보[진전] 5. 잔인한 남자 6. 역사 소설 7. trade
8. skin 9. broad 10. private 11. urgent 12. military   **C** 1. drown 2. misunderstood 3. march 4. delay
5. scold

D 내 영어 실력?? ▸▸▸ 영영 사전 보는 정도!!!

| 보기 | blanket   dozen   grave

1. twelve
2. the place where a dead body is buried
3. a cover for a bed, usually made of wool

E 같은 관계 맺어 주기

1. succeed : success = fail : f_____
2. kind : kindness = honest : h_____

F 같은 모양, 다른 의미

1. I promise I will do my duty. / a duty-free shop
2. I doubt I'll see him again. / She has never doubted him.
3. He applied to four colleges.
   The new technology was applied to farming.

G 단어를 외우니 문장이 해석되네!

He was fully satisfied with the result.

⊙반갑다 기능어야!

as 전치사 · 부사 · 접속사

1. **전치사: ~로(서) (자격)**
   Treat me **as** a friend. 날 친구로 대해다오.
2. **부사: as A as B** (B만큼 A한) You're **as** tall **as** your father. 넌 아버지만큼 크구나.
3. **접속사**
   (1) **~대로:** Do **as** I say! 내가 말하는 대로 해!
   (2) **~일 때(=while):** I saw him **as** I was getting off the bus.
       난 버스에서 내릴 때 그를 보았다.
   (3) **~ 때문에(=because): As** you didn't answer the phone, I left a message.
       네가 전화를 안 받아 메시지를 남겼어.
   (4) **as A as B** (B하는 만큼 A하게)
       Run **as** fast **as** you can[possible]. 가능한 한 빨리 뛰어라.
       They want peace **as** much **as** we do. 그들도 우리가 원하는 만큼 평화를 원한다.

H 반갑다 기능어야! 익힌 후, 빈칸에 알맞은 기능어 넣기

1. I respect him _____ a teacher. 난 그를 선생님으로서 존경한다.
2. When in Rome do _____ the Romans do.
   로마에서는 로마인들이 하는 대로 하라.

정답 **D** 1. dozen 2. grave 3. blanket **E** 1. failure 2. honesty **F** 1. 내 의무를 다할 것을 약속한다.(의무) / 면세점(세금) 2. 내가 그를 다시 만날지 의문이다.(의문이다) / 그녀는 결코 그를 의심한 적이 없다.(의심하다) 3. 그는 4개의 대학에 지원했다.(지원하다) / 새로운 과학 기술이 농업에 적용되었다.(적용되다) **G** 그는 결과에 완전히 만족했다. **H** 1. as 2. as

DAY 48

01 **universe**[júːnəvəːrs] 우주
- 우주의 모든 것
  everything in the _____

02 **laughter**[lǽftər] 웃음(소리)
  ▶laugh 통 웃다, 비웃다
- 웃음을 터뜨리다 to burst into _____

03 **knee**[niː] 무릎
  ▶kneel 통 무릎을 꿇다
- 무릎을 꿇고 있다
  to be on your _____s

04 **gym**[dʒim] 체육관(=gymnasium)
- 체육관에 가다 to go to the _____

05 **equipment**[ikwípmənt] 장비
- 야영 장비 camping _____

06 **rope**[roup] 로프[밧줄]
- 밧줄을 묶다 to tie a _____

07 **refrigerator**[rifrídʒərèitər] 냉장고
  (=fridge)
- 냉장고에 보관하다
  to keep in the _____

08 **production**[prədʌ́kʃən] 생산
  ▶produce 통 생산하다
- 식량 생산 food _____

09 **tradition**[trədíʃən] 전통
  ▶traditional 형 전통의, 전통적인
- 오랜 전통 a long _____

10 **religion**[rilídʒən] 종교
- 종교의 자유 freedom of _____

11 **semester**[siméstər] 학기
- 봄/가을 학기
  the spring/fall _____

12 **shadow**[ʃǽdou] 그림자[그늘]
- 그림자를 드리우다 to cast a _____

13 **flea**[fliː] 벼룩
- 벼룩시장 the _____ market

명사 · 동사

14 **plug**[plʌg] 명 플러그, 마개 동 막다
- 플러그를 뽑다 to pull a _____

15 **ache**[eik] 동 아프다(=hurt) 명 아픔[통증]
- 팔이 아팠다. My arms _____d.

16 **handle**[hǽndl] 동 다루다[처리하다], 만지다
  명 손잡이
- 조심해서 다루세요. H_____ with care.

¹⁷ **pause**[pɔːz] 图 잠시 멈추다 图 멈춤, 일시 정지

• 일시 정지 버튼 a _____ button

동사

¹⁸ **admire**[ədmáiər] 존경하다, 감탄하다

• 경치에 감탄하다 to _____ the view

¹⁹ **apologize**[əpálədʒàiz] 사과하다
▶**apology** 圀 사과

• 공개적으로 사과하다 to _____ in public

²⁰ **threaten**[θrétn] 위협[협박]하다

• 총으로 위협하다
  to _____ you with a gun

²¹ **arrest**[ərést] 체포하다

• 강도 혐의로 체포되다
  to be _____ed for robbery

²² **select**[silékt] 선발[선정/선택]하다
(=pick, choose)

• 우승자를 선발하다 to _____ the winner

형용사

²³ **narrow**[nǽrou] 좁은(↔wide)

• 좁은 거리 a _____ street

²⁴ **attractive**[ətrǽktiv] 매력적인

• 매력적인 여성 an _____ woman

²⁵ **awful**[ɔ́ːfəl] 끔찍한[지독한](=terrible)

• 지독한 냄새 an _____ smell

²⁶ **casual**[kǽʒuəl] 평상시의(↔formal)

• 평상복 _____ clothes

²⁷ **capable**[kéipəbl] (~ of) ~을 할 수 있는

• 그것을 다룰 수 있다
  to be _____ of handling it

²⁸ **absent**[ǽbsənt] 결석한, 없는

• 학교에 결석하다
  to be _____ from school

형용사 · 부사

²⁹ **alike**[əláik] 图 비슷한 图 똑같이

• 우리는 정말 비슷하구나! We are so _____!

부사

³⁰ **otherwise**[ʌ́ðərwàiz] 그렇지 않으면

• 열심히 일해라. 그렇지 않으면 실패할 거다.
  Work hard, _____ you'll fail.

Today's Dessert

Long absent, soon forgotten.[Out of sight, out of mind.]
오래 없으면 곧 잊어진다.[눈에서 멀어지면 마음에서도 멀어진다.]

A 영어는 우리말로, 우리말은 영어로!

1. universe		16. 웃음(소리)	
2. gym		17. 무릎	
3. rope		18. 장비	
4. shadow		19. 냉장고	
5. plug		20. 생산	
6. ache		21. 전통	
7. handle		22. 종교	
8. pause		23. 학기	
9. admire		24. 벼룩	
10. select		25. 사과하다	
11. narrow		26. 위협[협박]하다	
12. awful		27. 체포하다	
13. casual		28. 매력적인	
14. capable		29. 결석한, 없는	
15. alike		30. 그렇지 않으면	

B 단어와 단어의 만남

1. a house full of laughter
2. camping equipment
3. the flea market
4. an electric plug
5. an attractive woman
6. casual clothes
7. 생산비 p_____ costs
8. 문화적 전통 cultural t_____
9. 종교의 자유 freedom of r_____
10. 가을 학기 the fall s_____
11. 어두운 그림자 a dark s_____
12. 좁은 거리 a n_____ street

C 보기 단어들 뜻 음미해 보고 빈칸 속에 퐁당!

보기	admire apologize arrest pause select threaten

1. She _____(e)d for a moment. 그녀는 잠시 멈췄다.
2. Please _____ one item on the list. 목록에서 한 가지 항목을 선정하세요.
3. Global warming _____s our survival. 지구 온난화는 우리의 생존을 위협한다.
4. He later _____(e)d for his behavior. 그는 나중에 자신의 행동에 대해 사과했다.
5. He is _____(e)d for his excellent teaching. 그는 탁월한 가르침으로 존경받는다.
6. The police _____(e)d her for drinking and driving.
   경찰은 그녀를 음주 운전으로 체포했다.

정답 **A** 앞면 참조 **B** 1. 웃음으로 가득 찬 집 2. 야영 장비 3. 벼룩시장 4. 전기 플러그 5. 매력적인 여성 6. 평상복
7. production 8. tradition 9. religion 10. semester 11. shadow 12. narrow **C** 1. pause 2. select 3. threaten
4. apologize 5. admire 6. arrest

D 보기 단어들 뜻 씹어 보고 들어갈 곳에 쏙!

| 보기 |　gym　　refrigerator　　rope　　universe

1. He works out at the _____ . 그는 체육관에서 운동한다.
2. She put the milk in _____ . 그녀는 우유를 냉장고에 넣었다.
3. We tied his hands together with _____ . 우리는 그의 두 손을 밧줄로 함께 묶었다.
4. How many stars are there in the _____ ? 우주에는 얼마나 많은 별들이 있나요?

E 빈칸에 들어갈 알맞은 단어는?

1. She is a _____ from school today. 그녀는 오늘 학교에 결석했다.
2. The smoking room smelled a _____ . 흡연실은 지독한 냄새가 났다.
3. Her mother and she are a _____ in many ways.
   그녀의 어머니와 그녀는 많은 점에서 비슷하다.
4. You should act responsibly, o _____ other people will suffer.
   넌 책임 있게 행동해야 한다. 그렇지 않으면 다른 사람들이 고통을 겪을 것이다.

F 단어를 외우니 문장이 해석되네!

1. My knees ache when I run.
2. This computer is capable of handling a large amount of data.

⊙반갑다
기능어야!

like/unlike 전치사

like: ~같이[처럼]
　He eats **like** a pig! 그는 돼지처럼 먹는구나! Do it **like** this. 이와 같이[이렇게] 해라.
　There is no place **like** home. 내 집 같은 곳은 아무 데도 없다.
＊look[seem]/sound like: ~처럼 보이다[~인 듯하다]/~처럼 들리다
　It **looks like** rain. 비가 올 것 같다.
＊What is ~ like?: ~은 어때?
　What's the weather **like**? 날씨가 어떠니?
＊feel like V-ing[N]: ~하고 싶다
　I **feel like** resting. 나는 쉬고 싶다.
unlike: ~와 다르게
　Unlike you, I'm not a great dancer. 너와 달리 난 훌륭한 춤꾼이 아니야.

G 반갑다 기능어야! 익힌 후, 빈칸에 알맞은 기능어 넣기

1. What's your English teacher _____ ? 네 영어 선생님 어떠시니?
2. Music is quite _____ any other art form.
   음악은 어떤 다른 예술 형식과도 아주 다르다.

DAY 49

명사

01 citizen[sítəzən] 시민
• 미국 시민 a United States _____

02 fare[fɛər] (교통) 요금
• 항공 요금 air _____s

03 tale[teil] 이야기
[비교] **tail** 명 꼬리
• 동화 a fairy _____

04 suggestion[səgdʒéstʃən] 제안
▶**suggest** 동 제안하다[권하다]
• 제안하다 to make a _____

05 responsibility[rispὰnsəbíləti] 책임
▶**responsible** 형 책임 있는
• 책임감 a sense of _____

06 risk[risk] 위험(=**danger**)
• 위험을 무릅쓰다 to take a _____

07 intelligence[intélədʒəns] 지능
▶**intelligent** 형 총명한[똑똑한]
• 높은/낮은 지능 high/low _____

08 viewpoint[vjú:pɔ̀int] 관점[시각]
• 역사적 관점에서
  from a historical _____

09 shell[ʃel] 껍질
• 조개껍질을 모으다
  to collect _____s

10 surface[sə́:rfis] 표면
• 수면 the _____ of the water

11 version[və́:rʒən] 버전[판]
• 소프트웨어의 새 버전
  a new _____ of the software

명사 · 동사

12 account[əkáunt] 명 ① 계좌 ② 설명
동 (~ **for**) 설명하다
• 계좌를 개설하다 to open an _____

13 influence[ínfluəns] 명 영향
동 영향을 미치다
• 아이들에 대한 TV의 영향
  the _____ of TV on children

동사

14 hesitate[hézətèit] 망설이다[주저하다]
• 잠시 망설이다 to _____ for a moment

15 fasten[fǽsn] 매다
• 안전벨트를 매다 to _____ the seat belt

198

16 **manufacture**[mæ̀njufǽktʃər] 제조하다 ・자동차를 제조하다 to _____ cars

17 **hire**[háiər] 고용하다 ・숙련된 사람들을 고용하다
to _____ skilled people

18 **examine**[igzǽmin] 조사[검사]하다 ・충돌[추락] 사고 현장을 조사하다
▶**examination** 명 시험(=**exam**), 조사 to _____ the crash site

19 **explode**[iksplóud] 폭발하다[폭파시키다] ・폭탄을 폭파시키다
▶**explosion** 명 폭발[폭파] to _____ a bomb

20 **erase**[iréis] 지우다 ・틀린 단어를 지우다
▶**eraser** 명 지우개 to _____ the wrong word

21 **interrupt**[ìntərʌ́pt] 방해하다[중단시키다] ・연설을 중단시키다
to _____ your speech

22 **deny**[dinái] 부인[부정]하다 ・주장을 부인하다 to _____ a claim

23 **former**[fɔ́ːrmər] 이전의[전 ~] ・전 한국 대통령
the _____ president of Korea

24 **clever**[klévər] 영리한[똑똑한](=**smart**) ・영리한 아이 a _____ child

25 **distant**[dístənt] 먼 ・먼 과거에 in the _____ past

26 **faint**[feint] 희미한 ・희미한 소리 a _____ sound

27 **double**[dʌ́bl] 두 배의, 2인용의, 이중의 ・2인용 침대 a _____ bed
명 두 배 동 두 배로 되다[하다]

28 **entire**[intáiər] 전체의(=**whole**) ・나의 전 생애[평생] in my _____ life

29 **frequent**[fríːkwənt] 잦은[빈번한] ・자주 나오는 단어들 _____ words

30 **possibly**[pásəbli] 아마 ・그건 아마 최고의 영화일 것이다.
(=**perhaps, maybe**) It's _____ the best movie.

Today's
Dessert

There is no accounting for tastes.[Tastes differ.]
취향은 설명할 수 없다.[취미는 각인각색(各人各色)이다.]

A 영어는 우리말로, 우리말은 영어로!

1.	tale	16.	시민
2.	risk	17.	(교통) 요금
3.	shell	18.	제안
4.	account	19.	책임
5.	influence	20.	지능
6.	fasten	21.	관점[시각]
7.	examine	22.	표면
8.	explode	23.	버전[판]
9.	interrupt	24.	망설이다[주저하다]
10.	former	25.	제조하다
11.	clever	26.	고용하다
12.	double	27.	지우다
13.	entire	28.	부인[부정]하다
14.	frequent	29.	면
15.	possibly	30.	희미한

B 단어와 단어의 만남

1. a United States citizen
2. helpful suggestions
3. rights and responsibilities
4. the Earth's surface
5. a positive influence

6. 은행 계좌 a bank a_____
7. 사고 위험 the r_____ of accident
8. 평균 지능 average i_____
9. 다른 관점들 different v_____s
10. 영어판 an English v_____

C 보기 단어들 뜻 음미해 보고 빈칸 속에 퐁당!

| 보기 | examine   explode   fasten   hire   manufacture |

1. _____ your seat belt. 안전벨트를 매세요.
2. You mustn't _____ minors. 당신은 미성년자를 고용해선 안 된다.
3. The gas can _____ if it meets a flame. 가스는 불꽃과 만나면 폭발할 수 있다.
4. He works for a company that _____s cars.
   그는 자동차를 제조하는 회사에서 일한다.
5. The doctor _____(e)d my leg and decided to take X-rays.
   의사는 내 다리를 진찰한 후 엑스레이를 찍기로 결정했다.

정답 **A** 앞면 참조 **B** 1. 미국 시민 2. 도움이 되는 제안 3. 권리와 책임 4. 지구 표면[지표] 5. 긍정적인 영향 6. account
7. risk 8. intelligence 9. viewpoint 10. version **C** 1. Fasten 2. hire 3. explode 4. manufacture 5. examine

D 내 영어 실력?? ▸▸▸ 영영 사전 보는 정도!!!

| 보기 | fare   shell   tale

1. a story about exciting imaginary events
2. the hard outer part of eggs, nuts, or seeds
3. the price you pay to travel somewhere by bus, train, plane, etc.

E 가장 적절한 형용사 찾아 넣기

| 보기 | clever   distant   double   entire   faint   former

1. 전 대통령 the _____ president
2. 영리한 생각 a _____ idea
3. 먼 기억 a _____ memory
4. 희미한 빛 a _____ light
5. 이중 문 the _____ doors
6. 시 전체 the _____ city

F 보기 단어들 뜻 씹어 보고 들어갈 곳에 쏙!

| 보기 | deny   erase   hesitate   interrupt

1. He _____(e)d all the files. 그는 모든 파일들을 지웠다.
2. I can't _____ she hurt me. 난 그녀가 내게 상처를 입혔다는 걸 부인할 수 없다.
3. She _____(e)d before replying. 그녀는 대답하기 전에 망설였다.
4. Don't _____ – I haven't finished yet. 내 말을 가로막지 마. 아직 안 끝냈어.

G 빈칸에 들어갈 알맞은 단어는?

1. Her calls became less f_____ . 그녀의 전화가 덜 자주 오게 되었다.
2. This task is p_____ the most difficult. 이 일이 아마 가장 어려운 것 같다.

⊙반갑다
기능어야!

except/including 전치사
except (for): ~을 제외하고, ~ 이외에는
   They all came **except** him. 그들은 그를 제외하고 모두 왔다.
   She felt fine **except for** being a little tired. 그녀는 좀 피곤한 것 이외에는 기분이 좋았다.
including: ~을 포함하여
   It's $7.50, **including** tax. 그것은 세금을 포함하여 7달러 50센트다.
   Eight people, **including** two children, were injured.
   2명의 아이들을 포함하여 8명의 사람들이 다쳤다.

H 반갑다 기능어야! 익힌 후, 빈칸에 알맞은 기능어 넣기

1. The store is open every day _____ Sundays.
   가게는 일요일을 제외하고 매일 문을 연다.
2. The price is $10, _____ postage. 가격은 우송료를 포함해 10달러다.

정답 **D** 1. tale 2. shell 3. fare **E** 1. former 2. clever 3. distant 4. faint 5. double 6. entire **F** 1. erase
2. deny 3. hesitate 4. interrupt **G** 1. frequent 2. possibly **H** 1. except 2. including

DAY 50

명사

01 **author**[ɔ́ːθər] 저자
- 이 책의 저자 the _____ of this book

02 **secretary**[sékrətèri] 비서
- 비서를 고용하다 to hire a _____

03 **beggar**[bégər] 거지
▶**beg** 圄 간청하다, 구걸하다
- 거리의 거지들
  the _____s on the streets

04 **shepherd**[ʃépərd] 양치기
- 양치기 소년 a _____ boy

05 **fable**[féibl] 우화
- 이솝 우화 Aesop's F_____s

06 **tongue**[tʌŋ] ① 혀 ② 언어
- 혀를 깨물다 to bite your _____

07 **departure**[dipáːrtʃər] 출발
- 출발을 연기하다
  to delay your _____

08 **entrance**[éntrəns] ① 입구(↔**exit**)
② 입장, 입학
▶**enter** 圄 들어가다, 입학하다
- 입학 시험 _____ examinations

09 **method**[méθəd] 방법
- 새로운 교수법들
  new teaching _____s

10 **aptitude**[ǽptətjùːd] 적성
- 적성 검사 an _____ test

11 **victory**[víktəri] 승리
- 승리를 거두다 to win a _____

12 **chain**[tʃein] ① 사슬[쇠줄] ② 체인[연쇄점]
- 시계 줄 a watch _____

13 **billion**[bíljən] 10억
* **billions of** 수십억의
- 이십억 년 전에
  two _____ years ago

명사 · 동사

14 **blossom**[blásəm] 圀 꽃 圄 꽃이 피다
- 벚꽃 cherry _____s

15 **praise**[preiz] 圀 칭찬 圄 칭찬하다
- 칭찬을 받다 to receive _____

16 **wind**[waind] 圄 (**wound-wound**)
감다 [돌리다] 圀 [wind] 바람
- 붕대를 감다 to _____ a bandage

202

동사

17 **require**[rikwáiər] 요구[필요]하다

• 많은 보살핌을 필요로 하다
  to _____ a lot of care

18 **tremble**[trémbl] 떨다, 흔들리다

• 산들바람에 흔들리는 잎들
  leaves _____ing in the breeze

19 **starve**[stɑːrv] 굶주리다[굶어 죽다]

• 굶어 죽다 to _____ to death

20 **quit**[kwit]-**quit**-**quit** 그만두다

• 담배를 끊다 to _____ smoking

21 **spoil**[spɔil] 망치다(=**ruin**)

• 계획을 망치다 to _____ your plans

22 **punish**[pʌ́niʃ] 벌주다[처벌하다]

• 거짓말해서 그를 벌주다
  to _____ him for lying

23 **translate**[trænsléit] 번역[통역]하다
  ▶**translator** 명 번역가[통역사]

• 편지를 영어로 번역해라.
  T_____ the letter into English.

형용사

24 **wealthy**[wélθi] 부유한
  ▶**wealth** 명 부[재산]

• 부유한 사업가 a _____ businessman

25 **independent**[ìndipéndənt] 독립된
  (↔**dependent**) ▶**independence** 명 독립

• 독립국 an _____ country

26 **mild**[maild] 온화한(↔**cold**), 순한

• 온화한 기후 a _____ climate

27 **harsh**[hɑːrʃ] 가혹한[혹독한]

• 삶의 가혹한 현실
  the _____ realities of life

28 **informal**[infɔ́ːrməl] 격식을 차리지 않는
  [비공식의] ▶**formal** 형 공식[정식]의

• 격식을 차리지 않는 표현
  an _____ expression

29 **lunar**[lúːnər] 달의

• 달의 표면 the _____ surface

형용사 · 부사

30 **overseas**[òuvərsíːz] 부 해외로[에]
  형[óuvərsíːz] 해외의

• 해외로 가다 to go _____

Today's Dessert

Too many cooks spoil the broth.
요리사가 너무 많으면 국을 망친다.(사공이 많으면 배가 산으로 올라간다.)

A 영어는 우리말로, 우리말은 영어로!

1. entrance	16. 저자
2. method	17. 비서
3. chain	18. 거지
4. blossom	19. 양치기
5. praise	20. 우화
6. wind	21. 혀, 언어
7. require	22. 출발
8. tremble	23. 적성
9. starve	24. 승리
10. quit	25. 10억
11. independent	26. 망치다
12. mild	27. 벌주다[처벌하다]
13. harsh	28. 번역[통역]하다
14. informal	29. 부유한
15. overseas	30. 달의

B 단어와 단어의 만남

1. departure time
2. entrance exams
3. an effective method
4. an aptitude test
5. 새 비서 a new s_____
6. 군사적 승리 a military v_____
7. 복숭아 꽃 peach b_____s
8. 대단한 칭찬 high p_____

C 보기 단어들 뜻 음미해 보고 빈칸 속에 풍덩!

| 보기 | punish   quit   require   spoil   starve   translate   tremble |

1. He _____ school at 16. 그는 16살 때 학교를 그만두었다.
2. They _____(e)d to death. 그들은 굶어 죽었다.
3. My legs were _____ing with fear. 무서워서 내 다리가 떨리고 있었다.
4. The tall buildings _____(e)d the view. 고층 건물들이 전망을 망쳤다.
5. Pets _____ a lot of care and attention.
   애완동물은 많은 보살핌과 주의를 필요로 한다.
6. _____ the text from English into Korean. 지문을 영어에서 한국어로 번역해라.
7. The teacher _____(e)d them for talking in class.
   선생님이 수업 중에 떠든다고 그들을 벌주었다.

정답 **A** 앞면 참조 **B** 1. 출발 시간 2. 입학 시험 3. 효과적인 방법 4. 적성 검사 5. secretary 6. victory 7. blossom 8. praise **C** 1. quit 2. starve 3. tremble(trembling) 4. spoil 5. require 6. Translate 7. punish

D 내 영어 실력?? ▶▶▶ 영영 사전 보는 정도!!!

| 보기 | author   beggar   fable   shepherd

1. someone who has written a book
2. a short story that teaches a moral lesson
3. someone whose job is to take care of sheep
4. someone who lives by asking people for food and money

E 가장 적절한 형용사 찾아 넣기

| 보기 | harsh   informal   lunar   mild   overseas   wealthy

1. 부국 a _____ nation
2. 온화한 기후 a _____ climate
3. 혹독한 바람 a _____ wind
4. 비공식 모임 an _____ meeting
5. 달의 표면 the _____ surface
6. 해외 시장 _____ markets

F 같은 관계 맺어 주기

1. wealth : wealthy = independence : i_____
2. 1,000,000 : million = 1,000,000,000 = b_____

G 같은 모양, 다른 의미

1. She stuck out her tongue. / my mother tongue
2. a gold chain / a chain of restaurants
3. a gentle wind / Wind a scarf around your neck.

반갑다
기능어야!

according to 전치사

1. ~에 따르면
   According to papers, it's a great movie. 신문에 따르면 그것은 굉장한 영화다.
   According to our records, you've been absent six times.
   우리의 기록에 따르면 넌 6번 결석했다.

2. ~에 따라
   The company pays **according to** ability. 그 회사는 능력에 따라 임금을 지불한다.
   You should live **according to** your income. 넌 네 수입에 따라 살아야 한다.

H 반갑다 기능어야! 익힌 후, 빈칸에 알맞은 기능어 넣기

1. _____ a study, hot food makes people produce more *saliva.
   연구에 따르면 매운 음식이 더 많은 침을 분비하게 한다.

2. You will be paid _____ the amount of work you do.
   넌 네가 하는 일의 양에 따라 보수를 받을 것이다.
   *saliva 몡 침

정답 **D** 1. author 2. fable 3. shepherd 4. beggar **E** 1. wealthy 2. mild 3. harsh 4. informal 5. lunar
6. overseas **F** 1. independent 2. billion **G** 1. 그녀는 혀를 내밀었다.(혀) / 나의 모국어(언어) 2. 금줄(쇠줄) / 식당 체인
(체인) 3. 부드러운 바람(바람) / 목에 스카프를 감아라.(감다) **H** 1. According to 2. according to

DAY 51

명사

01 **client**[kláiənt] 의뢰인[고객](=customer)
- 고객을 대하다 to deal with _____s

02 **clown**[klaun] 어릿광대
[비교] **crown** 명 왕관
- 서커스 어릿광대 a circus _____

03 **empire**[émpaiər] 제국
▶**emperor** 명 황제
- 로마 제국 the Roman E_____

04 **dragon**[drǽgən] 용
- 거대한 용 a huge _____

05 **nail**[neil] ① 손톱[발톱] ② 못
- 손톱을 물어뜯다 to bite your _____

06 **baggage**[bǽgidʒ] (여행) 짐[수하물]
(=luggage)
- 당신의 짐을 체크인하세요.
  Check your _____ in.

07 **label**[léibəl] 라벨[표/상표]
- 가격표 price _____s

08 **coal**[koul] 석탄
- 불에 석탄을 좀 넣어라.
  Put some _____ on the fire.

09 **bubble**[bʌ́bl] 거품
- 비누 거품 soap _____s

10 **bug**[bʌg] ① 작은 곤충 ② (컴퓨터) 오류
- 소프트웨어 오류
  a _____ in the software

11 **dawn**[dɔːn] 새벽(=daybreak)
- 새벽에 일어나다 to rise at _____

12 **detail**[díːteil] 세부 사항
* **in detail** 상세하게
- 상세하게 묘사하다
  to describe it in _____

13 **plenty**[plénti] 충분한[풍부한] 수량
* **plenty of** 충분한[풍부한]
- 충분한 시간 _____ of time

명사 · 동사

14 **delight**[diláit] 명 기쁨[즐거움]
동 기쁘게 하다
- 기뻐서 웃다 to laugh with _____

15 **dispute**[dispjúːt] 명 분쟁[논쟁]
동 반박하다
- 분쟁을 해결하다 to settle the _____

16 **flame**[fleim] 명 불길[불꽃] 동 타오르다
- 밝은 파란 불길[불꽃] a bright blue _____

17 **flash**[flæʃ] 동 번쩍이다[비추다] 명 섬광, (카메라) 플래시
- 번개가 번쩍였다.
  Lightning _____ed.

18 **regret**[rigrét] 동 ① 후회하다 ② 유감스럽게 생각하다 명 유감, 후회
- 내가 한 말을 후회해.
  I _____ what I said.

동사

19 **bless**[bles] 축복하다
- 신의 축복이 있기를! God _____ you!

20 **spell**[spel] 철자를 쓰다[말하다]
  ▶**spelling** 명 철자(법)
- 내 이름을 잘못 쓰다
  to _____ my name wrong

21 **surround**[səráund] 둘러싸다
- 나무로 둘러싸여 있다
  to be _____ed by trees

22 **swear**[swɛər]-**swore-sworn**
  ① 맹세하다 ② 욕하다
- 명예를 걸고 맹세하다
- to _____ on your honor

23 **wander**[wándər] 돌아다니다[배회하다]
  [비교] **wonder** 동 궁금하다, 놀라다
- 길거리를 배회하다
  to _____ the streets

형용사

24 **generous**[dʒénərəs] 인심 좋은[관대한]
- 인심 좋은 여성 a _____ woman

25 **thankful**[θǽŋkfəl] 감사하는
- 그는 살아 있어 감사했다.
  He was _____ to be alive.

26 **instant**[ínstənt] 즉각적인, 즉석의
- 즉답[즉각적인 반응]
  an _____ response

27 **medium**[míːdiəm] 중간의
- 중간 크기 a _____ size

28 **virtual**[və́ːrtʃuəl] 가상의
- 가상 현실 _____ reality

29 **illegal**[ilíːgəl] 불법의(↔**legal**)
- 불법 주차 _____ parking

부사

30 **either**[íːðər] 부 (부정문) ~도
  형 대 (둘 중) 어느 하나(의)
- "난 수영할 줄 몰라." "나도 몰라."
  "I can't swim." "I can't _____."

Today's Dessert

Friendship that flames goes out in a flash.
불꽃처럼 타오르는 우정은 반짝하다 꺼져 버리는 법이다.

즐거운 Test 51st

A 영어는 우리말로, 우리말은 영어로!

1.	nail	16.	의뢰인[고객]
2.	label	17.	어릿광대
3.	bug	18.	제국
4.	plenty	19.	용
5.	delight	20.	(여행) 짐[수하물]
6.	dispute	21.	석탄
7.	flame	22.	거품
8.	flash	23.	새벽
9.	regret	24.	세부 사항
10.	spell	25.	축복하다
11.	swear	26.	둘러싸다
12.	wander	27.	인심 좋은[관대한]
13.	thankful	28.	즉각적인, 즉석의
14.	medium	29.	가상의
15.	either	30.	불법의

B 단어와 단어의 만남

1. a lawyer's clients
2. illegal parking
3. a price label
4. in detail
5. plenty of time
6. a huge dragon
7. 석탄 산업 the c＿＿＿＿ industry
8. 로마 제국 the Roman E＿＿＿＿
9. 촛불 a candle f＿＿＿＿
10. 새벽에 at d＿＿＿＿
11. 큰 기쁨 great d＿＿＿＿
12. 국제 분쟁 an international d＿＿＿＿

C 보기 단어들 뜻 음미해 보고 빈칸 속에 퐁당!

| 보기 | bless   flash   regret   spell   surround   wander |

1. God ＿＿＿＿ you! 신의 축복이 있기를!
2. How do you ＿＿＿＿ your name? 네 이름을 어떻게 쓰니?
3. I've never ＿＿＿＿ed the decision. 난 그 결정을 결코 후회한 적이 없다.
4. He ＿＿＿＿ed his headlights at me. 그는 내게 헤드라이트를 비추었다.
5. She ＿＿＿＿ed around the streets alone. 그녀는 홀로 길거리를 이리저리 배회했다.
6. Seoul is ＿＿＿＿ed by beautiful mountains.
서울은 아름다운 산들로 둘러싸여 있다.

정답 **A** 앞면 참조 **B** 1. 변호사의 의뢰인들 2. 불법 주차 3. 가격표 4. 상세하게 5. 충분한 시간 6. 거대한 용 7. coal
8. Empire 9. flame 10. dawn 11. delight 12. dispute **C** 1. bless 2. spell 3. regret(regretted) 4. flash
5. wander 6. surround

D 내 영어 실력?? ▶▶▶ 영영 사전 보는 정도!!!

| 보기 |　baggage　　bubble　　bug　　clown

1. a small insect
2. a ball of air or gas in liquid
3. bags, cases, etc. carried by someone who is traveling
4. someone who wears funny clothes and a red nose at a circus

E 가장 적절한 형용사 찾아 넣기

| 보기 |　generous　　instant　　medium　　virtual

1. 즉석식품 _____ food
2. 관대한 마음 a _____ mind
3. 가상의 이미지들 _____ image
4. 중간 크기 a _____ size

F 빈칸에 들어갈 알맞은 단어는?

1. I was t_____ that she hadn't been hurt. 나는 그녀가 다치지 않은 것이 감사했다.
2. You are not a child anymore, but you aren't a grown-up e_____.
   넌 더 이상 아이가 아니지만, 어른도 아니다.

G 같은 모양, 다른 의미

1. Stop biting your nails. / He hammered a nail into the wall.
2. Do you swear to tell the truth? / I don't like to hear children swearing.

⊙반갑다 기능어야!

and 접속사

1. ~와, 그리고
   I usually eat rice **and** kimchi. 난 보통 밥과 김치를 먹는다.
   He speaks, reads, **and** writes English well.
   그는 영어를 말하기도, 읽기도 또 쓰기도 잘한다.
2. 명령문, and: ~해라, 그러면
   Hurry, **and** you will be in time. 서둘러. 그러면 제때 도착할 거야.
3. both A and B: A도 B도 (둘 다)
   Both she **and** he enjoy singing and dancing. 그녀도 그도 노래하고 춤추는 걸 즐긴다.
   TV is **both** good **and** bad. TV는 이롭기도 하고 해롭기도 하다.

H 반갑다 기능어야! 익힌 후, 빈칸에 알맞은 기능어 넣기

1. Practice hard, _____ you'll do fine next time.
   열심히 연습해. 그러면 다음번에는 잘하게 될 거야.
2. You need to speak _____ Korean _____ English.
   넌 한국어도 영어도 둘 다 잘할 필요가 있다.

정답　**D** 1. bug 2. bubble 3. baggage 4. clown　**E** 1. instant 2. generous 3. virtual 4. medium　**F** 1. thankful
2. either　**G** 1. 손톱을 그만 물어뜯어라.(손톱) / 그는 벽에 못을 박았다.(못) 2. 진실을 말한다고 맹세하니?(맹세하다) / 난 아이들이 욕하는 걸 듣는 걸 좋아하지 않는다.(욕하다)　**H** 1. and 2. both, and

DAY 52

명사

01 **counselor**[káunsələr] 상담원[카운슬러] · 결혼 상담원 a marriage _____

02 **opportunity**[ἀpərtjúːnəti] 기회 (=chance) · 일생 한 번의 기회 a once-in-a-lifetime _____

03 **literature**[lítərətʃər] 문학 · 미국 문학 American _____

04 **illusion**[ilúːʒən] 환상[착각] · 그는 착각하고 있다. He's under _____.
　* optical illusion 착시 (현상)

05 **leisure**[líːʒər] 여가[레저] · 충분한 여가 시간 enough _____ time

06 **shuttle**[ʃʌtl] 정기 왕복 비행기[버스/열차], 우주 왕복선 · 우주 왕복선 a space _____

07 **location**[loukéiʃən] 장소[위치] · 비밀 장소 a secret _____

08 **laundry**[lɔ́ːndri] 세탁[세탁물/세탁소] · 세탁하다 to do the _____

09 **witch**[witʃ] 마녀 · 빗자루를 타고 날아다니는 마녀들 _____es flying on broomsticks
　[비교] **wizard** 몡 마법사

10 **length**[leŋkθ] 길이　▶**long** 휑 긴 · 그녀의 머리 길이 the _____ of her hair

11 **relation**[riléiʃən] 관계 · 관계를 개선하다 to improve _____s

12 **popularity**[pὰːpjulǽrəti] 인기 · 한국 대중음악의 높아져가는 인기 the increasing _____ of K-pop
　▶**popular** 휑 인기있는, 대중의

명사 · 동사

13 **sort**[sɔːrt] 몡 종류 툉 분류하다 · 모든 종류의 음악 all _____s of music

14 **rent**[rent] 툉 빌리다[빌려 주다], 임차[임대]하다 몡 집세[임차료] · 아파트를 임차[임대]하다 to _____ an apartment

명사 · 형용사

15 **commercial**[kəmə́ːrʃəl] 휑 상업의 몡 광고 방송 · TV 광고 방송 a TV _____

16 **ideal**[aidíːəl] 휑 이상적인 몡 이상 · 소풍에 이상적인 장소 an _____ place for a picnic

17 **complex**[kəmpléks] 형 복잡한
  명 ① (건물) 단지 ② 콤플렉스[강박 관념]

• 아파트 단지 an apartment _____

18 **junior**[dʒúːnjər] 형 하급의
  명 연하, (고교/대학) 졸업 전 학년생
  [비교] **senior** 명 연상 형 상급의

• 그는 나보다 10년 연하다.
  He's ten years my _____.

동사

19 **shut**[ʃʌt]-**shut-shut** 닫다

• 창문을 닫아라. S_____ the window.

20 **bore**[bɔːr] 지루하게 하다
  ▶**boring** 형 지루한

• 지루해지다 to get _____d

21 **compose**[kəmpóuz] 구성하다, 작곡하다

• 음악을 작곡하다 to _____ music

22 **mend**[mend] 수선[수리]하다

• 구두를 수선하다 to _____ shoes

23 **inform**[infɔ́ːrm] 알리다[통지하다]
  ▶**information** 명 정보

• 경찰에 알리다 to _____ the police

24 **calculate**[kǽlkjulèit] 계산하다
  ▶**calculator** 명 계산기

• 비용을 계산하다 to _____ the cost

형용사

25 **ordinary**[ɔ́ːrdənèri] 보통의

• 보통 사람들 _____ people

26 **selfish**[sélfiʃ] 이기적인
  ▶**self** 명 자신[자아]

• 이기적인 태도 a _____ attitude

27 **strict**[strikt] 엄(격)한

• 엄격한 규칙들 _____ rules

28 **sour**[sáuər] (맛이) 신

• 신 포도 _____ grapes

29 **solar**[sóulər] 태양의

• 태양계 the _____ system

부사

30 **neither**[níːðər] ~도 아니다
  형 대 (둘 중) 어느 것도 아니다

• 그들 둘 다 요리를 못한다.
  N_____ of them can cook.

Today's Dessert

A door must either be shut or open.
문은 틀림없이 닫히거나 열린다.

52nd

A 영어는 우리말로, 우리말은 영어로!

1. counselor
2. shuttle
3. location
4. witch
5. sort
6. rent
7. commercial
8. ideal
9. complex
10. junior
11. compose
12. mend
13. ordinary
14. solar
15. neither

16. 기회
17. 문학
18. 환상[착각]
19. 여가[레저]
20. 세탁[세탁물/세탁소]
21. 길이
22. 관계
23. 인기
24. 닫다
25. 지루하게 하다
26. 알리다[통지하다]
27. 계산하다
28. 이기적인
29. 엄(격)한
30. (맛이) 신

B 단어와 단어의 만남

1. an ideal opportunity
2. a space shuttle
3. the location of the ship
4. international relations
5. 결혼 상담원 a marriage c_____
6. 한국 문학 Korean l_____
7. 세탁물 바구니 a l_____ basket
8. 레저 산업 the l_____ industry

C 보기 단어들 뜻 음미해 보고 빈칸 속에 퐁당!

| 보기 | bore   calculate   compose   inform   mend   rent   shut

1. Please _____ the door. 문 좀 닫아 주세요.
2. He was easily _____(e)d. 그는 쉽게 지루해 했다.
3. She _____(e)d his clothes. 그녀는 그의 옷을 수선했다.
4. He _____(e)d the cost of the vacation. 그는 휴가 비용을 계산했다.
5. The music was _____(e)d for the film. 그 음악은 그 영화를 위해 작곡되었다.
6. Will you _____ a car while you're in Jeju?
   너 제주에 있을 동안 차를 빌릴 거니?
7. Please _____ us of any changes of address.
   주소가 바뀌면 저희에게 좀 알려 주세요.

정답 A 앞면 참조 B 1. 이상적인 기회 2. 우주 왕복선 3. 배의 위치 4. 국제 관계 5. counselor 6. literature
7. laundry 8. leisure C 1. shut 2. bore 3. mend 4. calculate 5. compose 6. rent 7. inform

212

D 내 영어 실력?? ▸▸▸ 영영 사전 보는 정도!!!

| 보기 | illusion   junior   witch

1. a false idea or belief
2. a woman in stories who has magic powers
3. a student in the year before the last year at high school or college

E 가장 적절한 형용사 찾아 넣기

| 보기 | ordinary   selfish   sour   strict

1. 보통 학생 an _____ student
2. 이기적인 행동 _____ behavior
3. 엄한 선생님 a _____ teacher
4. 신맛 a _____ taste

F 같은 관계 맺어 주기

1. high : height = long : l_____
2. intelligent : intelligence = popular : p_____
3. moon : lunar = sun : s_____

G 같은 모양, 다른 의미

1. a commercial success / a radio commercial
2. a complex structure / a sports and leisure complex
3. all sorts of music / The eggs are sorted according to size.
4. Neither of my parents smoke.
   "I don't have any money." "Neither do I."

◉반갑다
기능어야!

or 접속사

1. ~나, 또는: I go to school by bus **or** subway. 난 버스나 지하철을 타고 학교에 다닌다.
2. **명령문, or: ~해라, 그렇지 않으면**
   Hurry up, **or** you'll be late. 서둘러. 그렇지 않으면 지각할 거야.
3. **either A or B: A든지 B든지 (어느 한 쪽)**
   Either go out **or** come in. 나가든지 들어오든지 해라.
   [비교] **neither A nor B: A도 B도 (둘 다) 아니다**
   Neither too many, **nor** too few. 너무 많지도 않게 너무 적지도 않게.

H 반갑다 기능어야! 익힌 후, 빈칸에 알맞은 기능어 넣기

1. Don't spend much money, _____ you can't buy useful things. 돈을 많이 쓰지 마. 그렇지 않으면 유용한 걸 못 사.
2. I think she's _____ Canadian _____ American.
   난 그녀가 캐나다인이거나 미국인이라 생각한다.

정답 **D** 1. illusion 2. witch 3. junior **E** 1. ordinary 2. selfish 3. strict 4. sour **F** 1. length 2. popularity 3. solar **G** 1. 상업적인 성공(상업의) / 라디오 광고 방송(광고 방송) 2. 복잡한 구조(복잡한) / 스포츠 레저 단지(단지) 3. 모든 종류의 음악(종류) / 달걀은 크기에 따라 분류된다.(분류하다) 4. 우리 부모님 두 분 다 담배를 피우지 않으신다.(둘 중 어느 것도 아니다) / "난 돈이 없어." "나도 없어."(~도 아니다) **H** 1. or 2. either, or

DAY 53

01 **appetite**[ǽpitàit] 식욕
• 식욕을 잃다 to lose your _____

02 **beast**[biːst] 짐승[야수]
• 미녀와 야수 Beauty and the B_____

03 **palm**[pɑːm] ① 손바닥 ② 야자
• 내 손바닥 안에
in the _____ of my hand

04 **lab**[læb] 실험[실습]실(=laboratory)
• 컴퓨터 실습실 the computer _____

05 **horror**[hɔ́ːrər] 공포
• 전쟁의 공포 the _____ of war

06 **chore**[tʃɔːr] (정기적으로 하는) (집안) 잡일
• 일상 (집안) 잡일 daily _____s

07 **outline**[áutlàin] 개요, 윤곽
• 계획의 개요 an _____ of plans

08 **crosswalk**[krɔ́ːswɔ̀ːk] 횡단보도
• 횡단보도를 막다 to block the _____

09 **rhyme**[raim] (시의) (각)운 (끝소리를 맞춘 것)
• 각운에 맞춰 쓰인 시
a poem written in _____

명사 · 동사

10 **charm**[tʃɑːrm] 명 매력 동 매혹하다
▶**charming** 형 매혹적인
• 대단히 매력적인 여성
a woman of great _____

11 **force**[fɔːrs] 명 힘[무력/폭력] 동 강요하다
• 군사력[무력] military _____

12 **function**[fʌ́ŋkʃən] 명 기능 동 기능하다
• 예술의 기능 the _____s of art

13 **contrast**[kɑ́ntræst] 명 대조[차이]
동 대조[대비]하다
• 대조적으로 in[by] _____

14 **assist**[əsíst] 동 돕다 명 도움 주기
• 선생님을 돕다 to _____ your teacher

동사

15 **employ**[implɔ́i] 고용하다(=hire)
▶**employer** 명 고용주 ▶**employee** 명 종업원
• 그녀를 비서로 고용하다
to _____ her as a secretary

16 **govern**[gʌ́vərn] 통치[지배]하다(=rule)
▶**government** 명 정부
• 나라를 통치하다 to _____ the country

17 **entertain**[èntərtéin] 즐겁게 하다
  ▶**entertainment** 몡 오락

· 청중을 즐겁게 하다
  to _____ the audience

18 **criticize**[krítisàiz] 비판[비난]하다
  (↔**praise**), 비평하다

· 정부를 비판하다
  to _____ the government

19 **indicate**[índikèit] 보여 주다, 가리키다

· 의자를 가리키다 to _____ the chair

20 **react**[riːǽkt] 반응하다
  ▶**reaction** 몡 반응

· 그 소식에 반응하다
  to _____ to the news

21 **dare**[dɛər] 감히 ~하다

· 감히 돈을 요구하다
  to _____ to ask for money

형용사

22 **obvious**[ábviəs] 명백한[분명한]

· 명백한 실수 an _____ mistake

23 **facial**[féiʃəl] 얼굴의
  ▶**face** 몡 얼굴

· 얼굴 표정 a _____ expression

24 **confident**[kánfədənt] 자신 있는,
  확신하는 ▶**confidence** 몡 신뢰, 자신(감)

· 자신 있는 목소리 a _____ voice

25 **proper**[prápər] 적절한

· 적절한 방법 a _____ way

26 **typical**[típikəl] 전형적인

· 전형적인 예 a _____ example

27 **outer**[áutər] 밖[외부]의(↔**inner**)

· 집의 외벽
  the _____ walls of a house

28 **realistic**[riəlístik] 현실적인
  (↔**unrealistic**)

· 현실적인 목표 a _____ goal

형용사 · 부사

29 **underwater**[ʌ́ndərwɔ̀ːtər]
  혱 물속[수중]의 凰 물속으로[에]

· 수중 카메라 an _____ camera

부사

30 **fairly**[féərli] ① 꽤[상당히] ② 공정하게
  ▶**fair** 혱 공정한[공평한]

· 꽤 쉬운 책 a _____ easy book

Today's Dessert

A good appetite is a good sauce.
시장이 반찬이다.

즐거운 Test

53rd

A 영어는 우리말로, 우리말은 영어로!

1. palm	16. 식욕
2. horror	17. 짐승[야수]
3. chore	18. 실험[실습]실
4. rhyme	19. 개요, 윤곽
5. charm	20. 횡단보도
6. force	21. 고용하다
7. function	22. 통치[지배]하다
8. contrast	23. 반응하다
9. assist	24. 감히 ~하다
10. entertain	25. 명백한[분명한]
11. criticize	26. 얼굴의
12. indicate	27. 적절한
13. confident	28. 전형적인
14. underwater	29. 밖[외부]의
15. fairly	30. 현실적인

B 단어와 단어의 만남

1. an outline for essays
2. a horror movie
3. an obvious contrast
4. a facial expression
5. a realistic plan
6. an underwater animal

7. 미녀와 야수 Beauty and the B_____
8. 과학 실험실 the science l_____
9. 각운과 리듬 r_____s and rhythms
10. 사회적 기능 a social f_____
11. 적절한 방법 a p_____ way
12. 외벽 an o_____ wall

C 보기 단어들 뜻 음미해 보고 빈칸 속에 퐁당!

| 보기 | assist   charm   dare   employ   entertain   react |

1. He _____(e)d us with his jokes. 그는 농담으로 우리를 즐겁게 했다.
2. He was _____(e)d by her kindness. 그는 그녀의 친절에 매혹되었다.
3. How did she _____ to your idea? 그녀는 네 생각에 어떤 반응을 보였니?
4. We'll do all we can to _____ you.
   우리는 여러분을 돕기 위해 할 수 있는 모든 걸 할 것이다.
5. The factory _____s over 2000 people. 그 공장은 2000명 이상의 사람들을 고용하고 있다.
6. He didn't _____ to say what he thought. 그는 감히 생각한 것을 말하지 못했다.

정답 **A** 앞면 참조 **B** 1. 논술의 개요 2. 공포 영화 3. 분명한 차이 4. 얼굴 표정 5. 현실적인 계획 6. 수중 동물 7. Beast 8. lab 9. rhyme 10. function 11. proper 12. outer **C** 1. entertain 2. charm 3. react 4. assist 5. employ 6. dare

216

D 내 영어 실력?? ▸▸▸ 영영 사전 보는 정도!!!

| 보기 | chore crosswalk palm

1. the inside surface of your hand
2. a marked place for people to walk across a street
3. a small job that you have to do regularly, especially at home

E 보기 단어들 뜻 씹어 보고 들어갈 곳에 쏙!

| 보기 | criticize govern indicate

1. The decision was _____(e)d by teachers. 그 결정은 선생님들에게 비판받았다.
2. The country is _____(e)d by the elected president.
   그 나라는 선출된 대통령에 의해 통치된다.
3. Research _____s that eating habits are changing fast.
   연구는 식습관이 빠르게 변하고 있다는 걸 보여 준다.

F 빈칸에 들어갈 알맞은 단어는?

1. We are c_____ of success. 우리는 성공을 확신한다.
2. The weather at the moment is t_____ for fall. 지금 날씨는 전형적인 가을 날씨다.

G 같은 모양, 다른 의미

1. the use of <u>force</u> / You can't <u>force</u> her to make a decision.
2. a <u>fairly</u> large garden / He has treated me very <u>fairly</u>.

○반갑다
기능어야!

but 접속사

1. 그러나: He is poor, **but** (he is) happy. 그는 가난하지만 행복하다.
   We tried hard, **but** we didn't win. 우리는 열심히 노력했으나 이기지 못했다.
2. not A but B: A가 아니라 B
   The important thing is **not** money **but** love. 중요한 것은 돈이 아니라 사랑이다.
3. not only A but (also) B: A뿐만 아니라 B도
   It is **not only** beautiful, **but** (also) useful. 그것은 아름다울 뿐만 아니라 유용하기도 하다.
   Not only you **but** (also) I am responsible for it. 너뿐 아니라 내게도 그것에 책임이 있다.
   (=**Both** you **and** I are responsible for it.)

H 반갑다 기능어야! 익힌 후, 빈칸에 알맞은 기능어 넣기

1. I can't do everything well, _____ I will do my best.
   난 모든 걸 잘하지는 못하지만 최선을 다할 거야.
2. Dessert is served _____ at the beginning _____ at the end
   of a meal. 디저트는 식사를 시작할 때가 아니라 끝날 때 제공된다.

정답 **D** 1. palm 2. crosswalk 3. chore **E** 1. criticize 2. govern 3. indicate **F** 1. confident 2. typical
G 1. 무력의 사용(무력) / 넌 그녀에게 결정하도록 강요할 수 없다.(강요하다) 2. 꽤 큰 정원(꽤) / 그는 날 매우 공정하게 대했다.(공정하게) **H** 1. but 2. not, but

DAY 54

명사

01 conductor[kəndʌ́ktər] 지휘자, 열차
승무원 ▶**conduct** 통 수행하다, 지휘하다
- 유명한 지휘자 a famous _____

02 court[kɔːrt] ① 법정 ② 경기장[코트]
③ 궁정
- 법정 a _____ of law

03 dictation[diktéiʃən] 받아쓰기
▶**dictate** 통 받아쓰게 하다
- 받아쓰다 to take _____

04 jam[dʒæm] ① (먹는) 잼 ② 막힘[혼잡]
- 교통 혼잡[체증] a traffic _____

05 string[striŋ] 끈[줄], (악기의) 현
- 그것을 끈으로 묶다 to tie it with _____

06 feather[féðər] 깃털
- 오리 깃털 duck _____s

07 scale[skeil] ① 규모 ② 등급 ③ 저울
- 대/소규모 a large/small _____

08 spot[spɑt] ① 장소[지점] ② (반)점[얼룩]
- 해변의 조용한 장소
a quiet _____ on the beach

09 shame[ʃeim] ① 부끄러움[수치(심)] ② 유감
- 정말 유감이야! What a _____!

10 chemistry[kémistri] 화학
▶**chemical** 명 화학 물질 형 화학의
- 화학을 공부하다 to study _____

명사 · 동사

11 import[impɔ́ːrt] 명 수입(품)
통 수입하다(↔**export**)
- 석유 수입 oil _____s

12 load[loud] 명 짐 통 싣다
- 무거운 짐 a heavy _____

13 suspect[səspékt] 통 의심하다 명 용의자
- 용의자를 체포하다 to arrest a _____

14 pat[pæt] 통 쓰다듬다[토닥거리다]
명 쓰다듬기[토닥거리기]
- 개의 머리를 쓰다듬다
to _____ a dog on the head

명사 · 형용사

15 liquid[líkwid] 명 형 액체(의)
- 물비누[액체비누] _____ soap

16 solid[sálid] 명 고체 형 고체의, 단단한
- 단단한 물체 a _____ object

17 **leftover**[léftòuvər] 몡 (-s) (먹다) 남은 음식 혱 (먹다) 남은

· (먹다) 남은 빵 _____ bread

18 **evil**[íːvəl] 혱 악한 몡 악

· 악한 사람 an _____ man

동사

19 **possess**[pəzés] 소유하다[가지고 있다]

· 차를 소유하다 to _____ a car

20 **contribute**[kəntríbjut] 기부하다, 기여하다

· 자선 단체에 돈을 기부하다
  to _____ money to charities

21 **recover**[rikʌ́vər] 회복되다[되찾다]

· 수술에서 회복되다
  to _____ from the operation

22 **ignore**[ignɔ́ːr] 무시하다

· 그의 충고를 무시하다
  to _____ his advice

형용사

23 **diligent**[díləʤənt] 근면한[성실한]

· 성실한 학생 a _____ student

24 **pale**[peil] 창백한, 엷은

· 창백해지다 to go[turn] _____

25 **brief**[briːf] 짧은[간단한]

· 짧은 방문 a _____ visit

26 **rare**[rɛər] ① 드문(↔common) ② 살짝 익힌

· 드문 질병 a _____ disease

27 **genetic**[ʤənétik] 유전(학)의
  ▶gene 몡 유전자

· 유전 공학 _____ engineering

28 **organic**[ɔːrgǽnik] 유기농의, 유기체의

· 유기농 식품 _____ food

29 **holy**[hóuli] 신성한[성스러운]

· 성수 _____ water

부사

30 **unfortunately**[ʌnfɔ́ːrtʃ(ə)nətli] 불행히도 (↔fortunately)

· 불행히도 난 그걸 할 수 없어.
  U_____, I can't do it.

Today's Dessert

Birds of a feather flock together.
깃털이 같은 새들은 함께 모인다.(유유상종)

즐거운 Test

54th

A 영어는 우리말로, 우리말은 영어로!

1.	court	16.	지휘자
2.	jam	17.	받아쓰기
3.	string	18.	화학
4.	feather	19.	수입(품), 수입하다
5.	scale	20.	액체, 액체의
6.	spot	21.	고체, 고체의, 단단한
7.	shame	22.	악한, 악
8.	load	23.	기부[기여]하다
9.	suspect	24.	회복되다[되찾다]
10.	pat	25.	무시하다
11.	leftover	26.	창백한, 엷은
12.	possess	27.	짧은[간단한]
13.	diligent	28.	유기농의, 유기체의
14.	rare	29.	신성한[성스러운]
15.	genetic	30.	불행히도

B 단어와 단어의 만남

1. a traffic jam
2. a peacock feather
3. a chemistry experiment
4. a liquid, solid, or gas
5. a diligent worker
6. a brief conversation

7. 영어 받아쓰기 English d_____s
8. 석유 수입 oil i_____
9. 악령 e_____ spirits
10. 유전 공학 g_____ engineering
11. 유기농 식품 o_____ food
12. 성지(성스러운 땅) _____ ground

C 보기 단어들 뜻 음미해 보고 빈칸 속에 퐁당!

| 보기 | contribute   ignore   pat   possess   recover   suspect |

1. They _____ different talents. 그들은 다른 재능들을 가지고 있다.
2. He's _____ing from his operation. 그는 수술에서 회복되고 있다.
3. She _____(e)d he was lying to her.
   그녀는 그가 자신에게 거짓말하고 있다고 의심했다.
4. She _____(e)d the dog on the head. 그녀는 개의 머리를 쓰다듬었다.
5. He _____(e)d 100 dollars to the charity. 그는 100달러를 자선 단체에 기부했다.
6. I made a suggestion but they _____(e)d it.
   내가 제안을 했으나 그들은 무시했다.

정답 **A** 앞면 참조 **B** 1. 교통 혼잡[체증] 2. 공작 깃털 3. 화학 실험 4. 액체·고체·기체 5. 근면한 노동자 6. 짧은 대화
7. dictation 8. import 9. evil 10. genetic 11. organic 12. Holy **C** 1. possess 2. recover 3. suspect
4. pat(patted) 5. contribute 6. ignore

D 내 영어 실력?? ▸▸▸ 영영 사전 보는 정도!!!

| 보기 | conductor   leftover   load   string |

1. food that has not been eaten at the end of a meal
2. something that is carried by a person, vehicle, etc.
3. a person who directs the performance of musicians
4. a strong thread made of several threads twisted together

E 빈칸에 들어갈 알맞은 단어는?

1. You look p_____. Are you OK? 너 창백해 보여. 괜찮니?
2. It is r_____ for her to miss a day at school. 그녀가 학교에 결석하는 건 드문 일이다.
3. U_____, there's nothing I can do about it.
   불행히도 그것에 대해 내가 할 수 있는 일은 아무것도 없다.

F 같은 모양, 다른 의미

1. a court of law / a tennis court / a royal court
2. a global[world] scale / a scale from 1 to 10 / a bathroom scale
3. a picnic spot / a red spot
4. Her face burned with shame. / It's a shame that you have to leave.

◑반갑다
기능어야!

so 부사 · 접속사
1. 부사
   (1) 매우(=very): I'm **so** happy. 난 매우 행복해.
   * so ~ that ...: 너무 ~해서 …하다
   She's **so** kind (that) everybody likes her. 그녀는 너무 친절해서 모두가 그녀를 좋아한다.
   (2) 그렇게: I hope **so**. 그러길 바라. I don't think **so**. 난 그렇게 생각하지 않아.
   (3) so+조동사[do, be, can]+주어: ~도 역시 …하다
   She likes apples. **So** do I.(=I like apples, too.) 그녀는 사과를 좋아해. 나도 역시 좋아해.
   He was upset, and **so** was I. 그는 속상했고, 나도 그랬다.
2. 접속사: 그래서, 그러므로
   I have no money, **so** I can't buy the book. 난 돈이 없어서 책을 살 수 없다.

G 반갑다 기능어야! 익힌 후, 빈칸에 알맞은 기능어 넣기

1. She spoke _____ quietly (that) I could hardly hear her.
   그녀가 너무 조용히 말해서 난 거의 알아들을 수 없었다.

2. I was hungry, _____ I made a sandwich.
   난 배가 고파서 샌드위치를 만들었다.

정답 **D** 1. leftover 2. load 3. conductor 4. string **E** 1. pale 2. rare 3. Unfortunately **F** 1. 법정(법정) / 테니스 코트(경기장) / 왕궁(궁정) 2. 세계적 규모(규모) / 1~10등급(등급) / 욕실 저울[체중계](저울) 3. 소풍 장소(장소) / 붉은 반점(점) 4. 그녀의 얼굴이 부끄러움으로 달아올랐다.(부끄러움) / 네가 떠나야 하다니 유감이야.(유감) **G** 1. so 2. so

DAY 55

명사

01 **anniversary**[æ̀nəvə́ːrsəri] 기념일
- 당신의 **결혼기념일**
  your wedding _____

02 **nutrient**[njúːtriənt] 영양소[영양분]
  ▶**nutrition** 몡 영양 (섭취)
- 영양소가 풍부한 음식
  food rich in _____

03 **grain**[grein] 곡물
- 작년의 곡물 수확
  last year's _____ harvest

04 **document**[dákjumənt] 문서
- 공문서 an official _____

05 **license**[láisəns] 면허(증)
- 운전면허증 a driver's _____

06 **department**[dipáːrtmənt] 부서[학과]
- 판매[영업]부 the sales _____

07 **fortune**[fɔ́ːrtʃən] ① (행)운 ② 큰돈[재산]
- 행운/불운 good/bad[ill] _____

08 **resource**[ríːsɔːrs] (-s) 자원
- 천연자원 natural _____s

09 **hunger**[háŋgər] 굶주림[배고픔]
  ▶**hungry** 톙 배고픈
- 굶어 죽다 to die of _____

10 **error**[érər] 실수[오류]
- 컴퓨터 오류 a computer _____

11 **jail**[dʒeil] 감옥[교도소](=**prison**)
- 감옥에 가다 to go to _____

명사 · 동사

12 **request**[rikwést] 몡 요청 툉 요청하다
- 요청을 거절하다 to refuse a _____

13 **bomb**[bɑm] 몡 폭탄 툉 폭파[폭격]하다
- 폭탄이 터졌다. A _____ exploded.

14 **poison**[pɔ́izn] 몡 독 툉 독살하다
- 독가스 _____ gas

15 **wound**[wuːnd] 몡 상처 툉 상처를 입히다
- 심하게 상처를 입다
  to be badly _____ed

16 **chase**[tʃeis] 툉 뒤쫓다, 추구하다 몡 추적
- 쥐를 뒤쫓는 고양이
  a cat _____ing a mouse

17 **amaze**[əméiz] (크게) 놀라게 하다
  ▶**amazed** 휑 (크게) 놀란   ▶**amazing** 휑 놀라운

18 **relieve**[rilíːv] 덜어[없애] 주다, 완화하다
  ▶**relieved** 휑 안심하는

19 **motivate**[móutiveit] 동기를 부여하다
  ▶**motivation** 명 동기 부여

20 **afford**[əfɔ́ːrd] 여유[형편]가 되다

21 **absorb**[əbsɔ́ːrb] 빨아들이다[흡수하다]

22 **attach**[ətǽtʃ] 붙이다[첨부하다]

23 **cooperate**[kouɑ́pərèit] 협력[협동]하다
  ▶**cooperation** 명 협력[협동]

24 **defend**[difénd] 방어[수비/옹호]하다

• 모두를 놀라게 하다 to _____ everyone

• 스트레스를 덜어 주다 to _____ stress

• 학생들에게 동기를 부여하다
  to _____ students

• 그는 집을 살 형편이 안 됐다.
  He couldn't _____ a house.

• 물을 빨아들이다 to _____ water

• 첨부 파일 an _____ed file

• 서로 협력하다 to _____ with each other

• 국경을 수비하다 to _____ the borders

25 **aware**[əwɛ́ər] 알고 있는
  ▶**awareness** 명 의식

26 **precious**[préʃəs] 귀중한[소중한/값비싼]

27 **political**[pəlítikəl] 정치의
  ▶**politics** 명 정치

28 **nuclear**[njúːkliər] 원자력의, 핵의

29 **indoor**[índɔ̀ːr] 실내의(↔outdoor)

• 위험을 알고 있다
  to be _____ of the risk

• 소중한 추억들 _____ memories

• 정치 지도자 a _____ leader

• 핵무기 _____ weapons

• 실내 수영장
  an _____ swimming pool

30 **aloud**[əláud] 소리 내어
  ▶**loud** 휑 큰 소리의 휑 큰 소리로

• 소리 내어 웃다 to laugh _____

Today's Dessert

One man's meat is another man's poison.
어떤 사람에게 약이 되는 것이 다른 사람에게는 독이 된다.

A 영어는 우리말로, 우리말은 영어로!

1.	fortune	16.	기념일
2.	error	17.	영양소[영양분]
3.	jail	18.	곡물
4.	bomb	19.	문서
5.	wound	20.	면허(증)
6.	chase	21.	부서[학과]
7.	amaze	22.	자원
8.	relieve	23.	굶주림[배고픔]
9.	afford	24.	요청, 요청하다
10.	absorb	25.	독, 독살하다
11.	attach	26.	동기를 부여하다
12.	defend	27.	협력[협동]하다
13.	aware	28.	정치의
14.	precious	29.	원자력의, 핵의
15.	aloud	30.	실내의

B 단어와 단어의 만남

1. a bag of grain
2. a driver's license
3. nuclear bombs
4. precious time
5. an indoor sport
6. a political issue
7. 비밀문서 a secret d_____
8. 천연자원 natural r_____s
9. 판매[영업]부 the sales d_____
10. 철자 오류 a spelling e_____
11. 독가스 p_____ gas
12. 긴급한 요청 an urgent r_____

C 보기 단어들 뜻 음미해 보고 빈칸 속에 퐁당!

| 보기| afford   attach   chase   cooperate   defend   wound

1. The dog _____(e)d him. 개가 그를 뒤쫓았다.
2. He was _____(e)d in the arm. 그는 팔에 상처를 입었다.
3. I _____(e)d the file to the email. 난 이메일에 파일을 첨부했다.
4. We can't _____ to go on vacation. 우리는 휴가 갈 형편이 못 된다.
5. They agreed to _____ with each other. 그들은 서로 협력하기로 합의했다.
6. They are fighting to _____ their rights.
   그들은 자신들의 권리를 옹호하기 위해 싸우고 있다.

정답 **A** 앞면 참조 **B** 1. 곡물 한 자루 2. 운전면허증 3. 핵폭탄 4. 귀중한 시간 5. 실내 스포츠 6. 정치적 문제[쟁점]
7. document 8. resource 9. department 10. error 11. poison 12. request **C** 1. chase 2. wound 3. attach
4. afford 5. cooperate 6. defend

D 보기 단어들 뜻 씹어 보고 들어갈 곳에 쏙!

| 보기 | amaze   motivate   relieve

1. Its beauty will _____ you. 그것의 아름다움이 너를 놀라게 할 것이다.
2. What's the best way to _____ stress? 스트레스를 덜어 주는 가장 좋은 방법은 무엇인가?
3. She's good at _____ing her students. 그녀는 학생들에게 동기를 부여하는 것을 잘한다.

E 같은 관계 맺어 주기

1. freedom : liberty = prison : j_____
2. noisy : noise = hungry : _____

F 빈칸에 들어갈 알맞은 단어는?

1. They are a_____ of the dangers of smoking. 그들은 흡연의 위험을 알고 있다.
2. Would you read the poem a_____? 그 시를 소리 내어 읽어 주시겠어요?

G 같은 모양, 다른 의미

He made a <u>fortune</u> on that deal.
I had the good <u>fortune</u> to work with him.

H 단어를 외우니 문장이 해석되네!

The plant absorbs nutrients from the soil.

⊙반갑다 기능어야!

that 지시사 · 관계사 · 접속사

1. 지시사(복수 those)
   (1) 대명사(저[그]것[사람]): Can you see **that**? 너 저것이 보이니?
   (2) 형용사(저, 그): **that** man over there 저기 저 남자
   (3) 부사(이만큼, 그렇게): The fish was **that** big. 물고기가 이만큼 컸어.
2. 관계대명사: You're the only man (**that**) I love. 당신은 내가 사랑하는 유일한 남자야.
3. 접속사(~ 것: 명사절): I knew **that** he was alive. 난 그가 살아 있다는 걸 알았다.
   Is it true **that** he has returned home? 그가 집으로 돌아왔다는 게 사실이니?(it=that ~)
   The fact **that** he is your friend shouldn't affect your decision.(the fact=that ~)
   그가 네 친구라는 사실이 결정에 영향을 미쳐서는 안 된다.

I 반갑다 기능어야! 익힌 후, 빈칸에 알맞은 기능어 넣기

1. I can't believe _____ he's only 12.
   난 그가 12살밖에 안 되었다는 걸 믿을 수 없다.
2. We shouldn't ignore the fact _____ many children are starving. 우리는 많은 아이들이 굶주리고 있다는 사실을 무시해서는 안 된다.

정답 **D** 1. amaze 2. relieve 3. motivate(motivating) **E** 1. jail 2. hunger **F** 1. aware 2. aloud **G** 그는 그 거래에서 큰돈을 벌었다.(큰돈) / 나는 그와 함께 일하는 행운을 가졌다.(운) **H** 식물은 흙에서 영양분을 흡수한다. **I** 1. that 2. that

DAY 56

17 **enable**[enéibl] 할 수 있게 하다
  ▶able 혱 할 수 있는

18 **annoy**[ənɔ́i] 짜증나게 하다
  ▶annoying 혱 짜증나게 하는

19 **insist**[insíst] 주장하다[우기다]

20 **combine**[kəmbáin] 결합하다
  ▶combination 몡 조합[결합](물)

21 **owe**[ou] 빚지고 있다

22 **suck**[sʌk] 빨다[빨아 먹다]

• 컴퓨터는 우리가 많은 일을 할 수 있게 해 준다.
  Computers _____ us to do many
  things.

• 나를 짜증나게 하다 to _____ me

• 그는 자신이 옳다고 주장한다.
  He _____s that he is right.

• 운동과 결합된 식이 요법
  diets _____d with exercise

• 나는 그에게 50달러를 빚지고 있다.
  I _____ him $50.

• 엄지손가락을 빨다
  to _____ your thumb

23 **awake**[əwéik] 혱 깨어 있는
  동 (awoke-awoken) 깨다[깨우다]

24 **idle**[áidl] 혱 게으른 동 빈둥거리다

• 그녀는 완전히 깨어 있다.
  She is wide _____.

• 게으른 학생 an _____ student

25 **previous**[príːviəs] 이전의

26 **efficient**[ifíʃənt] 능률[효율]적인

27 **rough**[rʌf] ① 거친(↔smooth)
  ② 대강[대략]의

28 **severe**[sivíər] 심(각)한, 엄(격)한

29 **romantic**[roumǽntik] 낭만적인

• 전날 the _____ day

• 효율적인 에너지 사용
  the _____ use of energy

• 그녀의 거친 손 her _____ hands

• 심각한 손상[피해] _____ damage

• 낭만적인 사랑 a _____ love

30 **sometime**[sʌ́mtàim] 언젠가

• 다음 주 언젠가 _____ next week

Today's Dessert

Strike while the iron is hot.
쇠가 달아 있을 때 쳐라.(좋은 기회를 놓치지 마라.)

A 영어는 우리말로, 우리말은 영어로!

1. voyage		16.	대기, 분위기
2. instrument		17.	해군
3. tube		18.	가죽
4. aspect		19.	보석류[장신구]
5. iron		20.	진흙
6. comment		21.	목표[표적/과녁]
7. concern		22.	화, 화나게 하다
8. dump		23.	항의, 항의하다
9. annoy		24.	할 수 있게 하다
10. insist		25.	결합하다
11. owe		26.	이전의
12. suck		27.	능률[효율]적인
13. awake		28.	심(각)한, 엄(격)한
14. idle		29.	낭만적인
15. rough		30.	언젠가

B 단어와 단어의 만남

1. an efficient instrument
2. jewelry stores
3. in anger
4. a protest march
5. previous experience
6. severe pain
7. 영국 해군 The British N_____
8. 시험관 a test t_____
9. 사회적 측면 the social a_____
10. 가죽 장갑 l_____ gloves
11. 목표일 a t_____ date
12. 쓰레기 폐기장 a garbage d_____

C 보기 단어들 뜻 음미해 보고 빈칸 속에 퐁당!

보기	annoy combine enable insist owe

1. _____ the two sentences. 두 문장을 결합해라.
2. He _____s that he did nothing wrong. 그는 잘못한 게 아무것도 없다고 주장한다.
3. They _____ a lot of money to the bank. 그들은 은행에 많은 돈을 빚지고 있다.
4. He _____(e)d her with his stupid questions.
   그는 어리석은 질문으로 그녀를 짜증나게 했다.
5. This book will _____ you to understand English words.
   이 책은 네가 영어 단어를 이해할 수 있게 해 줄 것이다.

D 내 영어 실력?? ▸▸▸ 영영 사전 보는 정도!!!

| 보기 | comment   concent   mud   voyage

1. wet earth that is soft and sticky
2. a long journey in a ship or spacecraft
3. a feeling of worry about something important
4. an opinion that you express about someone or something

E 빈칸에 들어갈 알맞은 단어는?

1. She s_____ed milk through a straw.
그녀는 빨대로 우유를 빨아 먹었다.

2. I lay a_____, worrying about my exams. 난 깨서 누워 시험 걱정을 했다.

3. I'll call you s_____ next week. 다음 주 언젠가 네게 전화할게.

F 같은 모양, 다른 의미

1. pollution of the atmosphere / a romantic atmosphere
2. a medical instrument / Have you learned an instrument?
3. the iron and steel industry / Can you iron my shirt for me?
4. an idle man / He idled his time away.
5. the rough ground / a rough calculation of the cost

○반갑다
기능어야!

whether 접속사

1. ~인지 어떤지(=If)
He asked **whether[if]** I knew Chinese. 그는 내가 중국어를 아는지 물었다.
I don't know **whether** he will succeed or not.
난 그가 성공할지 못할지 모르겠다.
The point is **whether** or not she will understand it.
문제는 그녀가 그것을 이해할 것인지 못할 것인지이다.

2. ~이든 아니든
I'm going **whether** you like it or not. 난 네가 좋아하든 말든 갈 거야.

G 반갑다 기능어야! 익힌 후, 빈칸에 알맞은 기능어 넣기

1. She asked me _____ I needed any help.
그녀는 내게 도움이 필요한지 물었다.

2. _____ we win or lose, we must play fairly.
우리는 이기든 지든 정정당당하게 싸워야 한다.

정답 **D** 1. mud 2. voyage 3. concern 4. comment **E** 1. suck 2. awake 3. sometime **F** 1. 대기 오염(대기) / 낭만적인 분위기(분위기) 2. 의료 기구(기구) / 악기를 배워 본 적이 있니?(악기) 3. 철강 산업(철) / 내 셔츠 좀 다려 줄 수 있니?(다림질하다) 4. 게으른 남자(게으른) / 그는 빈둥대며 시간을 보냈다.(빈둥거리다) 5. 울퉁불퉁한 땅(거친) / 비용의 대략적인 계산(대략의) **G** 1. whether[if] 2. Whether

DAY 57

명사

01 **democracy**[dimάkrəsi] 민주주의
- 민주주의를 수호하다 to defend _____

02 **justice**[dʒʌ́stis] 정의(↔**injustice**)
- 자유와 정의 liberty and _____

03 **faith**[feiθ] 신뢰, 신앙
 ▶**faithful** 휑 충실핸[믿음직한]
- 그를 신뢰하다
 to have _____ in him

04 **glory**[glɔ́:ri] 영광
- 영광의 순간 the moment of _____

05 **apology**[əpάlədʒi] 사과
 ▶**apologize** 동 사과하다
- 사과를 받아들이다
 to accept an _____

06 **crisis**[krάisis] (복수 **crises**) 위기
- 정치적 위기 a political _____

07 **debt**[det] 빚[부채]
- 빚을 갚다
 to pay off your _____

08 **gap**[gæp] 틈[격차]
- 빈부 격차
 the _____ between rich and poor

09 **angle**[ǽŋgl] 각(도)
- 45도 각도 an _____ of 45°

10 **theory**[θíəri] 이론[학설]
- 이론과 실제 _____ and practice

11 **nest**[nest] 둥지
- 새 둥지 a bird's _____

명사 · 동사

12 **cycle**[sáikl] 명 ① 순환[주기] ② 자전거
 (=**bicycle**) 동 ① 순환하다 ② 자전거를 타다
 ▶**cycling** 명 자전거 타기
 ▶**cyclist** 명 자전거 타는 사람
- 계절의 순환
 the _____ of the seasons

13 **remark**[rimά:rk] 명 발언 동 언급하다
- 그의 무례한 발언 his rude _____

14 **comfort**[kʌ́mfərt] 명 편안
 (↔**discomfort**), 위로 동 위로하다
- 몇 마디의 위로
 a few words of _____

15 **approach**[əpróutʃ] 동 다가가다[오다]
 [접근하다] 명 접근(법)
- 겨울이 다가오고 있다.
 Winter is _____ing.

16 **struggle**[strʌ́gl] 동 투쟁하다 명 투쟁
- 생존을 위해 투쟁하다
 to _____ for survival

17 **content**[kántent] 명 내용(물)
　명 [kəntént] 만족하는

　• 이메일의 내용
　the ＿＿＿＿＿ of the email

18 **acid**[ǽsid] 명 산 형 산(성)의

　• 산성비 ＿＿＿＿＿ rain

19 **differ**[dífər] 다르다
　▶**different** 형 다른

　• 서로 다르다
　to ＿＿＿＿＿ from each other

20 **deserve**[dizə́:rv] 받을 만하다

　• 칭찬을 받을 만하다 to ＿＿＿＿＿ praise

21 **permit**[pərmít] 허용[허락]하다
　▶**permission** 형 허락[허가]

　• 여기서 흡연은 허용되지 않는다.
　Smoking is not ＿＿＿＿＿ted here.

22 **forbid**[fərbíd]-**forbade-forbidden**
　금(지)하다

　• 사냥을 금지하다 to ＿＿＿＿＿ hunting

23 **reject**[ridʒékt] 거부[거절]하다(↔**accept**)

　• 제의를 거절하다 to ＿＿＿＿＿ an offer

24 **pure**[pjuər] 순수한[깨끗한]

　• 100% 순면 100% ＿＿＿＿＿ cotton

25 **innocent**[ínəsənt] ① 무죄의(↔**guilty**),
　무고한 ② 순진한

　• 그에게 무죄 판결을 내리다
　to find him ＿＿＿＿＿

26 **slight**[slait] 약간의

　• 약간의 차이 a ＿＿＿＿＿ difference

27 **particular**[pərtíkjulər] 특정한, 특별한

　• 특정한 종류의 음식
　a ＿＿＿＿＿ type of food

28 **financial**[finǽnʃəl] 재정[금융]의

　• 재정적 어려움 ＿＿＿＿＿ difficulties

29 **unexpected**[ʌnikspéktid] 예기치 않은
　▶**expect** 동 기대[예상]하다

　• 예기치 않은 결과 an ＿＿＿＿＿ result

30 **aboard**[əbɔ́:rd] 부 전 (배/비행기/열차에)
　타고 [비교] **abroad** 부 외국에[으로]

　• 탑승하다 to go ＿＿＿＿＿

Today's Dessert

Faith can move mountains.
믿음은 산도 옮길 수 있다.

즐거운 Test

57th

A 영어는 우리말로, 우리말은 영어로!

1.	cycle	16.	민주주의
2.	remark	17.	정의
3.	comfort	18.	신뢰, 신앙
4.	approach	19.	영광
5.	struggle	20.	사과
6.	content	21.	위기
7.	acid	22.	빚[부채]
8.	permit	23.	틈[격차]
9.	forbid	24.	각(도)
10.	reject	25.	이론[학설]
11.	innocent	26.	둥지
12.	slight	27.	다르다
13.	particular	28.	받을 만하다
14.	unexpected	29.	순수한[깨끗한]
15.	aboard	30.	재정[금융]의

B 단어와 단어의 만남

1. an email of apology
2. a financial crisis
3. the generation gap
4. an angle of 45°
5. the struggle for democracy
6. pure drinking water
7. 정의감 a sense of j_____
8. 맹목적인 신앙 blind f_____
9. 영광의 순간 the moment of g_____
10. 새로운 이론 a new t_____
11. 산성비 a_____ rain
12. 약간의 증가 a s_____ increase

C 보기 단어들 뜻 음미해 보고 빈칸 속에 퐁당!

보기	deserve	differ	forbid	permit	reject

1. You _____ the prize. 너는 그 상을 받을 만하다.
2. They _____ the eating of pork. 그들은 돼지고기를 먹는 것을 금한다.
3. She _____(e)d his offer of help. 그녀는 도와주겠다는 그의 제의를 거절했다.
4. They _____ widely in their tastes. 그들은 취향이 크게 다르다.
5. Visitors are not _____(e)d to take photograph.
   방문객들은 사진 찍는 것이 허용되지 않는다.

정답 **A** 앞면 참조 **B** 1. 사과 이메일 2. 재정 위기 3. 세대차 4. 45도 각도 5. 민주주의를 위한 투쟁 6. 깨끗한 식수
7. justice 8. faith 9. glory 10. theory 11. acid 12. slight **C** 1. deserve 2. forbid 3. reject 4. differ
5. permit(permitted)

232

D 내 영어 실력?? ▸▸▸ 영영 사전 보는 정도!!!

| 보기 | comfort   debt   nest   remark

1. something that you say
2. money that you owe to someone
3. a place made by a bird to lay its eggs in
4. a pleasant feeling of being relaxed and free from pain

E 빈칸에 들어갈 알맞은 단어는?

1. His death was totally u_____ . 그의 죽음은 전혀 예기치 못한 것이었다.
2. Is there a p_____ type of book you enjoy?
   네가 즐기는 특정한 종류의 책이 있니?
3. She climbed a_____ just as the train was leaving.
   그녀는 열차가 막 출발하고 있었을 때 올라 탔다.

F 같은 모양, 다른 의미

1. an innocent child / The court found him innocent.
2. life cycle / a cycle route
3. the contents of the book / He seems fairly content with his life.
4. She heard footsteps approaching.
   a new approach to teaching languages

⊙반갑다 기능어야!

if/unless 접속사

if: 조건 · 가정 ((만약) ~이면[하면])

1. 조건: **If** you need money, I can lend you some. 돈이 필요하면 좀 빌려 줄게.
2. 현재 사실 반대 가정: If 주어+과거동사, 주어+과거조동사(would/could/might)+동사원형
   If I were you, **I would help** poor people. 내가 너라면 가난한 사람들을 도울 텐데.
3. 과거 사실 반대 가정: If 주어+had 과거분사, 주어+과거조동사+have 과거분사
   If you **had worked** harder, you **would have passed** your exams.
   네가 더 열심히 공부했더라면 시험에 합격했을 텐데.

unless: 조건(만약 ~이 아니면, ~하지 않으면)(=if ~ not)
Don't come **unless** I tell you to. 내가 오라고 하지 않으면 오지 마.

G 반갑다 기능어야! 익힌 후, 빈칸에 알맞은 기능어 넣기

1. _____ there are no plants, we will have floods.
   식물이 없다면 홍수가 날 것이다.
2. You don't have to call me _____ there is something new.
   새로운 일이 없으면 내게 전화할 필요 없어.

정답 **D** 1. remark 2. debt 3. nest 4. comfort **E** 1. unexpected 2. particular 3. aboard **F** 1. 순진한 아이(순진한) / 법원은 그에게 무죄 판결을 내렸다.(무죄의) 2. 생활 주기(주기) / 자전거 도로(자전거) 3. 책의 내용(내용) / 그는 자신의 삶에 꽤 만족하는 것 같다.(만족하는) 4. 그녀는 발자국 소리가 다가오는 걸 들었다.(다가오다) / 언어 교육에 대한 새로운 접근법(접근법) **G** 1. If 2. unless

DAY 58

명사

01 **identity**[aidéntəti] 신원, 정체성
   ▶**identify** 툉 (신원을) 확인하다

02 **devil**[dévəl] 악마[마귀]
   [비교] **evil** 톙 악한 톙 악

03 **spectator**[spékteitər] 관중

04 **income**[ínkʌm] 소득[수입]

05 **tax**[tæks] 세금

06 **fee**[fi:] 수수료[요금]

07 **fuel**[fjú:əl] 연료

08 **burden**[bə́:rdn] 부담[짐]

09 **variety**[vəráiəti] 다양성[여러 가지]
   * **a variety of** 다양한[여러 가지의]

• 살인자의 신원
  the _____ of the killer

• 붉은 악마 Red D_____s

• 많은 관중을 끌다
  to attract many _____s

• 높은/낮은 소득 a high/low _____

• 세금 인상 _____ increases

• 입학금 an entrance _____

• 연료 탱크 a _____ tank

• 무거운 세금 부담 the heavy tax _____

• 폭넓은 다양한 주제들
  a wide _____ of topics

명사 · 동사

10 **sum**[sʌm] 톙 ① 금액 ② 합계
   툉 (~ **up**) 요약하다

11 **profit**[práfit] 톙 이익 툉 이익을 얻다[주다]

12 **process**[práses] 톙 과정 툉 가공[처리]하다

13 **exit**[égzit] 톙 출구 툉 나가다

14 **pop**[pɑ:p] 툉 펑 하고 터지다[터뜨리다]
   톙 톙 팝(뮤직)(의), 대중적인

15 **purchase**[pə́:rtʃəs] 툉 구입하다
   (=**buy**↔**sell**) 톙 구입(품)

16 **defeat**[difí:t] 툉 패배시키다[이기다]
   톙 패배(↔**victory**)

• 거액의 돈
  a large _____ of money

• 이익을 얻다 to make a _____

• 의사 결정 과정
  the decision-making _____

• 비상구 an emergency _____

• 풍선이 펑 하고 터졌다.
  A balloon _____ped.

• 상품을 구입하다 to _____ the goods

• 적을 이기다 to _____ an enemy

17 **persuade**[pəːrswéid] 설득하다
- 그가 오도록 설득하다
  to _____ him to come

18 **cheat**[tʃiːt] ① 부정행위를 하다
② 속이다[사기 치다]
- 시험에서 부정행위를 하다
  to _____ in a test

19 **locate**[lóukeit] ① (be located) ~에
위치하다 ② 위치를 찾아내다
- 시내 중심에 위치하다
  to be _____d in the center of town

20 **investigate**[invéstəgèit] 조사하다
- 사고 원인을 조사하다
  to _____ the cause of the accident

21 **distinguish**[distíŋgwiʃ] 구별하다
- 옳고 그름을 구별하다
  to _____ between right and wrong

22 **adopt**[ədápt] ① 입양하다 ② 채택하다
- 아이를 입양하다 to _____ a child

23 **usual**[júːʒuəl] 보통[평소]의
▶**usually** 분 보통
- 평소처럼 as _____

24 **fashionable**[fǽʃənəbl] 유행하는
(↔**unfashionable**) ▶**fashion** 명 패션[유행]
- 유행하는 옷 _____ clothes

25 **sufficient**[səfíʃənt] 충분한(=**enough**)
- 충분한 시간 _____ time

26 **accurate**[ǽkjurət] 정확한
- 정확한 자료 _____ data

27 **complicated**[kámpləkèitid] 복잡한
(=**complex** ↔**simple**)
- 복잡한 과정 a _____ process

28 **artificial**[àːrtəfíʃəl] 인공[인조]의
(↔**natural**)
- 인공 호수 an _____ lake

29 **tropical**[trápikəl] 열대의
- 열대 과일 _____ fruit

30 **hardly**[háːrdli] 거의 ~ 않다
- 그는 거의 아무것도 먹지 않았다.
  He _____ ate anything.

Today's Dessert

Talk[Speak] of the devil, and he will appear.
악마[호랑이]도 제 말 하면 온다.

58th

A 영어는 우리말로, 우리말은 영어로!

1.	sum	16.	신원, 정체성
2.	profit	17.	악마[마귀]
3.	process	18.	관중
4.	exit	19.	소득[수입]
5.	pop	20.	세금
6.	purchase	21.	수수료[요금]
7.	defeat	22.	연료
8.	cheat	23.	부담[짐]
9.	locate	24.	다양성[여러 가지]
10.	adopt	25.	설득하다
11.	usual	26.	조사하다
12.	fashionable	27.	구별하다
13.	sufficient	28.	복잡한
14.	accurate	29.	인공[인조]의
15.	hardly	30.	열대의

B 단어와 단어의 만남

1. an income tax
2. the learning process
3. a fashionable hairstyle
4. sufficient fuel
5. the tropical rainforests
6. 정체성 위기 an i_____ crisis
7. 의료비 medical f_____s
8. 재정적 부담 the financial b_____
9. 정확한 정보 a_____ information
10. 인공 지능 a_____ intelligence

C 보기 단어들 뜻 음미해 보고 빈칸 속에 퐁당!

| 보기 | cheat defeat distinguish investigate locate persuade |

1. Try to _____ him to come. 그가 오도록 설득하려고 노력해라.
2. He was caught _____ing on a test. 그는 시험에서 부정행위를 하다 걸렸다.
3. The hotel is _____(e)d near the airport. 그 호텔은 공항 근처에 위치해 있다.
4. She _____(e)d the champion in three sets. 그녀는 3세트 만에 우승자를 이겼다.
5. He cannot _____ between red and green. 그는 적색과 녹색을 구별하지 못한다.
6. They will _____ the cause of the accident.
   그들은 사고의 원인을 조사할 것이다.

정답 **A** 앞면 참조 **B** 1. 소득세 2. 학습 과정 3. 유행하는 머리 모양 4. 충분한 연료 5. 열대 우림 6. identity 7. fee
8. burden 9. accurate 10. artificial **C** 1. persuade 2. cheat 3. locate 4. defeat 5. distinguish 6. investigate

236

D 내 영어 실력?? ▸▸▸ 영영 사전 보는 정도!!!

| 보기 | devil   exit   profit   spectator |

1. an evil spirit
2. money which is earned in trade or business
3. someone who is watching an event or game
4. a door that you go through to leave a place

E 같은 관계 맺어 주기

1. curious : curiosity = various : v_____
2. employ : hire = buy : p_____
3. narrow : wide = simple : c_____

F 같은 모양, 다른 의미

1. The <u>sum</u> of 5 and 2 is 7. / a large <u>sum</u> of money
2. rock, <u>pop</u>, and soul / <u>pop</u> culture / He <u>popped</u> the balloon.
3. She was <u>adopted</u> when she was four.
   They <u>adopted</u> different approaches to the problem.

G 단어를 외우니 문장이 해석되네!

1. He came home later than usual.
2. We can hardly do anything without computers.

⊙반갑다
기능어야!

because/because of 접속사/전치사

because: ~ 때문에(원인 · 이유)
   Because I'm busy, I can't go. 난 바쁘기 때문에 갈 수가 없다.
   I was late **because** my car broke down. 난 차가 고장 나서 지각했다.
   "Why was he absent?" "**Because** he was ill."
   "그는 왜 결석했니?" "병이 났기 때문이에요."

because of: ~ 때문에
   She didn't go out **because of** the rain. 그녀는 비 때문에 외출하지 않았다.
   The airport is closed **because of** the fog. 안개 때문에 공항이 폐쇄되었다.

H 반갑다 기능어야! 익힌 후, 빈칸에 알맞은 기능어 넣기

1. Don't look down upon poor people just _____ they are poor.
   단지 가난하다는 이유만으로 가난한 사람들을 업신여기지 마라.

2. I spent an hour waiting in the rain _____ of you!
   난 너 때문에 빗속에서 기다리며 한 시간을 보냈어!

정답 **D** 1. devil 2. profit 3. spectator 4. exit **E** 1. variety 2. purchase 3. complicated **F** 1. 5와 2의 합은 7이다.(합계) / 거액(금액) 2. 록, 팝, 그리고 솔 뮤직(팝(뮤직)) / 대중문화(대중적인) / 그는 풍선을 펑 하고 터뜨렸다.(펑 하고 터뜨리다) 3. 그녀는 네 살 때 입양되었다.(입양하다) / 그들은 그 문제에 대해 다른 접근법을 채택했다.(채택하다) **G** 1. 그는 평소보다 더 늦게 집에 왔다. 2. 우리는 컴퓨터 없이는 거의 아무 일도 할 수 없다. **H** 1. because 2. because

DAY 59

명사

01 genius[dʒíːniəs] 천재[영재]
- 수학 천재 a mathematical _____

02 servant[sə́rvənt] 하인
- 주인과 하인 the master and his _____

03 profession[prəféʃən] 전문직
▶**professional** 형 전문적인 명 전문가
- 의료직 the medical _____

04 occupation[àkjupéiʃən] ① 직업(=job)
② 점령
- 네 이름 · 주소 · 직업
  your name, address and _____

05 surgery[sə́ːrdʒəri] 수술(=operation)
- 성형 수술 a plastic _____

06 instruction[instrʌ́kʃən] ① (-s) 설명
② 지시 ▶**instruct** 동 지시하다[가르치다]
- 의사의 지시
  the doctor's _____s

07 principle[prínsəpl] 원칙[원리/법칙]
[비교] **principal** 명 교장, 장 형 주요한
- 도덕적 원칙 moral _____s

08 revolution[rèvəlúːʃən] 혁명
- 사회 혁명 the social _____

09 authority[əθɔ́ːrəti] ① 권한[권위] ② 당국
- 권한 있는 지위의 사람들
  people in positions of _____

10 rank[ræŋk] 지위[계급]
- 사회적 지위[계급] social _____

11 property[prɑ́pərti] 재산
- 개인 재산 personal _____

12 advantage[ədvǽntidʒ] 유리한 점[이점]
(↔disadvantage)
- 큰 이점을 가지다
  to have a big _____

13 privacy[práivəsi] 사생활
- 사생활을 침해하다 to invade your _____

14 occasion[əkéiʒən] 때[경우], (특별한) 행사
- 그 경우에 on that _____

동사

15 propose[prəpóuz] ① 제안하다
② 청혼하다 ▶**proposal** 명 제안, 청혼
- 변화를 제안하다
  to _____ changes

16 approve[əprúːv] 찬성[승인]하다
- 제안을 승인하다 to _____ a proposal

17 **admit**[ədmít] 인정[시인]하다

- 실수를 인정하다
  to _____ your mistakes

18 **conduct**[kəndʎkt] ① 수행[실시]하다
② 지휘하다
▶**conductor** 몡 지휘자, 열차 승무원

- 조사를 실시하다
  to _____ a survey

19 **reserve**[rizə́:rv] 예약하다(=book)
▶**reservation** 몡 예약

- 표를 예약하다
  to _____ tickets

20 **reveal**[riví:l] 드러내다[밝히다]

- 비밀을 드러내다
  to _____ a secret

21 **donate**[dóuneit] 기부[기증]하다
▶**donation** 몡 기부[기증]

- 네 재능을 기부해라.
  D_____ your talent.

22 **involve**[inváⅼv] 포함[수반]하다, 관련시키다

- 그 일은 여행을 수반한다.
  The job _____s traveling.

형용사

23 **definite**[défənit] 확실한[명확한](=clear)

- 확실한 대답[확답] a _____ answer

24 **urban**[ə́:rbən] 도시의(↔rural 시골의)

- 대도시 지역들 large _____ areas

25 **addicted**[ədíktid] 중독된[푹 빠진]

- 컴퓨터 게임에 중독되다
  to be _____ to computer games

26 **extreme**[ikstrí:m] 극도의[극단적인]

- 극도의 추위 _____ cold

27 **academic**[æ̀kədémik] 학업[학교/학문]의,
학구적인

- 새로운 학년
  the new _____ year

28 **guilty**[gílti] ① 죄책감을 느끼는
② 유죄의(↔innocent)

- 죄책감을 느끼다 to feel _____

29 **conscious**[kánʃəs] ① 의식하는
② 의식이 있는 ③ 의식적인
▶**unconscious** 몡 의식이 없는

- 의식적인 노력 a _____ effort

부사

30 **generally**[dʒénərəli] 일반적으로[대체로]
▶**general** 몡 일반적인

- 일반적으로 받아들여지는 견해
  a _____ accepted view

Today's
Dessert

Poverty is the parent of revolution and crime.
빈곤은 혁명과 범죄의 부모다.

A 영어는 우리말로, 우리말은 영어로!

1.	genius	16.	하인
2.	profession	17.	수술
3.	occupation	18.	원칙[원리/법칙]
4.	instruction	19.	혁명
5.	authority	20.	지위[계급]
6.	privacy	21.	재산
7.	occasion	22.	유리한 점[이점]
8.	propose	23.	인정[시인]하다
9.	approve	24.	예약하다
10.	conduct	25.	드러내다[밝히다]
11.	involve	26.	기부[기증]하다
12.	definite	27.	극도의[극단적인]
13.	urban	28.	학업[학교/학문]의
14.	addicted	29.	죄책감을 느끼는, 유죄의
15.	conscious	30.	일반적으로[대체로]

B 단어와 단어의 만남

1. a musical genius
2. a faithful servant
3. the teaching profession
4. the health authorities
5. an invasion of privacy
6. a special occasion
7. 뇌수술 the brain s_____
8. 설명서 an i_____ book
9. 기본 원칙[원리] the basic p_____s
10. 프랑스 혁명 the French R_____
11. 높은 지위[고위] high r_____
12. 사유 재산 private p_____

C 보기 단어들 뜻 음미해 보고 빈칸 속에 풍덩!

보기	admit	approve	conduct	propose	reserve

1. Did you _____ tickets in advance? 표를 미리 예약했니?
2. Her parents _____ of her marriage. 그녀의 부모님은 그녀의 결혼을 찬성한다.
3. He got down on one knee to _____. 그는 한쪽 무릎을 꿇고 청혼했다.
4. They _____(e)d experiments on animals. 그들은 동물 실험을 실시했다.
5. I _____ I didn't do anything to help you.
   난 널 도우려고 아무것도 하지 않았다는 걸 인정한다.

정답 **A** 앞면 참조 **B** 1. 음악 천재 2. 충실한 하인 3. 교직 4. 보건 당국 5. 사생활 침해 6. 특별한 경우[행사] 7. surgery 8. instruction 9. principle 10. Revolution 11. rank 12. property **C** 1. reserve 2. approve 3. propose 4. conduct 5. admit

D 보기 단어들 뜻 씹어 보고 들어갈 곳에 쏙!

| 보기 | donate   involve   reveal |

1. She didn't _____ the truth to him. 그녀는 그에게 진실을 밝히지 않았다.
2. Many of the crimes _____ drugs. 많은 범죄가 마약을 수반한다.
3. They will _____ all profits to charity. 그들은 모든 수익을 자선단체에 기부할 것이다.

E 가장 적절한 형용사 찾아 넣기

| 보기 | academic   definite   extreme   urban |

1. 확실한 이점 a _____ advantage
2. 도시 생활 _____ life
3. 극한 스포츠 _____ sports
4. 학력 an _____ career

F 빈칸에 들어갈 알맞은 단어는?

1. I feel g_____ at forgetting your birthday. 네 생일을 잊어버려서 죄책감을 느껴.
2. He is a_____ to computer games. 그는 컴퓨터 게임에 중독되어 있다.
3. It was g_____ a positive conversation. 그것은 대체로 긍정적인 대화였다.

G 같은 모양, 다른 의미

1. professional occupations / the German occupation of France
2. I became conscious of someone watching me.
   He's still conscious but he's badly injured.

반갑다 기능어야!

while/until 접속사

while
1. ~하는 동안
   While (I was) sleeping, I had a strange dream. 난 자는 동안 이상한 꿈을 꾸었다.
2. ~하는 반면
   While she wanted to marry him, her parents were against it.
   그녀는 그와 결혼하고 싶었지만, 부모는 반대했다.

until[till]: ~(할 때)까지 쭉
1. 접속사: Let's wait **until** the rain stops. 비가 그칠 때까지 기다리자.
2. 전치사: **Until** now I have always lived alone. 지금까지 난 늘 혼자 살아왔다.

H 반갑다 기능어야! 익힌 후, 빈칸에 알맞은 기능어 넣기

1. _____ there is life, there is hope. 살아있는 동안은 희망이 있다.
2. I will wait here _____ you come back. 네가 돌아올 때까지 여기서 기다릴게.

정답 **D** 1. reveal 2. involve 3. donate **E** 1. definite 2. urban 3. extreme 4. academic **F** 1. guilty
2. addicted 3. generally **G** 1. 전문직(직업) / 독일의 프랑스 점령(점령) 2. 난 누가 날 보고 있다는 걸 의식하게 되었다.(의식하는) / 그는 아직 의식이 있으나 심하게 다쳤다.(의식이 있는) **H** 1. While 2. until[till]

명사

01 **mankind**[mæ̀nkáind] 인류
  • 인류의 역사 the history of _____

02 **poet**[póuit] 시인
  ▶**poem** 명 시 ▶**poetry** 명 (집합적) 시
  • 유명한 시인 a famous _____

03 **detective**[ditéktiv] 형사[탐정]
  • 사설 탐정 a private _____

04 **consumer**[kənsúːmər] 소비자
  • 소비자 권리 _____ rights

05 **chef**[ʃef] 주방장[요리사]
  • 주방장이 되다 to become a _____

06 **passion**[pǽʃən] 열정
  ▶**passionate** 형 열정적인[열렬한]
  • 너의 축구에 대한 열정
    your _____ for soccer

07 **steel**[stiːl] 강철
  • 철강 산업
    the iron and _____ industry

08 **device**[diváis] 장치
  • 노동 절약 장치 labor-saving _____s

09 **pill**[pil] 알약[정제]
  • 비타민제 a vitamin _____

10 **ceiling**[síːliŋ] 천장
  • 높은 천장 a high _____

11 **aisle**[ail] 통로
  • 통로 쪽 좌석 an _____ seat

12 **appearance**[əpíərəns] ① 외모 ② 출현
  • 신체적 외모 the physical _____

13 **destination**[dèstənéiʃən] 목적지
  • 목적지에 도착하다
    to reach your _____

명사 · 동사

14 **sweat**[swet] 명 땀 동 땀을 흘리다
  [비교] **sweet** 형 단, 친절한
  • 땀을 닦다 to wipe the _____

15 **switch**[switʃ] 명 스위치, 전환 동 ① 바꾸다
  ② (~ on/off) 켜다/끄다
  • 채널을 바꾸다 to _____ channels

16 **grab**[græb] 동 움켜잡다[잡아채다]
  명 잡아채기
  • 그의 가방을 잡아채다 to _____ his bag

17 **plain**[plein] 형 분명한[알기 쉬운], 소박한
명 평야

• 분명한 **사실** a _____ fact

18 **giant**[dʒáiənt] 형 거대한 명 거인

• 거대한 **행성** a _____ planet

19 **found**[faund] 설립하다(=establish)
▶**foundation** 명 토대, 재단, 설립

• 회사를 설립하다 to _____ a company

20 **seek**[si:k]-sought-sought 찾다,
(추)구하다

• 조언을 구하다 to _____ advice

21 **rob**[rɑb] 강탈하다[털다] ▶**robber** 명 강도

• 은행을 털다 to _____ a bank

22 **swing**[swiŋ]-swung-swung 흔들(리)다

• 바람에 흔들리는 간판
a sign _____ing in the wind

23 **cancel**[kǽnsəl] 취소하다

• 약속을 취소하다
to _____ an appointment

24 **avoid**[əvɔ́id] (회)피하다

• 사고를 피하다 to _____ an accident

25 **rotten**[rɑ́tn] 썩은

• 썩은 **사과** a _____ apple

26 **magnetic**[mægnétik] 자기[자성]의, 자석
같은 ▶**magnet** 명 자석

• 지구 자기장
the Earth's _____ field

27 **steep**[sti:p] 가파른

• 가파른 **언덕** a _____ hill

28 **logical**[lɑ́dʒikəl] 논리적인
▶**logic** 명 논리

• 논리적인 **설명**
a _____ explanation

29 **ridiculous**[ridíkjuləs] 어리석은
[우스꽝스러운]

• 어리석게 굴지 마! Don't be _____!

30 **upstairs**[ʌ́pstɛ́ərz] 위층으로[에]
(↔**downstairs**) 명 형 위층(의)

• 위층으로 가다 to go _____

Today's
Dessert

No sweat, no sweet.
땀 없이는 닮도 없다.(고생 끝에 낙이 온다.)

A 영어는 우리말로, 우리말은 영어로!

1.	aisle	16.	인류
2.	appearance	17.	시인
3.	sweat	18.	형사[탐정]
4.	switch	19.	소비자
5.	grab	20.	주방장[요리사]
6.	plain	21.	열정
7.	giant	22.	강철
8.	found	23.	장치
9.	seek	24.	알약[정제]
10.	rob	25.	천장
11.	swing	26.	목적지
12.	avoid	27.	취소하다
13.	magnetic	28.	썩은
14.	ridiculous	29.	가파른
15.	upstairs	30.	논리적인

B 단어와 단어의 만남

1. a detective novel
2. a steel bridge
3. sleeping pills
4. your passion for music
5. 식은땀 cold s_____
6. 통로 쪽 좌석 an a_____ seat
7. 최종 목적지 the final d_____
8. 높은 천장 a high c_____

C 보기 단어들 뜻 음미해 보고 빈칸 속에 퐁당!

보기	avoid cancel found grab rob seek swing

1. Try to _____ stress. 스트레스를 피하도록 노력해라.
2. All men _____ happiness. 모든 사람들이 행복을 추구한다.
3. They _____ed her of her money. 그들은 그녀에게서 돈을 강탈했다.
4. Let your arms _____ as you walk. 걸을 때 팔을 흔들어라.
5. The college was _____ed in 1948. 그 대학은 1948년에 설립되었다.
6. She _____ed the child's hand and ran. 그녀는 아이의 손을 움켜잡고 뛰었다.
7. All flights were _____ed because of bad weather.
   모든 항공편이 악천후로 취소되었다.

정답 **A** 앞면 참조 **B** 1. 탐정[추리] 소설 2. 강철 다리 3. 수면제 4. 너의 음악에 대한 열정 5. sweat 6. aisle
7. destination 8. ceiling **C** 1. avoid 2. seek 3. rob(robbed) 4. swing 5. found 6. grab(grabbed) 7. cancel

D 내 영어 실력?? ▸▸▸ 영영 사전 보는 정도!!!

| 보기 | chef   consumer   device   mankind   poet

1. someone who writes poems
2. the chief cook in a restaurant
3. all humans considered as a group
4. a machine or tool that does a special job
5. someone who buys and uses products and services

E 가장 적절한 형용사 찾아 넣기

| 보기 | logical   magnetic   ridiculous   rotten   steep   upstairs

1. 위층 방 an _____ room
2. 썩은 달걀들 _____ eggs
3. 자기장 a _____ field
4. 논리적인 대답 a _____ answer
5. 가파른 절벽 a _____ cliff
6. 어리석은 생각 a _____ idea

F 같은 모양, 다른 의미

1. You shouldn't judge by appearances.
   the sudden appearance of a policeman
2. Don't forget to switch off the TV.
   We've switched the meeting from Tuesday to Thursday.
3. a giant rock / The giant is a very big man.
4. plain English / a plain dress / High mountains rise above the plain.

⊙반갑다
기능어야!

though[although] 접속사
· (비록) ~일지라도, ~이지만
   Though (he is) poor, he is happy. 그는 가난하지만 행복하다.
   Even though you do not like it, you must do it. 비록 그것이 싫더라도 해야 한다.
* **as though[as if]: 마치 ~처럼**
   He looked **as though[as if]** he were about to cry.
   그는 금방 울음을 터뜨릴 것 같았다.

G 반갑다 기능어야! 익힌 후, 빈칸에 알맞은 기능어 넣기

1. _____ everyone played well, we lost the game.
   모두가 잘했지만 우리는 경기에서 졌다.
2. The house looks as _____ it's going to fall down.
   그 집은 무너질 것처럼 보인다.

정답 **D** 1. poet 2. chef 3. mankind 4. device 5. consumer **E** 1. upstairs 2. rotten 3. magnetic 4. logical 5. steep 6. ridiculous **F** 1. 외모로 판단해서는 안 된다.(외모) / 경찰관의 갑작스러운 출현(출현) 2. 텔레비전 끄는 걸 잊지 마.(끄다) / 우리는 모임을 화요일에서 목요일로 바꾸었다.(바꾸다) 3. 거대한 바위(거대한) / 거인은 매우 큰 사람이다.(거인) 4. 쉬운 영어(알기 쉬운) / 소박한 드레스(소박한) / 높은 산들이 평야 위로 보인다.(평야) **G** 1. (Even) Though/Although 2. though[if]

The best way to predict your future is to create it.
미래를 예측하는 최선의 방법은 그것을 창조하는 것이다.

에이브러햄 링컨(Abraham Lincoln)

뜯어먹는 중학 영단어 1800

미리 보는 고등 영단어
Upgrading 300

권장 학습법

1. 먼저 30개 단어를 쭉 훑어보면서 낯을 익힌다. (5분)

2. 모르는 단어를 중심으로 각자 취향대로 본격적으로 집중해서 외운다. (15분)

3. 문제화된 표준 예구 30개 각각을 주어진 우리말의 뜻에 알맞은 표제어를
넣어 완성시키고 통째로 암기한다. (10분)

4. 일일 암기장을 들고 다니면서 언제 어디서든 내 단어를 업그레이드한다.

명사

01 **species**[spíːʃiːz] (복수 **species**)
(생물의) 종

02 **expert**[ékspəːrt] 전문가

03 **victim**[víktim] 희생자[피해자]

04 **pillow**[pílou] 베개

05 **fountain**[fáuntən] ① 분수 ② 원천
＊**water fountain** 분수식 식수대

06 **scent**[sent] 향기

07 **argument**[áːrgjumənt] 말다툼[논쟁], 주장
▶**argue** 图 ① 말다툼[논쟁]하다 ② 주장하다

08 **discussion**[diskʌ́ʃən] 토론[논의]
▶**discuss** 图 토론[논의]하다

09 **trend**[trend] 경향[추세], 유행

10 **motto**[mátou] 모토[좌우명]

11 **series**[síː(ː)əriːz] 연속, 연속물[시리즈]
＊**series of** 일련[연속]의

12 **reaction**[riǽkʃən] 반응
▶**react** 图 반응하다

13 **graduation**[grædʒuéiʃən] 졸업(식)
▶**graduate** 图 졸업하다

14 **sadness**[sǽdnis] 슬픔
▶**sad** 阌 슬픈

• 멸종 위기에 처한 종　endangered s＿＿＿＿＿

• 컴퓨터 전문가　a computer e＿＿＿＿＿

• 사고/지진 희생자[피해자]들
accident/earthquake v＿＿＿＿＿s

• 베개 싸움　a p＿＿＿＿＿ fight

• 로마의 트레비 분수
the *Trevi* F＿＿＿＿＿ in Rome

• 꽃 향기　the s＿＿＿＿＿ of flowers

• 그는 그녀와 말다툼을 했다.
He had an a＿＿＿＿＿ with her.

• 토론[논의]의 주제
a topic for d＿＿＿＿＿

• 광고의 최신 경향
the latest t＿＿＿＿＿ in advertising

• 교훈/급훈/가훈
a school/class/family m＿＿＿＿＿

• 인기 텔레비전 시리즈
a hit television s＿＿＿＿＿

• 그 소식에 대한 그의 반응은 어땠니?
What was his r＿＿＿＿＿ to the news?

• 그녀의 졸업을 축하하다
to celebrate her g＿＿＿＿＿

• 깊은 슬픔을 느끼다
to feel a deep s＿＿＿＿＿

동사

15 **unplug**[ʌnplʌ́g] (전기) 플러그를 뽑다

• 텔레비전 플러그를 뽑다　to u＿＿＿＿＿ the TV

16 **unpack**[ʌnpǽk] (가방에서) 꺼내다, (짐을) 풀다(↔pack)

· 그녀는 여행 가방을 풀었다.
She u_____ed her suitcase.

17 **disagree**[dìsəgríː] 의견이 다르다, 일치하지 않다(↔agree)

· 그는 부모님과 의견이 달랐다.
He d_____d with his parents.

18 **interpret**[intə́ːrprit] ① 해석하다 ② 통역하다
  ▶**interpretation** 몡 해석, 통역
  ▶**interpreter** 몡 통역사

· 우리는 안내인에게 통역해 달라고 부탁했다.
We asked our guide to i_____ for us.

19 **paralyze**[pǽrəlàiz] 마비시키다

· 그의 다리는 충돌[추락] 사고로 마비되었다.
His legs were p_____d in the crash.

형용사

20 **actual**[ǽktʃuəl] 실제의
  ▶**actually** 몦 실제로

· 실제 사건들에 바탕을 둔 영화
the movie based on the a_____ events

21 **sincere**[sinsíər] 진실한[진심의]
  ▶**sincerely** 몦 진심으로

· 진심 어린 사과 a s_____ apology

22 **weekly**[wíːkli] 매주의[주 1회의/주간의]

· 주간지 a w_____ magazine

23 **graceful**[gréisfəl] 우아한[품위 있는]
  * **grace** 몡 우아함[품위], 은총

· 그 무용수의 우아한 동작
the dancer's g_____ movements

24 **polar**[póulər] 북극[남극]의, 극지의
  ▶**pole** 몡 막대기, (지구·자석의) 극

· 북극곰 a p_____ bear

부사

25 **moreover**[mɔːróuvər] 게다가[더욱이]

· 그는 똑똑하고, 게다가 친절하다.
He is smart and, m_____, he is kind.

26 **gradually**[grǽdʒuəli] 천천히[차츰]
  ▶**gradual** 몧 점차[점진]적인

· 날씨가 차츰 나아졌다.
The weather g_____ improved.

27 **accidentally**[æksidéntəli] 우연히
  ▶**accidental** 몧 우연한

· 그 일은 우연히 일어났다.
It happened a_____.

28 **somehow**[sʌ́mhàu] ① 어떻게든 ② 왠지

· 네가 왠지 달라 보여.
You look different s_____.

29 **frankly**[frǽŋkli] 솔직히 (말하면)
  ▶**frank** 몧 솔직한
  * **frankly speaking** 솔직히 말하면

· 그는 자신에 대해 매우 솔직히 이야기한다.
He talks very f_____ about himself.

30 **anytime**[énitàim] 언제든지

· 언제든지 내게 전화하렴. Call me a_____.

명사

01 **conclusion**[kənklúːʒən] 결론
▸**conclude** 통 결론을 내리다
- 결론에 이르다
  to reach[come to] a c_____

02 **globe**[gloub] ① (the ~) 세계 ② 지구본
▸**global** 형 세계[지구]의
- 우리는 전 세계에 우리 제품을 수출한다.
  We export our goods all over the
  g_____.

03 **youth**[juːθ] 젊음[청춘], 젊은이[청년]
▸**youthful** 형 젊은
- 오늘날의 젊은이[청년] the y_____ of today

04 **staff**[stæf] (전체) 직원
- 판매 직원 a sales s_____

05 **closet**[klázit] 벽장
- 새 옷으로 가득 찬 벽장
  a c_____ full of new clothes

06 **drawer**[drɔ́ːər] 서랍
- 책상 맨 위 서랍에
  in`the top d_____ of the desk

07 **faucet**[fɔ́ːsit] (수도)꼭지(=tap)
- 수도꼭지를 틀어라/잠가라.
  Turn on/off the f_____

08 **costume**[kástjuːm] 의상
- 할로윈 의상을 입은 아이들
  children in their Halloween c_____s

09 **decoration**[dèkəréiʃən] 장식(품)
- 크리스마스 장식품들 Christmas d_____s

10 **sickness**[síknis] 질병
▸**sick** 형 병든[아픈]
- 심각한 질병[중병] a serious s_____

11 **channel**[tʃǽnl] ① (텔레비전) 채널
② 경로 ③ 수로[해협]
- 채널을 바꾸다
  to change[switch] c_____s

12 **expectation**[èkspektéiʃən] 기대[예상]
▸**expect** 통 기대[예상]하다
- 자신의 자녀들에게 높은 기대를 가진 부모들
  parents with high e_____s of their
  children

13 **agreement**[əgríːmənt] 협정, 합의, 동의
▸**agree** 통 동의하다[의견이 일치하다]
- 평화 협정 a peace a_____

14 **presentation**[prèːzəntéiʃən]
① 제출 [제시], 수여[증정] ② 발표[설명]
▸**present** 통 수여[증정]하다, 제시[제출]하다
- 시상 the p_____ of prizes
- 발표[프레젠테이션]를 하다
  to give[make] a p_____

15 **celebration**[sèləbréiʃən] 축하[기념]
(행사) ▸**celebrate** 통 축하[기념]하다
- 생일 축하 행사
  a birthday c_____

16 delete[dilíːt] 지우다[삭제하다]

· 나는 실수로 파일을 삭제했다.
I d_____d the file by mistake.

17 invade[invéid] 침략[침해]하다
▶ **invasion** 명 침략[침해]

· 사생활을 침해하다
to i_____ your privacy

18 discourage[diskə́ːridʒ] 좌절시키다,
막다(↔encourage)

· 실패에 좌절하지 마.
Don't be d_____d by a failure.

19 sprinkle[spríŋkl] 뿌리다
▶ **sprinkler** 명 살수기[스프링클러]

· 케이크 맨 위에 설탕을 뿌리다
to s_____ sugar on top of the cake

20 inspire[inspáiər] 고무[격려]하다, 영감을
주다 ▶ **inspiration** 명 영감

· 그녀의 용기가 우리를 고무시켰다.
Her courage has i_____d us.

21 messy[mési] 지저분한[엉망인]
▶ **mess** 명 엉망

· 매우 지저분한 방
a very m_____ room

22 environmental[invàiərənméntl]
환경의 ▶ **environment** 명 환경

· 환경 오염 e_____ pollution

23 inner[ínər] 안쪽[내부]의(↔outer)

· 안주머니 an i_____ pocket

24 meaningful[míːniŋfəl] 의미 있는
▶ **meaning** 명 의미[뜻]
▶ **meaningless** 형 무의미한[의미 없는]

· 의미 있는 대화
a m_____ conversation

25 monthly[mʌ́nθli] 매월의[한 달에 한
번의]

· 월례 회의 a m_____ meeting

26 overnight[òuvərnáit] 부 하룻밤 (동안),
하룻밤 사이에 형 [óuvərnàit] 하룻밤 (동안)(의),
하룻밤 사이의

· 하룻밤 사이에 유명해지다
to become famous o_____

27 halfway[hǽfwèi] 형 중간의 부 중간에

· 그는 계단을 오르다 중간에 멈췄다.
He stopped h_____ up the stairs.

28 upward[ʌ́pwərd] 부 위쪽으로
형 위쪽을 향한(↔downward)

· 그녀는 위쪽으로 가리켰다.
She pointed u_____.

29 downward[dáunwərd] 부 아래쪽으로
형 아래쪽으로 내려가는(↔upward)

· 물은 아래쪽으로 흐른다.
Water flows d_____.

30 backward[bǽkwərd]
부 뒤쪽으로, 거꾸로 형 뒤쪽의

· 한 발 뒤로 물러서다 to take a step b_____

Upgrading 03

명사

01 emperor[émpərər] 황제
▶**empire** 몡 제국

02 automobile[ɔ́:təməbí:l] 자동차(=car)

03 raft[ræft] 뗏목, 고무보트
▶**rafting** 몡 (스포츠) 래프팅

04 rhythm[ríðm] 리듬[율동]
▶**rhythmic** 혱 리드미컬한[율동적인]

05 oxygen[áksidʒən] 산소

06 layer[léiər] 층[막/겹]

07 discovery[diskʌ́vəri] 발견
▶**discover** 통 발견하다

08 legend[lédʒənd] 전설

09 budget[bʌ́dʒit] 예산

10 expense[ikspéns] 비용[경비/지출]
(=cost)
▶**expensive** 혱 비싼

11 poverty[pávərti] 가난[빈곤]
▶**poor** 혱 가난한

12 decade[dékeid] 10년

13 creation[kriéiʃən] 창조[창작/창출](물)
▶**create** 통 창조하다   ▶**creative** 혱 창조적인

명사 · 형용사

14 resident[rézədənt] 몡 거주재[주민]
혱 거주하는

15 representative[rèprizéntətiv]
몡 대표(자) 혱 대표하는
▶**represent** 통 ① 나타내다 ② 대표하다

• 로마 황제들 Roman e_____s

• 자동차 산업 the a_____ industry

• 뗏목을 타고 강을 건너다
 to cross a river on a r_____

• 음악의 리듬에 맞춰 춤추다
 to dance to the r_____ of the music

• 산소의 기호는 O₂이다.
 The symbol for o_____ is O₂.

• 오존층 the ozone l_____

• 발견을 하다 to make a d_____

• 고대 그리스의 전설들
 ancient Greek l_____s

• 월간 예산 a monthly b_____

• 생활비/의료비
 living/medical e_____s

• 가난 속에 살다 to live in p_____

• 10년 전에 a d_____ ago

• 일자리 창출 job c_____
• 문학 창작물 a literary c_____

• 지역 주민들 local r_____s

• 유엔[국제연합] 대표 a r_____ of the UN

16 **submarine**[sʌ̀bməríːn] 명 잠수함
형 해저[해양]의

17 **marine**[məríːn] 형 해양의 명 해병

18 **household**[háushòuld] 형 가사의
(=**domestic**) 명 (집합적) 가족

19 **concrete**[kánkriːt] 형 구체적인
(↔**abstract**), 콘크리트로 된 명 콘크리트

20 **essential**[isénʃəl] 형 필수적인, 본질적인
명 (-s) 필수[기본]적인 것

- 핵잠수함 a nuclear s_____
- 해저 케이블 s_____ cables

- 해양 생물 m_____ life

- 가사[집안일] h_____ chores

- 구체적 증거 c_____ evidence
- 콘크리트 벽 a c_____ wall
- 물은 생물에게 필수적이다.
  Water is e_____ for living things.

동사

21 **expose**[ikspóuz] 드러내다[노출시키다],
폭로하다

22 **isolate**[áisəlèit] 고립시키다, 분리[격리]하다
▶**isolation** 명 고립, 분리[격리]

23 **organize**[ɔ́ːrɡənàiz] 조직[준비]하다,
체계화[구조화]하다
▶**organization** 명 조직[단체/기구]

24 **summarize**[sʌ́məràiz] 요약하다
▶**summary** 명 요약

25 **launch**[lɔːntʃ] ① 시작하다 ② 진수[발사]
하다 ③ 출시하다

- 위험한 화학물질에 노출되다
  to be e_____d to dangerous
  chemicals

- 그 소도시는 홍수로 고립되었다.
  The town was i_____d by the flood.

- 회의/파티/여행을 준비[조직]하다
  to o_____ a meeting/party/trip

- 기사를 요약하다
  to s_____ an article

- 캠페인을 시작하다
  to l_____ a campaign

형용사

26 **reasonable**[ríːzənəbl] 합리적인
[타당한], 적정한

27 **useless**[júːslis] 쓸모[소용]없는(↔**useful**)
▶**use** 명 동 사용[이용](하다)

28 **touching**[tʌ́tʃiŋ] 감동적인(=**moving**)
▶**touch** 동 ① 만지다 ② 감동시키다 명 접촉

29 **impressive**[imprésiv] 인상적인[감명
깊은] ▶**impression** 명 인상

30 **energetic**[ènərdʒétik] 정력적인[활기찬]
▶**energy** 명 정력[활기], 에너지

- 합리적 의심 r_____ doubt
- 적정한 가격 a r_____ price

- 쓸모없는 정보로 가득 찬 웹사이트
  a website full of u_____ information

- 감동적인 이야기
  a t_____ story

- 인상적인[감명 깊은] 공연
  an i_____ performance

- 정력적인 대통령
  an e_____ president

Upgrading 04

미리 보는 고등 영단어

명사

01 **celebrity**[səlébrəti] 유명 인사

02 **idol**[áidl] 우상
  ▶**idolize** 통 우상화하다[숭배하다]

03 **heel**[hi:l] 발뒤꿈치, (신발의) 굽,
  (-s) 하이(힐)
  * **Achilles Heel** 아킬레스건[치명적 약점]

04 **destiny**[déstəni] 운명

05 **spacecraft**[spéiskræft]
  (복수 spacecraft) 우주선(=spaceship)

06 **facility**[fəsíləti] 시설

07 **data**[déitə] 자료[정보/데이터]

08 **origin**[ɔ́(:)rədʒin] 기원, 출신
  ▶**original** 형 원래의, 독창적인 명 원작

09 **introduction**[ìntrədʌ́kʃən]
  ① 도입 ② 소개 ③ 서론
  ▶**introduce** 통 소개하다

10 **belief**[bilíːf] 믿음[신념](↔disbelief)
  ▶**believe** 통 믿다

11 **possibility**[pàsəbíləti] 가능성
  ▶**possible** 형 가능한

12 **protection**[prətékʃən] 보호
  ▶**protect** 통 보호하다

13 **vision**[víʒən] ① 시력[시야] ② 비전[전망]

- 파티의 많은 유명 인사들
  many c_____ies at the party

- 수많은 십대들의 우상
  the i_____ of countless teenagers

- 발뒤꿈치를 들다
  to raise your h_____s

- 자신의 운명을 지배하다
  to control your own d_____

- 우주선을 발사하다 to launch a s_____

- 레저 시설 leisure f_____ies

- 역사적/개인적 자료
  historical/personal d_____

- 지구 생명의 기원
  the o_____s of life on earth

- 신기술의 도입
  the i_____ of new technology

- 민주주의에 대한 강한 신념
  a strong b_____ in democracy

- 성공/실패 가능성
  the p_____ of success/failure

- 환경 보호
  the p_____ of the environment

- 시력이 좋다 to have good v_____

명사 · 동사

14 **pose**[pouz] 명 자세[포즈] 통 ① 자세를
  취하다 ② 제기하다

- 그 자세를 유지하세요. Hold that p_____.

15 **pedal**[pédl] 뗑 페달 똉 페달을 밟다
- 자전거 페달 a bike's p_____
- 자전거 페달을 밟다 to p_____ a bike

16 **sled**[sled] 뗑 썰매 똉 썰매를 타다
- 썰매를 타고 언덕을 내려가다
  to go down a hill on a s_____

17 **guard**[gɑːrd] 뗑 경비[경호]원 똉 지키다
- 경호원[보안 요원] a security g_____

18 **track**[træk] 뗑 길, 선로, 경주로, (-s) 자국
똉 추적하다
- 경주로 a running t_____
- 철로[철도 선로] a railway t_____

19 **peel**[piːl] 똉 껍질을 벗기다 뗑 껍질
- 오렌지 껍질을 벗기다 to p_____ an orange

20 **bump**[bʌmp] 똉 부딪치다 뗑 ① 혹
② (도로의) 턱
- 의자에 부딪치다
  to b_____ into a chair

21 **dye**[dai] 똉 염색하다 뗑 염료[염색제]
- 그녀는 머리를 빨간색으로 염색했다.
  She d_____d her hair red.

동사

22 **stir**[stəːr] ① 젓다 ② 움직이다
③ 불러일으키다[자극하다]
- 그녀는 커피를 저었다.
  She s_____red her coffee.

23 **tickle**[tíkl] 간지럽히다
- 간지럼 그만 태워! Stop t_____ing!

24 **applaud**[əplɔ́ːd] 박수갈채를 보내다
▶applause 뗑 박수갈채
- 청중이 큰 박수갈채를 보냈다.
  The audience a_____ed loudly.

25 **dedicate**[dédəkèit] 바치다, 전념[헌신]
하다
▶dedication 뗑 전념[헌신]
- 그녀는 자기 일에 전념한다.
  She d_____s herself to her work.

형용사

26 **swift**[swift] 빠른[신속한].
- 신속한 답변[답장] a s_____ reply

27 **artistic**[ɑːrtístik] 예술의[예술적인]
▶art 뗑 미술, 예술, 기술
▶artist 뗑 예술가, 미술가
- 예술적 재능 a_____ talent

28 **sticky**[stíki] 끈적거리는
- 잼이 묻어 끈적거리는 손가락
  s_____ fingers covered in jam

29 **bold**[bould] ① 대담한 ② 선명한[굵은]
③ 볼드체의
- 대담한 시도 a b_____ attempt
- 볼드체로 in b_____ type

30 **exhausted**[igzɔ́ːstid] 탈진한, 고갈된
▶exhaust 똉 탈진시키다, 고갈시키다
- 나는 여행으로 탈진했다.
  I was e_____ by the journey.

255

명사

01 **editor**[édətər] 편집자[편집장]
▶edit 통 편집[수정]하다

· 출판사에서 편집자로 일하다
to work as an e_____ in a publishing company

02 **compass**[kʌ́mpəs] ① 나침반
② (제도용) 컴퍼스

· 지도와 나침반 a map and c_____

03 **dipper**[dípər] 국자
* Big Dipper 북두칠성

· 제게 국자를 건네주세요.
Please hand me a d_____.

04 **volume**[válju:m] ① 음량[볼륨]
② 양[용량] ③ 책[권]

· 볼륨을 높여라/낮춰라.
Turn the v_____ up/down.

05 **rainforest**[réinfɔ̀rist] (열대)우림

· 아마존 지역의 우림 the Amazon r_____

06 **wetland**[wétlænd] 습지(대)

· 습지를 보호하다 to protect w_____s

07 **firework**[fáiərwə̀:rk] (-s) 폭죽, 불꽃놀이

· 불꽃놀이를 보다 to watch f_____s

08 **parade**[pəréid] 퍼레이드[가두 행진]

· 대규모 새해 퍼레이드
a big New Year p_____

09 **vocabulary**[voukǽbjulèri] 어휘

· 독서는 어휘를 늘려줄 것이다.
Reading will increase your v_____.

10 **trait**[treit] 특성

· 성격 특성
a personality[character] t_____

11 **destruction**[distrʌ́kʃən] 파괴
▶destroy 통 파괴하다
▶destructive 형 파괴적인

· (열대)우림의 파괴
the d_____ of the rainforests

12 **impression**[impréʃən] 인상
▶impress 통 감명[깊은 인상]을 주다

· 너에 대한 나의 첫인상
my first i_____ of you

13 **reputation**[rèpjutéiʃən] 평판[명성]

· 평판이 좋다/나쁘다
to have a good/bad r_____

명사 · 동사

14 **witness**[wítnis] 명 목격자, 증인
동 목격하다

· 그 사고의 유일한 목격자
the only w_____ to the accident

15 **shade**[ʃeid] 명 ① 그늘 ② (전등의) 갓
   동 그늘지게 하다 *lampshade 명 전등갓

   • 그늘에 앉다 to sit in the s_____

16 **interview**[íntərvjùː] 명 면접, 인터뷰
   [회견] 동 면접을 보다, 인터뷰[회견]를 하다

   • 취업 면접 a job i_____

17 **fund**[fʌnd] 명 기금[자금] 동 자금을 대다

   • 기금[자금]을 모으다 to raise f_____s

18 **download**[dáunlòud] 동 다운로드하다
   [내려받다] 명 다운로드한 데이터
   ▶**load** 명 짐 동 싣다

   • 인터넷에서 노래를 내려받다
     to d_____ songs from the Internet

19 **upload**[ʌ́plòud] 동 업로드하다
   명 업로드

   • 인터넷에 파일을 업로드하다
     to u_____ files to the Internet

20 **update**[ʌpdéit] 동 업데이트하다[갱신하다
   /최신 정보를 알려주다] 명 [ʌ́pdeit] 업데이트,
   최신 정보

   • 그 웹사이트는 매일 갱신된다.
     The website is u_____d daily.

21 **transport**[trænspɔ́ːrt] 동 운송[수송]하다
   명 [trǽnspɔːrt] 운송[교통]
   ▶**transportation** 명 운송[교통]

   • 제품을 운송하다 to t_____ goods

동사

22 **digest**[daidʒést] 소화하다
   ▶**digestion** 명 소화 ▶**digestive** 형 소화의

   • 음식을 소화하다 to d_____ food

23 **disturb**[distə́ːrb] 방해하다

   • 당신을 방해해서 미안해요.
     I'm sorry to d_____ you.

24 **maintain**[meintéin] ① 유지하다
   ② 주장하다

   • 균형을 유지하다 to m_____ a balance

25 **wag**[wæg] (꼬리·손가락·머리를) 흔들다

   • 개가 꼬리를 흔들었다.
     The dog w_____ged its tail.

형용사

26 **appropriate**[əpróupriət] 적절한

   • 적절한 방법/조치
     an a_____ method/measure

27 **dense**[dens] 밀집한[밀도가 높은], 짙은
   ▶**density** 명 밀도

   • 인구 밀집 지역들
     areas of d_____ population

28 **fragile**[frǽdʒəl] 부서지기 쉬운[취약한]

   • 부러지기 쉬운 뼈들 f_____ bones

29 **unbelievable**[ʌ̀nbilíːvəbl] 믿기
   어려운(↔believable)

   • 믿기 어려운 이야기 an u_____ story

30 **dynamic**[dainǽmik] 역동적인,
   정력적인[활발한]

   • 역동적인 도시 a d_____ city
   • 활발한 성격 a d_____ personality

Upgrading 06

미리 보는 고등 영단어

명사

01 referee [rèfərí:] 심판

02 tribe [traib] 부족[종족]
▶ **tribal** 형 부족의

03 republic [ripʌ́blik] 공화국

04 journal [dʒə́:rnl] ① 전문 잡지
② 일기(=diary) ▶ **journalist** 명 언론인[기자]

05 copper [kʌ́pər] 구리[동]

06 windmill [wíndmìl] 풍차

07 tide [taid] 조수[조류], 흐름

08 fantasy [fǽntəsi] ① 공상[환상] ② 공상
소설[영화] ▶ **fantastic** 형 환상적인

09 drought [draut] 가뭄

10 horn [hɔ:rn] ① 뿔 ② 경적

11 robbery [rɑ́bəri] 강도(질)
▶ **rob** 동 도둑질하다[강탈하다] ▶ **robber** 명 강도

12 teamwork [tí:mwə̀:rk] 팀워크[협동 작업]

13 physics [fíziks] 물리학

14 consideration [kənsìdəréiʃən]
고려[숙고]
▶ **consider** 동 고려[숙고]하다

- 축구 심판 a soccer r_____
- 아메리카 원주민 부족들
  Native American t_____s
- 아일랜드 공화국 the R_____ of Ireland
- 과학 전문 잡지 a scientific j_____
- 일기를 쓰다 to keep a j_____
- 구리 선[동선] c_____ wire
- 네덜란드는 풍차로 유명하다.
  The Netherlands is famous for
  w_____s.
- 조류가 들어왔다[밀물이다]/나갔다[썰물이다].
  The t_____ is in/out.
- 공상[환상]의 세계에 살다
  to live in a f_____ world
- 가뭄 피해 d_____ damage
- 다 자란 소는 뿔이 있다.
  A mature cow has h_____s.
- 은행 강도(질) a bank r_____
- 좋은 팀워크[협동 작업]의 중요성
  the importance of good t_____
- 물리학의 법칙들 the laws of p_____
- 그 문제를 심각하게 고려하다
  to give serious c_____ to the matter

명사 · 동사

15 trap [træp] 명 덫[올가미]
동 가두다, 덫으로 잡다

- 덫[올가미]을 놓다
  to set[lay] a t_____

258

16 **ease**[iːz] 몡 쉬움, 편안함
　　동 덜어주다[편하게 하다]
　　▶**easy** 혱 쉬운, 편안한

17 **vacuum**[vǽkjuəm] 몡 진공
　　동 진공청소기로 청소하다

18 **mine**[main] 몡 광산 동 채굴하다
　　▶**miner** 몡 광부　▶**mining** 몡 채굴, 광(산)업

19 **dust**[dʌst] 몡 먼지 동 먼지를 털다
　　▶**dusty** 혱 먼지투성이의

20 **seal**[siːl] 동 (밀)봉하다 몡 ① 도장[직인]
　　② 바다표범[물개]

21 **insult**[insʌ́lt] 동 모욕하다
　　몡[ínsʌlt] 모욕

22 **exhibit**[igzíbit] 동 전시하다, 보이다
　　몡 전시품, 전시회
　　▶**exhibition** 몡 전시(회)

동사

23 **chop**[tʃɑp] 썰다

24 **crawl**[krɔːl] 기다

25 **transform**[trænsfɔ́ːrm] 변형시키다
　　[완전히 바꾸다]
　　▶**transformation** 몡 변형

26 **symbolize**[símbəlàiz] 상징하다
　　▶**symbol** 몡 상징　▶**symbolic** 혱 상징하는

형용사

27 **deadly**[dédli] 치명적인

28 **vivid**[vívid] 생생한[선명한]

29 **ambitious**[æmbíʃəs] 야심 찬
　　▶**ambition** 몡 야망[야심]

30 **precise**[prisáis] 정확한(=**exact**)
　　▶**precision** 몡 정확

- 쉽게　with e_____
- 통증을 덜어주다　to e_____ the pain

- 진공청소기　a v_____ cleaner

- 금광/탄광　a gold/coal m_____

- 먼지로 덮여 있다
  to be covered in d_____

- 상자를 테이프로 봉해라.
  S_____ the box with tape.

- 나를 모욕하지 마.　Don't i_____ me.

- 미술관에 그림들을 전시하다
  to e_____ paintings at a gallery

- 당근들을 잘게 썰어라.
  C_____ the carrots up into small
  pieces.

- 바닥을 가로질러 기어가다
  to c_____ across the floor

- 낡은 공장을 미술관으로 완전히 바꾸다
  to t_____ an old factory into an art
  gallery

- 사자는 용기를 상징한다.
  The lion s_____s courage.

- 치명적인 질병　a d_____ disease

- 생생한 기억　a v_____ memory

- 야심 찬 소년/소녀　an a_____ boy/girl

- 정확한 정보를 얻다
  to get p_____ information

명사

01 crew[kru:] (집합적) 승무원
- 승객과 승무원 passengers and c_____

02 elbow[élbou] 팔꿈치
- 그는 팔꿈치를 탁자 위에 올리고 앉았다.
  He sat with his e_____ on the table.

03 stripe[straip] 줄무늬
▶**striped** 혱 줄무늬가 있는
- 얼룩말의 흑백 줄무늬
  a zebra's black and white s_____s

04 cafeteria[kæ̀fətíəriə]
카페테리아(셀프서비스 식당), 구내식당
- 학교[교내] 식당 a school c_____

05 lighthouse[láithàus] 등대
- 등대지기 a l_____ keeper

06 accent[ǽksènt] ① 말씨[억양]
② 강세(=**stress**)
- 북부 지방 말씨[억양] a northern a_____

07 psychology[saikálədʒi] 심리(학)
▶**psychological** 혱 심리의
▶**psychologist** 명 심리학자
- 교육심리학 educational p_____

08 astronomy[əstránəmi] 천문학
- 천문학을 공부하다 to study a_____

09 concept[kánsept] 개념
- 수학의 기본 개념들
  the basic c_____s of mathematics

10 strategy[strǽtidʒi] 전략
▶**strategic** 혱 전략의
- 정부의 경제 전략
  the government's economic s_____

11 permission[pərmíʃən] 허락[허가], 승인
▶**permit** 동 허용[허락]하다
- 그는 허락 없이 수업을 빼먹었다.
  He skipped classes without p_____.

12 therapy[θérəpi] 치료(법)
▶**therapist** 명 치료사
- 약물 치료 drug t_____

13 usage[júːsidʒ] ① 사용(량) ② (단어의)
용법[어법]
- 물 사용량을 줄이다
  to reduce water u_____

명사 · 형용사

14 Antarctic[æntáːrktik] 혱 남극의
명 남극 지역 ▶**Antarctica** 명 남극 대륙
- 남극 탐험가 an A_____ explorer

15 documentary[dàkjuméntəri]
명 다큐멘터리[기록물] 혱 다큐멘터리[기록물]의,
문서의
- 화산에 관한 텔레비전 다큐멘터리
  a TV d_____ about[on] volcanoes

16 routine[ruːtíːn] 명 일상적인 일[일과]
형 일상의

- 나의 일과 my daily r_____

17 lyric[lírik] 명 ① 서정시 ② (-s) (노래) 가사
형 서정시의

- 아름다운 가사를 지닌 노래
  a song with beautiful l_____s
- 서정시 l_____ poetry

18 antique[æntíːk] 명 골동품 형 골동품의

- 골동품 가게 an a_____ shop

19 fellow[félou] 형 동료의 명 동료

- 동료 학생들 f_____ students

20 criminal[krímənl] 형 범죄의, 형사상의
명 범인[범죄자] ▶crime 명 범죄

- 범죄 행동 c_____ behavior
- 위험한 범인들 dangerous c_____s

21 alien[éiljən] 형 외국[외계]의, 낯선
명 외계인, 외국인 체류자

- 낯선 환경 an a_____ environment
- 외계에서 온 외계인들
  a_____s from outer space

22 fake[feik] 형 가짜[위조]의
명 ① 위조품[가짜] ② 사기꾼 동 위조하다

- 위조 신분증 a f_____ ID card

동사

23 infect[infékt] 감염[전염]시키다
▶infection 명 감염, 전염병
▶infectious 형 전염성의

- 에이즈 바이러스에 감염된 사람들
  people i_____ed with HIV

24 specialize[spéʃəlàiz] 전공하다
▶specialization 명 특수[전문]화

- 인공지능을 전공하다 to s_____ in AI

25 evolve[iválv] 진화하다, 진전[발달]하다
▶evolution 명 진화

- 인간은 유인원에서 진화했니?
  Did humans e_____ from apes?

26 carve[kɑːrv] 조각하다[새기다]

- 그는 책상에 자신의 이름을 새겼다.
  He c_____d his name on his desk.

형용사

27 eco-friendly[èkoufréndli]
친환경적인

- 친환경 제품들 e_____ products

28 mechanical[məkǽnikəl] 기계의
▶mechanize 동 기계화하다

- 기계 장치 a m_____ device

29 dramatic[drəmǽtik] 극적인, 연극의
▶drama 명 (연)극

- 극적인 변화 a d_____ change

30 priceless[práislis] 값을 매길 수 없는
[대단히 귀중한] ▶price 명 값[가격]

- 대단히 귀중한 미술품들
  p_____ works of art

Upgrading 08

미리 보는 고등 영단어

명사

01 **diplomat**[dípləmæt] 외교관
▶**diplomacy** 명 외교

02 **diploma**[diplóumə] 졸업장

03 **livestock**[láivstàk] (집합적) 가축

04 **forehead**[fɔ́ːrhed] 이마

05 **cliff**[klif] 벼랑[절벽]

06 **swamp**[swɑmp] 늪

07 **brass**[bræs] ① 놋쇠[황동] ② 금관악기

08 **rectangle**[réktæŋgl] 직사각형

09 **pipe**[paip] 관[배관/파이프]

10 **doorbell**[dɔ́ːrbèl] 초인종

11 **carbon**[káːrbən] 탄소

12 **explosion**[iksplóuʒən] 폭발
▶**explode** 동 폭발하다

13 **arrival**[əráivəl] 도착
▶**arrive** 동 도착하다

14 **boredom**[bɔ́ːrdəm] 지루함[따분함]
▶**bore** 동 지루하게 하다

15 **judgment**[dʒʌ́dʒmənt] 판단(력), 판결[심판]
▶**judge** 동 판단[재판]하다 명 재판관

명사 · 형용사

16 **editorial**[èdətɔ́ːriəl] 명 사설 형 편집의
▶**edit** 동 편집하다 ▶**editor** 명 편집자

- 외국 외교관 a foreign d_____
- 고등학교 졸업장 a high school d_____
- 가축을 기르다 to keep[raise] l_____
- 그녀의 이마에 키스하다 to kiss her f_____
- 벼랑 끝 the c_____ edge
- 열대지방의 늪지대들 tropical s_____s
- 관악대[브라스밴드] a b_____ band
- 정사각형들과 직사각형들 squares and r_____s
- 수도관/가스관 a water/gas p_____
- 초인종을 울리다 to ring the d_____
- 이산화탄소 c_____ dioxide
- 가스 폭발 a gas e_____
- 당신의 도착 시간 the time of your a_____
- 지루함을 달래다 to relieve the b_____
- 판단 착오 an error of j_____
- 사설을 읽다 to read an e_____

17 mass[mæs]   圐 덩어리, 대량, 대중, 질량
　　　圎 대량의, 대중의
- 행성의 질량 the m＿＿＿ of a planet
- 대량 생산 m＿＿＿ production

18 memorial[məmɔ́:riəl]   圐 기념비
　　　圎 추모의
- 전쟁 기념비 a war m＿＿＿
- 추모식 a m＿＿＿ service[ceremony]

19 stable [stéibl]   圎 안정된   圐 마구간
- 안정된 물가 s＿＿＿ prices

20 minimum[mínəməm]   圎 최소[최저]의
　　(↔maximum)   圐 최소[최저]
- 최저가 a m＿＿＿ price

21 fancy[fǽnsi]   圎 화려한, 고급의[값비싼]
　　　圐 공상[상상]
- 고급 식당 a f＿＿＿ restaurant

22 potential[pəténʃəl]   圎 잠재적인
[가능성 있는]   圐 잠재력[가능성]
- 잠재 고객들 p＿＿＿ customers

동사

23 heal[hi:l]   치유하다[되다]
　　▶healing 圐 치유
- 아픈 사람들을 치유하다
  to h＿＿＿ the sick

24 resist[rizíst]   ① 저항하다 ② 견디다
　　▶resistance 圐 저항
- 나는 그 구두를 사고 싶어 견딜 수 없다.
  I can't r＿＿＿ buying the shoes.

25 shave[ʃeiv]   면도하다[깎다]
- 그는 매일 아침 면도한다.
  He s＿＿＿s every morning.

26 congratulate[kəngrǽtʃulèit]
축하하다
　　▶congratulation 圐 축하
- 우승자에게 축하하다
  to c＿＿＿ the winner

형용사

27 picky[píki]   까다로운
- 그녀는 식성이 까다롭다
  She's a p＿＿＿ eater.

28 subtle[sʌ́tl]   미묘한
- 미묘한 차이 a s＿＿＿ difference

29 conventional[kənvénʃənl]
관습[관례/전통]적인
　　▶convention 圐 ① 관습 ② 대회 ③ 조약[협약]
- 관습적인 행위 c＿＿＿ behavior
- 전통적인 방법들 c＿＿＿ methods

30 expressive[iksprésiv]
표현하는[표현력이 풍부한]
　　▶express 圐 표현하다
- 그의 음악의 표현력
  the e＿＿＿ power of his music

263

명사

01 optimist [áptəmist] 낙천주의자
[낙관론자](↔**pessimist**)
▶ **optimistic** 혤 낙관[낙천]적인

• 그는 낙천주의자다. He's an o_____.

02 loaf [louf] (복수 **loaves**) 빵 한 덩이

• 빵 한 덩이 a l_____ of bread

03 spice [spais] 양념[향신료]
▶ **spicy** 혤 맛이 강한[매운]

• 양념 통 a s_____ jar

04 mural [mjúərəl] 벽화

• 고분 벽화 an ancient tomb m_____

05 make-up [méikʌp] ① 화장품 ② 구성

• 화장을 하다 to put on your m_____

06 electronics [ilèktrániks] 전자 공학
[기술], 전자 기기[제품]
▶ **electronic** 혤 전자의

• 전자 기술 산업 the e_____ industry
• 가전제품 consumer e_____

07 obstacle [ábstəkl] 장애(물)

• 장애를 극복하다 to overcome an o_____

08 architecture [á:rkitèktʃər] 건축학,
건축양식
▶ **architect** 몡 건축가

• 현대 건축양식 modern a_____

09 status [stéitəs] 지위[신분]

• 사회적 지위[신분] social s_____

10 farewell [fɛ̀ərwél] 작별 (인사)

• 송별회 a f_____ party

11 investment [invéstmənt] 투자
▶ **invest** 동 투자하다
▶ **investor** 몡 투자가

• 투자 수입 i_____ income

12 dialect [dáiəlèkt] 사투리[방언]

• 지방 사투리 a local d_____

13 delivery [dilívəri] 배달
▶ **deliver** 동 배달하다

• 빠른 배달 서비스
  the quick d_____ service

14 fame [feim] 명성

• 명성을 얻다 to win[gain] f_____

명사 · 동사

15 whistle [hwísl] 몡 호각[휘파람] (소리)
동 휘파람[호각]을 불다

• 호각을 불다 to blow a w_____

16 **thrill**[θril] 명 황홀감[흥분], 전율
　　동 열광시키다
　　▶**thrilled** 형 황홀한　▶**thrilling** 형 황홀하게 하는

17 **highlight**[háilàit] 명 하이라이트
　　[주요 부분] 동 강조하다

18 **glow**[glou] 명 불빛 동 빛나다

19 **junk**[dʒʌŋk] 명 폐물[쓰레기] 동 내버리다
　　* **junk food** 명 정크푸드(고 칼로리 저 영양가 식품)

20 **code**[koud] 명 ① 암호[코드] ② 법규[규칙]
　　동 부호[암호]화하다　* **zip code** 명 우편번호

21 **sacrifice**[sǽkrəfàis] 명 희생, 제물
　　동 희생하다

22 **sparkle**[spáːrkl] 동 반짝이다
　　명 반짝임[광채]

동사

23 **dispose**[dispóuz] (~ of) 처리하다
　　▶**disposal** 명 처분

24 **drag**[dræg] 끌다[끌고 가다]

25 **overhear**[òuvərhíər]-**overheard**-
　　overheard 우연히 듣다

26 **slap**[slæp] (손바닥으로) 철썩 때리다

형용사

27 **unforgettable**[ʌnfərgétəbl]
　　잊지 못할[잊을 수 없는]　▶**forget** 동 잊다

28 **rusty**[rʌ́sti] 녹슨
　　▶**rust** 명 녹 동 녹슬다

29 **durable**[djúːərəbl]
　　오래가는[내구성이 있는]

30 **pregnant**[prégnənt] 임신한

• 발견/승리의 황홀감
　the t_____ of discovery/victory

• 그 경기의 주요 부분
　the h_____s of the match

• 흐릿한/희미한 불빛 a dim/faint g_____

• 낡은 폐물 더미 a pile of old j_____

• 암호를 풀다[해독하다] to break a c_____
• 복장 규정 a dress c_____

• 그녀는 자식들을 위해 모든 걸 희생했다.
　She s_____d everything for her
　children.

• 바다가 햇빛에 반짝였다.
　The sea s_____d in the sunlight.

• 핵폐기물을 처리하다
　to d_____ of nuclear waste

• 창 쪽으로 의자를 끌고 가다
　to d_____ the chair over to the
　window

• 그들의 대화를 우연히 듣다
　to o_____ their conversation

• 그의 등을 철썩 때리다
　to s_____ him on the back

• 잊지 못할 경험 an u_____ experience

• 녹슨 못 a r_____ nail

• 오래가는 플라스틱 제품들 d_____ plastics

• 그녀는 임신 6개월이다.
　She's six months p_____.

Upgrading 10

명사

01 **dew**[dju:] 이슬 ▶**dewdrop** 몡 이슬방울
- 아침 이슬 a morning d_____

02 **masterpiece**[mǽstərpìːs] 걸작[명작]
▶**master** 동 숙달하다 몡 달인[거장], 주인
- 문학 명작 a literary m_____

03 **tag**[tæg] 꼬리표[태그]
- 가격표 a price t_____

04 **column**[káləm] ① (신문 · 잡지의) 칼럼
② 기둥[원주] ▶**columnist** 몡 특별 기고가
- 스포츠 칼럼 a sports c_____
- 대리석 기둥들 marble c_____s

05 **section**[sékʃən] ① 부분[구역]
② (책 · 신문의) 절[난]
- 금연 구역 a non-smoking s_____
- 스포츠란 a sports s_____

06 **context**[kántekst] 맥락, 문맥
▶**contextual** 혱 맥락[문맥]의
- 역사적/사회적/정치적 맥락
the historical/social/political c_____

07 **nutrition**[njuːtríʃən] 영양 (섭취)
▶**malnutrition** 몡 영양실조
- 적절한/부족한 영양 섭취
adequate/poor n_____

08 **thirst**[θəːrst] 목마름[갈증]
▶**thirsty** 혱 목마른
- 갈증으로 깨어나다
to wake up with a t_____

09 **incident**[ínsidənt] 사건
- 총격 사건 a shooting i_____

10 **consequence**[kánsəkwèns] 결과
▶**consequently** 톔 그 결과로
- 네 행동의 결과를 받아들이다
to take the c_____s of your actions

11 **meantime**[míːntàim] 그 동안
* **in the meantime** 그 동안에(=**meanwhile**)
- 그 동안, 쉬도록 해봐.
In the m_____, try and relax.

12 **attendance**[əténdəns] 출석[참석]
▶**attend** 동 참석하다
- 선생님은 매일 출석을 확인한다.
The teacher takes a_____ every day.

13 **photography**[fətágrəfi] 사진 촬영,
사진술 ▶**photograph** 몡 사진
▶**photographer** 몡 사진작가
- 풍경 사진 촬영 landscape p_____

14 **disadvantage**[dìsədvǽntidʒ]
불리한 점[약점](↔**advantage**)
- 모든 것은 유리한 점과 불리한 점이 있다.
Everything has its advantages and
d_____s.

명사 · 동사

15 **prey**[prei] 몡 먹잇감 동 (~ **on**) 잡아먹다
- 새가 먹잇감을 찾아 위를 빙빙 돌았다.
The bird circled above looking for
p_____.

16 **lecture**[léktʃər] 图 강의[강연]
   图 강의[강연]하다

17 **hook**[huk] 图 고리[걸이], 낚싯바늘
   图 걸다, 낚다

18 **strip**[strip] 图 길고 가는 조각
   图 (옷을) 벗(기)다

19 **tease**[tiːz] 图 놀리다 图 놀림

20 **transfer**[trænsfə́ːr] 图 ① 이동[전학]하다
   ② 갈아타다 图[trǽnsfər] ① 이동 ② 환승

21 **trail**[treil] 图 ① (질질) 끌(리)다 ② 뒤쫓다
   图 ① 오솔길 ② 자국[흔적]

• 한국 현대사에 관한 강의[강연]
  a l_____ on Korean modern history

• 수건을 수건걸이에 걸어라.
  Hang your towel on the h_____ .

• 길고 가는 **천/종이 조각**
  a s_____ of cloth/paper

• 그는 내 이름 갖고 나를 놀렸다.
  He t_____d me about my name.

• 새 학교로 전학하다
  to t_____ to a new school

• 그녀의 치마가 진흙에 끌렸다.
  Her skirt t_____ed in the mud.

동사

22 **uncover**[ʌnkʌ́vər] ① 덮개를 벗기다
   [뚜껑을 열다](↔**cover**) ② 밝히다[적발하다]

23 **migrate**[máigreit] 이주[이동]하다
   ▶**migrant** 图 이주자 ▶**migration** 图 이주

24 **vibrate**[váibreit] 진동하다
   ▶**vibration** 图 진동

25 **snore**[snɔːr] 코를 골다

26 **generate**[dʒénərèit] 발생시키다
   [만들어 내다]

• 냄비 뚜껑을 열어라. U_____ the pot.

• 제비는 겨울에 남쪽으로 이동한다.
  Swallows m_____ south in winter.

• 내 전화기가 진동했다.
  My phone v_____d.

• 그는 코를 매우 크게 곤다.
  He s_____s so loudly.

• 전기를 만들어 내다 to g_____ electricity

형용사

27 **worn**[wɔːrn] ① 닳은[낡은] ② 지친

28 **unpleasant**[ʌnpléznt] 불쾌한,
   불친절한(↔**pleasant**)

29 **thoughtful**[θɔ́ːtfəl] ① 남을 배려하는
   ② 사려 깊은 ③ 생각에 잠긴
   ▶**thought** 图 생각[사고]

30 **stale**[steil] 신선하지 않은(↔**fresh**)

• 그의 옷은 더럽고 낡았다.
  His clothes are dirty and w_____.

• 불쾌한 **경험/냄새**
  an u_____ experience/smell

• 그녀는 남을 배려하는[사려 깊은] 사람이다.
  She is a t_____ person.

• 신선하지 않은 **빵** s_____ bread

부록

불규칙 변화형 정리

❶ 불규칙 명사의 복수형

단수형	복수형	뜻
child	children	아이, 자식
deer	deer	사슴
fisherman	fishermen	어부, 낚시꾼
foot	feet	발, (길이 단위) 피트
gentleman	gentlemen	신사
goose	geese	거위
leaf	leaves	잎
man	men	남자, 사람
mouse	mice	쥐, (컴퓨터의) 마우스
ox	oxen	(거세한) 수소
person	people	사람, 인물
salesperson	salespeople	판매원
sheep	sheep	양
that	those	저것[저 사람], 그것[그 사람]
this	these	이것[이 사람]
tooth	teeth	이, 치아
wife	wives	아내
wolf	wolves	늑대
woman	women	여자, 여성

❷ 불규칙 동사의 과거형 · 과거분사형

원형	과거형	과거분사형	뜻
be[am/are/is]	was/were	been	~이다, 있다
bear	bore	born	낳다
beat	beat	beaten	이기다, 계속 때리다[두드리다]
become	became	become	~이 되다[~(해)지다]
begin	began	begun	시작하다
bend	bent	bent	구부리다
bet	bet	bet	돈을 걸다, 틀림없다
bite	bit	bitten	물다
blow	blew	blown	(바람이) 불다
break	broke	broken	깨뜨리다, 고장 내다, 어기다
bring	brought	brought	가져[데려]오다
broadcast	broadcast	broadcast	방송하다
build	built	built	짓다, 건축[건설]하다
burst	burst	burst	터지다[터뜨리다]
buy	bought	bought	사다
catch	caught	caught	(붙)잡다, (병에) 걸리다
cast	cast	cast	던지다, 배역하다
choose	chose	chosen	고르다, 선택[선정]하다
come	came	come	오다
cost	cost	cost	비용이 ~이다[들다]
cut	cut	cut	베다, 자르다
deal	dealt	dealt	다루다[대하다], 거래하다
dig	dug	dug	파다[캐다]
do(does)	did	done	하다
draw	drew	drawn	(선으로) 그리다, 끌어당기다, 뽑다
dream	dreamed[dreamt]	dreamed[dreamt]	꿈꾸다
drink	drank	drunk	마시다
drive	drove	driven	운전하다, 몰다
eat	ate	eaten	먹다
fall	fell	fallen	떨어지다, 넘어지다, 되다, 해당되다
feed	fed	fed	먹을 것을 주다[먹이다]
feel	felt	felt	느끼다

원형	과거형	과거분사형	뜻
fight	fought	fought	싸우다
find	found	found	찾아내다, 발견하다
fly	flew	flown	날다
forbid	forbade	forbidden	금(지)하다
forget	forgot	forgotten	잊다
forgive	forgave	forgiven	용서하다
freeze	froze	frozen	얼(리)다
get	got	got(ten)	얻다, 이르다, 되다
give	gave	given	주다
go(goes)	went	gone	가다
grow	grew	grown	성장하다, 자라다, 기르다, ~이 되다
hang	hung	hung	걸(리)다
have(has)	had	had	가지고 있다, 먹다, ~하게 하다
hear	heard	heard	듣다
hide	hid	hidden	숨기다, 숨다
hit	hit	hit	치다, 때리다
hold	held	held	잡고 있다, 지니다, 개최하다
hurt	hurt	hurt	다치게 하다, 아프다
keep	kept	kept	유지하다, 계속하다, 보유하다
know	knew	known	알다
lay	laid	laid	놓다, 눕히다, (알을) 낳다
lead	led	led	이끌다, 이르다
leave	left	left	떠나다, 내버려두다, 남기다
lend	lent	lent	빌려주다
let	let	let	~하게 하다[허락하다]
lie	lay	lain	눕다, ~에 있다
light	lit[lighted]	lit[lighted]	불을 붙이다
lose	lost	lost	잃다, 지다
make	made	made	만들다, ~하게 하다[시키다]
mean	meant	meant	의미하다, 의도하다
meet	met	met	만나다
mistake	mistook	mistaken	실수하다

원형	과거형	과거분사형	뜻
misunderstand	misunderstood	misunderstood	오해하다
overcome	overcame	overcome	극복하다
panic	panicked	panicked	공황 상태에 빠지다
pay	paid	paid	지불하다, (주의 · 경의를) 표하다
put	put	put	놓다, 두다
quit	quit	quit	그만두다
read [riːd]	read [red]	read [red]	읽다
ride	rode	ridden	타다
rid	rid	rid	없애다[제거하다]
ring	rang	rung	(종[전화]이) 울리다
rise	rose	risen	오르다, (해가) 떠오르다
run	ran	run	달리다
say	said	said	말하다
seek	sought	sought	찾다, (추)구하다
see	saw	seen	보다, 만나다, 알다
sell	sold	sold	팔다
send	sent	sent	보내다
set	set	set	두다[놓다], 세우다, (해가) 지다
shake	shook	shaken	흔들(리)다
shine	shone	shone	빛나다
shoot	shot	shot	쏘다, 촬영하다, 슛하다
shut	shut	shut	닫다
sing	sang	sung	노래하다
sink	sank	sunk	(물에) 가라앉다
sit	sat	sat	앉다
sleep	slept	slept	잠자다
slide	slid	slid	미끄러지다
steal	stole	stolen	훔치다
speak	spoke	spoken	말하다
spend	spent	spent	(시간 · 돈을) 쓰다
spill	spilled[spilt]	spilled[spilt]	엎지르다[흘리다/쏟다]
spin	spun	spun	돌(리)다

원형	과거형	과거분사형	뜻
spread	spread	spread	퍼지다, 펴다
spring	sprang	sprung	튀다
stand	stood	stood	서다
stick	stuck	stuck	붙(이)다, 찌르다, 내밀다
swear	swore	sworn	맹세하다, 욕하다
sweep	swept	swept	쓸다[청소하다], 휩쓸다
swim	swam	swum	수영하다
swing	swung	swung	흔들(리)다
take	took	taken	데려[가져]가다, 필요로 하다, 받다, 잡다
teach	taught	taught	가르치다
tear	tore	torn	찢(어지)다
tell	told	told	말하다
think	thought	thought	생각하다
throw	threw	thrown	던지다
understand	understood	understood	이해하다
upset	upset	upset	속상하게 하다
wake	woke	woken	잠에서 깨다[깨우다]
wear	wore	worn	입고[신고, 쓰고] 있다
wind	wound	wound	감다[돌리다]
win	won	won	이기다, 얻다
write	wrote	written	쓰다

❸ 불규칙 형용사·부사의 비교급·최상급

원급	비교급	최상급	뜻
bad	worse	worst	나쁜
far	farther[further]	farthest[furthest]	멀리, 먼
good	better	best	좋은, 잘하는
little	less	least	작은, 어린, 조금[소량]의
many	more	most	(수가) 많은
much	more	most	(양이) 많은, 많이
well	better	best	잘, 건강한

미국 영어와 영국 영어

American English vs. British English

우리말	미국 영어	영국 영어
색깔	color	colour
아파트	apartment	flat
1층	first floor	ground floor
2층	second floor	first floor
엘리베이터[승강기]	elevator	lift
화장실	bathroom[restroom]	toilet, WC
사탕	candy	sweets
쿠키/비스킷	cookie	biscuit
가늘고 길게 썬 감자튀김	French fries	chips
얇게 썬 감자튀김	potato chips	crisps
지하철	subway	underground
철도	railroad	railway
트럭	truck	lorry
가솔린	gasoline[gas]	petrol
보도, 인도(걸어 다니는 길)	sidewalk	pavement
바지	pants	trousers
팬츠[속바지]	underpants	pants
(여성용) 핸드백	purse	handbag
우편(물), 부치다	mail	post
우체통	mailbox	postbox
휴대 전화	cellular phone[cellphone]	mobile phone
가을	fall	autumn
영화	movie	cinema
휴가, 방학	vacation	holiday
계산서	check	bill
지폐	bill	bank note
용돈	allowance	pocket money
쓰레기	garbage[trash]	rubbish
지우개	eraser	rubber

약어 (Abbreviations)

약어	뜻
OK	**okay** 좋아, 좋은[괜찮은]
TV	**television** 텔레비전
CCTV	**Closed Circuit Television** 시시티브이[폐회로텔레비전]
PC	**Personal Computer** 피시[개인용 컴퓨터]
GPS	**Global Positioning System** 전 지구 위치 파악 시스템
UCC	**User Created Contents** 사용자 제작 콘텐츠
ID	**identification** 신분증
VIP	**Very Important Person** 브이아이피[요인/귀빈]
Dr.	**doctor** 박사[의사]
St.	**Street** 거리[-가(街)] **Saint** 성인(聖人)
Mt.	**mount** 산
P.E.	**Physical Education** 체육
etc.	… 등[등등]
e.g.	**for example** 예를 들어
vs.	**versus** (스포츠 경기 · 소송 등에서) … 대(對)
asap[ASAP]	**as soon as possible** 가능한 한 빨리
UN	**United Nations** 유엔[국제연합]
UNICEF	**United Nations International Children's Fund** 유니세프[유엔 아동 기금]
US[U.S.] USA[U.S.A.]	**United States (of America)** 미국
UK[U.K.]	**United Kingdom** 영국
NASA	**National Aeronautics and Space Administration** 나사[미국 항공 우주국]
UFO	**Unidentified Flying Object** 유에프오[미확인 비행 물체]
a.m.	오전
p.m.	오후
B.C.	**Before Christ** 기원전
A.D.	서기

접두사 · 접미사(**Prefixes & Suffixes**)

	Prefixes 접두사
un- (반대/부정)	happy 행복한 ↔ unhappy 불행한 kind 친절한 ↔ unkind 불친절한 pleasant 쾌적한[즐거운] ↔ unpleasant 불쾌한 fair 공정한[공평한] ↔ unfair 불공평한 comfortable 편(안)한 ↔ uncomfortable 불편한 necessary 필요한 ↔ unnecessary 불필요한 usual 보통[평소]의 ↔ unusual 특이한 fortunate 운 좋은 ↔ unfortunate 운이 없는[나쁜] known 알려진 ↔ unknown 알려지지 않은
dis- (반대/부정)	agree 동의하다[의견이 일치하다] ↔ disagree 동의하지 않다[의견이 일치하지 않다] appear 나타나다 ↔ disappear 사라지다 like 좋아하다 ↔ dislike 싫어하다
in- (반대/부정)	direct 직접의 ↔ indirect 간접의 dependent 의존[의지]하는 ↔ independent 독립된[독립적인] correct 맞는[정확한] ↔ incorrect 맞지 않는[부정확한] formal 공식[정식]의 ↔ informal 비공식의[격식을 차리지 않은] convenient 편리한 ↔ inconvenient 불편한 expensive 비싼 ↔ inexpensive 비싸지 않은
im- (b, m, p 앞에서 반대/부정)	possible 가능한 ↔ impossible 불가능한 polite 예의 바른[공손한] ↔ impolite 무례한
il- (l 앞에서 반대/부정)	legal 합법적인 ↔ illegal 불법의
ir- (r 앞에서 반대/부정)	regular 규칙적인 ↔ irregular 불규칙한
re- (다시)	use 사용하다 – reuse 재사용하다 turn 돌(리)다 – return 되돌아오다[가다], 다시 돌리다 view 보다 – review 다시 보다, 복습하다 cycle 순환하다 – recycle 재활용하다

	Suffixes 접미사
-er (~하는 사람)	teach 가르치다 – teacher 선생님 hunt 사냥하다 – hunter 사냥꾼 lead 이끌다 – leader 지도자 own 소유하다 – owner 소유주 report 보도하다 – reporter 기자 drive 운전하다 – driver 운전자 manage 관리하다 – manager 관리인 explore 탐험하다 – explorer 탐험가 win 이기다 – winner 승자

- or (~하는 사람)	act 연기하다 – actor 배우 visit 방문하다 – visitor 방문객 sail 항해하다 – sailor 선원 invent 발명하다 – inventor 발명가 counsel 상담하다 – counselor 상담가 direct 감독하다 – director 감독 translate 번역[통역]하다 – translator 번역가[통역사]
- ist (~하는 사람)	piano 피아노 – pianist 피아노 연주자 violin 바이올린 – violinist 바이올린 연주자 art 예술[미술] – artist 예술가[미술가] tour 관광 – tourist 관광객 science 과학 – scientist 과학자
- ian (~하는 사람)	music 음악 – musician 음악가 magic 마술 – magician 마술사 library 도서관 – librarian (도서관) 사서 history 역사 – historian 역사가
동사+ **- ion** → 명사	discuss 토론[논의]하다 → discussion 토론[논의] collect 수집하다 → collection 수집(물) protect 보호하다 → protection 보호 invent 발명하다 → invention 발명(품) pollute 오염시키다 → pollution 오염 celebrate 축하[기념]하다 → celebration 축하[기념] graduate 졸업하다 → graduation 졸업(식) participate 참가[참여]하다 → participation 참가[참여] concentrate 집중하다 → concentration 집중[력] cooperate 협력하다 → cooperation 협력
동사+ **- ation** → 명사	prepare 준비하다 → preparation 준비 imagine 상상하다 → imagination 상상(력) expect 기대하다 → expectation 기대 invite 초대하다 → invitation 초대 inform 알리다[통지하다] → information 정보 transport 운송하다 → transportation 운송
동사+ **- sion** → 명사	decide 결정하다 → decision 결정 explode 폭발하다[폭파시키다] → explosion 폭발[폭파]
동사+ **- ment** → 명사	treat 치료하다 → treatment 치료 advertise 광고하다 → advertisement 광고 develop 발달[개발]하다 → development 발달[개발] pay 지불하다 → payment 지불(금) govern 통치[지배]하다 → government 정부 excite 흥분시키다 → excitement 흥분
형용사+ **- ness** → 명사	kind 친절한 → kindness 친절 happy 행복한 → happiness 행복 weak 약한 → weakness 약함 dark 어두운 → darkness 어둠 sick[ill] 아픈 → sickness[illness] 병

명사+ -y → 형용사	health 건강 → healthy 건강한 dirt 먼지, 때, 흙 → dirty 더러운 salt 소금 → salty 짠 luck (행)운 → lucky 운 좋은 sleep 잠 → sleepy 졸리는 fun 재미 → funny 웃기는[재미있는] mess 엉망 → messy 지저분한[엉망인] wealth 부[재산] → wealthy 부유한 noise 시끄러운 소리[소음] → noisy 시끄러운 fog 안개 → foggy 안개가 낀
명사+ -ful(가득 찬) → 형용사	care 주의 → careful 주의 깊은 use 사용[이용] → useful 유용한[쓸모 있는] peace 평화 → peaceful 평화로운 wonder 경이[놀라움] → wonderful 놀랄 만한, 훌륭한 power 힘 → powerful 강력한 faith 신뢰 → faithful 충실한[믿음직한] success 성공 → successful 성공한[성공적인] help 도움 → helpful 도움이 되는
명사+ -less(~이 없는) → 형용사	home 집 → homeless 집 없는 hope 희망 → hopeless 가망 없는[절망적인] care 주의 → careless 부주의한 use 사용[이용] → useless 쓸모없는[소용없는]
명사+ -ous → 형용사	danger 위험 → dangerous 위험한 humor 유머 → humorous 유머러스한[재미있는] harmony 조화 → harmonious 조화로운 mystery 신비[불가사의] → mysterious 신비[불가사의]한
명사+ -al → 형용사	nature 자연 → natural 자연의 nation 국가 → national 국가의 magic 마법 → magical 마법의 person 개인 → personal 개인의 environment 환경 → environmental 환경의 culture 문화 → cultural 문화의 tradition 전통 → traditional 전통의
명사+ -ly → 형용사	love 사랑 → lovely 사랑스러운 friend 친구 → friendly 친절한, 친한 day 날, 하루 → daily 매일의 week 주 → weekly 매주의
형용사+ -ly → 부사	careful 주의 깊은 → carefully 주의 깊게 quick 빠른 → quickly 빨리 sudden 갑작스러운 → suddenly 갑자기 regular 규칙적인 → regularly 규칙적으로 final 마지막의 → finally 마지막으로 certain 확신하는[확실한] → certainly 확실히 actual 실제의 → actually 실제로 fortunate 운 좋은 → fortunately 운 좋게도 real 진짜의 → really 진짜[정말] simple 간단한[단순한] → simply 간단히, 그저[단지] easy 쉬운 → easily 쉽게 happy 행복한 → happily 행복하게

감정동사 · 감정형용사

감정동사	동사+ing → 형용사	동사+ed → 형용사
please 기쁘게 하다	**pleasing** 즐거운[기분 좋은]	**pleased** 기쁜
satisfy 만족시키다	**satisfying** 만족스러운	**satisfied** 만족하는
interest 관심[흥미]를 끌다	**interesting** 재미있는	**interested** 관심[흥미] 있는
excite 흥분시키다	**exciting** 흥분시키는[흥미진진한]	**excited** 흥분한
move 감동시키다	**moving** 감동적인	**moved** 감동을 받은
touch 감동시키다	**touching** 감동적인	**touched** 감동을 받은
impress 감명을 주다	**impressing** 감명적인	**impressed** 감명을 받은
tire 피곤하게 하다	**tiring** 피곤하게 하는[피곤한]	**tired** 피곤한
bore 지루하게 하다	**boring** 지루핸[재미없는]	**bored** 지루해하는
embarrass 당황하게 하다	**embarrassing** 당황하게 하는	**embarrassed** 당황스러운
puzzle 어리둥절하게 하다	**puzzling** 어리둥절하게 하는	**puzzled** 어리둥절해하는
disappoint 실망시키다	**disappointing** 실망스러운	**disappointed** 실망한
frustrate 좌절시키다	**frustrating** 좌절시키는	**frustrated** 좌절당한
depress 우울하게 하다	**depressing** 우울하게 하는	**depressed** 우울한
surprise 놀라게 하다	**surprising** 놀라운	**surprised** 놀란
amaze (크게) 놀라게 하다	**amazing** 놀라운	**amazed** (크게) 놀란
shock 충격을 주다	**shocking** 충격적인	**shocked** 충격을 받은
frighten 무섭게 하다[겁주다]	**frightening** 무서운	**frightened** 무서워하는[겁먹은]
scare 무섭게 하다[겁주다]	**scaring** 놀라운	**scared** 무서워하는[겁먹은]

뜯어먹는 중학 영단어 1800

퀴즈 테스트

구 성 **• 일일 테스트(앞면)** 당일 학습한 단어를 영어는 우리말로, 우리말은 영어로 쓴다.
(품사별로 순서가 바뀌어 있다.)

• 누적 테스트(뒷면) 첫날부터 해당일 전날까지 외운 단어가 쌓여 있다.
(중요한 것은 더 자주 등장한다.)

사용법 **1.** 일단 스프링에서 그날의 테스트 용지를 뜯어낸다.

2. 반으로 잘라 아래 부분은 내일을 위해 잘 보관해 둔다.

3. 일일 테스트부터 시작한다. (2분 30초)

4. 뒷장을 넘겨 누적 테스트를 계속한다. (2분 30초)

5. 위 둘을 채점해 보고 틀린 것을 골라내 다시 암기한다. (2분)　　**총 소요 시간** : 약 7분

정답 확인 방법 : 일일 테스트는 해당 날짜에 나와 있는 30개 단어를 참조하고,
누적 테스트는 부록에 주어진 **미니 영어 사전**을 이용한다.

01	lot	16	영화(관)
02	use	17	문제
03	try	18	사람
04	start	19	지구, 땅
05	call	20	일, 일자리
06	fun	21	삶, 생명
07	get	22	나라, 시골
08	let	23	방법[방식], 길
09	take	24	이야기, (건물의) 층
10	make	25	장소, 놓다[두다]
11	have	26	손, 건네주다
12	well	27	미래[장래], 미래의
13	hard	28	종류, 친절한
14	sure	29	중요한
15	right	30	다른

01	minute	16	(한) 부분[조각]
02	practice	17	언어
03	turn	18	여행
04	part	19	과학
05	plant	20	예, 모범
06	find	21	편지, 글자
07	keep	22	불, 화재, 해고하다
08	any	23	이름, 이름을 붙이다
09	same	24	필요하다, 필요
10	last	25	계획, 계획하다
11	mean	26	배우다, 알게 되다
12	other	27	~이 되다[~(해)지다]
13	another	28	각각의, 각각
14	also	29	살다, 살아 있는
15	too	30	정말[진짜]

1일째에는 누적 테스트가 없습니다.

- - - - ✂ -

01	lot	16	start
02	job	17	fun
03	life	18	kind
04	way	19	future
05	earth	20	let
06	story	21	get
07	person	22	take
08	problem	23	make
09	country	24	have
10	movie	25	important
11	use	26	different
12	hand	27	well
13	try	28	hard
14	call	29	sure
15	place	30	right

01	side	16	미술, 예술, 기술
02	mind	17	주말
03	face	18	문화
04	worry	19	식당
05	change	20	거리[도로]
06	light	21	활동
07	middle	22	공간, 우주
08	favorite	23	정보
09	present	24	지켜보다, 시계
10	own	25	일하다, 공부하다, 일, 작품
11	warm	26	즐기다
12	clean	27	이해하다
13	interesting	28	이기다, 따다[얻다]
14	fast	29	특별[특수]한, 전문의
15	only	30	유명한

--✂------

01	state	16	섬
02	fly	17	옷[의복]
03	visit	18	숲
04	land	19	대화
05	point	20	시
06	store	21	역사
07	sound	22	신문
08	fall	23	습관
09	save	24	휴가[방학]
10	grow	25	마을
11	participate	26	자연, 천성
12	such	27	믿다
13	poor	28	시작하다
14	please	29	쉬운, 편한
15	just	30	늘[언제나]

01	letter	16	get
02	minute	17	find
03	language	18	keep
04	country	19	make
05	piece	20	become
06	example	21	last
07	kind	22	mean
08	try	23	any
09	plan	24	each
10	part	25	right
11	name	26	other
12	need	27	another
13	place	28	really
14	plant	29	also
15	practice	30	too

✂ -

01	side	16	light
02	trip	17	present
03	weekend	18	favorite
04	movie	19	win
05	space	20	enjoy
06	street	21	learn
07	activity	22	own
08	restaurant	23	live
09	information	24	last
10	call	25	mean
11	face	26	clean
12	work	27	special
13	mind	28	interesting
14	watch	29	only
15	change	30	fast

01	area	16	잎
02	grade	17	병
03	stay	18	전쟁
04	break	19	기계
05	line	20	채소[야채]
06	spring	21	군인[병사]
07	exercise	22	광고
08	cold	23	바위, 흔들다
09	front	24	요리하다, 요리사
10	second	25	보내다
11	wear	26	기억하다
12	move	27	놀라운
13	leave	28	큰, 넓은
14	happen	29	때때로
15	early	30	자주[흔히]

✂ -

01	subject	16	평화
02	park	17	(두)뇌
03	rule	18	사실
04	check	19	나이, 시대
05	respect	20	값[가격]
06	lose	21	애완동물
07	join	22	관습[풍습]
08	few	23	사무실, 관청
09	both	24	이웃 (사람[나라])
10	half	25	죽다
11	real	26	짓다[건축하다]
12	busy	27	가져[데려]오다
13	most	28	병든[아픈]
14	wrong	29	늦은, 늦게
15	even	30	운 좋게도[다행히]

학년   반   번 이름

01	vacation	16	point
02	art	17	store
03	state	18	**sound**
04	habit	19	save
05	island	20	grow
06	soldier	21	worry
07	culture	22	believe
08	history	23	understand
09	science	24	please
10	information	25	present
11	dialog(ue)	26	such
12	**middle**	27	poor
13	**fly**	28	famous
14	**land**	29	just
15	**turn**	30	always

✂ -

누적 테스트 DAY 06

학년   반   번 이름

01	leaf	16	exercise
02	area	17	**cold**
03	piece	18	**front**
04	grade	19	**second**
05	forest	20	begin
06	machine	21	leave
07	village	22	move
08	vegetable	23	wear
09	**fall**	24	happen
10	mind	25	remember
11	**rock**	26	easy
12	**cook**	27	large
13	plant	28	**early**
14	**sound**	29	often
15	spring	30	sometimes

286

01	magazine	16	건강
02	field	17	(공)휴일
03	ride	18	선물, 재능
04	report	19	영향[결과/효과]
05	wish	20	목표[목적], 골[득점]
06	sign	21	경험, 경험하다
07	order	22	결정하다
08	result	23	기다리다
09	past	24	고르다[선택하다]
10	human	25	(시간/돈을) 쓰다
11	draw	26	외국의
12	carry	27	어려운
13	true	28	가득 찬
14	never	29	~할 수 있는
15	usually	30	인기 있는, 대중의

✂

01	opinion	16	해법[해답]
02	bear	17	지하철
03	rest	18	장난감
04	waste	19	목소리
05	surprise	20	백[100]
06	miss	21	천[1000]
07	follow	22	접시, 요리
08	free	23	용돈[수당]
09	upset	24	사건[행사]
10	close	25	세기[100년]
11	careful	26	싸우다, 싸움
12	healthy	27	팔다
13	delicious	28	사다
14	however	29	준비된
15	away	30	슬픈

학년 반 번 이름

01	art	16	send
02	pet	17	grow
03	fact	18	build
04	poem	19	bring
05	price	20	half
06	custom	21	few
07	subject	22	both
08	weekend	23	sick
09	neighbor	24	busy
10	rule	25	real
11	stay	26	own
12	break	27	most
13	check	28	wrong
14	join	29	well
15	lose	30	even

학년 반 번 이름

01	gift	16	past
02	field	17	human
03	bottle	18	die
04	effect	19	find
05	health	20	draw
06	holiday	21	carry
07	fall	22	spend
08	ride	23	decide
09	wish	24	choose
10	sign	25	able
11	order	26	foreign
12	result	27	difficult
13	break	28	popular
14	report	29	usually
15	experience	30	fortunately

01	character	16	식사
02	set	17	(몸)무게
03	step	18	일기(장)
04	match	19	땅, 운동장
05	matter	20	이유, 이성
06	control	21	만화 (영화)
07	pick	22	대통령, 장(長)
08	hold	23	유리(잔), 안경
09	catch	24	공동체[주민/지역 사회]
10	agree	25	발명하다
11	welcome	26	가르치다
12	bright	27	배고픈
13	still	28	영리한[똑똑한]
14	fine	29	지혜로운[현명한]
15	later	30	예쁜, 꽤[아주]

01	skill	16	공장
02	race	17	상(품)
03	cause	18	벽[담]
04	judge	19	팔, 무기
05	smell	20	다름[차이]
06	guess	21	모양, 상태
07	travel	22	십대 소년·소녀
08	cover	23	기회, 가망[가능성]
09	contest	24	씻다
10	interest	25	소개하다
11	hurt	26	끝내다[끝나다]
12	useful	27	더러운
13	tired	28	화난[성난]
14	soon	29	자랑스러운
15	once	30	현대의, 현대적인

학년   반   번 이름

01	age	16	sell
02	dish	17	miss
03	goal	18	draw
04	subject	19	follow
05	opinion	20	happen
06	century	21	close
07	hundred	22	free
08	thousand	23	upset
09	rest	24	warm
10	bear	25	true
11	waste	26	careful
12	fight	27	healthy
13	order	28	delicious
14	surprise	29	away
15	second	30	however

학년   반   번 이름

01	state	16	buy
02	glass	17	hold
03	reason	18	pick
04	weight	19	catch
05	ground	20	agree
06	subway	21	invent
07	cartoon	22	free
08	character	23	bright
09	president	24	smart
10	set	25	full
11	rest	26	amazing
12	store	27	still
13	match	28	pretty
14	matter	29	later
15	light	30	even

01	mark	16	대학
02	pass	17	곤충
03	form	18	환경
04	post	19	사막
05	drive	20	취미
06	laugh	21	사고
07	board	22	호수
08	excuse	23	시험
09	add	24	오염
10	whole	25	조언[충고]
11	fat	26	오르다[등반하다]
12	physical	27	죽이다
13	afraid	28	받다
14	ever	29	어두운, 어둠
15	off	30	위험한

01	bill	16	구멍
02	riddle	17	궁전
03	company	18	씨(앗)
04	lie	19	(행)운
05	act	20	의미[뜻]
06	pay	21	약, 의학
07	view	22	차고[주차장]
08	shout	23	사무원, 점원
09	cross	24	모으다[수집하다]
10	volunteer	25	초대하다
11	seem	26	도착하다
12	terrible	27	가능한
13	blind	28	이상한, 낯선
14	ago	29	무거운, 심한
15	maybe	30	부유한, 풍부한

학년   반   번 이름

01	arm	16	interest
02	prize	17	contest
03	shape	18	hold
04	factory	19	hurt
05	difference	20	finish
06	community	21	introduce
07	teenager[teen]	22	wise
08	cover	23	tired
09	waste	24	proud
10	smell	25	useful
11	guess	26	modern
12	judge	27	fine
13	cause	28	still
14	travel	29	once
15	matter	30	soon

✂ -

누적 테스트 DAY 12

학년   반   번 이름

01	exam	16	cause
02	meal	17	board
03	diary	18	excuse
04	advice	19	add
05	insect	20	wash
06	college	21	move
07	accident	22	save
08	pollution	23	climb
09	environment	24	fat
10	race	25	dark
11	pass	26	whole
12	mark	27	afraid
13	post	28	physical
14	form	29	dangerous
15	match	30	once

01	image	16	지도
02	model	17	안전
03	sense	18	100만
04	project	19	무지개
05	seat	20	우주선
06	type	21	교통(량)
07	block	22	기쁨[즐거움]
08	wonder	23	만지다, 접촉
09	general	24	비밀의, 비밀
10	develop	25	마술, 마술의
11	funny	26	잊다
12	several	27	상상하다
13	far	28	준비하다
14	loud	29	재활용하다
15	enough	30	안전한

✂

01	campaign	16	법(률)
02	being	17	문장
03	mix	18	우정
04	heat	19	성공
05	reach	20	동전
06	circle	21	전기
07	fill	22	은행, 둑
08	rise	23	상품[제품]
09	lead	24	주소, 연설
10	enter	25	진실[사실/진리]
11	clear	26	생산하다
12	cool	27	흥분시키다
13	main	28	느린, 늦추다
14	false	29	국가[민족]의
15	finally	30	거의

학년   반   번 이름

01	bill	16	laugh
02	wall	17	control
03	seed	18	miss
04	clerk	19	seem
05	effect	20	invite
06	palace	21	arrive
07	garage	22	collect
08	chance	23	receive
09	medicine	24	dirty
10	company	25	blind
11	lie	26	terrible
12	pay	27	strange
13	act	28	possible
14	view	29	ago
15	shout	30	maybe

학년   반   번 이름

01	hole	16	secret
02	sense	17	general
03	grade	18	forget
04	traffic	19	recycle
05	safety	20	prepare
06	million	21	develop
07	pleasure	22	imagine
08	spaceship	23	past
09	try	24	afraid
10	type	25	heavy
11	seat	26	several
12	cross	27	far
13	block	28	loud
14	wonder	29	enough
15	volunteer	30	usually

일일 테스트 DAY 15

01	pity	16	뼈
02	date	17	쓰레기
03	ocean	18	도서관
04	moment	19	목욕
05	technology	20	발명(품)
06	lift	21	격언[속담]
07	ring	22	생산물[제품]
08	share	23	박물관[미술관]
09	taste	24	~와 결혼하다
10	return	25	설명하다
11	balance	26	세계[지구]의
12	raise	27	신선한, 새로운
13	serious	28	규칙적인, 보통의
14	common	29	흥분시키는[흥미진진한]
15	probably	30	그 밖의

일일 테스트 DAY 16

01	band	16	목적
02	sight	17	행성, 지구
03	reply	18	(질)병
04	shake	19	폭풍우
05	cheer	20	외국인
06	record	21	국가, 민족
07	display	22	(밀)짚, 빨대
08	square	23	아름다움, 미인
09	key	24	풀다[해결하다]
10	wild	25	발견하다
11	burn	26	조용한
12	wake	27	국제의, 국제적인
13	continue	28	전통의, 전통적인
14	huge	29	갑자기
15	simple	30	대신에

누적 테스트 DAY 15

학년   반   번 이름

01 map	16 **general**
02 bank	17 **excite**
03 coin	18 **rise**
04 truth	19 **lead**
05 goods	20 **seem**
06 success	21 **fill**
07 address	22 **produce**
08 character	23 **cool**
09 friendship	24 **clear**
10 electricity	25 funny
11 lie	26 safe
12 judge	27 national
13 pass	28 main
14 circle	29 almost
15 reach	30 finally

✂ -

누적 테스트 DAY 16

학년   반   번 이름

01 law	16 **result**
02 pity	17 **change**
03 date	18 **return**
04 trash	19 **enter**
05 reason	20 **raise**
06 product	21 **explain**
07 proverb	22 **marry**
08 moment	23 **close**
09 library	24 false
10 museum	25 regular
11 invention	26 serious
12 lift	27 common
13 ring	28 exciting
14 taste	29 **only**
15 share	30 probably

296

일일 테스트 DAY 17

01	flight	16	지혜
02	bridge	17	노력
03	nap	18	유령
04	blow	19	(양)초
05	treat	20	동물원
06	flood	21	잘못, 결점
07	trouble	22	장면, 현장
08	express	23	맨 아래[바닥]
09	hate	24	실수, 실수하다
10	divide	25	서두르다, 서두름
11	create	26	빈
12	breathe	27	부드러운
13	everyday	28	완벽한[완전한]
14	inside	29	성공한[성공적인]
15	alone	30	낮은, 낮게

일일 테스트 DAY 18

01	fan	16	사회
02	pair	17	기쁨
03	creature	18	바퀴
04	kid	19	군대, 육군
05	roll	20	조리[요리]법
06	drop	21	기억(력), 추억
07	trick	22	깨닫다, 실현하다
08	stick	23	개선되다, 향상시키다
09	favor	24	던지다
10	press	25	귀여운
11	smoke	26	친절한, 친한
12	experiment	27	행운의[운 좋은]
13	serve	28	자연[천연]의, 타고 난
14	complete	29	특히
15	dry	30	이미[벌써]

학년   반   번 이름

01	lake	16	slow
02	bone	17	square
03	sight	18	wake
04	ocean	19	raise
05	storm	20	solve
06	nation	21	discover
07	beauty	22	continue
08	disease	23	huge
09	address	24	quiet
10	foreigner	25	fresh
11	mix	26	amazing
12	heat	27	traditional
13	reply	28	international
14	cheer	29	instead
15	respect	30	suddenly

✂ --

학년   반   번 이름

01	fault	16	mistake
02	peace	17	express
03	flight	18	key
04	straw	19	square
05	effort	20	burn
06	bridge	21	create
07	wisdom	22	divide
08	bottom	23	breathe
09	candle	24	global
10	magazine	25	perfect
11	treat	26	everyday
12	blow	27	successful
13	flood	28	most
14	hurry	29	alone
15	trouble	30	inside

score 일일 / 30 누적 / 30

학년 반 번 이름

01	yard	16	위험
02	manner	17	요정
03	grocery	18	고향
04	sail	19	기[깃발]
05	note	20	고통, 수고
06	count	21	시끄러운 소리[소음]
07	coach	22	약속하다, 약속
08	guide	23	굽다
09	repeat	24	광고하다
10	protect	25	사라지다
11	thin	26	모으다[모이다]
12	lovely	27	성공하다, 뒤를 잇다
13	round	28	전기의
14	quickly	29	넓은, 활짝
15	yet	30	깊은, 깊게

- ✂ - - - - -

score 일일 / 30 누적 / 30

학년 반 번 이름

01	gate	16	행동
02	capital	17	거리
03	object	18	배경
04	rescue	19	사전
05	increase	20	관광객
06	honor	21	방향, 지시
07	tear	22	한 쌍, 부부
08	native	23	골짜기[계곡]
09	male	24	물다, 물기
10	prevent	25	빛나다
11	allow	26	실망시키다
12	pour	27	비싼
13	fix	28	편(안)한
14	certain	29	정신[마음]의
15	everywhere	30	그러므로

학년   반   번 이름

01	pair	16	shake
02	bath	17	press
03	army	18	smoke
04	scene	19	experiment
05	wheel	20	serve
06	recipe	21	improve
07	society	22	realize
08	creature	23	cold
09	roll	24	complete
10	drop	25	empty
11	treat	26	natural
12	share	27	friendly
13	favor	28	common
14	trick	29	already
15	stick	30	especially

✂ --

누적 테스트 DAY **20**

학년   반   번 이름

01	flag	16	express
02	yard	17	agree
03	pain	18	gather
04	fairy	19	succeed
05	noise	20	protect
06	manner	21	advertise
07	riddle	22	disappear
08	danger	23	thin
09	grocery	24	regular
10	kid	25	electric
11	note	26	dry
12	sail	27	round
13	count	28	complete
14	repeat	29	yet
15	promise	30	quickly

01	tip		16	상황
02	action		17	계단
03	talent		18	선택
04	bow		19	노예
05	suit		20	흙[토양]
06	rush		21	자랑스러움[자부심]
07	notice		22	숨기다[숨다]
08	master		23	따르다[순종하다]
09	folk		24	받아들이다[인정하다]
10	adult		25	약한
11	material		26	지루한
12	principal		27	지역[지방]의
13	standard		28	기본[기초]의
14	surf		29	쉽게
15	quick		30	외국에[으로]

--- ✂ -----------

01	diet		16	암
02	hero		17	현금
03	floor		18	능력
04	route		19	지식
05	garbage		20	기법[기술]
06	countryside		21	도전, 도전하다
07	cure		22	기대하다
08	score		23	파괴하다
09	amount		24	사냥하다
10	consider		25	제안하다[권하다]
11	appear		26	펴다, 퍼지다[퍼뜨리다]
12	crazy		27	살아 있는
13	elderly		28	불행한
14	quite		29	문화의
15	outside		30	사회의

학년   반   번 이름

01	valley	16	**native**
02	tourist	17	**fix**
03	capital	18	**lose**
04	distance	19	**pour**
05	behavior	20	**allow**
06	direction	21	**prevent**
07	pollution	22	**disappoint**
08	object	23	**clear**
09	act	24	**upset**
10	bite	25	mental
11	tear	26	certain
12	guide	27	expensive
13	honor	28	comfortable
14	increase	29	therefore
15	**magic**	30	everywhere

✂ -

학년   반   번 이름

01	tip	16	**male**
02	soil	17	**adult**
03	pity	18	**material**
04	stair	19	**principal**
05	pride	20	**hide**
06	action	21	**obey**
07	choice	22	**shine**
08	difference	23	**accept**
09	bow	24	certain
10	rush	25	local
11	suit	26	boring
12	tear	27	quick
13	notice	28	**wide**
14	master	29	**yet**
15	**folk**	30	abroad

01	host	16	날개
02	audience	17	벽돌
03	site	18	꼬리
04	fiction	19	결정
05	slip	20	세포
06	scare	21	운동선수
07	depend	22	사발[공기]
08	manage	23	운송, 교통수단
09	frighten	24	온도[기온], 체온
10	correct	25	오염시키다
11	fit	26	녹다[녹이다]
12	wet	27	영향을 미치다
13	colorful	28	놀라운
14	straight	29	활기찬[활달한]
15	daily	30	활동적인, 적극적인

✂ - - - - -

01	sheet	16	손님
02	pool	17	잠수부
03	god	18	사원[절]
04	care	19	피[혈액]
05	crowd	20	4분의 1
06	strike	21	생각[사고]
07	patient	22	농작물, 수확량
08	recognize	23	친척, 상대적인
09	provide	24	경고하다
10	explore	25	파다[캐다]
11	gain	26	축하[기념]하다
12	helpful	27	불가능한
13	outdoor	28	의학[의료]의
14	convenient	29	어리석은[멍청한]
15	indeed	30	영원히

학년 반 번 이름

01	floor	16	spread
02	route	17	expect
03	talent	18	destroy
04	ability	19	suggest
05	cancer	20	prevent
06	garbage	21	consider
07	knowledge	22	cultural
08	object	23	elderly
09	suit	24	lovely
10	cure	25	social
11	stick	26	quick
12	master	27	crazy
13	amount	28	alive
14	challenge	29	quiet
15	appear	30	quite

✂ -

학년 반 번 이름

01	gate	16	affect
02	area	17	scare
03	voice	18	appear
04	planet	19	depend
05	athlete	20	manage
06	purpose	21	frighten
07	decision	22	fit
08	audience	23	correct
09	temperature	24	wet
10	transportation	25	wild
11	balance	26	active
12	respect	27	serious
13	slip	28	daily
14	melt	29	straight
15	hunt	30	outside

일일 테스트 DAY 25

01	communication	16	기적
02	wood	17	무덤
03	beat	18	동굴
04	wave	19	부[재산]
05	value	20	(인공)위성
06	stream	21	주의[주목]
07	support	22	도구[연장]
08	twin	23	화학 물질, 화학의
09	fair	24	여성[암컷], 여성[암컷]의
10	bet	25	접다
11	include	26	배달하다
12	respond	27	(돈을) 벌다
13	calm	28	추상적인
14	direct	29	요즘에는
15	thick	30	(미래) 언젠가

일일 테스트 DAY 26

01	case	16	대학
02	level	17	변호사
03	credit	18	더하기
04	journey	19	총, 대포
05	tie	20	비상[응급]
06	fool	21	성장, 증가
07	figure	22	어려움, 곤경
08	belong	23	장교, 관리, 경찰관
09	confuse	24	수확(량), 수확하다
10	communicate	25	빌리다
11	mad	26	살아남다
12	gentle	27	끓(이)다, 삶다
13	merry	28	과학의, 과학적인
14	anywhere	29	시끄러운
15	mostly	30	잘생긴

학년 반 번 이름

01	tail	16	gain
02	cell	17	warn
03	crop	18	pollute
04	blood	19	depend
05	guest	20	provide
06	temple	21	explore
07	thought	22	celebrate
08	quarter	23	recognize
09	disease	24	helpful
10	care	25	medical
11	crowd	26	impossible
12	smoke	27	surprising
13	patient	28	convenient
14	material	29	forever
15	relative	30	indeed

학년 반 번 이름

01	wing	16	female
02	cave	17	consider
03	tomb	18	respond
04	tool	19	deliver
05	slave	20	dig
06	wealth	21	include
07	miracle	22	earn
08	satellite	23	fit
09	attention	24	calm
10	beat	25	direct
11	value	26	basic
12	strike	27	thick
13	stream	28	abstract
14	fair	29	outdoor
15	patient	30	nowadays

score 일일 / 30 누적 / 30

학년 반 번 이름

01	pole	16	고무
02	spirit	17	조각상
03	captain	18	구조(물)
04	stranger	19	경치[풍경]
05	vote	20	제스처[몸짓]
06	tour	21	뿌리, 응원하다
07	review	22	토론[논의]하다
08	charge	23	이루다[성취하다]
09	schedule	24	(선거로) 선출하다
10	decrease	25	싼
11	settle	26	불편한
12	attend	27	용감한
13	appreciate	28	알려지지 않은
14	familiar	29	고전의, 고전적인
15	simply	30	어쨌든

score 일일 / 30 누적 / 30

학년 반 번 이름

01	litter	16	연
02	autumn	17	엉망
03	screen	18	인구
04	fear	19	해안
05	joke	20	양동이
06	hike	21	새장[우리]
07	offer	22	마차, 손수레
08	repair	23	산들바람[미풍]
09	remain	24	짖다
10	final	25	집중하다
11	blank	26	구부리다
12	public	27	죽은
13	float	28	서쪽의, 서양의
14	historic	29	개인의[개인적인]
15	ahead	30	정확히

01	lawyer	16	bet
02	growth	17	boil
03	journey	18	borrow
04	addition	19	belong
05	difficulty	20	confuse
06	university	21	survive
07	emergency	22	marry
08	tie	23	merry
09	beat	24	gentle
10	fool	25	mad
11	wave	26	noisy
12	figure	27	scientific
13	harvest	28	straight
14	relative	29	mostly
15	chemical	30	someday

✂- -

01	host	16	fold
02	spirit	17	communicate
03	credit	18	discuss
04	statue	19	settle
05	rubber	20	elect
06	scenery	21	achieve
07	stranger	22	appreciate
08	structure	23	calm
09	environment	24	brave
10	root	25	unknown
11	vote	26	familiar
12	figure	27	expensive
13	charge	28	cheap
14	decrease	29	simply
15	increase	30	anyway

일일 테스트 DAY 29

01	edge	16	인형
02	alarm	17	정부
03	pattern	18	힘, 강점
04	stomach	19	곡물 가루
05	engineering	20	발달, 개발
06	reward	21	사이버 공간
07	shock	22	의지[뜻], 유언장
08	focus	23	점, 점을 찍다
09	cost	24	대신하다, 교체하다
10	skip	25	감명을 주다
11	fail	26	붐비는
12	tasty	27	필요한
13	tough	28	환상적인
14	elementary	29	평평한, 바람이 빠진
15	badly	30	앞으로

일일 테스트 DAY 30

01	article	16	죽음
02	degree	17	금속
03	ceremony	18	두통
04	lock	19	보물
05	base	20	괴물
06	dislike	21	기후
07	wrap	22	근육
08	hang	23	상징
09	feed	24	축하
10	suffer	25	숨[호흡]
11	rude	26	빌려 주다
12	polite	27	뛰어난[탁월한]
13	pleasant	28	외로운
14	overweight	29	목마른
15	perhaps	30	두 번, 두 배로

학년   반   번 이름

01	cage	16	**public**
02	mess	17	**bark**
03	coast	18	**bend**
04	litter	19	**float**
05	breeze	20	**belong**
06	quarter	21	**attend**
07	population	22	**appreciate**
08	communication	23	**concentrate**
09	**fear**	24	**direct**
10	**offer**	25	gentle
11	**repair**	26	personal
12	**remain**	27	classical
13	**charge**	28	uncomfortable
14	**final**	29	ahead
15	**blank**	30	exactly

학년   반   번 이름

01	will	16	**amount**
02	pole	17	**skip**
03	edge	18	**bake**
04	alarm	19	**replace**
05	captain	20	**achieve**
06	strength	21	**impress**
07	stomach	22	flat
08	government	23	tasty
09	development	24	tough
10	**set**	25	crowded
11	**dot**	26	necessary
12	**care**	27	**deep**
13	**cost**	28	badly
14	**remain**	29	forward
15	**reward**	30	probably

01	myth	16	성(城)
02	pile	17	친절
03	chat	18	천국
04	text	19	전투
05	puzzle	20	집중(력)
06	advance	21	산업[공업], 근면
07	graduate	22	수수께끼, 신비
08	dive	23	모래, 모래사장
09	predict	24	존재하다
10	complain	25	비교하다
11	determine	26	용서하다
12	ashamed	27	정직한
13	upper	28	비슷한
14	besides	29	정상[보통]의
15	anymore	30	중심[중앙]의

01	saying	16	무기
02	charity	17	지진
03	issue	18	상사[상관]
04	signal	19	세대
05	swallow	20	어둠
06	exchange	21	초상화
07	gray	22	방문객
08	official	23	자신[자아]
09	yell	24	평균의, 평균
10	bury	25	전자의
11	relax	26	강력한
12	shoot	27	창조적인
13	reduce	28	충실한[믿음직한]
14	prefer	29	행복하게, 다행히
15	deaf	30	거의

누적 테스트 DAY 31

01	flour	16	schedule
02	death	17	fail
03	muscle	18	lend
04	breath	19	feed
05	climate	20	hang
06	article	21	suffer
07	degree	22	rude
08	treasure	23	polite
09	headache	24	lonely
10	ceremony	25	thirsty
11	congratulation	26	pleasant
12	tour	27	fantastic
13	focus	28	elementary
14	shock	29	twice
15	dislike	30	perhaps

누적 테스트 DAY 32

01	sand	16	wrap
02	metal	17	exist
03	battle	18	predict
04	castle	19	forgive
05	heaven	20	compare
06	moment	21	complain
07	monster	22	determine
08	industry	23	upper
09	concentration	24	similar
10	myth	25	normal
11	check	26	ashamed
12	text	27	excellent
13	puzzle	28	necessary
14	advance	29	besides
15	graduate	30	anymore

일일 테스트 DAY 33

01	dirt	16	약
02	shot	17	고객
03	director	18	조화
04	pack	19	온실
05	stuff	20	가구
06	curve	21	왕조
07	debate	22	조상[선조]
08	beg	23	우주 비행사
09	lay	24	엎지르다, 유출
10	relate	25	속삭이다, 속삭임
11	pardon	26	해로운
12	eager	27	평생의
13	nervous	28	집 없는
14	intelligent	29	장애가 있는
15	seldom	30	어딘가에[로]

✂

일일 테스트 DAY 34

01	bulb	16	대화
02	condition	17	용기
03	flow	18	출생
04	attack	19	모험
05	search	20	교육
06	opposite	21	감정
07	original	22	열(병)
08	jog	23	삼각형
09	scan	24	태도[자세]
10	remove	25	어린 시절
11	describe	26	기침하다, 기침
12	single	27	얼(리)다
13	nearby	28	북쪽의
14	downtown	29	긍정적인
15	upside down	30	못생긴[추한]

01	saying	16	**official**
02	charity	17	**gray**
03	capital	18	**prefer**
04	portrait	19	**relax**
05	weapon	20	**reduce**
06	mystery	21	**bury**
07	earthquake	22	**shoot**
08	generation	23	**settle**
09	sign	24	honest
10	turn	25	faithful
11	trick	26	creative
12	issue	27	deaf
13	exchange	28	dead
14	swallow	29	nearly
15	**average**	30	almost

01	astronaut	16	**whisper**
02	customer	17	**lie**
03	ancestor	18	**lay**
04	furniture	19	**beg**
05	harmony	20	**yell**
06	dynasty	21	**shoot**
07	drug	22	**relate**
08	shot	23	eager
09	dirt	24	harmful
10	pack	25	nervous
11	spill	26	disabled
12	stuff	27	homeless
13	signal	28	intelligent
14	debate	29	seldom
15	discuss	30	anymore

01	career	16	경제
02	lifetime	17	모피
03	**filter**	18	도둑
04	**sneeze**	19	국경[경계]
05	**sink**	20	재난[재해]
06	**harm**	21	시
07	**regard**	22	엔진, 기관차
08	**quarrel**	23	예보, 예보하다
09	**professional**	24	특징, 특유의
10	**slide**	25	**훔치다**
11	**stretch**	26	잠든
12	**reflect**	27	효과적인
13	**encourage**	28	희극의, 웃기는
14	due	29	걱정하는, 열망하는
15	actually	30	꽤, 약간[좀], 오히려

--✂-----

01	wire	16	결혼
02	shore	17	조명
03	period	18	지역[구역]
04	manager	19	예측[예견]
05	**tap**	20	단계, 무대
06	**deal**	21	해돋이[일출]
07	**limit**	22	높이, 키[신장]
08	**spray**	23	**씹다**
09	**claim**	24	**인사하다**
10	**overcome**	25	**(마음을) 끌다**
11	**weigh**	26	**기도[기원]하다**
12	greedy	27	**짠**
13	foolish	28	남쪽의
14	humorous	29	귀중한[값비싼]
15	certainly	30	호기심이 많은, 궁금한

학년 반 번 이름

01	birth	16	search
02	fever	17	**half**
03	goods	18	**opposite**
04	emotion	19	**gain**
05	attitude	20	**leave**
06	courage	21	**describe**
07	condition	22	**freeze**
08	adventure	23	**remove**
09	education	24	tough
10	childhood	25	central
11	greenhouse	26	positive
12	**flow**	27	northern
13	**form**	28	**nearby**
14	**cough**	29	**upside down**
15	**attack**	30	somewhere

✂ -

학년 반 번 이름

01	fur	16	**original**
02	bulb	17	**professional**
03	thief	18	**characteristic**
04	degree	19	**steal**
05	border	20	**reflect**
06	poetry	21	**confuse**
07	disaster	22	**respond**
08	economy	23	**encourage**
09	**sink**	24	**fit**
10	**harm**	25	due
11	**reply**	26	asleep
12	**flood**	27	anxious
13	**regard**	28	effective
14	**quarrel**	29	rather
15	**forecast**	30	actually

01	net	16	예약
02	term	17	증거
03	agent	18	정치
04	source	19	관광
05	relationship	20	현실
06	performance	21	역할
07	cast	22	(좁은) 길
08	crash	23	극장, 연극
09	hatch	24	발표하다
10	trust	25	박수[손뼉]를 치다
11	devote	26	게으른
12	represent	27	날카로운
13	likely	28	평화로운
14	responsible	29	아픈[고통스러운]
15	completely	30	즉시

✂

01	illness	16	적
02	narrator	17	화산
03	aid	18	잡초
04	envy	19	유머
05	escape	20	건축가
06	measure	21	목(구멍)
07	attempt	22	왕국, ~계
08	total	23	끄덕이다, 끄덕임
09	worth	24	상, 수여하다
10	chief	25	방송, 방송하다
11	publish	26	당황하게 하다
12	perform	27	무서운
13	erupt	28	어리석은
14	sore	29	쓴, 쓰라린
15	lately	30	침묵하는, 조용한

학년 반 번 이름

01	bill	16	reward
02	stage	17	pray
03	shore	18	slide
04	height	19	greet
05	period	20	weigh
06	custom	21	attract
07	sunrise	22	overcome
08	lighting	23	single
09	marriage	24	curious
10	prediction	25	foolish
11	tap	26	northern
12	deal	27	southern
13	limit	28	valuable
14	value	29	instead
15	claim	30	certainly

✂ -

학년 반 번 이름

01	role	16	official
02	term	17	fix
03	proof	18	clap
04	reality	19	chew
05	politics	20	announce
06	reservation	21	represent
07	sightseeing	22	devote
08	relationship	23	salty
09	performance	24	painful
10	view	25	greedy
11	wave	26	responsible
12	trust	27	lazy
13	hatch	28	likely
14	crash	29	completely
15	issue	30	immediately

01	bar	16	재
02	container	17	흥분
03	confidence	18	풍경(화)
04	lack	19	불평[항의]
05	supply	20	건설[공사]
06	damage	21	침략, 침해
07	benefit	22	기분, 분위기
08	contact	23	요구[수요], 요구하다
09	conflict	24	망치다
10	rid	25	돌(리)다
11	refer	26	긁다[할퀴다]
12	suppose	27	왕의
13	tight	28	부정적인
14	unusual	29	특정한, 구체적인
15	brilliant	30	부분적으로

01	position	16	초대
02	freedom	17	침묵
03	aim	18	지역
04	extra	19	연설
05	moral	20	독립
06	prove	21	행복
07	injure	22	조각(품)
08	advise	23	전시(회)
09	connect	24	중요(성)
10	declare	25	상상(력)
11	arrange	26	연구, 연구하다
12	recommend	27	껴안다[포옹하다]
13	bound	28	깔끔한
14	endangered	29	안개가 낀
15	recently	30	풀린, 헐렁한

01	throat	16	measure
02	enemy	17	broadcast
03	source	18	**worth**
04	volcano	19	**correct**
05	kingdom	20	**publish**
06	architect	21	**stretch**
07	director	22	**recycle**
08	**cast**	23	**perform**
09	**aid**	24	**embarrass**
10	envy	25	sore
11	spray	26	scary
12	escape	27	bitter
13	wonder	28	peaceful
14	attempt	29	powerful
15	swallow	30	lately

✂ -

01	mood	16	**demand**
02	weed	17	**conflict**
03	illness	18	**win**
04	invasion	19	**ruin**
05	complaint	20	**keep**
06	landscape	21	**refer**
07	excitement	22	**erupt**
08	confidence	23	**suppose**
09	construction	24	silly
10	**nod**	25	silent
11	**part**	26	specific
12	**lack**	27	brilliant
13	**supply**	28	positive
14	**damage**	29	negative
15	**benefit**	30	partly

01	index	16	거울
02	merit	17	상인
03	mission	18	유산
04	operation	19	사다리
05	ingredient	20	유치원
06	argue	21	지불(금)
07	behave	22	수단[방법]
08	observe	23	경영[관리]
09	conclude	24	조직[단체/기구]
10	pretend	25	매운
11	compete	26	꾸준한
12	release	27	불필요한
13	terrific	28	유일한[독특한]
14	**underground**	29	여러 가지의[다양한]
15	sincerely	30	병든[아픈], 나쁜

✂

01	movement	16	질
02	rinse	17	틀
03	panic	18	망치
04	survey	19	압력
05	appeal	20	연못
06	package	21	손실[분실/상실], 감소
07	unify	22	또래
08	blame	23	항구
09	sweep	24	표현, 표정
10	depress	25	운동장[놀이터]
11	smooth	26	**한숨을 쉬다, 한숨**
12	helpless	27	**이루어져 있다**
13	available	28	최근의
14	incredible	29	나무로 된
15	thus	30	고대[옛날]의

학년   반   번 이름

01	proof	16	**whole**
02	region	17	**spin**
03	silence	18	**injure**
04	freedom	19	**prove**
05	sculpture	20	**advise**
06	invitation	21	**declare**
07	exhibition	22	**arrange**
08	imagination	23	**recommend**
09	aim	24	ugly
10	blow	25	tight
11	post	26	foggy
12	rule	27	loose
13	award	28	bound
14	research	29	endangered
15	**moral**	30	recently

학년   반   번 이름

01	merit	16	**connect**
02	mirror	17	**release**
03	means	18	**pretend**
04	heritage	19	**observe**
05	position	20	**compete**
06	operation	21	**reduce**
07	ingredient	22	**ill**
08	importance	23	**neat**
09	organization	24	various
10	management	25	steady
11	kindergarten	26	terrific
12	**face**	27	familiar
13	offer	28	**underground**
14	advance	29	especially
15	**behave**	30	sincerely

일일 테스트 DAY 43

01	task	16	바늘
02	branch	17	증기
03	row	18	따뜻함
04	yawn	19	보안[안보]
05	thread	20	야생 생물
06	wipe	21	반응, 대답
07	bother	22	성명, 진술
08	remind	23	해넘이[일몰]
09	contain	24	수평선[지평선]
10	operate	25	거절[거부]하다
11	preserve	26	문지르다
12	rapid	27	동쪽의
13	curly	28	폭력적인
14	worldwide	29	아주 작은
15	highly	30	수줍어하는

--✂------------

일일 테스트 DAY 44

01	item	16	비극
02	ruler	17	소문
03	vehicle	18	치료
04	liberty	19	범위
05	clue	20	공룡
06	sew	21	고아원
07	unite	22	중력
08	mention	23	주거지, 피신처
09	identify	24	재판, 시험[실험]
10	establish	25	해군 장군[제독]
11	associate	26	좌절시키다
12	dull	27	움직일 수 없는[갇힌]
13	golden	28	부주의한
14	disgusting	29	기꺼이 하는
15	apart	30	쾌활한[유쾌한]

학년   반   번 이름

01	peer	16	package
02	term	17	argue
03	ladder	18	blame
04	harbor	19	reflect
05	quality	20	sweep
06	disaster	21	consist
07	movement	22	depress
08	loss	23	conclude
09	expression	24	recent
10	independence	25	ancient
11	sigh	26	nervous
12	deal	27	available
13	panic	28	helpless
14	survey	29	incredible
15	appeal	30	thus

✂ -

학년   반   번 이름

01	task	16	represent
02	needle	17	operate
03	wildlife	18	contain
04	horizon	19	preserve
05	pressure	20	refuse
06	security	21	remind
07	response	22	bother
08	statement	23	due
09	row	24	shy
10	yawn	25	tiny
11	thread	26	rapid
12	measure	27	unique
13	final	28	violent
14	average	29	responsible
15	rub	30	highly

01	attendant	16	증거
02	personality	17	특징
03	appointment	18	봉투
04	leap	19	여권
05	occur	20	사진
06	intend	21	굴뚝
07	obtain	22	자정
08	scream	23	울타리
09	refresh	24	폐[허파]
10	lean	25	새다, 누출
11	equal	26	맛, 맛을 내다
12	lower	27	휴대용의
13	separate	28	가망 없는[절망적인]
14	spare	29	날것의, 가공되지 않은
15	rarely	30	열심히 일하는[근면한]

01	competition	16	대륙
02	port	17	자살
03	export	18	총알
04	desire	19	승객
05	tend	20	호기심
06	stare	21	수집(품)
07	commit	22	자손[후손]
08	individual	23	편리[편의]
09	minor	24	협력[협동]
10	major	25	섞(이)다, 혼합물
11	senior	26	꾸미다[장식하다]
12	firm	27	비틀다[구부리다]
13	current	28	속이다
14	odd	29	어색한
15	directly	30	웅장한

01	trial	16	wipe
02	pond	17	refer
03	range	18	identify
04	desert	19	mention
05	clue	20	establish
06	branch	21	associate
07	liberty	22	frustrate
08	shelter	23	clean
09	vehicle	24	dull
10	admiral	25	willing
11	dinosaur	26	careless
12	treatment	27	cheerful
13	pack	28	disgusting
14	watch	29	apart
15	point	30	seldom

01	boss	16	obtain
02	lung	17	intend
03	feature	18	occur
04	passport	19	scream
05	envelope	20	describe
06	evidence	21	lean
07	darkness	22	lower
08	appointment	23	separate
09	leap	24	characteristic
10	leak	25	raw
11	flavor	26	curly
12	regard	27	stuck
13	experience	28	various
14	join	29	portable
15	sew	30	rarely

01	rate	16	실패
02	duty	17	담요
03	skin	18	무덤
04	dozen	19	소설
05	prison	20	범죄
06	doubt	21	사례
07	trade	22	정직
08	delay	23	요소[성분]
09	march	24	꾸짖다
10	progress	25	오해하다
11	drown	26	만족시키다
12	apply	27	군사의
13	private	28	잔인한
14	broad	29	긴급한
15	fully	30	역사(학)의

01	gym	16	생산
02	shadow	17	전통
03	rope	18	종교
04	universe	19	학기
05	ache	20	벼룩
06	plug	21	무릎
07	pause	22	장비
08	handle	23	냉장고
09	select	24	웃음(소리)
10	admire	25	체포하다
11	awful	26	사과하다
12	casual	27	위협[협박]하다
13	narrow	28	결석한, 없는
14	capable	29	매력적인
15	alike	30	그렇지 않으면

학년   반   번 이름

01	fence	16	stare
02	suicide	17	commit
03	midnight	18	deceive
04	curiosity	19	develop
05	continent	20	refresh
06	passenger	21	decorate
07	competition	22	firm
08	cooperation	23	senior
09	descendant	24	equal
10	convenience	25	opposite
11	board	26	individual
12	desire	27	odd
13	export	28	awkward
14	challenge	29	hard-working
15	tend	30	directly

학년   반   번 이름

01	rate	16	scold
02	duty	17	apply
03	novel	18	drown
04	crime	19	satisfy
05	prison	20	succeed
06	failure	21	minor
07	instance	22	major
08	element	23	cruel
09	honesty	24	urgent
10	collection	25	private
11	beat	26	hopeless
12	delay	27	historic
13	doubt	28	historical
14	graduate	29	fully
15	progress	30	happily

01	risk	16	지능
02	tale	17	표면
03	shell	18	책임
04	**influence**	19	제안
05	**account**	20	시민
06	**fasten**	21	버전[판]
07	**examine**	22	관점[시각]
08	**explode**	23	(교통) 요금
09	**interrupt**	24	**망설이다[주저하다]**
10	entire	25	**지우다**
11	clever	26	**고용하다**
12	former	27	**제조하다**
13	frequent	28	**부인[부정]하다**
14	**double**	29	면
15	possibly	30	희미한

✂

01	chain	16	출발
02	method	17	비서
03	entrance	18	승리
04	**wind**	19	저자
05	**praise**	20	적성
06	**blossom**	21	우화
07	**quit**	22	거지
08	**starve**	23	10억
09	**require**	24	양치기
10	**tremble**	25	혀, 언어
11	mild	26	**망치다**
12	harsh	27	**번역[통역]하다**
13	informal	28	**벌주다[처벌하다]**
14	independent	29	달의
15	**overseas**	30	부유한

학년   반   번 이름

01	gym	16	arrest
02	religion	17	select
03	blanket	18	admire
04	laughter	19	threaten
05	universe	20	apologize
06	tradition	21	misunderstand
07	semester	22	awful
08	production	23	broad
09	equipment	24	casual
10	refrigerator	25	absent
11	bow	26	military
12	ache	27	capable
13	trade	28	alike
14	handle	29	worldwide
15	lay	30	otherwise

학년   반   번 이름

01	fare	16	refer
02	risk	17	fasten
03	knee	18	release
04	citizen	19	observe
05	surface	20	explode
06	viewpoint	21	examine
07	suggestion	22	determine
08	intelligence	23	faint
09	responsibility	24	entire
10	repair	25	clever
11	account	26	distant
12	forecast	27	bound
13	influence	28	narrow
14	hire	29	frequent
15	deny	30	possibly

01	bug	16	용
02	nail	17	새벽
03	label	18	석탄
04	plenty	19	거품
05	flash	20	제국
06	flame	21	어릿광대
07	regret	22	세부 사항
08	dispute	23	짐[수하물]
09	delight	24	의뢰인[고객]
10	wander	25	둘러싸다
11	swear	26	축복하다
12	spell	27	불법의
13	medium	28	가상의
14	generous	29	즉각적인, 즉석의
15	either	30	감사하는

01	witch	16	문학
02	shuttle	17	길이
03	location	18	관계
04	counselor	19	기회
05	rent	20	인기
06	sort	21	여가[레저]
07	ideal	22	환상[착각]
08	junior	23	세탁[세탁물/세탁소]
09	complex	24	닫다
10	commercial	25	계산하다
11	compose	26	지루하게 하다
12	mend	27	알리다[통지하다]
13	solar	28	엄(격)한
14	ordinary	29	(맛이) 신
15	neither	30	이기적인

학년 반 번 이름

01	fable	16	quit
02	author	17	spoil
03	billion	18	argue
04	tongue	19	starve
05	method	20	require
06	aptitude	21	punish
07	merchant	22	consist
08	entrance	23	interrupt
09	departure	24	mild
10	secretary	25	harsh
11	fear	26	violent
12	cost	27	available
13	spill	28	independent
14	wind	29	unnecessary
15	praise	30	overseas

학년 반 번 이름

01	nail	16	delight
02	coal	17	spell
03	dawn	18	apply
04	detail	19	bless
05	client	20	swear
06	clown	21	remind
07	plenty	22	tremble
08	baggage	23	surround
09	attendant	24	odd
10	empire	25	illegal
11	aim	26	wealthy
12	flame	27	thankful
13	regret	28	informal
14	demand	29	generous
15	dispute	30	besides

01	palm	16	식욕
02	rhyme	17	횡단보도
03	horror	18	짐승[야수]
04	chore	19	개요, 윤곽
05	assist	20	실험[실습]실
06	force	21	반응하다
07	charm	22	고용하다
08	contrast	23	감히 ~하다
09	function	24	통치[지배]하다
10	indicate	25	적절한
11	criticize	26	얼굴의
12	entertain	27	전형적인
13	confident	28	밖[외부]의
14	underwater	29	현실적인
15	fairly	30	명백한[분명한]

✂

01	jam	16	화학
02	spot	17	지휘자
03	scale	18	받아쓰기
04	feather	19	수입(품), 수입하다
05	court	20	악한, 악
06	string	21	액체, 액체의
07	shame	22	고체, 고체의, 단단한
08	load	23	무시하다
09	suspect	24	기부[기여]하다
10	pat	25	회복되다[되찾다]
11	leftover	26	짧은[간단한]
12	possess	27	창백한, 엷은
13	rare	28	신성한[성스러운]
14	genetic	29	유기농의, 유기체의
15	diligent	30	불행히도

학년   반   번 이름

01	length	16	complex
02	laundry	17	commercial
03	relation	18	allow
04	illusion	19	mend
05	location	20	blame
06	literature	21	inform
07	popularity	22	compose
08	opportunity	23	calculate
09	aid	24	solar
10	sort	25	lunar
11	limit	26	strict
12	flash	27	selfish
13	attempt	28	ordinary
14	worth	29	either
15	ideal	30	neither

학년   반   번 이름

01	rate	16	indicate
02	means	17	compare
03	appetite	18	translate
04	crosswalk	19	lean
05	performance	20	mean
06	force	21	separate
07	charm	22	sour
08	assist	23	outer
09	function	24	proper
10	contrast	25	typical
11	dare	26	obvious
12	occur	27	confident
13	react	28	underwater
14	employ	29	fairly
15	criticize	30	therefore

01	jail	16	문서
02	error	17	곡물
03	fortune	18	자원
04	bomb	19	기념일
05	chase	20	면허(증)
06	wound	21	굶주림[배고픔]
07	poison	22	영양소[영양분]
08	request	23	부서[학과]
09	attach	24	덜어주다, 완화하다
10	defend	25	동기를 부여하다
11	afford	26	협력[협동]하다
12	absorb	27	놀라게 하다
13	precious	28	실내의
14	aware	29	정치의
15	aloud	30	원자력의, 핵의

01	tube	16	진흙
02	aspect	17	가죽
03	voyage	18	해군
04	instrument	19	보석류[장신구]
05	iron	20	대기, 분위기
06	dump	21	목표[표적/과녁]
07	concern	22	화, 화나게 하다
08	comment	23	항의, 항의하다
09	owe	24	결합하다
10	suck	25	할 수 있게 하다
11	annoy	26	이전의
12	insist	27	낭만적인
13	idle	28	능률[효율]적인
14	awake	29	심(각)한, 엄(격)한
15	rough	30	언젠가

학년 반 번 이름

01	spot	16	solid
02	scale	17	liquid
03	floor	18	ignore
04	court	19	prefer
05	string	20	possess
06	shame	21	recover
07	purpose	22	entertain
08	decision	23	contribute
09	chemistry	24	rare
10	pat	25	pale
11	pause	26	holy
12	import	27	brief
13	export	28	diligent
14	account	29	immediately
15	evil	30	unfortunately

✂ -

학년 반 번 이름

01	jail	16	poison
02	prison	17	request
03	grave	18	wound
04	dozen	19	injure
05	hunger	20	attach
06	fortune	21	absorb
07	license	22	defend
08	nutrient	23	cooperate
09	resource	24	precious
10	conductor	25	political
11	department	26	former
12	anniversary	27	indoor
13	bomb	28	aware
14	delay	29	loud
15	chase	30	aloud

01	cycle	16	정의
02	remark	17	사과
03	comfort	18	둥지
04	struggle	19	위기
05	approach	20	영광
06	acid	21	각(도)
07	content	22	틈[격차]
08	reject	23	빚[부채]
09	forbid	24	민주주의
10	permit	25	이론[학설]
11	unexpected	26	신뢰, 신앙
12	innocent	27	받을 만하다
13	slight	28	다르다
14	particular	29	재정[금융]의
15	aboard	30	순수한[깨끗한]

-- ✂ -----

01	pop	16	세금
02	sum	17	연료
03	exit	18	관중
04	profit	19	부담[짐]
05	defeat	20	소득[수입]
06	process	21	악마[마귀]
07	purchase	22	수수료[요금]
08	adopt	23	신원, 정체성
09	cheat	24	다양성[여러 가지]
10	locate	25	구별하다
11	usual	26	설득하다
12	fashionable	27	조사하다
13	accurate	28	열대의
14	sufficient	29	복잡한
15	hardly	30	인공[인조]의

학년   반   번 이름

01	navy	16	bore
02	anger	17	insist
03	jewel	18	annoy
04	target	19	enable
05	aspect	20	combine
06	leather	21	wake
07	instrument	22	awake
08	atmosphere	23	idle
09	iron	24	able
10	handle	25	rough
11	protest	26	severe
12	damage	27	efficient
13	concern	28	previous
14	influence	29	sometime
15	owe	30	sometimes

✂ -

학년   반   번 이름

01	gap	16	quit
02	debt	17	erase
03	duty	18	differ
04	faith	19	reject
05	crisis	20	refuse
06	theory	21	permit
07	justice	22	deserve
08	apology	23	pure
09	democracy	24	slight
10	row	25	nuclear
11	remark	26	genetic
12	comfort	27	financial
13	struggle	28	particular
14	approach	29	abroad
15	content	30	aboard

01	genius	16	혁명
02	privacy	17	재산
03	occasion	18	수술
04	authority	19	하인
05	instruction	20	지위[계급]
06	profession	21	원칙[원리/법칙]
07	occupation	22	유리한 점[이점]
08	involve	23	예약하다
09	conduct	24	기부[기증]하다
10	propose	25	드러내다[밝히다]
11	approve	26	인정[시인]하다
12	urban	27	극도의[극단적인]
13	definite	28	학업[학교/학문]의
14	conscious	29	죄책감을 느끼는, 유죄의
15	addicted	30	일반적으로[대체로]

- ✂ - - - - - - - - - - -

01	aisle	16	천장
02	appearance	17	강철
03	grab	18	인류
04	sweat	19	시인
05	switch	20	장치
06	giant	21	목적지
07	plain	22	소비자
08	rob	23	열정
09	seek	24	알약[정제]
10	avoid	25	형사[탐정]
11	swing	26	주방장[요리사]
12	found	27	취소하다
13	magnetic	28	가파른
14	ridiculous	29	논리적인
15	upstairs	30	썩은

01	tax	16	**cheat**
02	fee	17	**persuade**
03	fuel	18	**locate**
04	scale	19	**distinguish**
05	income	20	**investigate**
06	burden	21	**equal**
07	identity	22	**lower**
08	spectator	23	usual
09	**harm**	24	unusual
10	**profit**	25	tropical
11	**defeat**	26	accurate
12	**process**	27	artificial
13	**comment**	28	sufficient
14	**purchase**	29	rarely
15	**steal**	30	hardly

01	rate	16	**reveal**
02	principle	17	**involve**
03	genius	18	**donate**
04	authority	19	**reserve**
05	property	20	**approve**
06	advantage	21	**conduct**
07	revolution	22	**propose**
08	occupation	23	**principal**
09	instruction	24	urban
10	opportunity	25	guilty
11	**regret**	26	definite
12	**progress**	27	addicted
13	**public**	28	conscious
14	**complex**	29	otherwise
15	**admit**	30	generally

뜯어먹는 중학 영단어 1800

미니 영어 사전

이 사전은 중학교 전 교과서를 컴퓨터로 검색해 실제로 자주 쓰이는
단어의 의미만 추려 실은 것입니다.
이 사전은 중학교 영어 단어의 기준과 표준입니다.

- 알파벳순으로 정리되어 있다.
- 뜻은 중학교 과정에서 알아야 할 알맞은 수준에 맞추어 정리했다.
- 각 단어 뒤에 이 책에서의 페이지가 나와 있다.
- 필요한 단어를 찾거나 누적 테스트의 정답 확인 방법으로 활용할 수 있다.

G

366

영어 실력과 내신 점수를 함께 높이는

중학 영어 클리어, 빠르게 통하는 시리즈

 문법 영문법 클리어 | LEVEL 1~3 최신 개정판

문법 개념과 내신을 한 번에 끝내다!

- 중등에서 꼭 필요한 핵심 문법만 담아 시각적으로 정리
- 시험에 꼭 나오는 출제 포인트부터 서술형 문제까지 내신 완벽 대비

 쓰기 문법+쓰기 클리어 | LEVEL 1~3 최신 개정판

영작과 서술형을 한 번에 끝내다!

- 기초 형태 학습부터 문장 영작까지 단계별로 영작 집중 훈련
- 최신 서술형 집중 훈련으로 서술형 실전 준비 완료

 독해 READING CLEAR | LEVEL 1~3

문장 해석과 지문 이해를 한 번에 끝내다!

- 핵심 구문 32개로 어려운 문법 구문의 정확한 해석 훈련
- Reading Map으로 글의 핵심 및 구조 파악 훈련

 듣기 LISTENING CLEAR | LEVEL 1~3

듣기 기본기와 듣기 평가를 한 번에 끝내다!

- 최신 중학 영어듣기능력평가 완벽 반영
- 1.0배속/1.2배속/받아쓰기용 음원 별도 제공으로 학습 편의성 강화

 실전 문법 빠르게 통하는 영문법 핵심 1200제 | LEVEL 1~3

실전 문제로 내신과 실력 완성에 빠르게 통한다!

- 대표 기출 유형과 다양한 실전 문제로 내신 완벽 대비
- 시험에 자주 나오는 실전 문제로 실전 풀이 능력 빠르게 향상

[동아출판 ◗

뜯어먹는 중학 영단어 **1800**

일일 암기장

뜯어먹는 중학 영단어 1800

일일 암기장

1. 이 암기장은 **뜯어먹는 중학 영단어 1800**과 미리 보는 고등 영단어 **Upgrading 300**을 1일 1페이지로 정리한 것입니다.

2. 영어와 우리말 사이를 접어 영어는 우리말로, 우리말은 영어로 각각 외울 수 있게 하였습니다.

3. 늘 몸에 지니고 다니면서 외울 수 있습니다.

01	life	01	삶[인생/생활], 생명
02	person	02	사람
03	job	03	일, 일자리
04	earth	04	지구, 땅
05	country	05	나라, 시골
06	way	06	방법[방식], 길
07	story	07	이야기, 층
08	movie	08	영화(관)
09	problem	09	문제
10	lot	10	(수량이) 많음
11	hand	11	손, 건네주다
12	place	12	장소, 두다[놓다]
13	call	13	전화하다, 부르다, 통화, 부름
14	start	14	시작하다, 출발하다, 시작, 출발
15	try	15	노력하다, ~해 보다, 시도
16	use	16	사용[이용](하다)
17	kind	17	종류, 친절한
18	fun	18	재미(있는), 장난
19	future	19	미래(의), 장래
20	have	20	가지고 있다, 먹다, ~하게 하다
21	make	21	만들다, ~하게 하다
22	let	22	~하게 하다[허락하다]
23	get	23	얻다, 이르다, 되다
24	take	24	데려[가져]가다, 필요로 하다, 받다
25	different	25	다른
26	important	26	중요한
27	right	27	옳은, 오른쪽(의), 바로, 권리
28	sure	28	확신하는, 물론
29	well	29	잘, 건강한, 우물
30	hard	30	열심히, 단단한, 어려운

접는선

2

01	piece	01	(한) 부분[조각], 한 개[하나]
02	example	02	예, 모범
03	minute	03	분, 잠깐[순간]
04	trip	04	여행
05	letter	05	편지, 글자
06	language	06	언어
07	science	07	과학
08	fire	08	불, 화재, 해고하다, 발사하다
09	name	09	이름, 이름을 붙이다
10	part	10	부분, 부품, 역할, 헤어지다
11	plan	11	계획(하다)
12	plant	12	식물, 공장, 심다
13	practice	13	연습(하다), 실행(하다), 관행
14	turn	14	돌(리)다, 바뀌다[바꾸다], 차례, 회전
15	need	15	필요(하다), 욕구
16	learn	16	배우다, 알게 되다
17	keep	17	유지하다, 계속하다, 보존하다
18	find	18	찾아내다[발견하다]
19	become	19	~이 되다[~(해)지다]
20	live	20	살다, 살아 있는
21	mean	21	의미하다, 의도하다, 못된
22	last	22	지난, 마지막의, 계속되다
23	any	23	어떤 (것), 아무(것)
24	each	24	각각(의)
25	other	25	다른 (것[사람])
26	another	26	또 하나의 (것[사람]), 다른 (것[사람])
27	same	27	같은 (것[사람])
28	too	28	너무, ~도
29	also	29	~도
30	really	30	정말[진짜]

접는선

3

01	restaurant	01	레스토랑[식당]
02	street	02	거리[도로]
03	side	03	측[쪽], 측면, 옆
04	space	04	공간, 우주
05	art	05	미술, 예술, 기술
06	culture	06	문화
07	activity	07	활동
08	weekend	08	주말
09	information	09	정보
10	face	10	얼굴, 직면하다
11	mind	11	마음, 언짢아하다
12	work	12	일(하다), 공부(하다), 작동[작용]하다
13	watch	13	지켜보다, 시계
14	worry	14	걱정시키다[걱정하다], 걱정(거리)
15	change	15	바꾸다, 변화(하다), 거스름돈
16	light	16	빛, 불(을 붙이다), 밝은, 가벼운
17	present	17	선물, 현재(의), 출석한
18	middle	18	한가운데(의)
19	favorite	19	가장 좋아하는 (것[사람])
20	enjoy	20	즐기다
21	win	21	이기다, 따다[얻다]
22	understand	22	이해하다
23	warm	23	따뜻한, 따뜻하게 하다
24	clean	24	깨끗한, 청소하다
25	own	25	자신의 (것), 소유하다
26	interesting	26	재미있는
27	famous	27	유명한
28	special	28	특별[특수]한, 전문의
29	fast	29	빨리, 단단히, 빠른
30	only	30	단지[오직], 유일한

접는선

01	clothes	01	옷[의복]
02	poem	02	시
03	nature	03	자연, 천성
04	forest	04	숲
05	island	05	섬
06	village	06	마을
07	state	07	국가, (미국의) 주, 상태
08	habit	08	습관
09	history	09	역사
10	dialog(ue)	10	대화
11	newspaper	11	신문
12	vacation	12	휴가[방학]
13	store	13	가게, 비축[저장]하다
14	sound	14	소리, ~처럼 들리다, 건전핸[건강한]
15	point	15	(요)점, 점수, 가리키다
16	land	16	땅[육지], 착륙하다
17	fall	17	떨어지다, 넘어지다, 가을, 떨어짐, 폭포
18	fly	18	날다, 파리
19	visit	19	방문(하다)
20	begin	20	시작하다
21	grow	21	자라다, 기르다, ~해지다
22	believe	22	믿다
23	save	23	구하다, 저축[절약]하다
24	participate	24	참개[참여]하다
25	please	25	제발, 기쁘게 하다
26	easy	26	쉬운, 편한
27	poor	27	가난한, 불쌍한, 잘 못하는
28	such	28	그러한, 그렇게[너무나]
29	just	29	막, 꼭, 단지
30	always	30	늘[언제나]

접는선

01	war	01	전쟁
02	soldier	02	군인[병사]
03	vegetable	03	채소[야채]
04	leaf	04	잎
05	bottle	05	병
06	machine	06	기계
07	area	07	지역, 분야, 면적
08	grade	08	성적, 등급, 학년
09	advertisement[ad]	09	광고
10	spring	10	봄, 용수철, 샘, 튀다
11	rock	11	바위, 록 음악, 흔들다
12	line	12	선, 줄(을 서다)
13	exercise	13	운동(하다), 연습(하다)
14	cook	14	요리하다, 요리사
15	stay	15	머무르다, 그대로 있다, 머무름
16	break	16	깨뜨리다, 고장 내다, 어기다, 휴식
17	front	17	앞(쪽)(의)
18	second	18	제2의, 초, 잠깐
19	cold	19	추운, 차가운, 감기, 추위
20	happen	20	일어나다, 우연히 ~하다
21	leave	21	떠나다, 내버려두다, 남기다
22	remember	22	기억하다
23	wear	23	입고[신고/쓰고] 있다
24	move	24	움직이다, 이사하다, 감동시키다
25	send	25	보내다
26	large	26	큰, 넓은
27	amazing	27	놀라운
28	early	28	초기의, 이른, 일찍
29	often	29	자주[흔히]
30	sometimes	30	때때로

접는선

일일 암기장 DAY 06　　　　　6일째

01	peace	01	평화
02	neighbor	02	이웃 (사람[나라])
03	pet	03	애완동물
04	brain	04	(두)뇌
05	age	05	나이, 시대
06	subject	06	과목, 주제
07	fact	07	사실
08	price	08	값[가격]
09	custom	09	관습[풍습]
10	office	10	사무실, 관청
11	park	11	공원, 주차하다
12	rule	12	규칙, 지배(하다)
13	respect	13	존경[존중](하다)
14	check	14	점검[확인](하다), 수표
15	bring	15	가져[데려]오다
16	build	16	짓다[건축/건설하다]
17	join	17	가입하다, 함께하다
18	lose	18	잃다, 지다
19	die	19	죽다
20	half	20	(절)반(의), 반쯤
21	few	21	소수(의), 몇몇(의)
22	both	22	양쪽[둘 다](의)
23	sick	23	병든[아픈]
24	busy	24	바쁜, 번화한, 통화 중의
25	real	25	진짜[현실]의
26	wrong	26	틀린[잘못된], 틀리게
27	most	27	대부분(의), 가장 (많은)
28	late	28	늦은, 늦게
29	fortunately	29	운 좋게도[다행히]
30	even	30	~조차(도), 훨씬

접는선

7

01	health	01	건강
02	holiday	02	(공)휴일
03	gift	03	선물, 재능
04	goal	04	목표[목적], 골[득점]
05	effect	05	영향[결과/효과]
06	field	06	들판, 경기장, 분야, 현장
07	magazine	07	잡지
08	sign	08	표지판, 신호(하다), 서명하다
09	report	09	보고[보도](하다)
10	order	10	순서, 질서, 명령(하다), 주문(하다)
11	experience	11	경험(하다)
12	result	12	결과(로 생기다)
13	ride	13	타다, 타기, 탈것
14	wish	14	바라다[빌다], 소원[소망]
15	human	15	인간(의), 인간다운
16	past	16	지나간, 과거(의), ~을 지나서
17	carry	17	가지고 있다, 나르다
18	draw	18	그리다, 끌어당기다, 뽑다
19	spend	19	(시간/돈을) 쓰다
20	wait	20	기다리다
21	decide	21	결정하다
22	choose	22	고르다[선택하다]
23	true	23	사실인, 진짜의, 참된
24	popular	24	인기 있는, 대중의
25	difficult	25	어려운
26	foreign	26	외국의
27	able	27	~할 수 있는
28	full	28	가득 찬
29	usually	29	보통[일반적으로]
30	never	30	결코 ~ 않다

접는선

8

01	dish	01	접시, 요리
02	toy	02	장난감
03	subway	03	지하철
04	voice	04	목소리
05	event	05	사건[행사]
06	opinion	06	의견[견해]
07	solution	07	해법[해답]
08	allowance	08	용돈[수당]
09	hundred	09	백[100]
10	thousand	10	천[1000]
11	century	11	세기[100년]
12	rest	12	휴식, 나머지, 쉬다
13	waste	13	낭비(하다), 쓰레기
14	surprise	14	놀라게 하다, 놀람
15	bear	15	낳다, 곰
16	fight	16	싸우다, 싸움
17	buy	17	사다
18	sell	18	팔다
19	follow	19	따르다
20	miss	20	놓치다, 그리워하다
21	close	21	닫다, 가까운, 가까이
22	free	22	자유로운, 무료의, 자유롭게 하다
23	upset	23	속상한, 속상하게 하다
24	healthy	24	건강한, 건강에 좋은
25	delicious	25	맛있는
26	sad	26	슬픈
27	careful	27	조심하는[주의 깊은]
28	ready	28	준비된
29	away	29	떨어져, 떠나서
30	however	30	그러나[그렇지만]

접는선

01	president	01	대통령, 장(長)
02	diary	02	일기(장)
03	cartoon	03	만화 (영화)
04	meal	04	식사
05	character	05	성격, (등장)인물, 글자
06	reason	06	이유, 이성
07	ground	07	땅, 운동장
08	community	08	공동체[주민/지역 사회]
09	glass	09	유리(잔), 안경
10	weight	10	무게, 몸무게[체중]
11	control	11	지배[통제](하다), 조절하다
12	step	12	걸음, 단계, 계단, 밟다
13	matter	13	문제[일], 중요하다
14	match	14	시합, 성냥, 어울리다
15	set	15	두다, 세우다, (해가) 지다, 세트
16	catch	16	(붙)잡다, (병에) 걸리다
17	hold	17	잡고 있다, 개최하다
18	pick	18	고르다, 따다, 뽑다
19	teach	19	가르치다
20	agree	20	동의하다[의견이 일치하다]
21	invent	21	발명하다
22	welcome	22	환영(하다), 환영받는
23	bright	23	빛나는[밝은], 똑똑한
24	smart	24	영리한[똑똑한]
25	wise	25	지혜로운[현명한]
26	hungry	26	배고픈
27	fine	27	좋은[훌륭한], 잘
28	pretty	28	예쁜, 꽤, 아주
29	still	29	아직도, 훨씬, 가만히 있는
30	later	30	나중에, 더 뒤의

접는선

10

01	teenager[teen]	01	십대 소년 · 소녀
02	arm	02	팔, 무기
03	skill	03	기술[기능]
04	factory	04	공장
05	prize	05	상[상품]
06	chance	06	기회, 가망[가능성]
07	shape	07	모양, 상태
08	difference	08	다름[차이]
09	wall	09	벽[담]
10	contest	10	경연[대회], 겨루다
11	race	11	경주(하다), 인종
12	smell	12	냄새(나다)
13	interest	13	관심[흥미](를 끌다)
14	judge	14	재판관, 판단하다
15	cause	15	원인(이 되다), 일으키다
16	cover	16	덮다, 다루다, 덮개
17	travel	17	여행(하다), 이동하다
18	guess	18	추측(하다)
19	finish	19	끝내다[끝나다]
20	wash	20	씻다
21	introduce	21	소개하다
22	hurt	22	다치게 하다, 아프다
23	tired	23	피곤한, 싫증난
24	proud	24	자랑스러운
25	dirty	25	더러운
26	angry	26	화난[성난]
27	modern	27	현대의, 현대적인
28	useful	28	유용한[쓸모 있는]
29	soon	29	곧, 빨리
30	once	30	한 번, (과거) 언젠가

접는선

01	environment	01	환경
02	pollution	02	오염
03	lake	03	호수
04	desert	04	사막
05	insect	05	곤충
06	accident	06	사고
07	college	07	대학
08	exam	08	시험
09	advice	09	조언[충고]
10	hobby	10	취미
11	form	11	형태, 형식, 형성되다
12	mark	12	표시(하다), 부호, 자국
13	board	13	판, 게시판, 탑승하다
14	post	14	우편(물), 게시하다
15	laugh	15	(비)웃다, 웃음
16	excuse	16	용서하다, 변명(하다)
17	pass	17	지나가다, 건네주다, 합격하다, 패스
18	drive	18	운전하다, 드라이브
19	receive	19	받다
20	kill	20	죽이다
21	climb	21	오르다[등반하다]
22	add	22	더하다, 덧붙이다
23	fat	23	살찐[뚱뚱한], 지방
24	dark	24	어두운, 어둠
25	whole	25	전체[전부](의)
26	afraid	26	두려워하는, 걱정하는
27	physical	27	육체[신체]의, 물질의
28	dangerous	28	위험한
29	off	29	떨어져[멀리]
30	ever	30	언제든[한번이라도]

접는선

01	clerk	01	사무원, 점원
02	riddle	02	수수께끼
03	company	03	회사, 함께 있음, 친구
04	garage	04	차고[주차장]
05	palace	05	궁전
06	hole	06	구멍
07	bill	07	청구서, 지폐, 법안
08	seed	08	씨(앗)
09	medicine	09	약, 의학
10	luck	10	(행)운
11	meaning	11	의미[뜻]
12	volunteer	12	자원봉사자, 자원하다
13	view	13	견해, 전망, 바라보다
14	lie	14	(누워) 있다, 거짓말(하다)
15	act	15	행동(하다), 연기(하다)
16	pay	16	지불하다, 봉급
17	shout	17	외치다, 외침
18	cross	18	건너다, 교차시키다, 십자가
19	seem	19	보이다, ~인 것 같다
20	invite	20	초대하다
21	arrive	21	도착하다
22	collect	22	모으다[수집하다]
23	rich	23	부유한, 풍부한
24	blind	24	시각 장애가 있는[눈 먼]
25	heavy	25	무거운, 심한
26	terrible	26	끔찍한[지독한]
27	strange	27	이상한, 낯선
28	possible	28	가능한
29	maybe	29	아마
30	ago	30	~ 전에

접는선

13

01	sense	01	감각
02	pleasure	02	기쁨[즐거움]
03	image	03	이미지[인상/영상/심상]
04	map	04	지도
05	project	05	프로젝트[계획/기획/과제]
06	traffic	06	교통(량)
07	safety	07	안전
08	spaceship	08	우주선
09	rainbow	09	무지개
10	million	10	100만
11	model	11	모델[모형/모범]
12	type	12	유형, 타자를 치다
13	block	13	블록[구획], 막다
14	seat	14	좌석[자리], 앉히다
15	touch	15	만지다, 감동시키다, 접촉
16	wonder	16	궁금하다, 경이
17	magic	17	마술[마법](의)
18	secret	18	비밀(의)
19	general	19	일반적인, 육군[공군] 장군
20	prepare	20	준비하다
21	imagine	21	상상하다
22	forget	22	잊다
23	develop	23	발달하다, 개발하다
24	recycle	24	재활용하다
25	several	25	몇몇의
26	funny	26	웃기는[재미있는]
27	safe	27	안전한
28	enough	28	충분한 (수량), 충분히
29	loud	29	큰 소리의, 큰소리로
30	far	30	멀리, 훨씬, 먼

접는선

14

01	truth	01	진실[사실/진리]
02	success	02	성공
03	friendship	03	우정
04	being	04	존재
05	goods	05	상품[제품]
06	coin	06	동전
07	bank	07	은행, 둑
08	address	08	주소, 연설
09	electricity	09	전기
10	law	10	법(률)
11	campaign	11	(정치 · 사회적) 운동[캠페인]
12	sentence	12	문장
13	heat	13	열, 더위, 뜨겁게 하다
14	circle	14	원(을 그리다), 집단
15	reach	15	이르다[도착하다] 뻗다, 범위
16	mix	16	섞다[섞이다], 혼합
17	excite	17	흥분시키다
18	rise	18	오르다, 떠오르다
19	lead	19	이끌다[데리고 가다]
20	enter	20	들어가다, 입학하다
21	fill	21	(가득) 채우다[차다]
22	produce	22	생산하다
23	cool	23	시원한, 식다[식히다]
24	slow	24	느린, 늦추다
25	clear	25	명확한, 맑은, 치우다
26	false	26	틀린[가짜의/거짓된]
27	national	27	국가[민족]의
28	main	28	주된[가장 중요한]
29	almost	29	거의
30	finally	30	마침내, 마지막으로

접는선

15

01	library	01	도서관
02	museum	02	박물관[미술관]
03	ocean	03	대양[바다]
04	bone	04	뼈
05	bath	05	목욕
06	pity	06	유감[안된 일], 동정
07	proverb	07	격언[속담]
08	product	08	생산물[제품]
09	invention	09	발명(품)
10	technology	10	테크놀로지[과학 기술]
11	trash	11	쓰레기
12	moment	12	때[순간], 잠시
13	date	13	날짜, 데이트
14	taste	14	맛(이 나다), 취향
15	balance	15	균형(을 잡다)
16	ring	16	반지, (종[전화]이) 울리다
17	share	17	공유하다, 나누다, 몫
18	return	18	(되)돌아가다[오다], 귀환
19	lift	19	(들어) 올리다, 태우기
20	raise	20	올리다, 모금하다, 기르다
21	explain	21	설명하다
22	marry	22	~와 결혼하다
23	exciting	23	흥분시키는[흥미진진한]
24	common	24	흔한, 공통의, 보통의
25	global	25	세계[지구]의
26	regular	26	규칙적인, 보통의
27	serious	27	진지한, 심각한
28	fresh	28	신선한, 새로운
29	probably	29	아마
30	else	30	그 밖의

접는선

01	planet	01	행성, 지구
02	beauty	02	아름다움, 미인
03	sight	03	시력, 봄, 시야, 광경
04	nation	04	국가, 민족
05	foreigner	05	외국인
06	band	06	악단[악대], 밴드[띠]
07	straw	07	(밀)짚, 빨대
08	storm	08	폭풍우
09	disease	09	(질)병
10	purpose	10	목적
11	display	11	전시[진열](하다)
12	reply	12	대답(하다)
13	record	13	기록(하다), 녹음하다
14	cheer	14	환호[응원](하다)
15	shake	15	흔들(리)다, 밀크셰이크
16	key	16	열쇠, 비결, 핵심적인
17	wild	17	야생(의)
18	square	18	정사각형(의), 제곱(의), 광장
19	wake	19	잠에서 깨다[깨우다]
20	discover	20	발견하다
21	solve	21	풀다[해결하다]
22	continue	22	계속하다
23	burn	23	(불)타다[태우다]
24	simple	24	간단한[단순한]
25	quiet	25	조용한
26	traditional	26	전통의, 전통적인
27	international	27	국제의, 국제적인
28	huge	28	거대한
29	instead	29	대신에
30	suddenly	30	갑자기

접는선

01	bridge	01	(건너는) 다리
02	ghost	02	유령
03	scene	03	장면, 현장
04	effort	04	노력
05	wisdom	05	지혜
06	fault	06	잘못, 결점
07	flight	07	항공편, 비행
08	zoo	08	동물원
09	candle	09	(양)초
10	bottom	10	맨 아래[바닥]
11	mistake	11	실수(하다)
12	trouble	12	곤란[곤경], 괴롭히다
13	nap	13	낮잠(을 자다)
14	blow	14	불다, 강타[타격]
15	flood	15	물에 잠기게 하다, 홍수
16	hurry	16	서두르다, 서두름
17	treat	17	대하다, 치료하다, 대접하다, 한턱내기
18	express	18	표현하다, 급행의, 급행열차
19	breathe	19	숨 쉬다[호흡하다]
20	hate	20	몹시 싫어하다
21	create	21	창조[창출]하다
22	divide	22	나누다[나뉘다]
23	soft	23	부드러운
24	empty	24	빈
25	perfect	25	완벽한[완전한]
26	successful	26	성공한[성공적인]
27	everyday	27	매일의[일상의]
28	low	28	낮은, 낮게
29	alone	29	혼자, 외로이, 외로운
30	inside	30	안(쪽)(에)

01	creature	01	동물, 생명체
02	army	02	군대, 육군
03	society	03	사회
04	fan	04	팬[~광], 선풍기[부채]
05	wheel	05	바퀴
06	pair	06	쌍[벌/켤레]
07	joy	07	기쁨
08	memory	08	기억(력), 추억
09	recipe	09	조리[요리]법
10	kid	10	아이, 농담하다
11	smoke	11	연기, 담배를 피우다
12	favor	12	호의[친절], 부탁, 선호하다
13	trick	13	속임수, 장난, 속이다
14	experiment	14	실험(하다)
15	drop	15	떨어뜨리다, 방울
16	press	16	누르다, 언론, 인쇄
17	stick	17	붙(이)다, 찌르다, 내밀다, 스틱
18	roll	18	구르다, 말다, 두루마리
19	throw	19	던지다
20	serve	20	음식을 제공하다, 시중들다
21	improve	21	개선되다, 향상시키다
22	realize	22	깨닫다, 실현하다
23	dry	23	마른[건조한], 말리다
24	complete	24	완전한, 끝내다
25	lucky	25	행운의[운 좋은]
26	natural	26	자연[천연]의, 타고난
27	friendly	27	친절한, 친한
28	cute	28	귀여운
29	already	29	이미[벌써]
30	especially	30	특히

접는선

01	**hometown**		01	고향
02	**yard**		02	마당[뜰]
03	**grocery**		03	식료품 잡화
04	**fairy**		04	요정
05	**flag**		05	기[깃발]
06	**manner**		06	방식, 태도, 예의
07	**noise**		07	시끄러운 소리[소음]
08	**pain**		08	고통, 수고
09	**danger**		09	위험
10	**guide**		10	안내(인), 안내하다
11	**coach**		11	코치, 코치[지도]하다
12	**note**		12	메모, 필기, 주목하다
13	**count**		13	세다, 계산(하다), 셈
14	**sail**		14	항해하다, 돛
15	**promise**		15	약속(하다)
16	**repeat**		16	되풀이하다, 반복(하다)
17	**bake**		17	굽다
18	**gather**		18	모으다[모이다]
19	**succeed**		19	성공하다, 뒤를 잇다
20	**protect**		20	보호하다
21	**advertise**		21	광고하다
22	**disappear**		22	사라지다
23	**electric**		23	전기의
24	**lovely**		24	아름다운, 즐거운
25	**thin**		25	얇은, 마른, 묽은
26	**round**		26	둥근, 왕복의, 라운드, **주위에**
27	**deep**		27	깊은, 깊게
28	**wide**		28	넓은, 활짝
29	**yet**		29	아직, 벌써, 그렇지만
30	**quickly**		30	빨리, 곧

접는선

01	couple	01	한 쌍, 몇몇, 커플[부부]
02	tourist	02	관광객
03	gate	03	(대)문, 탑승구
04	background	04	배경
05	capital	05	수도, 대문자, 자본
06	valley	06	골짜기[계곡]
07	direction	07	방향, 지시
08	distance	08	거리
09	behavior	09	행동
10	dictionary	10	사전
11	object	11	물건[물체], 목적, 대상, 반대하다
12	rescue	12	구조[구출](하다)
13	tear	13	눈물, 찢(어지)다
14	honor	14	존경(하다), 영광, 명예
15	increase	15	증가(하다), 증가시키다
16	bite	16	물다, 물기
17	male	17	남성[수컷](의)
18	native	18	출생지의, 원주민(의)
19	disappoint	19	실망시키다
20	shine	20	빛나다
21	fix	21	고치다, 고정시키다
22	pour	22	따르다, (퍼)붓다
23	allow	23	허락[허용]하다
24	prevent	24	막다[방지/예방하다]
25	certain	25	확신하는[확실한], 어떤
26	mental	26	정신[마음]의
27	comfortable	27	편(안)한
28	expensive	28	비싼
29	therefore	29	그러므로
30	everywhere	30	어디나

접는선

21

01	action	01	행동, 조치
02	talent	02	재능, 재능 있는 사람(들)
03	choice	03	선택
04	slave	04	노예
05	situation	05	상황
06	pride	06	자랑스러움[자부심]
07	tip	07	(뾰족한) 끝, 팁, 조언
08	stair	08	계단
09	soil	09	흙[토양]
10	master	10	달인, 주인, 숙달하다
11	suit	11	정장, ~옷[복], 맞다, 어울리다
12	notice	12	알아차리다, 주목
13	bow	13	절(하다), 숙이다, 활, 나비매듭
14	rush	14	서두르다, 돌진
15	adult	15	성인(의), 어른(스러운)
16	principal	16	교장, 장, 주요한
17	folk	17	사람들, 가족, 민속의
18	material	18	재료, 자료, 물질의
19	standard	19	수준[기준], 일반적인
20	surf	20	파도타기를 하다
21	accept	21	받아들이다[인정하다]
22	obey	22	따르다[순종하다]
23	hide	23	숨기다[숨다]
24	basic	24	기본[기초]의
25	local	25	지역[지방]의
26	boring	26	지루한
27	weak	27	약한
28	quick	28	빠른
29	easily	29	쉽게
30	abroad	30	외국에[으로]

접는선

01	hero	01 영웅, 남자 주인공
02	ability	02 능력
03	knowledge	03 지식
04	technique	04 기법[기술]
05	floor	05 바닥, (건물의) 층
06	cancer	06 암
07	diet	07 식사, 다이어트
08	garbage	08 쓰레기
09	cash	09 현금
10	countryside	10 시골
11	route	11 길[노선]
12	amount	12 양, 합계 ~이다
13	score	13 득점[점수], 득점하다
14	challenge	14 도전(하다)
15	cure	15 치료제[법], 치료하다
16	appear	16 나타나다, ~인 것 같다
17	spread	17 펴다, 퍼지다
18	hunt	18 사냥하다
19	destroy	19 파괴하다
20	consider	20 숙고[고려]하다, 여기다
21	expect	21 기대[예상]하다
22	suggest	22 제안하다[권하다]
23	cultural	23 문화의
24	social	24 사회의
25	elderly	25 연세 드신
26	unhappy	26 불행한
27	crazy	27 미친, 열광적인, 화난
28	alive	28 살아 있는
29	outside	29 **밖에[으로]**, 외부의
30	quite	30 꽤

01	host	01	주인[주최자], 진행자
02	audience	02	청중[관객], 시청자
03	athlete	03	운동선수
04	cell	04	세포
05	wing	05	날개
06	tail	06	꼬리
07	bowl	07	사발[공기]
08	brick	08	벽돌
09	temperature	09	온도[기온], 체온
10	transportation	10	운송, 교통수단
11	site	11	장소, 현장, 웹사이트
12	decision	12	결정
13	fiction	13	소설[허구]
14	frighten	14	무섭게 하다[겁주다]
15	scare	15	무섭게 하다[겁주다]
16	slip	16	미끄러지다
17	melt	17	녹다[녹이다]
18	pollute	18	오염시키다
19	affect	19	영향을 미치다
20	depend	20	의존하다, 믿다, 달려 있다
21	manage	21	경영[관리]하다, 해내다
22	fit	22	맞다[맞추다], 건강한
23	correct	23	맞는, 바로잡다
24	surprising	24	놀라운
25	active	25	활동적인, 적극적인
26	colorful	26	다채로운[화려한]
27	wet	27	젖은, 비 오는
28	lively	28	활기찬[활발한]
29	daily	29	매일[일상]의, 매일
30	straight	30	똑바로[곧장], 곧은[똑바른]

접는선

01	god		01	신[조물주]
02	guest		02	손님
03	diver		03	잠수부
04	blood		04	피[혈액]
05	pool		05	수영장, 웅덩이
06	temple		06	사원[절]
07	thought		07	생각[사고]
08	crop		08	농작물, 수확량
09	sheet		09	(침대) 시트, 한 장
10	quarter		10	4분의 1
11	crowd		11	군중, 꽉 채우다
12	care		12	돌봄, 관심을 갖다
13	strike		13	치다[부딪치다], 치기
14	relative		14	친척, 상대적인
15	patient		15	환자, 참을성 있는
16	gain		16	얻다, 늘다
17	provide		17	제공[공급]하다
18	dig		18	파다[캐다]
19	explore		19	탐사[탐험/탐구]하다
20	warn		20	경고하다
21	recognize		21	알아보다
22	celebrate		22	축하[기념]하다
23	stupid		23	어리석은[멍청한]
24	helpful		24	도움이 되는
25	convenient		25	편리한
26	impossible		26	불가능한
27	medical		27	의학[의료]의
28	outdoor		28	야외의
29	forever		29	영원히
30	indeed		30	정말

접는선

01	wood	01	나무[목재], 숲
02	cave	02	동굴
03	tomb	03	무덤
04	tool	04	도구[연장]
05	satellite	05	(인공)위성
06	communication	06	의사소통, 통신
07	wealth	07	부[재산]
08	attention	08	주의[주목]
09	miracle	09	기적
10	stream	10	개울[시내], 흐름, 계속 흐르다
11	wave	11	파도[물결], 흔들다
12	value	12	가치, 소중히 여기다
13	beat	13	이기다, 계속 때리다, 박동, 박자
14	support	14	지지(하다), 부양하다
15	twin	15	쌍둥이 (중의 한 명), 쌍둥이의
16	chemical	16	화학 물질, 화학의
17	female	17	여성[암컷](의)
18	fair	18	공정한[공평한], 박람회
19	respond	19	반응하다, 대답하다
20	deliver	20	배달하다
21	fold	21	접다
22	include	22	포함하다
23	earn	23	(돈을) 벌다
24	bet	24	돈을 걸다
25	calm	25	침착한, 평온, 진정하다
26	direct	26	직접(의), 지휘하다
27	thick	27	두꺼운, 짙은, 진한
28	abstract	28	추상적인
29	someday	29	(미래) 언젠가
30	nowadays	30	요즘에는

접는선

26

01	lawyer	01	변호사
02	officer	02	장교, 관리, 경찰관
03	university	03	대학
04	level	04	수준, 높이
05	growth	05	성장, 증가
06	journey	06	여행
07	gun	07	총, 대포
08	emergency	08	비상[응급]
09	case	09	경우, 사건, 케이스[용기]
10	difficulty	10	어려움, 곤경
11	addition	11	더하기
12	credit	12	신용 거래
13	fool	13	바보, 속이다
14	harvest	14	수확(량), 수확하다
15	figure	15	수치, 인물, 도표, 이해하다
16	tie	16	묶다, 동점(이 되다), 넥타이
17	boil	17	끓다[끓이다], 삶다
18	borrow	18	빌리다
19	belong	19	~에 속하다, ~ 소유이다
20	communicate	20	(의사)소통하다, 연락하다
21	confuse	21	혼란시키다, 혼동하다
22	survive	22	살아남다, ~보다 오래 살다
23	handsome	23	잘생긴
24	gentle	24	온화한
25	mad	25	화난, 열광적인, 미친
26	merry	26	즐거운[명랑한]
27	noisy	27	시끄러운
28	scientific	28	과학의, 과학적인
29	mostly	29	주로
30	anywhere	30	어디든, 아무데(서)도, 어딘가

접는선

27

01	captain	01	선장[기장], (팀의) 주장
02	stranger	02	낯선 사람, 처음인 사람
03	statue	03	조각상
04	spirit	04	정신[영혼], 기분[기백]
05	scenery	05	경치[풍경]
06	gesture	06	제스처[몸짓]
07	pole	07	막대기, 극
08	rubber	08	고무
09	structure	09	구조, 구조[건축]물
10	root	10	뿌리, 응원하다
11	schedule	11	일정[시간표], 예정이다
12	tour	12	여행, 관광[순회](하다)
13	charge	13	요금, 외상, 책임, 청구하다
14	decrease	14	줄(이)다, 감소(하다)
15	review	15	복습하다, 검토, 논평
16	vote	16	투표(하다)
17	attend	17	참석하다, 다니다
18	discuss	18	토론[논의]하다
19	settle	19	해결하다, 정착하다
20	elect	20	(선거로) 선출하다
21	achieve	21	이루다[성취하다]
22	appreciate	22	감사하다, 진가를 알아보다
23	brave	23	용감한
24	cheap	24	싼
25	classical	25	고전의, 고전적인
26	familiar	26	잘 아는, 친숙한
27	unknown	27	알려지지 않은
28	uncomfortable	28	불편한
29	simply	29	그제[단지], 간단히
30	anyway	30	어쨌든

접는선

01	population	01	인구
02	coast	02	해안
03	bucket	03	양동이
04	cart	04	마차, 카트[손수레]
05	cage	05	새장[우리]
06	screen	06	화면[스크린]
07	kite	07	연
08	autumn	08	가을
09	breeze	09	산들바람[미풍]
10	mess	10	엉망
11	litter	11	쓰레기
12	joke	12	농담(하다)
13	hike	13	도보 여행(을 하다)
14	fear	14	두려움, 두려워하다
15	offer	15	제의[제공](하다)
16	remain	16	계속 ~이다, 남다, 나머지, 유적
17	repair	17	고치다, 수리(하다)
18	blank	18	빈칸, 빈
19	final	19	마지막의, 결승전
20	public	20	대중[공공]의, 대중
21	bend	21	구부리다
22	float	22	뜨다[띄우다], 떠다니다
23	bark	23	짖다
24	concentrate	24	집중하다
25	dead	25	죽은
26	personal	26	개인의[개인적인]
27	historic	27	역사상 중요한[역사적인]
28	western	28	서쪽의, 서양의
29	ahead	29	앞에[으로]
30	exactly	30	정확히

접는선

01	government	01	정부
02	stomach	02	위, 배[복부]
03	flour	03	곡물 가루
04	doll	04	인형
05	cyberspace	05	사이버 공간
06	strength	06	힘, 강점
07	will	07	의지[뜻], 유언장
08	development	08	발달, 개발
09	engineering	09	공학
10	edge	10	끝[가장자리], 날
11	pattern	11	양식, 무늬
12	alarm	12	경보(기), 자명종
13	dot	13	점(을 찍다)
14	cost	14	비용(이 ~이다[들다])
15	focus	15	초점(을 맞추다), 집중하다
16	shock	16	충격(을 주다)
17	reward	17	보상(하다), 보상금
18	impress	18	감명을 주다
19	replace	19	대신하다, 교체하다
20	fail	20	실패하다, 낙제하다
21	skip	21	건너뛰다[빼먹다], 깡충깡충 뛰다
22	necessary	22	필요한
23	elementary	23	기본의, 초등학교의
24	fantastic	24	환상적인
25	tasty	25	맛있는
26	flat	26	평평한, 바람이 빠진
27	tough	27	힘든, 강인한, 질긴
28	crowded	28	붐비는
29	forward	29	앞으로
30	badly	30	잘못[안 좋게], 몹시

접는선

01	climate	01	기후
02	degree	02	도, 정도, 학위
03	article	03	기사, 물품
04	metal	04	금속
05	monster	05	괴물
06	treasure	06	보물
07	symbol	07	상징
08	ceremony	08	의식(儀式)
09	congratulation	09	축하
10	breath	10	숨[호흡]
11	death	11	죽음
12	headache	12	두통
13	muscle	13	근육
14	base	14	기초, 기반[근거지], ~에 근거를 두다
15	lock	15	잠그다, 자물쇠
16	dislike	16	싫어하다, 싫어함
17	feed	17	먹을 것을 주다
18	lend	18	빌려 주다
19	suffer	19	(고통을) 겪다
20	hang	20	걸(리)다, 목을 매달다
21	wrap	21	싸다[포장하다]
22	pleasant	22	쾌적한[즐거운]
23	lonely	23	외로운
24	thirsty	24	목마른
25	polite	25	예의 바른[공손한]
26	rude	26	무례한
27	excellent	27	뛰어난[탁월한]
28	overweight	28	과체중의, 중량 초과의
29	perhaps	29	아마도
30	twice	30	두 번, 두 배로

접는선

01	heaven	01	천국
02	myth	02	신화
03	sand	03	모래, 모래사장
04	castle	04	성(城)
05	kindness	05	친절
06	concentration	06	집중(력)
07	mystery	07	수수께끼, 신비[불가사의]
08	battle	08	전투
09	industry	09	산업[공업], 근면
10	pile	10	더미, 쌓아 올리다
11	chat	11	담소[수다], 채팅하다
12	puzzle	12	퍼즐, 어리둥절하게 하다
13	text	13	문자(를 보내다), 글, 교재
14	advance	14	진보, 진전(되다), 전진
15	graduate	15	졸업하다, 졸업자
16	predict	16	예측[예견]하다
17	compare	17	비교하다
18	complain	18	불평[항의]하다
19	forgive	19	용서하다
20	determine	20	결정하다, 알아내다
21	exist	21	존재하다
22	dive	22	다이빙하다, 잠수하다
23	upper	23	위쪽의
24	central	24	중심[중앙]의
25	normal	25	정상[보통]의
26	similar	26	비슷한
27	honest	27	정직한
28	ashamed	28	부끄러워하는
29	anymore	29	더 이상
30	besides	30	게다가, ~ 외에

접는선

01	generation	01	세대
02	self	02	자신[자아]
03	visitor	03	방문객
04	boss	04	상사[상관]
05	portrait	05	초상화
06	darkness	06	어둠
07	earthquake	07	지진
08	weapon	08	무기
09	charity	09	자선 (단체)
10	saying	10	속담[격언]
11	issue	11	쟁점[문제], 호, 발표[발행]하다
12	signal	12	신호(를 보내다)
13	exchange	13	교환(하다)
14	swallow	14	삼키다, 제비
15	average	15	평균(의)
16	official	16	공식의, 관리[임원]
17	gray	17	회색(의), 반백의
18	prefer	18	더 좋아하다[선호하다]
19	relax	19	쉬다[긴장을 풀다]
20	reduce	20	줄(이)다
21	bury	21	묻다[매장하다]
22	shoot	22	쏘다, 촬영하다, 슛하다
23	yell	23	외치다[소리치다]
24	powerful	24	강력한
25	faithful	25	충실한[믿음직한]
26	creative	26	창조적인
27	deaf	27	청각 장애가 있는
28	electronic	28	전자의
29	nearly	29	거의
30	happily	30	행복하게, 다행히

접는선

01	ancestor	01	조상[선조]
02	director	02	감독, 책임자, 임원
03	customer	03	고객
04	astronaut	04	우주 비행사
05	dynasty	05	왕조
06	furniture	06	가구
07	drug	07	약
08	greenhouse	08	온실
09	harmony	09	조화
10	dirt	10	먼지, 때, 흙
11	shot	11	발사, 슛, 주사
12	curve	12	곡선(을 이루다)
13	stuff	13	것(들), 채우다
14	pack	14	(짐을) 싸다, 꾸러미
15	spill	15	엎지르다, 유출
16	debate	16	토론[논의](하다)
17	whisper	17	속삭이다, 속삭임
18	lay	18	놓다, 눕히다, 낳다
19	pardon	19	용서하다, 뭐라고요?
20	beg	20	간청하다, 구걸하다
21	relate	21	관련시키다
22	intelligent	22	총명한[똑똑한]
23	eager	23	열망하는
24	disabled	24	장애가 있는
25	homeless	25	집 없는
26	harmful	26	해로운
27	lifelong	27	평생의
28	nervous	28	초조한, 신경의
29	seldom	29	좀처럼[거의] ~ 않는
30	somewhere	30	어딘가에[로]

접는선

34

01	birth	01	출생
02	childhood	02	어린 시절
03	education	03	교육
04	emotion	04	감정
05	attitude	05	태도[자세]
06	courage	06	용기
07	condition	07	상태, 환경, 조건
08	fever	08	열(병)
09	conversation	09	대화
10	adventure	10	모험
11	triangle	11	삼각형, 트라이앵글
12	bulb	12	전구, 알뿌리[구근]
13	attack	13	공격(하다), 발작
14	cough	14	기침(하다)
15	flow	15	흐르다, 흐름
16	search	16	찾다, 수색[검색](하다)
17	original	17	원래의, 독창적인, 원작
18	opposite	18	(정)반대(의), 맞은편의, 맞은편에
19	jog	19	조깅하다
20	scan	20	살피다, (대충) 훑어보다
21	describe	21	묘사[기술]하다
22	freeze	22	얼(리)다
23	remove	23	제거하다[없애다]
24	single	24	단 하나의, 독신의, 1인용의
25	positive	25	긍정적인
26	ugly	26	못생긴[추한]
27	northern	27	북쪽의
28	nearby	28	가까운, 가까이에[서]
29	upside down	29	거꾸로 (된), 뒤집혀
30	downtown	30	시내에[로], 시내의

접는선

35

01	thief		01	도둑
02	lifetime		02	일생[평생]
03	career		03	직업, 경력
04	economy		04	경제
05	fur		05	모피, (동물의) 털
06	engine		06	엔진, 기관차
07	poetry		07	(집합적) 시
08	border		08	국경[경계]
09	disaster		09	재난[재해]
10	filter		10	필터[여과 장치], 여과하다[거르다]
11	forecast		11	예보(하다)
12	quarrel		12	(말)다툼, 다투다
13	harm		13	피해[손해], 해치다
14	regard		14	안부 인사, 여기다
15	sneeze		15	재채기(를 하다)
16	sink		16	가라앉다, 싱크대
17	**characteristic**		17	특징, 특유의
18	**professional**		18	직업의, 전문적인, 전문가
19	encourage		19	용기를 북돋우다[격려하다]
20	reflect		20	비추다, 반사[반영]하다
21	slide		21	미끄러지다
22	stretch		22	늘리다, 당기다, 뻗다
23	steal		23	훔치다
24	comic		24	희극의, 웃기는
25	anxious		25	걱정하는, 열망하는
26	asleep		26	잠든
27	effective		27	효과적인
28	due		28	~ 때문인, 예정인, 지불 기한이 된
29	actually		29	실제로
30	rather		30	꽤, 약간[좀], 오히려

접는선

01	manager	01	경영[관리]자, 매니저
02	shore	02	물가[해안/호숫가]
03	sunrise	03	해돋이[일출]
04	lighting	04	조명
05	wire	05	철사, (전)선
06	stage	06	단계, 무대
07	zone	07	지역[구역]
08	height	08	높이, 키[신장]
09	prediction	09	예측[예견]
10	marriage	10	결혼
11	period	11	기간[시기], 마침표
12	claim	12	주장(하다), 청구
13	deal	13	거래(하다), 다루다
14	limit	14	한계, 제한(하다)
15	tap	15	톡톡 두드리다, (수도)꼭지
16	spray	16	뿌리다[뿌려지다], 물보라, 분무기
17	weigh	17	무게가 ~이다
18	pray	18	기도[기원]하다
19	greet	19	인사하다
20	chew	20	씹다
21	attract	21	(마음을) 끌다
22	overcome	22	극복하다
23	salty	23	짠
24	southern	24	남쪽의
25	curious	25	호기심이 많은, 궁금한
26	humorous	26	유머러스한, 재미있는
27	foolish	27	어리석은
28	greedy	28	탐욕스러운
29	valuable	29	귀중한[값비싼]
30	certainly	30	확실히, 물론

접는선

37

01	agent	01	에이전트[대리인[점]/중개인]
02	politics	02	정치
03	reality	03	현실
04	relationship	04	관계
05	role	05	역할
06	theater	06	극장, 연극
07	performance	07	공연[연주], 수행
08	reservation	08	예약
09	sightseeing	09	관광
10	path	10	(좁은) 길
11	source	11	원천, 근원, 출처
12	proof	12	증거
13	term	13	기간[기한], 용어
14	net	14	인터넷, 그물
15	cast	15	깁스, 배역진, 던지다, 배역하다
16	trust	16	신뢰(하다)
17	crash	17	충돌하다, 충돌 사고
18	hatch	18	부화하다, (배 · 비행기) 해치
19	clap	19	박수[손뼉]를 치다
20	announce	20	발표하다
21	represent	21	나타내다, 대표하다
22	devote	22	바치다
23	peaceful	23	평화로운
24	painful	24	아픈[고통스러운]
25	sharp	25	날카로운
26	responsible	26	책임 있는, 원인이 되는
27	lazy	27	게으른
28	likely	28	~할[일] 것 같은
29	completely	29	완전히
30	immediately	30	즉시

접는선

01	architect	01	건축가
02	narrator	02	내레이터[해설자]
03	enemy	03	적
04	throat	04	목(구멍)
05	illness	05	병
06	weed	06	잡초
07	humor	07	유머
08	volcano	08	화산
09	kingdom	09	왕국, ~계
10	attempt	10	시도(하다)
11	award	11	상, 수여하다
12	broadcast	12	방송(하다)
13	aid	13	원조[도움], 돕다
14	nod	14	끄덕이다, 끄덕임
15	escape	15	달아나다, 탈출(하다)
16	envy	16	부러워하다, 부러움
17	measure	17	재다[측정하다], 조치
18	chief	18	장[추장], 주된
19	total	19	총[전체의], 총계[합계]
20	worth	20	가치(가 있는)
21	embarrass	21	당황하게 하다
22	erupt	22	분출[폭발]하다
23	perform	23	공연하다, 수행하다
24	publish	24	출판[발행]하다
25	silent	25	침묵하는, 조용한
26	silly	26	어리석은
27	scary	27	무서운
28	sore	28	아픈[쑤시는]
29	bitter	29	쓴, 쓰라린
30	lately	30	최근에

접는선

01	**landscape**	01	풍경(화)
02	**construction**	02	건설[공사]
03	**mood**	03	기분, 분위기
04	**excitement**	04	흥분
05	**complaint**	05	불평[항의]
06	**confidence**	06	신뢰, 자신(감)
07	**invasion**	07	침략, 침해
08	**container**	08	용기[그릇], 컨테이너
09	**ash**	09	재
10	**bar**	10	막대, 술집
11	**contact**	11	연락[접촉], 연락하다
12	**benefit**	12	혜택[이득], 이득을 주다
13	**damage**	13	손상(시키다), 피해
14	**supply**	14	공급(량), 공급하다
15	**demand**	15	요구(하다), 수요
16	**lack**	16	부족(하다), 결핍
17	**conflict**	17	갈등[충돌], 상충하다
18	**spin**	18	돌(리)다
19	**scratch**	19	긁다[할퀴다]
20	**suppose**	20	생각하다, 가정하다
21	**refer**	21	언급하다, 가리키다, 참고하다
22	**ruin**	22	망치다
23	**rid**	23	없애다[제거하다]
24	**tight**	24	꽉 끼는, 단단한
25	**brilliant**	25	눈부신, 뛰어난, 멋진
26	**specific**	26	특정한, 구체적인
27	**unusual**	27	특이한
28	**negative**	28	부정적인
29	**royal**	29	왕의
30	**partly**	30	부분적으로

접는선

01	happiness	01	행복
02	freedom	02	자유
03	independence	03	독립
04	imagination	04	상상(력)
05	importance	05	중요(성)
06	speech	06	연설
07	silence	07	침묵
08	invitation	08	초대
09	exhibition	09	전시(회)
10	sculpture	10	조각(품)
11	region	11	지역
12	position	12	위치, 자세, 지위
13	research	13	연구(하다)
14	aim	14	목표(하다), 겨누다
15	moral	15	도덕의, 교훈
16	extra	16	추가의, 엑스트라
17	arrange	17	준비하다, 배열하다
18	advise	18	조언[충고]하다
19	recommend	19	추천하다, 권고하다
20	declare	20	선언하다, 신고하다
21	prove	21	증명하다, 판명되다
22	injure	22	다치게 하다
23	connect	23	연결[접속]하다
24	hug	24	껴안다[포옹하다]
25	foggy	25	안개가 낀
26	neat	26	깔끔한
27	loose	27	풀린, 헐렁한
28	endangered	28	(멸종) 위기에 처한
29	bound	29	꼭 ~할 것 같은, ~행의
30	recently	30	최근에

접는선

41

01	merchant	01	상인
02	heritage	02	유산
03	organization	03	조직[단체/기구]
04	kindergarten	04	유치원
05	management	05	경영[관리]
06	operation	06	수술, 작전
07	mission	07	임무
08	means	08	수단[방법]
09	payment	09	지불(금)
10	merit	10	장점[가치]
11	mirror	11	거울
12	ladder	12	사다리
13	ingredient	13	(요리의) 재료, 요소
14	index	14	색인, 지수[지표]
15	behave	15	행동하다
16	compete	16	경쟁하다
17	argue	17	다투다, 주장하다
18	release	18	풀어 주다, 방출하다, 공개하다
19	pretend	19	~인 척하다
20	conclude	20	결론을 내리다
21	observe	21	관찰하다, 준수하다
22	spicy	22	매운
23	terrific	23	멋진[훌륭한], 엄청난
24	steady	24	꾸준한
25	various	25	여러 가지의[다양한]
26	unique	26	유일한[독특한]
27	unnecessary	27	불필요한
28	ill	28	병든[아픈], 나쁜
29	underground	29	지하의, 지하에[로]
30	sincerely	30	진심으로

접는선

01	peer	01	또래
02	pressure	02	압력
03	loss	03	손실[분실/상실], 감소
04	playground	04	운동장[놀이터]
05	pond	05	연못
06	harbor	06	항구
07	frame	07	틀
08	hammer	08	망치
09	expression	09	표현, 표정
10	quality	10	질
11	movement	11	움직임, 운동
12	package	12	소포[꾸러미], 포장하다
13	survey	13	조사(하다)
14	panic	14	극심한 공포, 공황 (상태에 빠지다)
15	sigh	15	한숨(을 쉬다)
16	rinse	16	씻어내다[헹구다]
17	appeal	17	호소(하다)
18	sweep	18	쓸다[청소하다], 휩쓸다
19	consist	19	이루어져 있다
20	unify	20	통일[통합]하다[~하기 쉽다]
21	depress	21	우울하게 하다
22	blame	22	탓하다
23	smooth	23	매끄러운[부드러운]
24	wooden	24	나무로 된
25	helpless	25	무력한[속수무책의]
26	incredible	26	믿을 수 없는
27	available	27	이용할[구할] 수 있는
28	ancient	28	고대[옛날]의
29	recent	29	최근의
30	thus	30	따라서[그러므로]

접는선

43

01	wildlife	01	야생 생물
02	sunset	02	해넘이[일몰]
03	horizon	03	수평선[지평선]
04	steam	04	증기
05	warmth	05	따뜻함
06	statement	06	성명, 진술
07	response	07	반응, 대답
08	task	08	과업[과제]
09	security	09	보안[안보]
10	needle	10	바늘
11	branch	11	나뭇가지, 지사[지점]
12	thread	12	실, (실을) 꿰다
13	row	13	줄[열], 배[노]를 젓다
14	yawn	14	하품(하다)
15	rub	15	문지르다
16	wipe	16	닦다
17	operate	17	작동하다, 수술하다
18	contain	18	포함[함유]하다
19	preserve	19	보존[보호]하다
20	refuse	20	거절[거부]하다
21	remind	21	상기시키다
22	bother	22	괴롭히다, 신경 쓰다
23	tiny	23	아주 작은
24	curly	24	곱슬곱슬한
25	rapid	25	빠른
26	shy	26	수줍어하는
27	eastern	27	동쪽의
28	violent	28	폭력적인
29	worldwide	29	전 세계적인
30	highly	30	대단히, 고도로

접는선

01	dinosaur	01	공룡
02	ruler	02	지배자, 자
03	admiral	03	해군 장군[제독]
04	liberty	04	자유
05	tragedy	05	비극
06	trial	06	재판, 시험[실험]
07	treatment	07	치료
08	shelter	08	주거지, 피신처
09	orphanage	09	고아원
10	item	10	항목[품목]
11	gravity	11	중력
12	clue	12	실마리[단서], 힌트
13	range	13	범위
14	rumor	14	소문
15	vehicle	15	탈것[차량]
16	sew	16	바느질하다[꿰매다]
17	associate	17	연상하다[연관시키다]
18	identify	18	(신원을) 확인하다
19	mention	19	언급하다
20	establish	20	설립[확립]하다
21	unite	21	연합[통합]하다
22	frustrate	22	좌절시키다
23	stuck	23	움직일 수 없는[갇힌]
24	cheerful	24	쾌활한[유쾌한]
25	careless	25	부주의한
26	dull	26	지루한, 둔한
27	disgusting	27	역겨운
28	willing	28	기꺼이 하는
29	golden	29	금(빛)의, 귀중한
30	apart	30	떨어져

접는선

01	lung	01	폐[허파]
02	passport	02	여권
03	photo	03	사진
04	envelope	04	봉투
05	attendant	05	안내원[수행원]
06	appointment	06	(만날) 약속, 임명[지명]
07	midnight	07	자정
08	personality	08	성격, 개성
09	chimney	09	굴뚝
10	fence	10	울타리
11	evidence	11	증거
12	feature	12	특징
13	**flavor**	13	맛(을 내다)
14	leap	14	뛰어오르다, 도약
15	leak	15	새다, 누출
16	scream	16	비명을 지르다
17	refresh	17	생기를 되찾게 하다
18	occur	18	일어나다[발생하다]
19	obtain	19	얻다
20	intend	20	의도[작정]하다
21	lower	21	낮추다, 아래의
22	lean	22	기울다, 기대다, 호리호리한
23	equal	23	동일[동등]한, 같다
24	**separate**	24	분리된, 분리되다
25	spare	25	여분의, 여가의, 할애하다
26	hard-working	26	열심히 일하는[근면한]
27	hopeless	27	가망 없는[절망적인]
28	raw	28	날것의
29	portable	29	휴대용의
30	rarely	30	드물게[좀처럼 ~ 않는]

접는선

01	passenger	01	승객
02	continent	02	대륙
03	port	03	항구 (도시)
04	cooperation	04	협력[협동]
05	competition	05	경쟁, 대회[시합]
06	convenience	06	편리[편의]
07	curiosity	07	호기심
08	suicide	08	자살
09	bullet	09	총알
10	descendant	10	자손[후손]
11	collection	11	수집(품)
12	desire	12	욕구[욕망], 바라다
13	export	13	수출(품), 수출하다
14	blend	14	섞(이)다, 혼합물
15	stare	15	빤히 보다[응시하다]
16	deceive	16	속이다
17	commit	17	(나쁜 일을) 저지르다
18	twist	18	비틀다[구부리다]
19	decorate	19	꾸미다[장식하다]
20	tend	20	경향이 있다[~하기 쉽다]
21	firm	21	회사, 단단한[딱딱한]
22	senior	22	연상, 어르신, 졸업반 학생, 상급의
23	major	23	주요한, 전공(하다)
24	minor	24	작은, 미성년자, 부전공
25	individual	25	개인(의), 개개의
26	current	26	현재의, 흐름[조류/기류/전류]
27	grand	27	웅장한
28	odd	28	이상한, 홀수의
29	awkward	29	어색한
30	directly	30	직접, 똑바로

접는선

01	novel	01	소설
02	grave	02	무덤
03	crime	03	범죄
04	prison	04	감옥[교도소]
05	blanket	05	담요
06	skin	06	피부
07	instance	07	사례
08	element	08	요소[성분]
09	dozen	09	다스[12개]
10	honesty	10	정직
11	duty	11	의무, 세금
12	failure	12	실패
13	rate	13	(비)율, 요금, 속도
14	progress	14	진보[진전/진행](하다)
15	trade	15	거래[무역](하다)
16	doubt	16	의심(하다), 의문이다
17	march	17	행진(하다)
18	delay	18	미루다, 지연(시키다)
19	satisfy	19	만족시키다
20	misunderstand	20	오해하다
21	scold	21	꾸짖다
22	apply	22	지원하다, 적용하다
23	drown	23	익사하다[익사시키다]
24	broad	24	넓은
25	cruel	25	잔인한
26	private	26	사적인
27	urgent	27	긴급한
28	military	28	군사의
29	historical	29	역사(학)의
30	fully	30	완전히[충분히]

접는선

48

01	universe	01	우주
02	laughter	02	웃음(소리)
03	knee	03	무릎
04	gym	04	체육관
05	equipment	05	장비
06	rope	06	로프[밧줄]
07	refrigerator	07	냉장고
08	production	08	생산
09	tradition	09	전통
10	religion	10	종교
11	semester	11	학기
12	shadow	12	그림자[그늘]
13	flea	13	벼룩
14	plug	14	플러그, 마개, 막다
15	ache	15	아프다, 아픔[통증]
16	handle	16	다루다[처리하다], 손잡이
17	pause	17	잠시 멈추다, 멈춤
18	admire	18	존경하다, 감탄하다
19	apologize	19	사과하다
20	threaten	20	위협[협박]하다
21	arrest	21	체포하다
22	select	22	선발[선정/선택]하다
23	narrow	23	좁은
24	attractive	24	매력적인
25	awful	25	끔찍한[지독한]
26	casual	26	평상시의
27	capable	27	~을 할 수 있는
28	absent	28	결석한, 없는
29	alike	29	비슷한, 똑같이
30	otherwise	30	그렇지 않으면

접는선

49

01	**citizen**	01	시민
02	**fare**	02	(교통) 요금
03	**tale**	03	이야기
04	**suggestion**	04	제안
05	**responsibility**	05	책임
06	**risk**	06	위험
07	**intelligence**	07	지능
08	**viewpoint**	08	관점[시각]
09	**shell**	09	껍질
10	**surface**	10	표면
11	**version**	11	버전[판]
12	**account**	12	계좌, 설명(하다)
13	**influence**	13	영향(을 미치다)
14	**hesitate**	14	망설이다[주저하다]
15	**fasten**	15	매다
16	**manufacture**	16	제조하다
17	**hire**	17	고용하다
18	**examine**	18	조사[검사]하다
19	**explode**	19	폭발하다[폭파시키다]
20	**erase**	20	지우다
21	**interrupt**	21	방해하다[중단시키다]
22	**deny**	22	부인[부정]하다
23	**former**	23	이전의[전 ~]
24	**clever**	24	영리한[똑똑한]
25	**distant**	25	먼
26	**faint**	26	희미한
27	**double**	27	두 배(의), 2인용의, 두배로 되다
28	**entire**	28	전체의
29	**frequent**	29	잦은[빈번한]
30	**possibly**	30	아마

접는선

01	author	01	저자
02	secretary	02	비서
03	beggar	03	거지
04	shepherd	04	양치기
05	fable	05	우화
06	tongue	06	혀, 언어
07	departure	07	출발
08	entrance	08	입구, 입장, 입학
09	method	09	방법
10	aptitude	10	적성
11	victory	11	승리
12	chain	12	사슬[쇠줄], 체인[연쇄점]
13	billion	13	10억
14	blossom	14	꽃(이 피다)
15	praise	15	칭찬(하다)
16	wind	16	감대[돌리다], 바람
17	require	17	요구[필요]하다
18	tremble	18	떨다, 흔들리다
19	starve	19	굶주리다[굶어 죽다]
20	quit	20	그만두다
21	spoil	21	망치다
22	punish	22	벌주다[처벌하다]
23	translate	23	번역[통역]하다
24	wealthy	24	부유한
25	independent	25	독립된
26	mild	26	온화한, 순한
27	harsh	27	가혹핸[혹독한]
28	informal	28	격식을 차리지 않는
29	lunar	29	달의
30	overseas	30	해외로[에], 해외의

접는선

01	client	01	의뢰인[고객]
02	clown	02	어릿광대
03	empire	03	제국
04	dragon	04	용
05	nail	05	손톱[발톱], 못
06	baggage	06	(여행) 짐[수하물]
07	label	07	라벨[표/상표]
08	coal	08	석탄
09	bubble	09	거품
10	bug	10	작은 곤충, (컴퓨터) 오류
11	dawn	11	새벽
12	detail	12	세부 사항
13	plenty	13	충분한[풍부한] 수량
14	delight	14	기쁨, 기쁘게 하다
15	dispute	15	분쟁[논쟁], 반박하다
16	flame	16	불길[불꽃], 타오르다
17	flash	17	번쩍이다[비추다], 섬광
18	regret	18	후회(하다), 유감
19	bless	19	축복하다
20	spell	20	철자를 쓰다[말하다]
21	surround	21	둘러싸다
22	swear	22	맹세하다, 욕하다
23	wander	23	돌아다니다[배회하다]
24	generous	24	인심 좋은[관대한]
25	thankful	25	감사하는
26	instant	26	즉각적인, 즉석의
27	medium	27	중간의
28	virtual	28	가상의
29	illegal	29	불법의
30	either	30	(부정문) ~도, (둘 중) 어느 하나(의)

접는선

01	counselor	01	상담원[카운슬러]
02	opportunity	02	기회
03	literature	03	문학
04	illusion	04	환상[착각]
05	leisure	05	여가[레저]
06	shuttle	06	정기 왕복 비행기[버스]
07	location	07	장소[위치]
08	laundry	08	세탁[세탁물/세탁소]
09	witch	09	마녀
10	length	10	길이
11	relation	11	관계
12	popularity	12	인기
13	sort	13	종류, 분류하다
14	rent	14	빌리다[빌려 주다], 집세
15	commercial	15	상업의, 광고 방송
16	ideal	16	이상(적인)
17	complex	17	복잡한, 단지, 콤플렉스
18	junior	18	하급의, 연하
19	shut	19	닫다
20	bore	20	지루하게 하다
21	compose	21	구성하다, 작곡하다
22	mend	22	수선[수리]하다
23	inform	23	알리다[통지하다]
24	calculate	24	계산하다
25	ordinary	25	보통의
26	selfish	26	이기적인
27	strict	27	엄(격)한
28	sour	28	(맛이) 신
29	solar	29	태양의
30	neither	30	~도 아니다

접는선

일일 암기장 DAY 53   53일째

01	appetite	01	식욕
02	beast	02	짐승[야수]
03	palm	03	손바닥, 야자
04	lab	04	실험[실습]실
05	horror	05	공포
06	chore	06	(정기적으로 하는) (집안) 잡일
07	outline	07	개요, 윤곽
08	crosswalk	08	횡단보도
09	rhyme	09	(시의) (각)운
10	charm	10	매력, 매혹하다
11	force	11	힘[무력], 강요하다
12	function	12	기능(하다)
13	contrast	13	대조[차이], 대조하다
14	assist	14	돕다, 도움 주기
15	employ	15	고용하다
16	govern	16	통치[지배]하다
17	entertain	17	즐겁게 하다
18	criticize	18	비판[비난/비평]하다
19	indicate	19	보여 주다, 가리키다
20	react	20	반응하다
21	dare	21	감히 ~하다
22	obvious	22	명백한[분명한]
23	facial	23	얼굴의
24	confident	24	자신 있는, 확신하는
25	proper	25	적절한
26	typical	26	전형적인
27	outer	27	밖[외부]의
28	realistic	28	현실적인
29	underwater	29	물속의, 물속으로
30	fairly	30	꽤[상당히], 공정하게

접는선

54

01	conductor	01	지휘자, 열차 승무원
02	court	02	법정, 경기장, 궁정
03	dictation	03	받아쓰기
04	jam	04	(먹는) 잼, 막힘[혼잡]
05	string	05	끈[줄], (악기의) 현
06	feather	06	깃털
07	scale	07	규모, 등급, 저울
08	spot	08	장소[지점], (반)점[얼룩]
09	shame	09	부끄러움[수치], 유감
10	chemistry	10	화학
11	import	11	수입(품), 수입하다
12	load	12	짐, 싣다
13	suspect	13	의심하다, 용의자
14	pat	14	쓰다듬다, 쓰다듬기
15	liquid	15	액체(의)
16	solid	16	고체(의), 단단한
17	leftover	17	남은 음식, 남은
18	evil	18	악한, 악
19	possess	19	소유하다
20	contribute	20	기부하다, 기여하다
21	recover	21	회복되다[되찾다]
22	ignore	22	무시하다
23	diligent	23	근면한[성실한]
24	pale	24	창백한, 엷은
25	brief	25	짧은[간단한]
26	rare	26	드문, 살짝 익힌
27	genetic	27	유전(학)의
28	organic	28	유기농의, 유기체의
29	holy	29	신성한[성스러운]
30	unfortunately	30	불행히도

접는선

01	**anniversary**	01	기념일
02	**nutrient**	02	영양소[영양분]
03	**grain**	03	곡물
04	**document**	04	문서
05	**license**	05	면허(증)
06	**department**	06	부서[학과]
07	**fortune**	07	(행)운, 큰돈[재산]
08	**resource**	08	자원
09	**hunger**	09	굶주림[배고픔]
10	**error**	10	실수[오류]
11	**jail**	11	감옥[교도소]
12	**request**	12	요청(하다)
13	**bomb**	13	폭탄, 폭파[폭격]하다
14	**poison**	14	독, 독살하다
15	**wound**	15	상처(를 입히다)
16	**chase**	16	뒤쫓다, 추적
17	**amaze**	17	(크게) 놀라게 하다
18	**relieve**	18	덜어[없애] 주다, 완화하다
19	**motivate**	19	동기를 부여하다
20	**afford**	20	여유[형편]가 되다
21	**absorb**	21	빨아들이다[흡수하다]
22	**attach**	22	붙이다[첨부하다]
23	**cooperate**	23	협력[협동]하다
24	**defend**	24	방어[수비/옹호]하다
25	**aware**	25	알고 있는
26	**precious**	26	귀중핸[소중한/값비싼]
27	**political**	27	정치의
28	**nuclear**	28	원자력의, 핵의
29	**indoor**	29	실내의
30	**aloud**	30	소리 내어

접는선

01	atmosphere	01	대기, 분위기
02	voyage	02	여행[항해]
03	navy	03	해군
04	instrument	04	기구, 악기
05	tube	05	관[튜브]
06	leather	06	가죽
07	jewelry	07	보석류[장신구]
08	mud	08	진흙
09	target	09	목표[표적/과녁]
10	aspect	10	측면
11	anger	11	화, 화나게 하다
12	iron	12	철, 다리미, 다림질하다
13	comment	13	논평(하다)
14	protest	14	항의(하다)
15	concern	15	걱정, 관심사, 관계되다
16	dump	16	버리다, (쓰레기) 폐기장
17	enable	17	할 수 있게 하다
18	annoy	18	짜증나게 하다
19	insist	19	주장하다[우기다]
20	combine	20	결합하다
21	owe	21	빚지고 있다
22	suck	22	빨다[빨아 먹다]
23	awake	23	깨어 있는, 깨(우)다
24	idle	24	게으른, 빈둥거리다
25	previous	25	이전의
26	efficient	26	능률[효율]적인
27	rough	27	거친, 대강[대략]의
28	severe	28	심(각)한, 엄(격)한
29	romantic	29	낭만적인
30	sometime	30	언젠가

접는선

01	democracy	01	민주주의
02	justice	02	정의
03	faith	03	신뢰, 신앙
04	glory	04	영광
05	apology	05	사과
06	crisis	06	위기
07	debt	07	빚[부채]
08	gap	08	틈[격차]
09	angle	09	각(도)
10	theory	10	이론[학설]
11	nest	11	둥지
12	cycle	12	순환(하다), 자전거(를 타다)
13	remark	13	발언, 언급하다
14	comfort	14	편안, 위로(하다)
15	approach	15	접근하다, 접근(법)
16	struggle	16	투쟁(하다)
17	content	17	내용(물), 만족하는
18	acid	18	산, 산(성)의
19	differ	19	다르다
20	deserve	20	받을 만하다
21	permit	21	허용[허락]하다
22	forbid	22	금(지)하다
23	reject	23	거부[거절]하다
24	pure	24	순수한[깨끗한]
25	innocent	25	무죄의, 무고한, 순진한
26	slight	26	약간의
27	particular	27	특정한, 특별한
28	financial	28	재정[금융]의
29	unexpected	29	예기치 않은
30	aboard	30	(배/비행기/열차에) 타고

접는선

01	identity	01	신원, 정체성
02	devil	02	악마[마귀]
03	spectator	03	관중
04	income	04	소득[수입]
05	tax	05	세금
06	fee	06	수수료[요금]
07	fuel	07	연료
08	burden	08	부담[짐]
09	variety	09	다양성[여러 가지]
10	sum	10	금액, 합계, 요약하다
11	profit	11	이익(을 얻다[주다])
12	process	12	과정, 가공[처리]하다
13	exit	13	출구, 나가다
14	pop	14	펑 하고 터지다, 팝뮤직(의), 대중적인
15	purchase	15	구입하다, 구입(품)
16	defeat	16	패배(시키다), 이기다
17	persuade	17	설득하다
18	cheat	18	부정행위를 하다, 속이다
19	locate	19	~에 위치하다, 위치를 찾아내다
20	investigate	20	조사하다
21	distinguish	21	구별하다
22	adopt	22	입양하다, 채택하다
23	usual	23	보통[평소]의
24	fashionable	24	유행하는
25	sufficient	25	충분한
26	accurate	26	정확한
27	complicated	27	복잡한
28	artificial	28	인공[인조]의
29	tropical	29	열대의
30	hardly	30	거의 ~ 않다

접는선

59

01	**genius**	01	천재[영재]
02	**servant**	02	하인
03	**profession**	03	전문직
04	**occupation**	04	직업, 점령
05	**surgery**	05	수술
06	**instruction**	06	설명, 지시
07	**principle**	07	원칙[원리/법칙]
08	**revolution**	08	혁명
09	**authority**	09	권한[권위], 당국
10	**rank**	10	지위[계급]
11	**property**	11	재산
12	**advantage**	12	유리한 점[이점]
13	**privacy**	13	사생활
14	**occasion**	14	때[경우], (특별한) 행사
15	**propose**	15	제안하다, 청혼하다
16	**approve**	16	찬성[승인]하다
17	**admit**	17	인정[시인]하다
18	**conduct**	18	수행[실시]하다
19	**reserve**	19	예약하다
20	**reveal**	20	드러내다[밝히다]
21	**donate**	21	기부[기증]하다
22	**involve**	22	포함하다, 관련시키다
23	**definite**	23	확실한[명확한]
24	**urban**	24	도시의
25	**addicted**	25	중독된[푹 빠진]
26	**extreme**	26	극도의[극단적인]
27	**academic**	27	학업의, 학구적인
28	**guilty**	28	죄책감을 느끼는, 유죄의
29	**conscious**	29	의식하는, 의식이 있는
30	**generally**	30	**일반적으로[대체로]**

접는선

01	mankind	01	인류
02	poet	02	시인
03	detective	03	형사[탐정]
04	consumer	04	소비자
05	chef	05	주방장[요리사]
06	passion	06	열정
07	steel	07	강철
08	device	08	장치
09	pill	09	알약[정제]
10	ceiling	10	천장
11	aisle	11	통로
12	appearance	12	외모, 출현
13	destination	13	목적지
14	sweat	14	땀(을 흘리다)
15	switch	15	스위치, 전환, 바꾸다
16	grab	16	움켜잡다[잡아채다], 잡아채기
17	plain	17	분명한, 소박한, 평야
18	giant	18	거대한, 거인
19	found	19	설립하다
20	seek	20	찾다, (추)구하다
21	rob	21	강탈하다[털다]
22	swing	22	흔들(리)다
23	cancel	23	취소하다
24	avoid	24	(회)피하다
25	rotten	25	썩은
26	magnetic	26	자기[자성]의, 자석 같은
27	steep	27	가파른
28	logical	28	논리적인
29	ridiculous	29	어리석은[우스꽝스러운]
30	upstairs	30	위층으로[에], 위층(의)

접는선

01	species		01	종
02	expert		02	전문가
03	victim		03	희생자[피해자]
04	pillow		04	베개
05	fountain		05	분수, 원천
06	scent		06	향기
07	argument		07	말다툼[논쟁], 주장
08	discussion		08	토론[논의]
09	trend		09	경향[추세], 유행
10	motto		10	모토[좌우명]
11	series		11	연속, 연속물[시리즈]
12	reaction		12	반응
13	graduation		13	졸업(식)
14	sadness		14	슬픔
15	unplug		15	플러그를 뽑다
16	unpack		16	꺼내다, 풀다
17	disagree		17	의견이 다르다, 일치하지 않다
18	interpret		18	해석하다, 통역하다
19	paralyze		19	마비시키다
20	actual		20	실제의
21	sincere		21	진실한[진심의]
22	weekly		22	매주의[주 1회의/주간의]
23	graceful		23	우아한[품위 있는]
24	polar		24	북극[남극]의, 극지의
25	moreover		25	게다가[더욱이]
26	gradually		26	천천히[차츰]
27	accidentally		27	우연히
28	somehow		28	어떻게든, 왠지
29	frankly		29	솔직히 (말하면)
30	anytime		30	언제든지

접는선

01	conclusion	01	결론
02	globe	02	세계, 지구본
03	youth	03	젊음[청춘], 젊은이[청년]
04	staff	04	직원
05	closet	05	벽장
06	drawer	06	서랍
07	faucet	07	(수도)꼭지
08	costume	08	의상
09	decoration	09	장식(품)
10	sickness	10	질병
11	channel	11	(텔레비전) 채널, 경로, 수로
12	expectation	12	기대[예상]
13	agreement	13	협정, 합의, 동의
14	presentation	14	제출, 수여, 발표
15	celebration	15	축하[기념] (행사)
16	delete	16	지우다[삭제하다]
17	invade	17	침략[침해]하다
18	discourage	18	좌절시키다, 막다
19	sprinkle	19	뿌리다
20	inspire	20	고무[격려]하다, 영감을 주다
21	messy	21	지저분핸[엉망인]
22	environmental	22	환경의
23	inner	23	안쪽[내부]의
24	meaningful	24	의미 있는
25	monthly	25	매월의[한 달에 한 번의]
26	overnight	26	하룻밤 (동안)(의), 하룻밤 사이에[의]
27	halfway	27	중간의, 중간에
28	upward	28	위쪽으로, 위쪽을 향한
29	downward	29	아래쪽으로, 아래쪽으로 내려가는
30	backward	30	뒤쪽으로, 거꾸로, 뒤쪽의

접는선

01	emperor	01	황제
02	automobile	02	자동차
03	raft	03	뗏목, 고무보트
04	rhythm	04	리듬[율동]
05	oxygen	05	산소
06	layer	06	층[막/겹]
07	discovery	07	발견
08	legend	08	전설
09	budget	09	예산
10	expense	10	비용[경비/지출]
11	poverty	11	가난[빈곤]
12	decade	12	10년
13	creation	13	창조[창작/창출] (물)
14	resident	14	거주자[주민], 거주하는
15	representative	15	대표(자), 대표하는
16	submarine	16	잠수함, 해저[해양]의
17	marine	17	해양의, 해병
18	household	18	가사의, 가족
19	concrete	19	구체적인, 콘크리트(로 된)
20	essential	20	필수적인 (것), 본질적인
21	expose	21	드러내다[노출시키다], 폭로하다
22	isolate	22	고립시키다, 분리[격리]하다
23	organize	23	조직[준비]하다, 체계화[구조화]하다
24	summarize	24	요약하다
25	launch	25	시작하다, 진수하다, 출시하다
26	reasonable	26	합리적인[타당한], 적정한
27	useless	27	쓸모[소용]없는
28	touching	28	감동적인
29	impressive	29	인상적인[감명 깊은]
30	energetic	30	정력적인[활기찬]

접는선

01	celebrity	01	유명 인사
02	idol	02	우상
03	heel	03	발뒤꿈치, 굽, 하이(힐)
04	destiny	04	운명
05	spacecraft	05	우주선
06	facility	06	시설
07	data	07	자료[정보/데이터]
08	origin	08	기원, 출신
09	introduction	09	도입, 소개, 서론
10	belief	10	믿음[신념]
11	possibility	11	가능성
12	protection	12	보호
13	vision	13	시력[시야], 비전[전망]
14	pose	14	자세(를 취하다), 제기하다
15	pedal	15	페달(을 밟다)
16	sled	16	썰매(를 타다)
17	guard	17	경비[경호]원, 지키다
18	track	18	길, 선로, 경주로, 자국, 추적하다
19	peel	19	껍질(을 벗기다)
20	bump	20	부딪치다, 혹, (도로의) 턱
21	dye	21	염색하다, 염료[염색제]
22	stir	22	젓다, 움직이다, 불러일으키다
23	tickle	23	간지럽히다
24	applaud	24	박수갈채를 보내다
25	dedicate	25	바치다, 전념[헌신]하다
26	swift	26	빠른[신속한]
27	artistic	27	예술의[예술적인]
28	sticky	28	끈적거리는
29	bold	29	대담한, 선명한[굵은], 볼드체의
30	exhausted	30	탈진한, 고갈된

접는선

65

01	editor	01	편집자[편집장]
02	compass	02	나침반, 컴퍼스
03	dipper	03	국자
04	volume	04	음량[볼륨], 양[용량], 책[권]
05	rainforest	05	(열대)우림
06	wetland	06	습지(대)
07	firework	07	폭죽, 불꽃놀이
08	parade	08	퍼레이드[가두 행진]
09	vocabulary	09	어휘
10	trait	10	특성
11	destruction	11	파괴
12	impression	12	인상
13	reputation	13	평판[명성]
14	witness	14	목격자, 증인, 목격하다
15	shade	15	그늘, (전등의) 갓, 그늘지게 하다
16	interview	16	면접(을 보다), 인터뷰(를 하다)
17	fund	17	기금[자금], 자금을 대다
18	download	18	다운로드하다, 다운로드한 데이터
19	upload	19	업로드(하다)
20	update	20	업데이트(하다), 최신 정보
21	transport	21	운송[수송](하다), 운송[교통]
22	digest	22	소화하다
23	disturb	23	방해하다
24	maintain	24	유지하다, 주장하다
25	wag	25	흔들다
26	appropriate	26	적절한
27	dense	27	밀집한[밀도가 높은], 짙은
28	fragile	28	부서지기 쉬운[취약한]
29	unbelievable	29	믿기 어려운
30	dynamic	30	역동적인, 정력적인[활발한]

접는선

01	referee	01	심판
02	tribe	02	부족[종족]
03	republic	03	공화국
04	journal	04	전문 잡지, 일기
05	copper	05	구리[동]
06	windmill	06	풍차
07	tide	07	조수[조류], 흐름
08	fantasy	08	공상[환상], 공상 소설[영화]
09	drought	09	가뭄
10	horn	10	뿔, 경적
11	robbery	11	강도(질)
12	teamwork	12	팀워크[협동 작업]
13	physics	13	물리학
14	consideration	14	고려[숙고]
15	trap	15	덫(으로 잡다), 가두다
16	ease	16	쉬움, 편안함, 덜어주다[편하게 하다]
17	vacuum	17	진공, 진공청소기로 청소하다
18	mine	18	광산, 채굴하다
19	dust	19	먼지(를 털다)
20	seal	20	(밀)봉하다, 도장, 바다표범
21.	insult	21	모욕하다, 모욕
22	exhibit	22	전시하다, 보이다, 전시품, 전시회
23	chop	23	썰다
24	crawl	24	기다
25	transform	25	변형시키다[완전히 바꾸다]
26	symbolize	26	상징하다
27	deadly	27	치명적인
28	vivid	28	생생한[선명한]
29	ambitious	29	야심 찬
30	precise	30	정확한

접는선

01	crew	01	승무원
02	elbow	02	팔꿈치
03	stripe	03	줄무늬
04	cafeteria	04	카페테리아, 구내식당
05	lighthouse	05	등대
06	accent	06	말씨[억양], 강세
07	psychology	07	심리(학)
08	astronomy	08	천문학
09	concept	09	개념
10	strategy	10	전략
11	permission	11	허락[허가], 승인
12	therapy	12	치료(법)
13	usage	13	사용(량), 용법[어법]
14	**Antarctic**	14	남극의, 남극 지역
15	**documentary**	15	다큐멘터리(의), 문서의
16	**routine**	16	일상적인 일, 일상의
17	**lyric**	17	서정시(의), 가사
18	**antique**	18	골동품(의)
19	**fellow**	19	동료(의)
20	**criminal**	20	범죄의, 형사상의, 범인
21	**alien**	21	외국[외계]의, 낯선, 외계인, 외국인 체류자
22	**fake**	22	가짜[위조]의, 위조품, 사기꾼, 위조하다
23	**infect**	23	감염[전염]시키다
24	**specialize**	24	전공하다
25	**evolve**	25	진화하다, 진전[발달]하다
26	**carve**	26	조각하다[새기다]
27	**eco-friendly**	27	친환경적인
28	**mechanical**	28	기계의
29	**dramatic**	29	극적인, 연극의
30	**priceless**	30	값을 매길 수 없는[대단히 귀중한]

접는선

01	diplomat	01	외교관
02	diploma	02	졸업장
03	livestock	03	가축
04	forehead	04	이마
05	cliff	05	벼랑[절벽]
06	swamp	06	늪
07	brass	07	놋쇠[황동], 금관악기
08	rectangle	08	직사각형
09	pipe	09	관[배관/파이프]
10	doorbell	10	초인종
11	carbon	11	탄소
12	explosion	12	폭발
13	arrival	13	도착
14	boredom	14	지루함[따분함]
15	judgment	15	판단(력), 판결[심판]
16	editorial	16	사설, 편집의
17	mass	17	덩어리, 대량(의), 대중(의), 질량
18	memorial	18	기념비, 추모의
19	stable	19	안정된, 마구간
20	minimum	20	최소[최저](의)
21	fancy	21	화려한, 고급의, 공상
22	potential	22	잠재적인[가능성 있는], 잠재력
23	heal	23	치유하다[되다]
24	resist	24	저항하다, 견디다
25	shave	25	면도하다[깎다]
26	congratulate	26	축하하다
27	picky	27	까다로운
28	subtle	28	미묘한
29	conventional	29	관습[관례/전통]적인
30	expressive	30	표현하는[표현력이 풍부한]

접는선

01	optimist	01	낙천주의자[낙관론자]
02	loaf	02	빵 한 덩이
03	spice	03	양념[향신료]
04	mural	04	벽화
05	make-up	05	화장품, 구성
06	electronics	06	전자 공학, 전자 기기
07	obstacle	07	장애(물)
08	architecture	08	건축학, 건축양식
09	status	09	지위[신분]
10	farewell	10	작별 (인사)
11	investment	11	투자
12	dialect	12	사투리[방언]
13	delivery	13	배달
14	fame	14	명성
15	whistle	15	호각[휘파람](을 불다)
16	thrill	16	황홀감, 전율, 열광시키다
17	highlight	17	하이라이트[주요 부분], 강조하다
18	glow	18	불빛, 빛나다
19	junk	19	폐물[쓰레기], 내버리다
20	code	20	암호, 법규, 암호화하다
21	sacrifice	21	희생(하다), 제물
22	sparkle	22	반짝이다, 반짝임[광채]
23	dispose	23	처리하다
24	drag	24	끌다[끌고 가다]
25	overhear	25	우연히 듣다
26	slap	26	철썩 때리다
27	unforgettable	27	잊지 못할[잊을 수 없는]
28	rusty	28	녹슨
29	durable	29	오래가는[내구성이 있는]
30	pregnant	30	임신한

접는선

01	dew	01	이슬
02	masterpiece	02	걸작[명작]
03	tag	03	꼬리표[태그]
04	column	04	(신문·잡지의) 칼럼, 기둥[원주]
05	section	05	부분[구역], (책·신문의) 절[난]
06	context	06	맥락, 문맥
07	nutrition	07	영양 (섭취)
08	thirst	08	목마름[갈증]
09	incident	09	사건
10	consequence	10	결과
11	meantime	11	그 동안
12	attendance	12	출석[참석]
13	photography	13	사진 촬영, 사진술
14	disadvantage	14	불리한 점[약점]
15	prey	15	먹잇감, 잡아먹다
16	lecture	16	강의[강연](하다)
17	hook	17	고리[걸이], 낚싯바늘, 걸다, 낚다
18	strip	18	길고 가는 조각, 벗(기)다
19	tease	19	놀리다, 놀림
20	transfer	20	이동(하다), 갈아타다, 환승
21	trail	21	끌(리)다, 뒤쫓다, 오솔길, 자국
22	uncover	22	덮개를 벗기다, 밝히다
23	migrate	23	이주[이동]하다
24	vibrate	24	진동하다
25	snore	25	코를 골다
26	generate	26	발생시키다[만들어 내다]
27	worn	27	닳은[낡은], 지친
28	unpleasant	28	불쾌한, 불친절한
29	thoughtful	29	남을 배려하는, 생각에 잠긴
30	stale	30	신선하지 않은

접는선

MEMO

뜯어먹는 중학 영단어 **1800**

일일 암기장